高等学校经济管理类主干课程教材·会计与财务系列

管理会计

— 第5版 —

主编 冯巧根

MANAGERIAL ACCOUNTING

中国人民大学出版社
·北京·

前　言

当今世界正处于历史性转变的时期，新经济的组织与技术方法给管理会计带来前所未有的影响与冲击。形成构建“双循环”新发展格局、构建人类命运共同体、实现“双碳”目标等助力我国经济持续发展。党的二十大进一步描绘了中国式现代化的前景。实现中国式现代化需要转变经济发展方式，完整、准确、全面贯彻新发展理念，落脚点在于建设现代化经济体系。

中国式现代化进程离不开本土产业或企业的强有力支撑，没有强大的企业就不可能有持续性的经济发展。企业健康发展需要管理会计的有效决策与控制系统支持，需要对企业实践工作主动予以指引或提供指南。当前，积极嵌入数字化改革的管理会计应用手段，通过数字化技术“改良”或“渐进”式地推动管理会计的整合与创新，需要在保持管理会计经典内容的基础上，吸收精华，补充与完善管理会计学科的理论与方法体系。为了使“双碳”管理、工具创新等新概念更好地融入《管理会计》教材，调整并优化旧版教材的内容已经成为一种必然的选择。我们正是基于此种背景对《管理会计》进行了较为全面、系统与深入的修订。本教材在不影响既有管理会计框架体系的总体结构前提下，在章节单元中适度引入了关联的思政与业务融合的教学案例，以加深学生对管理会计知识与方法的理解和认识。本教材特点鲜明。

一是存量知识与增量知识协调并进。作为本科生教材，管理会计知识与方法的传播是最主要的，教材编写必须优先考虑管理会计知识与方法的系统性和整体性。然而，也不能因此而忽视管理会计的“增溢”，即知识增量。本书遵循的修订思路是在管理会计知识点不“减损”的情况下，维护管理会计知识的持续动态发展，及时地将近年来学术界的新成果适当地增补进来。

二是思政内容的专业渗透。深刻领悟思政的内涵，并将其渗透于管理会计教材的章节内容之中。遵循思政课培根铸魂的价值观念，本版教材的思政材料主要体现在每章开头的导读以及章后的案例分析。这种设计既不影响管理会计专业课程讲授的课时安排，又有助于促进学生对思政与业务相关性的理解。在巩固管理会计学科知识的同时，实现政治经济学与会计学等多个学科的交融，强化管理会计“看似微观，实则宏观”理念的感悟与认知，坚持管理会计“立德树人、铸魂育人”的意识导向，提高管理会计理论与方法对实践工作的有效性及操作的可行性。

三是静动结合下的理论阐述。经典的管理会计内容具有静态的特征，比如，本量利分析、经营决策分析等，然而企业组织是动态发展的，因此，在新修订的第 5 版教材中，适时地调整不适应时代特征的管理会计内容，增加与新经济相关的一些管理会计概念及知识点等。基于“教”与“学”相结合的考虑，本书调整了部分章节内容，比如，删除了原第 14 章“国际管理会计”，增加了“管理会计报告”一章，由浙江理工大学的冯圆副教授执笔完成。为了满足教师对管理会计知识更新的需要，我们在前言中还提供四篇论文，介绍管理会计研究和管理会计创新，感兴趣的读者可以扫描下方二维码阅读。这样补充的目的是，既满足学生对管理会计知识更新的需求，又为教师教学与研究提供新的材料，尤其是为同行指出未来两三年管理会计研究的可能重点与方向，进而促进并调动教师教研的积极性与主动性。

管理会计学术的研究窗口与宏观转向

中国式现代化视角的管理会计创新

共同富裕驱动的管理会计创新

管理会计的研究学派及其共同方向

本教材可划分为四个单元。具体包括：第一单元（第 1～3 章）为管理会计的基础，由总论、成本性态分析与变动成本法、本量利分析构成；第二单元（第 4～6 章）为预测与决策会计，由预测分析、经营决策分析、投资决策分析构成；第三单元（第 7～9 章）为规划与控制会计，由全面预算管理、存货管理、责任会计构成；第四单元（第 10～14 章）为战略管理会计及其延展，由战略管理会计、作业成本管理与资源消耗会计、业绩评价与平衡计分卡、环境管理会计、管理会计报告构成。

本教材自出版以来，深受广大教师和学生的喜爱，我们十分感恩。因此，我们非常重视本教材的再版工作，进行了认真的思考与充分的准备。然而，面对“理论起点高、方法用途广、内容体系精、知识结构新、实用操作强”的教材编写要求，总觉得还有许多缺憾。最后，衷心感谢中国人民大学出版社的支持与帮助，同时也真诚地期待读者朋友们给予批评和指正。

目　录

第1章

总　论

知识目标

了解管理会计的形成与发展，认识管理会计的指引体系，基于管理会计的目标、原则与要素理解管理会计的内涵与外延。

能力目标

掌握管理会计与财务会计的区别与联系，理解管理会计工作的组织结构体系，认识管理会计的职业环境。

素养目标

（1）会计“看似微观，实则宏观”，管理会计必须面向宏观，夯实微观，为经济高质量发展贡献力量。

（2）从管理会计的概念特征中，体会明智决策、有效控制，以及可持续发展的战略价值。

导　读　会计转型革命：从管理会计开始

党的二十大报告号令再出发，从现在起，中国共产党的中心任务就是团结带领全国各族人民全面建成社会主义现代化强国、实现第二个百年奋斗目标，以中国式现代化全面推进中华民族伟大复兴。会计工作同样需要再出发，即加快适应中国式现代化步伐，实现会计的转型升级。会计转型革命有几个标志性的时间段：

一是2014年，这一年吹响了管理会计全面推进的集结号。财政部数据显示，截至2014年6月，中国有1 400万左右的会计人员。有人预测，其中约90%的会计人员的知识结构大约会在未来5年内完全过时，剩下的10%的会计人员，如果不能保持继续学习的能力，也将在随后几年丧失竞争优势。因此，推动会计走向管理成为会计行业发展的重要使命。当时，估计国内的管理会计人才缺口高达300万人。对此，2014年10月，财政部颁发了《财政部关于全面推进管理会计体系建设的指导意见》。

二是2016—2018年，这一时期，管理会计体系建设任务基本完成。2016年，财政部制定并颁布了《管理会计基本指引》，提出管理会计目标、原则与要素等基本概念或理论框架。从2017年到2018年，花费两年时间陆续发布了一批“管理会计应用指引”系列公告，制定了“7＋X”大类工具及25项具体的管理会计工具。亦即，会计转型革命的第一阶段目标任务已经基本完成。

三是2021年，会计审计数字化转型的起步年。2021年11月，财政部颁发的《会计改革与发展“十四五”规划纲要》提出，切实加快会计审计数字化转型步伐，为会计事业发展提供新引擎、构筑新优势；会计审计数字化转型，包括会计工作数字化转型、审计工作数字化转型、会计管理工作数字化转型三个方面。通过会计审计数字化转型强化管理会计的功能作用，即“对内更好地与服务于微观主体的经营管理活动，对外更好地与宏观经济政策与经贸管理等有机融合”，预示着会计革命的新征程开始再出发。

在全面深入地介绍管理会计理论与方法之前，需要对管理会计的一些基本理论问题，如管理会计的定义、管理会计的形成与发展、管理会计与财务会计的区别与联系、管理会计工作的组织、管理会计的职业环境等内容加以理解和把握，为后续学习打下坚实的基础。

第1节 管理会计的形成和发展

管理会计的形成和发展一直受到社会生产实践及经济理论的双重影响。一方面，社会生产实践要求加强管理会计的职能；另一方面，经济理论的发展促使管理会计的职能得以实现。

一、管理会计的定义

1952年，在伦敦举行的国际会计师联合会（IFAC）年会上，会计学界正式提出“管理会计”这一术语。但对于什么是管理会计，国内外会计学界众说纷纭。有关组织机构和会计学者根据各自的认识和把握，从不同的角度对管理会计的定义进行了论述。

（一）国外会计学界对管理会计定义的论述

国外会计学界对管理会计的定义先后经历过两个阶段。

1. 狭义管理会计阶段

20世纪20—70年代，国外会计学界一直从狭义上来定义管理会计，认为管理会计只是为企业内部管理者提供计划与控制所需信息的内部会计。

1958年，美国会计学会管理会计委员会对管理会计做了如下定义：“管理会计是指在处理企业历史和未来的经济资料时，运用适当的技巧和概念来协助经营管理人员拟定能达到合理经营目的的计划，并做出能达到上述目的的明智的决策。”

1966年，美国会计学会对管理会计重新做了定义，认为管理会计是“运用适当的技术和概念，对经济主体实际的经济数据和预计的经济数据进行处理，以帮助管理人员制定合理的经济目标，并为实现该目标进行合理决策”。

综合上述定义，狭义管理会计的核心内容为：(1) 管理会计以企业为主体展开其管理活动；(2) 管理会计是为企业管理当局的管理目标服务的；(3) 管理会计是一个信息系统，作为会计学的一个分支，其地位与财务会计并立。狭义的管理会计范围如图 1-1 所示。

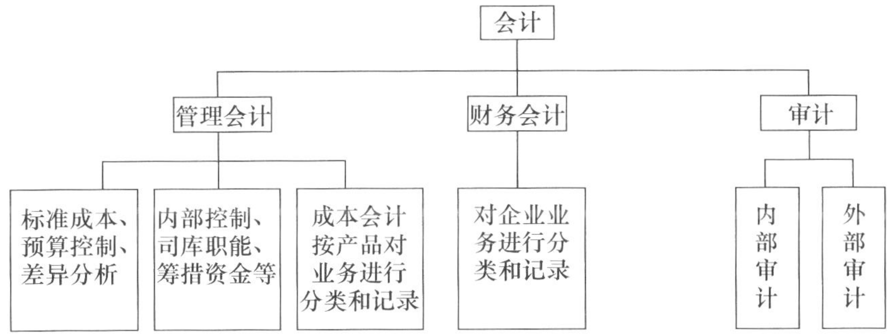

图 1-1 狭义的管理会计范围

2. 广义管理会计阶段

进入 20 世纪 70 年代，管理会计的外延开始扩大，出现了广义的管理会计概念。

1981 年，美国全国会计师联合会对管理会计的定义是，“管理会计是为管理当局用于企业的计划、评价和控制，保证适当使用各项资源并承担经营责任，而进行确认、计量、累积、分析、解释和传递财务信息等的过程”，并指出管理会计还包括编制供非企业管理当局使用的财务报告，也适用于非营利的机关团体。

1982 年，英国成本和管理会计师协会对管理会计的定义是：“管理会计是为管理当局提供所需要的信息的那一部分会计工作，使管理当局得以：(1) 确定方针政策；(2) 对企业的各项活动进行计划和控制；(3) 保护财产的安全；(4) 向企业外部人员（股东等）反映财务状况；(5) 向职工反映财务状况；(6) 对各个行动的备选方案做出决策。”

1986 年，美国全美会计师协会管理会计实务委员会将管理会计定义为：“管理会计是向管理当局提供用于企业内部计划、评价、控制以及确保企业资源的合理使用和经营责任的履行所需的财务信息，确认、计量、归集、分析、编报、解释和传递上述信息的过程。管理会计还包括编制供股东、债权人、规章制定机构及税务当局等非管理集团使用的财务报告。”

综上所述，广义管理会计的核心内容是：(1) 管理会计以企业为主体展开其管理活动；(2) 管理会计既为企业管理当局的管理目标服务，也为股东、债权人、规章制定机构及税务当局等非管理集团服务；(3) 从内容上看，管理会计既包括财务会计，又包括成本会计和财务管理，管理会计的范围扩大到除审计以外的各个组成部门（见图 1-2）。

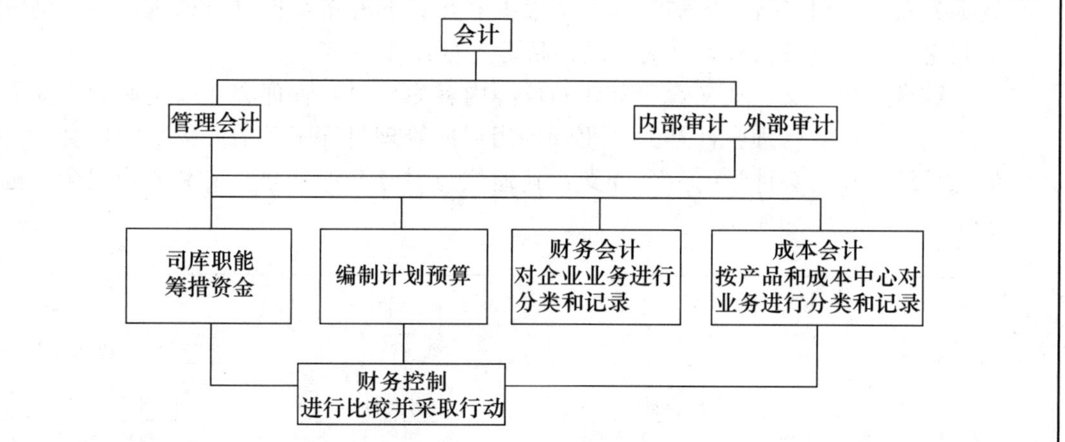

图1－2 广义管理会计的范围

（二）国内会计学者对管理会计定义的论述

我国学术界对管理会计开展系统研究的时间较短，大约起步于20世纪80年代初。有关会计学者也相继对管理会计的概念提出了自己的观点，如曹冈（1981）、陈元燮（1982）、杨继良（1982）、余绪缨（1983）、杨时展（1983）、杨纪琬（1984）、李天民（1984）、汪家佑（1987）等就陆续发表或出版过一些相关的论文或著作，对我国管理会计的完善与发展做出了重要的贡献。概括我国学者对管理会计的定义，比较有代表性的有：

李天民认为，“管理会计主要是通过一系列专门方法利用财务会计提供的资料及其他有关资料进行整理、计算、对比和分析，使企业各级管理人员能据以对日常发生的一切经济活动进行规划与控制，并帮助企业领导做出各种决策的一整套信息处理系统。”

余绪缨提出，管理会计是由微观管理会计、宏观管理会计、国际管理会计三个部分组成的管理会计体系，其中微观管理会计是“从微观上研究如何为提高企业经济资源的配置效益（体现在项目的投资效益上）和使用效益（体现在项目建成投产后的经济效益上）提供有用信息”；宏观管理会计是“从宏观上研究如何在整个国民经济范围内为提高经济资源的配置效益（建设项目从国民经济看的投资效益）和使用效益（项目建成投产后从国民经济看的经营效益）提供有用信息”；国际管理会计是“研究如何为在跨国经营活动中最大限度地提高经济资源的配置效益和使用效益提供有用信息”。

（三）国内外政府或组织对管理会计定义的论述

近年来，对管理会计影响最大的政府或组织是我国的财政部与英美的会计机构。2014年1月，我国财政部下发了《关于全面推进管理会计体系建设的指导意见（征求意见稿）》，提出要形成一个由理论、指引、人才、信息化加咨询服务“4＋1”的管理会计有机发展模式。而且，争取在3～5年内，在全国培养出一批管理会计人才；力争通过5～10年左右的努力，基本建成有中国特色的管理会计体系，使我国管理会计迈入世界先进行列。2014 年 2 月，英国皇家特许管理会计师协会（CIMA）与美国注册会计师协会（AICPA）联合发布了《全球管理会计原则（征求意见稿）》。这一现象表明，我国管理会计在国际会计领域已经具有一定的影响力，同时，它也说明管理会计在企业实践中具有重要的地位与作用，必须加快管理会计理论与方法体系的研究。

对于管理会计，在 2014 年 10 月我国财政部正式发布的《财政部关于全面推进管理会计体系建设的指导意见》中做了如下定义："管理会计是会计的重要分支，主要服务于单位（包括企业和行政事业单位，下同）内部管理需要，是通过利用相关信息，有机融合财务与业务活动，在单位规划、决策、控制和评价等方面发挥重要作用的管理活动。管理会计工作是会计工作的重要组成部分。"

2014 年 10 月正式发表的《全球管理会计原则》对管理会计的概念做了如下定义："管理会计是通过综合分析，向组织机构提供信息，帮助和支持组织机构进行战略规划、组织实施和管理控制，促使其做出合理决策，从而为组织机构的可持续发展创造价值。"它规范了管理会计的四大原则：（1）提供相关性信息；（2）进行有洞察、有影响的沟通；（3）分析对企业价值的影响；（4）履行受托责任，增强企业信任。

为了全面且有重点地掌握和应用管理会计，应从以下两个方面理解管理会计的含义。

第一，管理会计是指现代会计系统中区别于传统会计的，体现会计预测、决策、规划、控制和责任考核评价等会计管理职能的那部分内容，是以提高经济效益为最终目的的会计信息处理系统。它既揭示了应用于企业的管理会计的本质，又反映了正在形成的宏观管理会计和国际管理会计的一般特征。

第二，管理会计是以强化企业内部经营管理，实现最佳经济效益为最终目的，以现代企业经营活动及其价值表现为对象，通过对财务等信息的深加工和再利用，实现对企业经营活动过程的预测、决策、规划、控制和责任考评等职能的一种管理活动，是现代企业会计的一个分支。它是一种侧重于在企业内部经营管理中发挥作用的会计，同时又是企业管理活动的重要组成部分。

本书主要按第二个方面的理解，即从企业的角度来解释、说明有关管理会计的理论和方法，同时按第一个方面的理解介绍现代管理会计发展的新领域。

二、管理会计形成与发展的历程

对管理会计的形成与发展有多种不同的认识，但大致可以概括为两个流派：一种是以美国为代表的分类法，一种是以日本为代表的分类法。国内广泛进行的分类研究以美国的方法为主，这方面以已故著名管理会计学家余绪缨教授为代表。

（一）管理会计形成与发展的阶段划分

管理会计是一门产生于美国的新兴的边缘学科，它是随着科学技术的进步和社会生产力的发展逐步从传统会计中派生出来的。管理会计与财务会计有着紧密的联系。正如斯赛（J. Sizer）教授所说："从广义上讲，所有会计均是管理会计。"古今中外的会计史料亦表明，会计与管理密不可分，如我国西周王朝为了管理财赋收支，设置了司会；中世纪末，意大利商人为反映和控制商业活动发明了复式记账。20世纪初，以泰罗为代表的工程师倡导科学管理，产生了标准成本、差异分析、预算控制；杜邦公司的投资报酬率、预算与报告系统，通用电气公司分权管理中的集中控制系统等都是适应企业管理的需要而产生的。

管理会计作为一门学科，是随着社会科学的进步和社会经济的发展逐步形成和发展起来的。管理会计的形成与发展过程可以分三个阶段描述。

1. 执行性管理会计阶段（20世纪初到20世纪50年代）

管理会计产生于20世纪20年代，以执行性为特征的管理会计是以泰罗的科学管理学说为基础而形成与发展的。当时，尽管资本主义已经有了相当的发展，但是在企业管理工作中，经验和直觉仍占据统治地位，企业中存在管理混乱、经营粗放、资源浪费严重等现象。如何改变这种状况，采用较先进的科学技术手段、科学管理方法代替落后的、过时的手段和方法成为企业管理中需要解决的重大问题。正是在这种情况下，泰罗制产生了。1911年，泰罗的《科学管理原理》一书着重从时间、动作中的机械作业等视角，探寻多余动作的节省，从完善核算、健全监督制度入手，使工人的操作规程更加科学合理，从而最大限度地提高劳动生产率。

随着泰罗制的运用，为了配合科学管理，会计科学也发生了相应变化，这些变化主要表现为标准成本、预算控制、差异分析等概念相继出现。当时美国学者麦金西（J. O. McKinsey）编写了《预算控制》一书，该书出版于1922年。他还撰写了《管理会计入门》一书，于1924年出版，这是世界上第一本关于管理会计的专著。在该书中，麦金西主张把企业会计服务的重心从对外提供信息转移到对内强化经营管理上来。但这一观点在当时的会计界并没有得到普遍重视。在管理会计的相关概念中，标准成本是指产品投产前，严格按照科学的方法制定工资、材料等消耗标准，并以此为基础形成产品标准成本中的材料标准成本和人工标准成本。预算控制就是事先按期间编制制造费用预算，并计算出制造费用的标准分配率，再据以确定产品标准成本中的制造费用标准成本。差异分析就是在一定期间终了时，对人工、材料消耗脱离标准，费用开支脱离预算所形成的差异进行具体分析，查明差异形成的原因和责任，据此对有关方面的工作成果进行全面的评价和考核，并促使人们采取有效措施，针对存在的问题进行改进。以上这些表明，原有会计体系主体内容与基本结构发生了某种变化，意味着成本会计已经开始向管理会计过渡。

然而，由于受企业生产经营过程复杂性的影响和当时科学水平的限制，企业管理中的许多问题难以在多种因素的交错与变异中解决。标准成本、预算控制和差异分析在企业管理中的运用表现出较大的局限性，很难满足企业管理的实际需要。这就是说，当时的管理会计只是零星分散的会计技术和会计方法，并没有形成一整套独立、科学的理论和方法体系，还处于初期孕育阶段。

因此，执行性管理会计是以泰罗的科学管理学说为基础形成的会计管理（信息）系统，主要包括标准成本、差异分析、预算控制等方面，还只是管理会计的雏形，其基本点是在企业的方针、决策等重大问题已经确定的前提下，协助解决在执行中如何提高生产效率和生产经济效果的问题，企业管理的全局、企业与外界关系的有关问题没有在会计体系中得到应有的反映。因而，这只是一种局部性、执行性的管理会计，仍处于管理会计发展历程中的初级阶段。

2. 决策战略管理会计阶段（20世纪50年代以后）

20世纪50年代以后，现代科学技术突飞猛进并大规模应用于生产，生产力迅速发展。同时，跨国公司大量涌现，企业规模越来越大，生产经营日趋复杂，企业外部的市场情况瞬息万变，竞争更加激烈。这些新的条件和环境，一方面强烈要求内部管理更加合理、科学，另一方面要求企业具有灵活反应和高度适应的能力，否则，就会在激烈的竞争中被淘汰。由于市场环境的重大变迁和信息技术的发展，泰罗的科学管理学说显然无法适应这种新的形势和要求，它必然要被现代管理科学取代。一般认为，现代管理科学有两大支柱：运筹学和行为科学。这两大支柱可以在很大程度上克服泰罗的科学管理学说的重大缺陷，能较好地适应战后经济发展的新形势，因而在企业管理工作中得到广泛而有效的应用。为了配合职能管理与行为科学管理，责任会计、本量利分析等专门方法应运而生，并加入原有的会计方法体系中，会计学科的深度和广度有了较大的突破。责任会计与本量利分析方法，再加上20世纪30年代形成的标准成本、预算控制、差异分析等方法，成为管理会计的雏形。

现代管理科学的创立及其在企业管理中的成功运用，不仅提高了企业的经营管理水平，而且以现代管理理论武装了企业会计，使许多有效的现代技术方法渗入会计领域，充实了成本会计的内容，逐步在原有成本会计的基础上，形成了一个新兴的会计分支，使其从传统会计中分离出来，该分支即管理会计，原来传统的会计部分一般就称为财务会计。在1952年的国际会计师联合会上正式通过了“管理会计”（management accounting）这个专有名词，标志着管理会计学科的诞生。

由于企业组织的扩大不仅表现为单一经营领域的规模扩大，而且表现为跨领域、跨国界的投资增加，公司向多元化的跨国经营发展。企业组织日趋庞大和复杂，企业管理所涉及的领域及层级增加，企业组织不仅面临所有权和经营权的分离，而且面临内部组织之间的权力分解，随着分权管理而来的是职能失调所带来的目标不一致，即拥有决策权的管理者可能从自身利益而不是企业利益出发选择决策方案，从而损害企业的利益。于是，产生了如何确定内部组织层级之间的权责范围、如何合理计量和评价管理者业绩、如何确定内部转移价格，以及如何衡量分部业绩，以有助于投资决策等一系列亟待解决的问题。因此，要求会计人员更多地关注企业内部交易，提供有助于正确评价业务和加强内部控制的信息和技术，进而推动管理会计的发展。

进入20世纪70年代，社会经济发展出现了新的变化，顾客化生产在激烈的竞争环境下被提出，传统的少品种大批量生产让位于多品种小批量生产。顾客化生产就是以顾客为中心，以顾客的满意度为判断依据，在对顾客需求进行动态掌握的基础上，在较短的时间内完成从产品设计、制造到投放市场的全过程。信息技术（IT）的不断进步，使顾客化生产有了技术上的保障，同时提高了劳动生产率和产品的市场竞争力。

适应世界经济一体化的发展趋势，国际经济竞争已从较低层次的产品营销竞争发展到较高层次的全球性战略竞争，竞争战略上的得失关系到企业的兴衰成败。基于社会经济发展的新形势，1981年，著名管理学家西蒙首次提出了“战略管理会计”一词。

20世纪80年代末，西方会计界提出，既然战略管理会计源于企业未来战略管理，那么，不同的企业战略所要求的战略管理会计的侧重点也就不同。比如，迈尔斯和斯诺就根据企业基于外部环境变化所持的不同战略，将企业分为防卫型、开拓型、分析型与被动型等四类。随后，以哈佛大学商学院的迈克尔·波特为代表的美国学者对战略管理展开了系列研究。以波特为例，他先后出版了《竞争战略》(1980)、《竞争优势》(1985)、《国家竞争优势》(1990) 等著作。受这些管理学者有关战略的思想影响，战略与管理会计结合的速度加快，由此促使战略管理会计进一步发展。此外，哈佛大学的卡普兰教授还对作业成本法等不断完善与拓展，将决策型战略管理推向了更高的阶段。

从英美等国家的当代管理会计发展趋势来看，20世纪90年代之后管理会计的研究热点主要集中在以下几个方面：一是关于代理人理论（agency theory）的研究及其在内部控制和考评系统中的应用。二是应用行为科学进行的组织行为、管理决策与管理会计信息之间的关系及个人行为等方面的研究。三是作业成本会计方面的实地研究(field research)。四是包括战略成本分析（strategic cost analysis)、目标成本法（target costing)、生命周期成本法（life cycle costing)、平衡计分卡（balanced score card)、资源消耗会计（resource consumption accounting，RCA）等内容的战略管理会计研究。五是数字技术及其融合应用研究。数字技术的交易可视化和快速化，优化了内部流程和内部职能协同，使企业能够以更低的成本提供更高质量的商品和服务。嵌入管理会计中的数字技术工具，包括推荐算法（recommendation algorithm)、数字映射（digital twin)，以及在此基础上的自助服务等相关内容。比如，业务人员在共享平台获得实时的业财融合的信息支持，借助智能方式（如智能手机数字语音、人机对话等）获取咨询答案，且通过数据可视化获得良好体验。传统从预算到报告生成的重复性管理会计工作将被数字化条件下的设备所自动处理，同时，还将借助人工智能技术以智能化的手段用于业务场景的体验（决策支持）。

3. 权变性管理会计阶段（21世纪初至今）

进入21世纪以来，基于战略视角的管理会计研究通过战略重组、流程再造等理念促使管理会计向内部流程重组及行业价值链、供应链领域扩展；此外，网络经济的管理会计研究（如管理会计与科技创新渗透及相互驱动的研究等)，以及有关不同国家文化背景对管理会计的影响等研究成为现阶段的重要课题。在全球竞争不断加剧、外部环境不确定性增加的情况下，管理会计中的权变性思维受到重视。权变理念对管理会计的研究有了这样一个假设前提：不存在广泛适用于所有环境、所有组织的会计系统(Otley，1980)，应该明确会计系统的具体特征，应当考虑与某一确定的环境相联系，并且管理会计的方法之间是相互匹配的（Emmanuel el al，1990)。

权变思想主要包括：(1) 企业组织是社会大系统中的一个开放子系统，受环境的影响。因此，必须根据企业组织在社会大系统中的处境和作用，采取相应的组织管理措施，以保持对环境的最佳适应。(2) 组织的活动是在不断变化的条件下以反馈形式趋向于组织目标的过程。因此，必须根据组织的近远期目标以及当时的条件，采取依势而行的管理方式。(3) 管理的功效体现在管理活动和组织的各要素相互作用的过程中。因此，必须根据组织各要素的关系类型及各要素与管理活动相互作用时的一定函数关系来确定不同的管理方式。权变理论的内容主要涉及：(1) 组织结构的权变理论。这类理论将企业组织视为一个开放的系统，并试图从系统的相互关系和动态活动中考察和建立一定条件下最佳组织结构的关系模型。(2) 人性的权变理论。认为人是复杂的，要受多种内外因素的交互影响。因而，人在劳动中的动机特性和劳动态度，总会随着其心理需要和工作条件的变化而不同，不可能有统一的人性定论。(3) 领导的权变理论。认为领导是领导者、被领导者、环境条件和工作任务结构四个方面因素交互作用的动态过程，不存在普遍适用的一般领导方式，好的领导应根据具体情况进行管理。

权变性管理会计不仅能够传承顾客价值创造经营（customer value added management，CVAM）的愿景，更能够设定企业的价值增值目标，通过管理会计的"管理控制"与"信息支持"两大系统在企业内外进行不同层面的沟通与交流，将企业目标凝聚为利益相关方的共同信念，通过创新驱动使企业持续保持竞争力和竞争优势。一方面，管理创新促进了管理会计的发展，不仅使管理会计中的"管理控制"水平得到提高，而且使嵌入现代移动通信支持的管理会计"信息支持"体系得到快速发展。随着经济全球化进程加快，企业组织不再表现为单一经营领域的规模扩大，而表现为跨领域、跨国界的投资增加，朝产业集聚及全球经营方向发展。管理会计适应世界经济一体化的发展趋势，权变性地调整战略管理视角，开始从单纯的价值管理服务及低层次的产品营销竞争发展到较高层次的价值创造和全球性战略竞争。另一方面，必须重视技术创新，加快制度建设，不断从平衡的管理向非平衡的管理转变，探寻企业持续成功的发展路径。要鼓励企业主动拥抱互联网经济，通过技术创新推动企业转型升级。为了取得持续成功，管理会计必须重新定位并调整功能结构，即采取管理会计新战略和新结构，以适应不断变化的环境要求。

基于技术创新驱动的管理会计往往借助智能化手段来体现其权变性特征，或者说，智能化管理会计提高了权变管理的能力。这些能力包括：(1) 对企业内外部环境变化的适应能力；(2) 保持或获取企业竞争优势的能力；(3) 及时发现新领域或随环境变化制定战略管理的能力；(4) 将企业嵌入更大系统且实现可持续成功的能力等。智能制造下的技术创新将对管理会计，尤其是成本管理产生深刻的影响，并在广泛领域对管理方式产生影响。智能制造与"互联网＋"的结合是创新驱动的战略选择。以数字经济为代表的新经济对管理会计的影响可以分为三个阶段：一是吸收数字客户，强化智能化的管理会计体系；二是建立数字化企业，通过社交、移动、分析、云计算技术来改变企业的价值管理模式；三是数字运算，即将自动化手段与人工智能相结合来辅助企业的成本核算与内部控制。智能制造的技术创新将推动企业的研究与开发费用稳定增长，为企业可持续发展提供技术保证，使企业盈利的有效性大大提升。

（二）管理会计发展阶段的特征分析

从历史的逻辑角度看，会计学科始终处于不断发展之中。分析管理会计发展不同阶段的特征、了解管理会计形成的理论基础具有一定的现实意义。

1. 管理会计与现代管理科学的关系

管理会计学是从财务会计学中派生出来的一门独立的新兴学科，是社会化大生产发展的必然结果。管理会计学与现代管理科学的关系非常密切：后者的形成和发展对前者在理论上起着奠基和指导作用；前者吸收了后者的各种专门方法和技术，为现代会计科学注入了新的活力，使它具有更加广泛的实际应用价值和灵活的适应能力。可以预见，随着生产力的不断发展和科学技术的不断进步，管理会计的基本理论和基本方法将日趋完善，管理会计在现代企业管理中的地位和作用也将更加重要。

对管理会计的形成与发展有重要影响的管理理论包括：以泰罗和法约尔为代表的科学管理理论；20世纪中叶产生的行为科学、数量管理、系统管理和权变管理理论；20世纪末期的信息经济学和代理理论也推动了管理会计的进一步发展；进入21世纪，以推/拉（外在推力与内在拉力）理论为基础的产业数字化转型，以及以“大智互移云区”为理论支撑的数字化产业改革和企业数字化转型活动对管理会计产生积极影响。比如，使智能制造下的智能互联产品管理转化为经营管理的一项重要工具。可以说，管理会计是把技术手段创新与会计组织管理相互融合而形成的新兴的、综合性很强的交叉学科。这种综合优势有力地推动着社会经济的飞速发展。

2. 对管理会计发展阶段的不同认识

一般认为，美国与日本是20世纪管理会计研究较出色的两个国家。日本自20世纪70年代为应对美国计量与信息管理学的普及（日本跳过了这个发展阶段，即不提倡开展这种脱离实际且过于量化的管理会计研究），以准时制（JIT）为基础，逐步形成了成本企画、成本改善等创新的成本管理方法。80年代随着美国管理会计界提出作业成本管理理论，日本以成本企画为基础推出了目标成本管理。

现阶段的日本管理会计是以成本企画和成本改善（目标成本计算与标准成本管理的结合）的相互融合为特征，以事前预防和控制为核心的前馈管理为基础而实施的管理活动。在管理会计发展阶段的特征分析上，有日本学者（如西村明教授等）将管理会计发展分为四个阶段，如表1-1所示。

表1-1 管理会计的发展阶段

阶段	管理会计	特征	方法
第一阶段	管理会计的进化	财务数值应用于管理领域	财务比率分析、经营比较分析
第二阶段	传统的管理会计	以科学的管理方法为基础的效率分析（依据计划的管理）	标准成本计算、预算管理、本量利分析、收益成本差异分析
第三阶段	计量与信息的管理会计	以经济学为基础的最佳收益管理（计划管理与业绩评价）	存货模型、线性规划（LP）、信息分析、行为科学、收益预测、机会成本（差异）分析
第四阶段	综合的管理会计	会计管理和组织管理的综合（依据计划管理的预防、前馈思路）	成本企画、成本改善、作业成本管理、平衡计分卡（BSC）、差异额与计划额的消融

随着管理会计工具的不断创新与整合，我们认为，无论在日本还是我国，管理会计的发展已经进入第五、第六两个新的阶段，即价值创造和数字化的管理会计阶段。这一阶段的特征包括会计管理与知识管理相结合的价值创新、价值链优化、核心竞争力的提升等，其方法由信息技术、供应链、平衡计分卡、经济增加值等组成，如表1-2所示。

表1-2 管理会计的功能延伸

阶段	管理会计	特征	方法
第五阶段	价值创造的管理会计	会计管理与知识管理相结合的价值创新、价值链优化、核心竞争力的提升	信息技术、供应链、平衡计分卡（BSC）、经济增加值（EVA）等
第六阶段	数字化的管理会计	会计的管理与人工智能等数字技术高度融合，能够权变性地处理管理决策中的问题	智能管理、大数据、云计算、产业互联网等

第2节 管理会计的价值理念与目标

一、管理会计的价值理念

理念是一个具有普遍意义的哲学问题，作为一门以实用性为特性的管理会计学科，其价值理念对管理会计理论与实务发展起着重要的引领作用。

（一）管理会计的价值观体系

管理会计的价值理念是由一条主线为牵引，一组上下限为边界所形成的观念组合。通过管理会计的价值创新促进企业增值机制的有效运行，即借助管理会计的信息支持系统和管理会计控制系统，共同实现价值增值这一目标。管理会计价值观体系是管理会计工作的指导原则或行为准绳。管理会计价值观体系的框架，以顾客价值为上限，以伦理价值为下限，通过价值创新，提升管理会计的增值机制，加强时间价值与风险价值的管理，实现企业的价值增值，如图1-3所示。

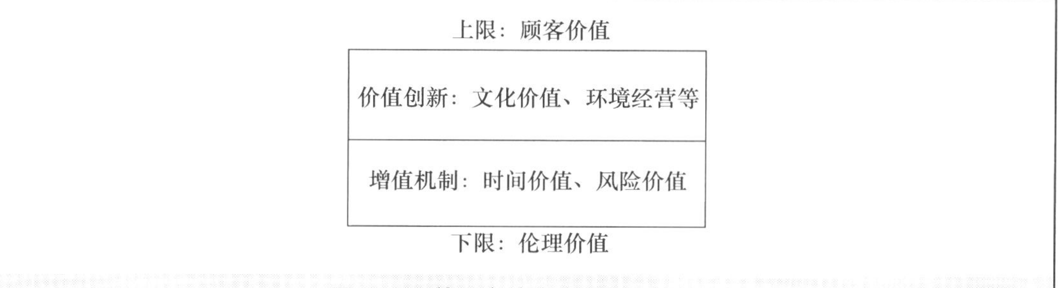

图1-3 管理会计价值观体系的框架

图1-3表明，在管理会计的价值观体系下，顾客价值是管理会计价值观中的主线，或者说是核心价值观；伦理价值是管理会计价值观中的底线，“君子爱财，取之有道”，在当前环境下树立环境伦理观与企业社会责任伦理观尤为重要；价值创新是发展和完善管理会计信息支持系统和管理控制系统的前提，从我国管理会计的情境特征考察，文化及环境等的行为特征是价值创新的重要内容，也是中国特色管理会计的重要体现；以时间价值和风险价值管理为基础的增值机制是实现企业价值增值目标的重要基础与保障。

（二）管理会计的价值体现：研究对象的不同观点

对于管理会计的对象，我国理论界主要有以下几种观点：一是现金流动论。该观点认为，通过现金的流入和流出在数量上和时间上的差别，可以把企业生产经营的主要方面和主要过程全面、系统、及时地反映出来。掌握了现金流动，就等于牵住了企业生产经营的“牛鼻子”，可以在预测、决策、计划、控制等各个环节更好地发挥积极能动作用。二是价值差量论。该观点认为，管理会计是以差量分析贯穿始终的基本方法，而方法决定对象，故管理会计的对象是价值差量。各种价值差量经过一系列加工处理和转换，一定程度上可以综合地体现在企业的盈利水平上。三是资金总运动论。这种观点认为，管理会计的对象涵盖了所有时空的资金运动，企业及所属各级机构过去、现在和将来的资金总运动与企业实践及历史发展是吻合的。

当前主流的观点认为，管理会计的对象是以使用价值管理为基础的价值管理，理由是：从实质上讲，管理会计的对象是企业的生产经营活动。从管理体现经济效益的角度来看，管理会计的对象是企业生产经营活动中的价值运动，管理会计是以生产经营活动中价值形成和价值增值过程为对象，通过对使用价值的生产和交换过程的优化，提供信息并参与决策，实现价值最大增值的目的。从实践角度来看，管理会计的对象具有复合性的特点：一方面，管理会计致力于使用价值生产和交换过程的优化，强调加强作业管理，其目的在于提高生产和工作效率；另一方面，在价值形成和价值增值过程中，管理会计强调加强价值管理，其目的在于提高经济效益，实现价值的最大增值。正是因为管理会计具有复合性特征，作业管理和价值管理得以统一，并构成完整的管理会计对象，从而与其他学科区别开来。

二、管理会计的目标

管理会计是为适应企业加强内部经营管理、提高企业竞争力的需要而产生和发展起来的，因此，管理会计的最终目标是提高企业的经济效益。为实现提高经济效益的最终目标，管理会计的目标包括以下两个方面。

（一）为管理和决策提供信息

管理会计应向各级管理人员提供以下经选择和加工的信息：

（1）与计划、评价和控制企业经营活动有关的各类信息，包括历史的信息和未来的信息，这些信息有利于各级管理者加强对经营过程的控制，实现最佳经营。

（2）与维护企业资产安全完整及资源有效利用有关的各类信息。

（3）与股东、债权人及其他企业外部利益关系者的决策有关的信息，这些信息将有助于投资及有关方案的实施。

（二）参与企业的经营管理

在现代管理理论的指导下，管理会计正在以各种方式积极参与企业的经营管理，将会计核算推向会计管理。管理会计以制定各种战略、战术及经营决策，帮助协调组织企业工作等方式参与管理，不仅有利于各项决策方案的落实，而且有利于企业在总体上兼顾长期、中期和短期利益的最佳运行。

第 3 节 管理会计的指引体系

为了使管理会计的理论与方法体系在我国得到普及和推广，财政部于 2016 年 6 月制定并发布了《管理会计基本指引》，并于 2017 年 10 月开始陆续发布“管理会计应用指引”系列公告。按照财政部的路线图，管理会计的制度建设沿着“基本指引—应用指引—案例指南—咨询服务”的路径全面推进。

一、管理会计的基本指引

《管理会计基本指引》明确了企业管理会计的目标、原则、要素等概念体系，在管理会计框架结构中居于统领地位，是《管理会计应用指引》和《管理会计案例库》的理论支撑，并对构建中国特色的管理会计理论与方法体系起着引领方向和统驭全局的作用。《管理会计基本指引》共分 6 章、29 条，除第一章“总则”和第六章“附则”外，其余 4 章正好是管理会计的四个要素。具体划分情况如表 1 - 3 所示。

表 1 - 3 《管理会计基本指引》的内容结构

总则（第一章）	共 6 条（第 1～6 条）：制定的依据与目的、管理会计基本指引的地位、管理会计的目标、应用管理会计应当遵循的原则、管理会计的应用主体、管理会计要素
应用环境（第二章）	共 6 条（第 7～12 条）：界定管理会计的应用环境、以价值创造模式推动业财融合、组织架构、管理模式、资源保障、信息系统
管理会计活动（第三章）	共 5 条（第 13～17 条）：界定管理会计活动，即规划、决策、控制、评价
工具方法（第四章）	共 4 条（第 18～21 条）：工具方法及其开放性、工具方法的应用领域、工具方法的选择
信息与报告（第五章）	共 6 条（第 22～27 条）：管理会计信息、管理会计报告
附则（第六章）	共 2 条（第 28～29 条）：解释权与生效权

结合表 1 - 3，本书认为，《管理会计基本指引》最核心的思想是“两个四”：一是四个原则；二是四个要素。

（一）管理会计的四个原则

《管理会计基本指引》强调单位在管理会计理论与实务工作中需要遵循的原则是战略导向原则、融合性原则、适应性原则、成本效益原则等。

（1）战略导向原则。战略导向原则在管理会计中的呈现是全方位、全过程和全面的。管理会计要有权变性意识，需要用战略的眼光来观察企业的经营与投资活动，而且，要符合可持续发展的价值创造内涵与外延，并以能够实现企业的价值增值为基本目标。

（2）融合性原则。这一原则的典型体现是在顾客价值创造经营的基础上实现“业财融合”，如图1-4所示。

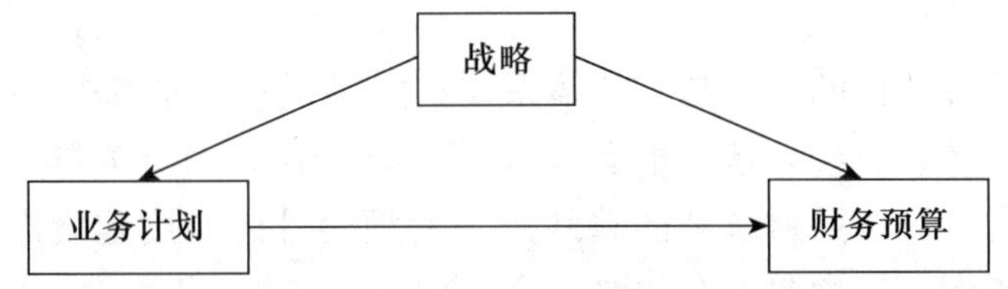

图1-4　基于战略的“业财融合”

图1-4表明，管理会计本质上就是一种“业财融合”的管理活动。西方发达国家的管理会计定义没有提及“业财融合”，并不是说不需要“业财融合”，而是作为市场经济主体的企业，其经营和投资活动本身就是“业财融合”的，即“业务催生财务，财务推动业务”。

（3）适应性原则。由于企业所处的发展阶段不同，以及行业、规模、产权性质、管理模式和治理水平等不同，管理会计在企业实践中的适应能力是有差异的。因此，只有结合企业自身的内部条件，并因地制宜地选择管理会计工具方法，合理地加以推广应用，才能获得最佳的效率与效益。

（4）成本效益原则。管理学大师彼得·德鲁克说过，企业家需要在成本效益原则的基础上做好两件事：一是销售；二是控制成本。它预示着，成本效益原则的贯彻必须在控制成本（降成本）的同时实现销售收入的增长（增效益）；同时，积极防范和化解企业面临的各种风险，以确保获得高质量的收益。

（二）管理会计的四个要素

在《管理会计基本指引》中，第二章至第五章分别就应用环境、管理会计活动、工具方法和信息与报告进行了详细阐述，这些概念就是管理会计的四大要素。

（1）应用环境。管理会计的应用环境可以进一步划分为内部与外部环境。内部环境包括高层主管意向、员工意识和专业人员知识等；外部环境包括经济体制、市场状况、技术应用等。管理会计研究要适应环境的变化，动态地调整自身的经营与投资战略，在高质量经济增长的同时，不断提高企业的核心竞争力。

（2）管理会计活动。《管理会计基本指引》中将管理会计活动明确为管理会计“信息支持”与“管理控制”两个方面。即要求企业合理利用管理会计信息，科学选择管理会计工具方法，在规划、决策、控制、评价等方面，为服务企业管理实践发挥积极作用。也就是说，管理会计拥有四个职能：一是规划职能；二是决策职能；三是控制职能；四是评价职能。

（3）工具方法。广义地讲，企业管理中与价值创造相关的模型、技术、流程等均可以称为工具方法；狭义的管理会计工具方法往往体现为一个相对独立的管理控制与信息支持的闭环，是由政府机构（如我国财政部）或民间组织（如英国皇家特许管理会计师公会）等发布的具有实用性、操作性的技术方法规范。企业在应用管理会计工具方法时，要明确自身的个性化特征，注重工具方法之间的协调、整合，强调权变性与动态性，突出系统化、集成化的效果。

（4）信息与报告。信息与报告是管理会计的最终成果，也是管理会计控制系统的基础。1）管理会计信息。它是企业管理会计实践中体现的财务信息与非财务信息，但两者不是相互孤立和排斥的，财务信息是因变量，非财务信息是自变量。只有那些影响财务信息的非财务信息才是管理会计信息（于增彪，2018）。2）管理会计报告。管理会计报告是管理会计提供信息的重要载体，也是管理会计活动成果的重要表现形式。管理会计报告可以按照不同标志分类。按照期间，管理会计报告可以分为定期报告和不定期报告。按照内容，管理会计报告可以分为综合性报告和专项报告。企业可以根据管理需要和管理会计活动性质设定报告期间（胡玉明，2015）。

二、管理会计的应用指引

《管理会计应用指引》包括概括性指引和工具方法指引。概括性指引是应用指引的“纲”，阐述这一大类中相关管理会计工具方法的共性内容，由总则、应用程序和附则等组成。工具方法指引则为“目”，一般由总则、应用环境、应用程序、工具方法评价和附则等组成。概括性指引以“100”“200”“300”等标示，主要介绍该领域的相关管理程序，其中的“其他”领域暂没有概括性应用指引；具体应用指引以“101”“201”“202”“301”“302”等标示，以管理会计工具方法的应用等内容介绍为重点。截至2018年底，我国已颁布的概括性指引和具体应用指引情况如表1-4所示。

表1-4 我国的管理会计工具

类别	基本工具
战略管理（第100号）	101 战略地图
预算管理（第200号）	201 滚动预算、202 零基预算、203 弹性预算、204 作业预算
成本管理（第300号）	301 目标成本法、302 标准成本法、303 变动成本法、304 作业成本法
营运管理（第400号）	401 本量利分析、402 敏感性分析、403 边际分析、404 约束资源优化、405 内部转移定价、406 多维度盈利能力分析
投融资管理（第500号）	501 贴现现金流法、502 项目管理、503 情景分析
绩效管理（第600号）	601 关键绩效指标法、602 经济增加值法、603 平衡计分卡、604 绩效棱柱模型

续表

类别	基本工具
风险管理（第700号）	701风险矩阵、702风险清单
其他（第800号等）	801企业管理会计报告、802管理会计信息系统、803行政事业单位

表1-4表明，这种安排既便于企业或单位在同一领域选择适用的工具方法，又体现了开放性的特点，可以随工具方法在实践中的完善而予以补充。从工具方法指引的构成看，应用指引通过对管理会计各项工具进行系统梳理，明晰地告诉企业，这些工具是什么、怎么用、有哪些优缺点、运用的环境、如何选择、预计效果如何等（高大平、常琦，2018）。

三、管理会计的特点

通过对管理会计指引体系的理解与认识，管理会计的特点可以归纳如下。

（一）侧重于为企业内部经营管理服务

管理会计工作的侧重点在于针对企业内部经营管理遇到的特定问题，进行分析研究，以便向企业内部各级管理人员提供有关价值管理方面的信息资料，其具体目标是为企业内部管理服务。

（二）面向经营管理的未来

管理会计不仅要反映、分析过去，而且要利用历史资料来预测前景、参与决策、规划未来、控制考评企业的一切经济活动。管理会计面向未来是放在第一位的，而分析过去是为了更好地指导未来和控制现在。因此，管理会计实质上属于算“活账”的经营型会计。

（三）不受公认会计原则的约束

管理会计主要是为企业内部改善经营管理提供有用资料，在许多方面可以不受公认会计原则的约束，只服从管理人员的需要以及系统理论的指导，特别受到成本效益关系的约束。

（四）兼顾企业经营的整体和局部

管理会计主要以企业内部各个责任单位为会计主体，对企业的日常经济活动的业绩和成果进行评价与考核；同时也从企业全局出发，认真考虑各项决策与计划之间的协调、配合和平衡，最大限度地提高企业整体的经济效益。

第4节　管理会计与财务会计的区别和联系

管理会计是会计与管理的直接结合，它是适应科学管理理论的发展，从财务会计中派生出来的一门独立的新兴学科，主要为企业内部管理人员服务。它形成了与财务会计不同的方法体系，但与财务会计还是有一定的联系的。

一、管理会计与财务会计的区别

（一）服务对象不同

管理会计主要是为企业内部各级管理人员提供有效经营和优化决策方面的信息，是为强化企业内部管理、提高经济效益服务的，故也称内部会计或对内报告会计；财务会计虽然能对内、对外提供有关企业最基本的财务信息，但主要侧重于对企业外界有经济利害关系的团体或个人（包括股东及潜在的投资者、银行及其他债权人、财税部门和主管机关、证券管理机构等）服务，故也称外部会计或对外报告会计。

可见，侧重于直接为企业内部各级管理人员服务是管理会计的一个主要特点，也是其区别于财务会计的一个重要标志。

（二）核算主体不同

管理会计既要提供反映企业整体情况的资料，又要提供反映企业内部各责任单位经营活动情况的资料，因而其会计主体是多层次的；财务会计则以企业为会计主体，提供反映整个企业财务状况、经营成果和现金流量的会计资料。

（三）核算原则不同

管理会计不受公认会计原则或企业会计准则的完全限制和严格约束，在工作中还可灵活应用其他现代管理科学理论作为指导原则；财务会计工作则必须严格遵守公认会计原则（在我国为企业会计准则和行业统一会计制度。）

（四）核算目的不同

管理会计不仅要分析过去，而且必须能动地利用已知的财务会计资料进行预测并规划未来，同时控制现在，主要核算目的是对经济过程进行预测、决策、控制，属于算“活账”的经营型会计；财务会计的核算目的在于全面反映企业经营成果和财务状况，实质上是算“呆账”的报账型会计。

（五）核算程序不同

管理会计工作的程序性较弱，没有固定的工作程序可以遵循，有较大的回旋余地。所以，企业可根据实际情况自行设计其管理会计工作流程，这必然导致不同企业间管理会计工作的较大差异。

财务会计必须执行固定的会计循环程序。从凭证传递到登记账簿，直至编报财务报告，都必须自觉地按既定的程序处理，而且通常情况下不得随意变更工作内容或颠倒工作顺序，因而具有一定的强制性和程序性。在实务中不难发现，虽然不同企业间的实际会计管理水平可能存在较大的差异，但如果仅从财务会计工作程序的角度看，同类企业的财务会计工作程序往往大同小异。

（六）核算方法不同

管理会计方式方法灵活多样，即使对相同的问题也可根据需要和可能采用不同的方法进行处理，在信息处理过程中大量运用现代数学方法（如微积分、线性规划、概率论等）和计算机技术；财务会计的方法比较稳定，多采用一般的数学方法（如加、减、乘、除）进行会计核算。

（七）计量尺度不同

适应不同管理活动的需要，管理会计虽然主要使用货币量度，但也大量采用非货币量度，如实物量度、劳动量度、关系量度（如市场占有率、销售增长率）等；为了综合反映企业的经济活动，财务会计几乎全部使用货币量度。

（八）核算要求不同

管理会计所涉及的往往属于未来信息，不要求过于精确，只需满足及时性和相关性的要求；财务会计的信息主要是以价值尺度反映的定量资料，对精确度和真实性的要求较高，数字必须平衡。

（九）核算成本不同

由于社会对管理会计的核算内容和精度没有统一要求，其核算成本属于可避免成本，因此，只有当核算取得的效益大于核算成本时，才有核算的必要；而财务会计核算的内容和精度必须符合社会统一尺度，核算成本是不可避免成本。

（十）核算时间不同

管理会计面向未来进行预测、决策，因此其报告的编制不受固定会计期间（如月、季、年）的限制，而是根据管理需要编制反映不同期间经济活动的各种报告，只要需要，它可以按小时、天、月、年甚至若干年编制报告；财务会计面向过去进行核算和监督，为反映一定期间的财务状况、经营成果和现金流量情况，应按规定的会计期间（如月、季、年）编制报告。

（十一）观念取向不同

现代管理会计不仅看重实施管理行为的结果，更关注管理的过程。在管理会计观念中，企业中的每个人都是财富和效益的创造者，属于可开发的人力资源，绝不能仅将其看成管制的对象，机械地“管、卡、压”。因此，一方面要注意合格人才的培养并核算人力资源成本；另一方面必须密切注意管理过程及其结果对企业内部各方面人员心理和行为的影响，千方百计地调动他们的积极性和工作热情，充分发挥他们的主观能动性。

财务会计则将着眼点放在如何真实准确地反映企业生产经营过程中人、财、物在供、产、销各个阶段的分布、使用及消耗情况上，十分重视定期报告企业的财务状况和经营成果的质量。相对地，不大关心管理过程及其结果对企业内部各方面人员心理和行为的影响。

（十二）法律效能不同

由于管理会计的报告往往不向社会公开发布，故不具有法律效能，只有参考价值；财务会计报表往往要向社会公开发布，故具有一定的法律效能。

二、管理会计与财务会计的联系

管理会计和财务会计同属企业会计的范畴，两者具有千丝万缕的联系。

（一）起源相同

管理会计与财务会计都是在传统会计中孕育、发展和分离出来的，两者共同构成了现代企业会计系统的有机整体，源于同一母体，相互依存。

（二）目标相同

尽管管理会计与财务会计分别对企业内部和外部提供信息，但最终目标都是使企业获得最大利润，提高经济效益。

（三）基本信息同源

管理会计所使用的信息虽然广泛多样，但基本信息来源于财务会计，有的是财务会计资料的直接使用，有的则是财务会计资料的调整和延伸。

（四）相互促进，共同提高

一方面，管理会计的不断完善需要财务会计更为及时准确地提供能够反映企业财务状况和经营成果的信息；另一方面，财务会计的改革有助于管理会计的进一步发展，使之改变过去那种单纯反映过去、算“呆账”的报账型会计模式，建立面向未来决策的、算“活账”的经营型会计模式，开创会计管理工作的新局面。

从近年来我国管理会计理论与实践的发展来看，会计实务部门应用管理会计的积极性大大提高，对理论与方法的认识不断提升。实践中表现出来的一个重要特征是：管理会计与财务会计之间的相互交融开始增强，即有时传统的管理会计内容转化为财务会计的核算内容，有时一些管理会计的创新内容是从财务会计的实践中萌生出来的。譬如：（1）适应报告企业社会责任的需要，增值会计有可能转化为财务会计的核算内容。（2）适应预测企业未来业绩和财务状况的要求，原来属于管理会计的预测决策会计可能转化为对外报告会计的一个组成部分。（3）适应表外信息披露的需求，财务分析将成为财务会计一个不可或缺的重要组成部分。（4）随着企业集群、物流产业以及环保产业的发展，财务会计对供应链会计、碳会计等提出了进一步控制与监督的需求，进而为管理会计的创新提供了新的研究范畴。（5）随着数字化改革的不断深入，企业要在国家宏观层面积极响应数字经济的转型需要，加快中观的产业集群层面推广企业主动嵌入数字技术的进程，增强改革的系统性、整体性、协同性，微观层面的企业数字化转型需要激发各种外在的优势和内在的潜力。数字化改革的创新机制需要企业在业财融合的基础上开创管理会计发展的新格局，等等。

第5节 管理会计工作的组织

企业组织系统是根据生产和管理工作需要而建立的，企业一切生产经营管理活动都是通过一定的组织机构实施的。企业的组织通常可分为生产部门和服务部门两大类：直接负责产品或劳务的生产经营和销售活动的部门，称为生产部门；为生产部门提供专门服务并支持生产部门有效开展工作的部门，称为服务部门。

企业会计部门属于服务部门，会计工作由财务总监负责。

一、西方企业的会计组织结构

西方国家的企业一般实行董事会领导下的总经理负责制。会计部门和财务部门直接受主管财务的副总经理（或财务总监）的领导。会计部门的负责人称为主计长（controller），财务部门的负责人称为财务长（treasurer），详见图1-5。

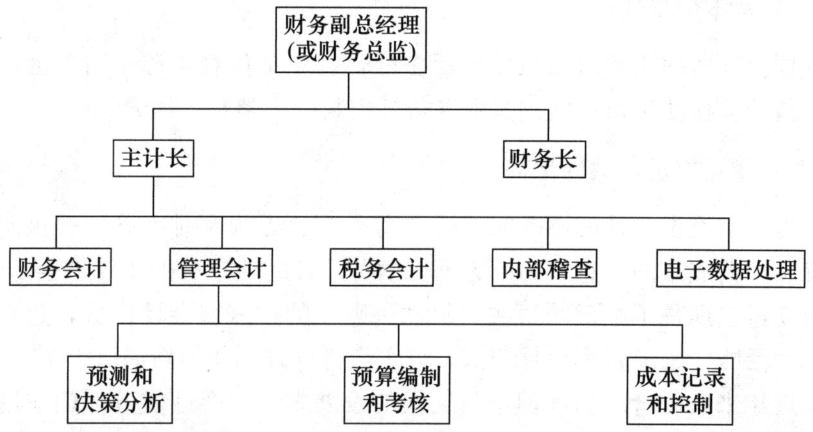

图1-5 西方企业的会计组织结构

由图1-5可以看出，在西方国家，现代企业会计的两大分支——财务会计和管理会计都是置于主计长的统一领导下，会计部门和财务部门是两个独立的平行部门，各自有不同的职责范围。

二、我国企业的会计组织结构

在我国，并没有明确地独立设置财务部门来履行与财务管理有关的职能，管理会计的工作也没有专门的机构和人员负责，一般由财务会计人员兼做这方面的工作。也有一些比较大的企业设立了管理会计组，但管理会计工作的进行不够经常化。目前我国企业统管财务管理工作和会计工作的是财务总监（行政单位或国企称为总会计师），企业管理会计的具体工作由下级会计主管人员负责（预测决策与预算控制等），详见图1-6。

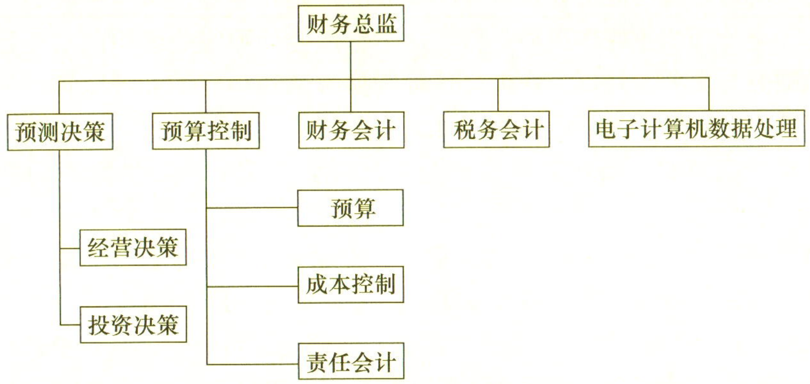

图1-6 我国企业的会计组织结构

第6节 管理会计的职业环境

管理会计师的职业环境是管理会计发展与应用的一个非常重要的方面，它反过来又影响和制约着管理会计的发展。在我国，到目前为止尚无专门的管理会计机构和独立的管理会计职业。而在西方发达国家，管理会计的职业化已相当成熟，了解这些国家的管理会计师的职业环境，对于理解西方管理会计及促进我国管理会计的发展均具有重要意义。下面对西方国家的管理会计师职业环境进行介绍。

一、管理会计师的职业组织和职业证书

（一）职业组织

英美等发达国家均有专门的管理会计师职业组织。这类组织包括两种：一种是为管理会计实务制定指南或指引的组织；另一种是专门提高管理会计师专业技能和竞争力的组织。

比如美国，其第一类组织包括一些联邦机构和民间组织。联邦机构有：国税局，制定与税务有关的产品成本核算准则；联邦贸易委员会（FTC），限制竞争，保护贸易，规范定价以保证企业基于成本定价，还要求分业报表等；证券交易委员会（SEC），负责制定财务报告的法规准则，以此也可以规范管理会计师核算产品成本的行为。还有国会于1970年建立的成本会计准则委员会（CASB），它由联邦采购政策办公室运作，其宗旨是制定、颁布、修改和终止成本会计的准则和解释，以使联邦政府所签合同中的成本计量、归集和分配保持一致性。CASB的目的是保证政府的供应商所使用的成本会计准则前后一致，并防止欺诈和滥用。

民间组织有财务会计准则委员会（FASB）和美国注册会计师协会（AICPA），它们为财务报告实务制定准则，AICPA还以新闻简报、杂志、专业研讨会和技能讲座的形式为执业会计师提供教育机会。

另一类组织旨在促进管理会计师实务的提高和专业性。与有关的注册会计师职业组织对于会计师职业的作用相类似，这类管理会计师职业组织的主要目的是指导管理会计的研究与实务，并负责管理会计师资格考试和相应的业务培训与管理，美国管理会计师协会（IMA）是美国致力于此的主要组织。除此之外，还有英国的特许管理会计师协会（CIMA）、日本工业管理与会计协会（JIMAI）、加拿大的管理会计师协会（SMA）等。

IMA有杂志、新闻简报、研究报告、管理会计实务报告、专业发展研讨会以及为管理会计师提供继续教育的每月技能讲座等，其前身是1919年成立的全美会计师协会（NAA），1991年更名为管理会计师协会。该协会也负责主办管理会计师资格考试，出版《管理会计》月刊和《管理会计研究》季刊。从1980年起，IMA陆续发表了包括管理会计的目标、术语、概念、实务和方法、会计活动的管理等方面的公告，这些公告为解决管理会计问题提供了指导性原则并有助于建立管理会计体系。CIMA的前身可以追溯到1919年成立的成本会计师协会，1972年更名为成本与管理会计师协会，1986年再次更名为特许管理会计师协会。该协会负责举办特许管理会计师资格考试、出版《管理会计》月刊和《管理会计研究》季刊，并负责发布《管理会计正式术语》。1982年开始发布的《管理会计正式术语》的主要内容包括：管理会计的定义、管理会计的要素、管理会计的原则、成本要素、成本分配、成本性态、本量利分析、各项预算的概念和编制方法、责任会计、业绩评价、成本控制、作业成本计算法、各种短期生产经营决策和长期投资决策的概念和方法等。这些有关管理会计概念和方法的说明，对管理会计理论和实践水平的提高起到了极大的促进作用。

就美国而言，与管理会计职能相关的领域中，还有财务经理协会（FEI）等。FEI主要为财务人员，包括总会计师和财务经理提供服务。由于其会员制的性质，FEI更关注管理与经营控制问题，而不太关心成本核算问题，因此与管理会计师相关。此外，管理会计师进行管理控制的一项重要职责便是建立有效系统的检查和防止会计核算中错弊的发生，因此与一些控制性组织，如内部审计师协会联系紧密。另外，对那些拥有相关管理会计经验，尤其是有与联邦政府签约经验的人来说，成本分析协会为他们提供了类似于IMA和FEI的有用服务。

（二）职业证书

职业证书的作用是为管理会计师的经验、培训和业绩提供一个具体的衡量指标，证书是管理会计师显示专业业绩和成果的一种途径。在美国，与管理会计师相关的证书有三种。

第一种是IMA颁发的注册管理会计师（CMA）证书，这一证书在会计师通过资格考试并拥有一定背景和经验后颁发。考试涉及管理会计实务的四个方面：经济学、财务和管理学；财务会计与报告；管理分析与报告；决策分析与信息系统。取得考试资格的前提是必须具备下列条件之一：在该协会立案的大学获得学士学位；达到该协会规定的研究生入学考试（GRE）或管理研究生入学考试（GMAT）成绩；已取得美国注册会计师资格或该协会认可的其他国家的相关专业资格证明。2014年起，为了适应中国全面推进管理会计体系建设的需要，美国 IMA 与中国财政部达成协议，在中国开考 CMA 资格课程。对此，美国 IMA 认证部门发布美国注册管理会计师认证（CMA）新考试内容大纲，更新后的考试内容大纲于 2015 年 1 月起在英文考试中实施，同年 3 月起在中文考试中实施。2019 年 IMA 对考试内容进行了修订。与以往相比，这次课程精简为两科，分别是 P1 和 P2。考试内容详见表 1－5。

表 1－5 2020 年 1 月 1 日起生效的考试内容说明（大纲摘要）

P1 财务规划、绩效与分析	P2 战略财务管理
A. 外部财务报告决策（15%） 1. 财务报告 2. 确认、计量、计价和披露	A. 财务报表分析（20%） 1. 基本财务报表分析 2. 财务比率 3. 获利能力分析 4. 特殊问题
B. 规划、预算编制和预测（20%） 1. 战略规划 2. 预算概念 3. 预测技术 4. 预算方法 5. 年度利润计划和附表 6. 顶层规划与分析	B. 公司财务（20%） 1. 风险和报酬 2. 长期财务管理 3. 筹集资本 4. 营运资本管理 5. 公司重组 6. 国际金融
C. 绩效管理（20%） 1. 成本与差异核算 2. 责任中心和报告部门 3. 绩效考核	C. 决策分析（25%） 1. 本量利分析 2. 边际分析 3. 定价
D. 成本管理（15%） 1. 计量概念 2. 成本计算系统 3. 间接成本 4. 供应链管理 5. 业务流程改进	D. 风险管理（10%） 1. 企业风险
E. 内部控制（15%） 1. 治理、风险与合规 2. 系统控制和安全措施	E. 投资决策（10%） 1. 资本预算流程 2. 资本投资分析方法
F. 技术与分析（15%） 1. 信息系统 2. 数据管控 3. 技术支持的财务转型 4. 数据分析	F. 职业道德（15%） 1. 商业道德 2. 管理会计和财务管理专业人士的职业道德注意事项 3. 组织的道德考量

表 1－5 表明，CMA 的考试科目虽然减少了，但是麻雀虽小五脏俱全，它涉及会计、战略、市场、管理、金融和信息系统等多方面的知识技能。况且，CMA 只是削减

了不必要的财务基础内容。从内容上分析，P1 主要是对内，优化企业经营管理；P2 主要是对外，负责企业战略扩张参与对外经营决策。其中，P1 和 P2 很多章节的内容具有很强的关联性。如 P1 中的外部财务报告决策与 P2 中的财务报表分析，P1 中的成本管理与 P2 中的风险管理和职业道德等，均存在紧密的相关性。需要说明的是，CMA 的考试内容每 4 年修订一次，最新一版的考试大纲将于 2024 年 9 月 1 日生效。限于篇幅不再展开，可以详见 https://www.imachina.org.cn/test.html。

第二种是 IMA 的注册财务经理（CFM）证书。这种证书要求财务经理承担更广泛的责任，其中包括一些财务总监的责任，考试除了 CMA 的内容之外，还涉及企业财务管理的相关内容。

第三种是注册会计师（CPA）证书。与 CMA 和 CFM 一样，CPA 也必须通过资格考试，并符合一定的背景、工作经验和后续教育要求，但不像 CMA 是一项国际认定，CPA 由美国各州认定和监督，各州自有一套标准。

英国的职业资格称作特许管理会计师（Chartered Management Accountant，CMA）。英国特许管理会计师协会在世界各地设有 40 个定点考试中心，考生来自英国及英国以外的 60 多个国家和地区。协会规定参加考试的成员必须至少达到大学毕业标准或相当学历，考试科目和时间包括：管理会计（8.5 小时）；财务会计（8 小时）；成本会计（3 小时）；财务管理（3 小时）；管理学、公司发展战略及市场学（6 小时）；法律、税收及经济学（12 小时）；定量分析技术与信息技术处理（7.5 小时）。总的考试时间为 48 小时。考生在通过以上 7 科考试，并具有 3 年管理会计工作经验后，可以申请为非正式会员；具有财务经理或财务主任等高层次岗位 3 年工作经验后，方可获得特许管理会计师资格证书。获得特许管理会计师资格证书，成为特许管理会计师协会的正式成员后，相应地就会有较高的社会地位：1985 年《公司法》第 286 条规定，特许管理会计师有资格担任公司的财务经理；1988 年的《地方政府财务法令》第 113 条明确规定，特许管理会计师可以在地方政府机构中担任总财务主任的要职。

二、管理会计师的职业道德行为准则

职业道德是管理会计师工作和职业中的重要问题，它是对提供有效的管理控制的承诺。管理会计及财务管理人员对大众、专业团体、服务机构及其本身，有维持最崇高道德准则的义务，因此美国最大的管理会计机构——美国管理会计师协会颁布了《管理会计及财务管理人员之道德执行准则》（Standards of Ethical Conduct for Practitioners of Management Accounting and Financial Management Accounting），遵守此项准则是达成管理会计目标所必需的，也是管理会计及财务管理人员应切实履行的义务。该准则的内容如下。

（一）能力（competence）

管理会计及财务管理人员有义务：

（1）提升其知识及技能，以保持适当的专业技术水平。

（2）依据相关法律、规章及技术标准，履行其专业责任。

（3）在适当地分析相关及可靠性资料之后，编制完整清晰的报告及建议书。

（二）保密性（confidentiality）

管理会计及财务管理人员有义务：

（1）除非法律强制要求或得到授权，不得披露工作过程中获得的机密信息。

（2）告知下属对工作中获得的信息要恰当保密，并监督他们的行为以保证保守机密。

（3）禁止将工作中获取的机密资料经由个人或第三人，运用于非法利益。

（三）正直性（integrity）

管理会计及财务管理人员有义务：

（1）避免实际发生或即将发生的利益冲突，协调可能发生冲突的有关各方。

（2）不得从事道德上有害其履行职责的活动。

（3）拒绝接受任何可能影响其行动的馈赠、好处或招待。

（4）不得以任何理由妨碍所在机构实现其正常的合法目标。

（5）发现并反映业务上或其他方面的不足，以防其影响项目的正确评价和顺利实施。

（6）交流不利及有利的信息、专业判断和观点。

（7）不从事或支持任何有害于专业团体的活动。

（四）客观性（objectivity）

管理会计及财务管理人员有义务：

（1）公正客观地反映信息。

（2）充分披露那些可以合理地预计到的将影响用户理解所呈送的报告、意见和建议书的所有相关信息。

（五）道德行为冲突的解决（the resolution of ethical conduct conflict）

在应用各项道德行为准则时，管理会计师可能会遇到怎样确认不道德行为，或怎样解决不道德行为的问题。对于重大的道德行为问题，管理会计师应遵循企业已经制定的方针政策中的有关条款来解决。如果遵循政策仍不能解决道德行为冲突问题，管理会计师应考虑采取以下行动：

（1）若上司未卷入纠纷，则同上司商讨，解决问题。若上司亦卷入纠纷，可将问题向高一级管理部门反映；若问题仍不能圆满解决，则可向更高一级管理部门呈报。如上司就是主要负责人或相当于此职位者，可将问题提交某个机构审议，如审计委员会、董事会、信托委员会或业主。如果上司没有卷入纠纷，越级反映情况在呈报上司后方可进行。

（2）私下与客观公正之人商讨，以取得对某些行为的理解，澄清问题。

（3）如果各层领导均已在内部反复洽商而问题仍未得到解决，管理会计师只有提出辞职，并向机构中有关人士提交有关情况的备忘录。

小　结

本章阐述了管理会计的定义及其形成和发展，介绍了管理会计的基本理论，分析了管理会计和财务会计的区别和联系，通过对管理会计指引体系的解读归纳出了管理会计的特点。此外，还就管理会计的工作组织以及管理会计的职业环境进行了较为充分的说明。

思考题

1. 管理会计的发展经历了哪些阶段？每个阶段各有什么特点？
2. 如何理解管理会计和财务会计的关系？管理会计有哪些特点？
3. 管理会计指引体系是如何构成的？对“管理会计路线图”加以说明。
4. 你认为怎样设置管理会计组织结构才能发挥管理会计应有的作用？
5. 管理会计师职业道德行为准则包括哪些内容？

练习题

1. 第一本管理会计专著，即《管理会计入门》，是由美国学者麦金西于（　　）年写作的。

A. 1923　　B. 1924　　C. 1925　　D. 1926

2. 管理会计的四个要素是（　　）。

A. 应用环境　　B. 管理会计活动
C. 工具方法　　D. 信息与报告

3. 管理会计的主体有（　　）。

A. 企业整体　　B. 企业内部各个层次的所有责任单位
C. 企业的最高领导　　D. 责任人

4. 2014年10月，英国和美国的两家组织携手推出了《全球管理会计原则》，这两家机构是（　　）。

A. 英国皇家特许管理会计师公会　　B. 美国管理会计师协会
C. 美国注册会计师协会　　D. 英国注册会计师协会

5. 下列不属于管理会计的服务对象的是（　　）。

A. 股东　　B. 外部集团
C. 债权人　　D. 企业内部的经营管理

6. 会计中涉及企业内部管理的部分称为（　　）。

A. 财务会计 B. 对外报告会计
C. 管理会计 D. 会计核算
7. 使用管理会计所提供的经济信息的是（　　）。
A. 银行 B. 债权人
C. 税收机关 D. 企业内部管理当局
8. 管理会计的原则主要包括（　　）。
A. 战略导向原则 B. 融合性原则
C. 适应性原则 D. 成本效益原则
9. 管理会计不同于财务会计的特点是（　　）。
A. 侧重于为企业内部的经营管理服务
B. 方式方法灵活
C. 兼顾企业生产经营的全局和局部两个方面
D. 不具有法律责任
10. 管理会计不必遵守（　　）。
A. 会计法 B. 统一会计制度
C. 公认会计原则 D. 以上都不对

案例及应用

20世纪末，江苏昆山某国有企业进行股份制改造，公司借调整之机准备改财务科为财务部，并招聘财务经理一名。董事长对这项工作高度重视并亲自面试，发现一位具有上市公司财务负责人背景的会计很有见解，就高薪聘用了他。新经理上任后，对公司会计流程批评较多，却没有能力加以改善。董事长很纳闷，在大公司（上市公司）当过财务主管的人怎么可能是外行呢？

（专家建议：从现有的会计队伍中选拔一位资深会计担任财务部副经理，重点抓财务会计工作，以协助财务经理的工作。理由是：该经理曾在上市公司从事现金流管理、企业并购重组等管理会计事务。）

讨论：

应用案例资料，结合本章所学知识，就管理会计与其他学科之间的关系谈谈你的认识。

第 2 章

成本性态分析与变动成本法

知识目标

理解成本性态的含义，掌握变动成本法与完全成本法的主要区别，体会管理会计中成本概念的丰富内涵，了解成本管理的积极意义。

能力目标

掌握不同分类标准下成本的概念，培养成本管理的基本意识。响应国家号召，基于“全国统一大市场”理念制定企业成本管理政策，优化成本战略配置。

素养目标

(1) 以“全国统一大市场”为战略理念，结合“双循环”新发展格局，优化企业成本管理结构。

(2) 结合成本管理知识与方法，构建企业战略坐标，提高市场主体的效率与效益，加快推动乡村振兴，实现共同富裕。

导读　成本管理助力乡村振兴

共同富裕是社会主义的本质要求。党的十九届五中全会提出，到 2035 年要扎实推动全体人民共同富裕目标取得更为明显的实质性进展。党的二十大报告提出，中国式现代化是人口规模巨大的现代化，是全体人民共同富裕的现代化，是物质文明和精神文明相协调的现代化，是人与自然和谐共生的现代化，是走和平发展道路的现代化。改革开放后，我国探索出了“先富带动后富”的共同富裕实现路径，时至今日，“先富”的目标已经基本实现，但在“带动后富”上，却存在明显的局域性和差异性，也就是说，经济发展成果没有从高收入人群扩散至低收入人群，这有可能进一步加剧城乡间的发展不平衡，因此，当前共同富裕的主战场是乡村的振兴，农民富裕是共同富裕的关键。

而乡村产业由于发展起步较晚、缺乏经验及技术等原因，未必能够在市场中占据竞争优势，提高村民的整体富裕程度。也就是说，乡村产业在各技术领域以及管理模式上都有很大的提升空间，尤其是乡村企业的成本管理。乡村企业大多以出口农产品为主，包括农、林、牧、渔等，而农产品种类繁多、数量庞杂，且农产品的生产有明显的季节性，周期长，有的农作物生产周期长达八九个月，甚至遭受自然灾害的影响。因此，对其进行成本管理面临一定的复杂性且具有较高的难度。然而，成本管理作为管理会计的一个重要分支，能够为乡村企业的成本支出与费用控制提供重要基础条件或保障。如何有效应用并积极引导乡村企业进行合理的成本性态分析，比如选择生产怎样的产品组合，如何安排适宜的种子化肥等，需要使其成本的结构性动因最符合固定成本与变动成本发展的规律要求。同时，如何配置成本的执行性动因，并且为乡村企业获得最佳的利润等，也是成本管理的重要目标任务。由此可见，乡村振兴离不开成本管理，而成本性态分析和变动成本管理将成为造富一方百姓、实现共同富裕的关键技术方法。它对于构建全国统一大市场，在增强"内循环"的同时扩大"外循环"，以及帮助有关政策制定或管理当局做出科学的经营决策，实现降低成本和提高效益等方面将发挥积极的实践价值。因此，在推进成本管理、乡村振兴以及区域协调发展的现实进程中，管理会计必然会发挥重要且积极的功能作用。

管理会计中的成本概念非常丰富，可以按不同的标准分类，以服务于预测、决策、规划、控制和业绩评价等方面。其中，成本按性态的分类是管理会计中最重要的分类，也是本量利分析及变动成本法的主要前提之一。本章的内容是管理会计的基本内容，也是学习后面章节的基础。

第1节　成本的分类

我国传统财务会计学认为，成本是指企业为生产和销售一定品种和数量的产品所支出的一切费用的总和。而从现代管理会计的角度来看，成本是指企业在生产经营活动中以货币表现的、为达到一定目的而发生的各种经济资源的价值。很明显，管理会计中成本定义的内涵比财务会计要广得多。管理会计中的成本，不仅包括实际发生的费用，还涉及该经济业务将要发生的甚至只是可能发生的费用；不仅可以按产品归集成本，还可以根据需要，按不同的经营管理目的和不同的经济用途确定成本归集的对象。

由于管理会计的职能与财务会计不同，主要发挥预测、决策、规划、控制和评价等职能作用，而履行这些职能所需的成本信息各不相同，因此，为满足管理的不同要求，可以按照不同的标准将成本进行多重分类。

一、成本的一般分类

（一）按经济用途分类

财务会计中成本根据经济用途的不同分为生产成本和非生产成本，这是一种传统的分类方法。

（1）生产成本。又称制造成本，是产品生产制造过程中发生的各项耗费，包括直接材料、直接人工和制造费用三大项。

直接材料指生产过程中直接用来构成产品主要实体的材料成本。

直接人工指在生产过程中对材料进行直接加工使其变成产品所耗用的人工成本。

制造费用指在生产过程中除直接材料和直接人工以外发生的所有成本。可分为间接材料、间接人工、其他制造费用。

(2) 非生产成本。又称非制造成本，是指与制造产品无关的所有成本。具体指与营销、管理活动有关的成本，包括管理费用、销售费用和财务费用。

成本按经济用途分类如图 2-1 所示。

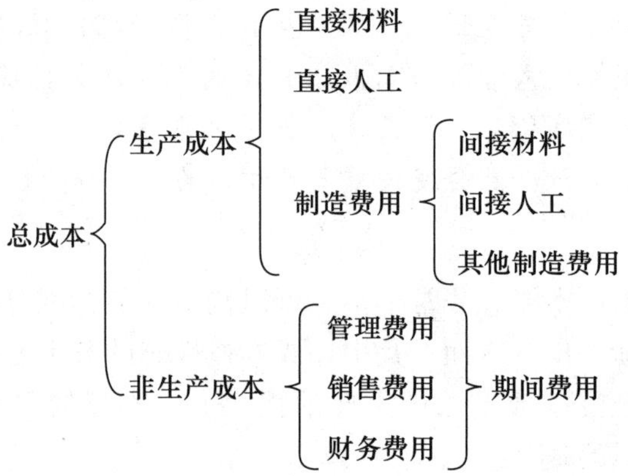

图 2-1 成本按经济用途分类

(二) 按与受益对象的密切关系分类

成本按与受益对象的密切关系分为直接成本和间接成本。

直接成本是专门为某一特定的生产经营业务发生的，成本和受益者之间形成一一对应的关系，成本被完整、准确地分配给受益者。

间接成本是为多个生产经营业务共同发生的，成本与受益者之间形成一对多的关系，成本需按一定比例，经过分解计算后，分配给相应的受益者。

(三) 按发生时间分类

成本按发生时间分为历史成本和未来成本。

历史成本是过去已发生的成本。企业定期编制的财务报表所提供的成本信息几乎全部是历史成本，因此历史成本又称账面成本。

未来成本是将来要发生的成本。财务会计更注重研究已形成的成本状况，但管理会计注重研究未来成本，因为管理会计要向企业决策者提供预测和决策所需要的会计信息，它要让决策者事先知道该如何控制未来的成本，而不是在这些成本变成现实后再加以控制，所以，未来成本对于管理更为重要。

(四) 按与决策的相关性分类

成本按照与决策的相关性可以分为相关成本和无关成本。

相关成本是指与某一特定决策有关的成本，即能受到决策者决策影响的成本。

无关成本是指与该决策方案无关的成本，即决策者无法通过决策来规定和改变的成本。

（五）按其可控性分类

成本按照是否可以控制分为可控成本和不可控成本。

可控成本是指在特定时间和范围内，由特定部门的主管人员直接确定和掌握的有关成本费用，如采购部门对于直接材料的价格是可以控制的，生产部门对于直接材料的消耗量也是可以控制的。

不可控成本是指某一特定部门的主管人员无法直接掌握，或不受某一特定部门的业务活动直接影响的成本费用。如采购部门对于直接材料的消耗量是不能控制的，生产部门对于直接材料的价格也是不能控制的。

二、按成本性态分类

成本性态又叫成本习性，是指在相关范围内成本总额与业务量之间的依存关系。其中，相关范围是指不会改变或破坏特定成本项目固有成本习性的业务量变动范围；成本总额是指为取得经营成果而发生的全部成本费用，包括全部生产成本和非生产成本；业务量是指企业在一定的生产经营期内投入或完成的经营工作量的统称，一般情况下，业务量通常是指生产量、销售量、作业量等工作量单位。

成本按其性态可分为固定成本和变动成本两类。

（一）固定成本

固定成本是指在相关范围内，其成本总额不随业务量增减而发生任何数额变化的那部分成本，如管理人员的工资、按直线法计提的机器设备折旧费等。

固定成本具有以下两个特点：

（1）固定成本总额的不变性。固定成本总额在一定范围内是固定的，与业务量的增减变动无关。固定成本总额模型为 $y=a$，在平面坐标系上表现为一条与横轴平行的直线（见图 2-2）。

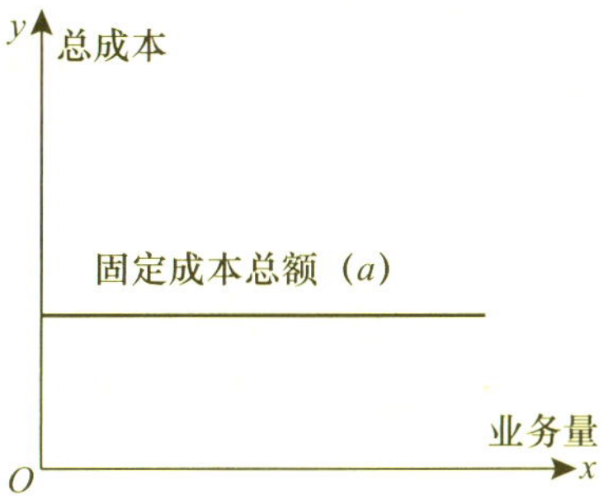

图 2-2　固定成本总额性态模型

（2）单位固定成本的反比例变动性。即在相关范围内，单位固定成本随着业务量的增减成反比例变动。单位固定成本模型为 $y=\frac{a}{x}$，在平面坐标系上表现为一条随着产量的增加而递减的曲线（见图2-3）。

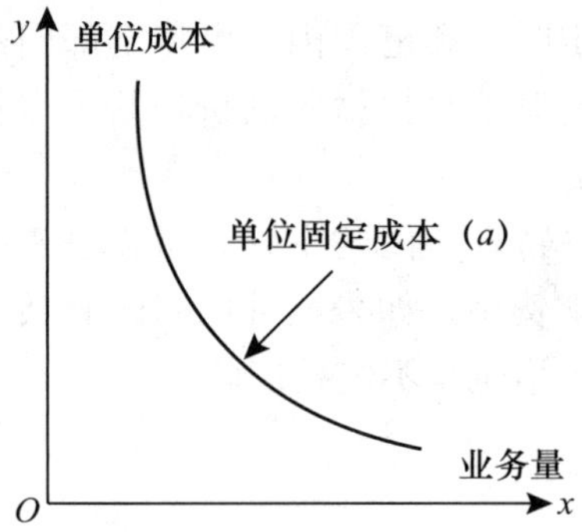

图2-3 单位固定成本性态模型

按是否受管理当局短期决策行为的影响，还可以将固定成本进一步区分为约束性固定成本和酌量性固定成本。

约束性固定成本又称承诺性固定成本，是指管理当局的决策无法改变支出数额的固定成本，如折旧费、保险费、行政管理人员工资等。这类成本是企业实现长远目标的基础，反映的是近期组织和管理生产所必不可少的费用，是一个企业为了生存所必须负担的最低成本，它在很大程度上制约着企业的正常经营活动。企业的决策者无法凭主观需要去调控它，只能按照客观需要去满足它。如果要降低这类成本，必然会造成企业经营能力的削弱，影响企业的盈利能力和长远目标。

这类成本支出额的大小取决于生产经营能力的规模和质量；该类成本一经形成，将长期存在，短期难以改变，所以它的预算期较长。因此，要想降低约束性固定成本，唯有从经济合理地利用企业的生产能力及提高产品产量着手，只有充分有效地利用生产能力，提高产品的产量，才能达到相对降低单位产品成本之目的。

酌量性固定成本又称为选择性固定成本、任意性固定成本，它是指通过管理当局的决策可以改变支出数额的固定成本，即它发生与否、发生多少，可由企业决策者调控。此类成本包括广告宣传费、产品研究开发费、职工培训费等。

（二）变动成本

变动成本是指在相关范围内，总额随业务量增减变动而成正比例变动的成本，如生产产品所耗用的材料、人工、动力、销售费用、产品包装费、按件计酬的工人薪金等。

变动成本具有以下两个特点：

（1）变动成本总额的正比例变动性。变动成本总额随业务量的变化而成正比例变动。变动成本总额模型为 $y=bx$，在平面坐标系上表现为一条通过原点、斜率为单位变动成本的直线（见图 2－4）。

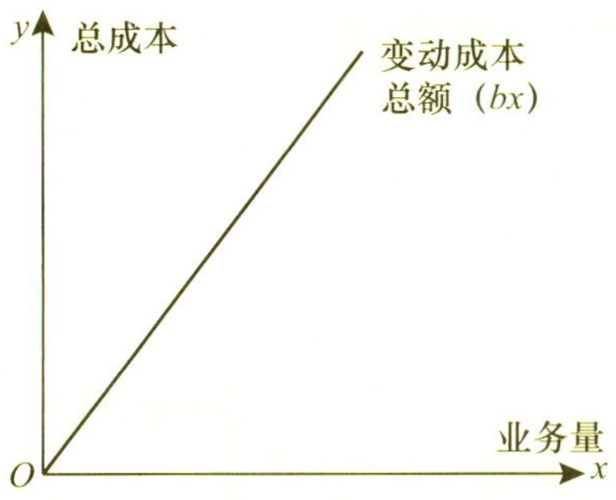

图 2－4　变动成本总额性态模型

（2）单位变动成本的不变性。单位变动成本是固定的，不受业务量增减变动的影响。单位变动成本模型为 $y=b$，在平面坐标系上表现为一条与横轴平行的直线（见图 2－5）。

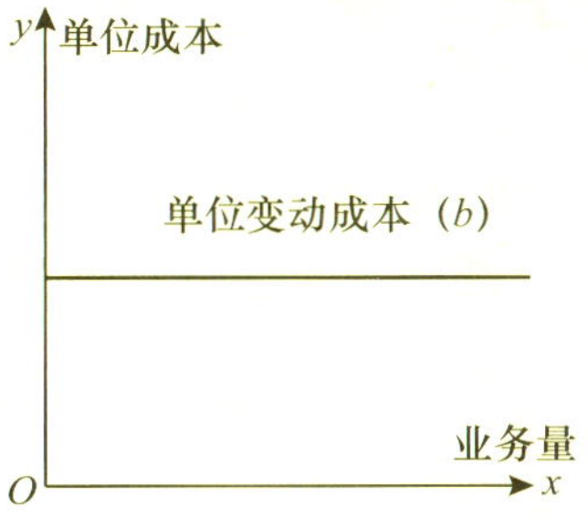

图 2－5　单位变动成本性态模型

成本按性态分类既有客观基础，又适应了科学管理的需要；既是管理会计的基础理论之一，又是管理会计实现规划和控制基本职能以及进行经营预测和决策的前提条件。利用这种分类，企业可以在事前对成本进行科学的计划，在事中对成本支出进行有效的控制，实现降低成本、提高经济效益的目标。

（三）总成本公式及模型

由于管理会计根据成本性态将企业的全部成本分为固定成本和变动成本两大类，因此，企业总成本公式可表述如下：

总成本＝固定成本＋变动成本＝固定成本＋单位变动成本×业务量

用 y 代表总成本，a 代表固定成本，b 代表单位变动成本，x 代表产销量，那么，总成本公式就可以表示为：

$$y=a+bx$$

从数学观点看，这是一个直线方程式，其中 x 是自变量，y 是因变量，a 是截距，b 是总成本线的斜率。其性态模型如图 2－6 所示。

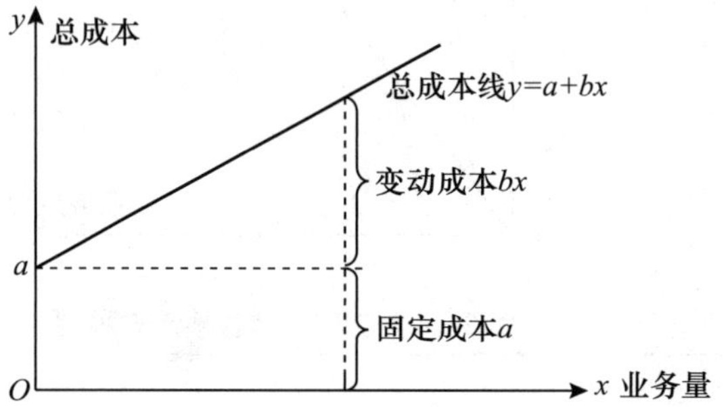

图 2－6　总成本性态模型

第 2 节　混合成本及其分解

混合成本是指介于固定成本与变动成本之间、兼有变动成本和固定成本双重成本习性的成本。它具有总额既随业务量变化而变化，又不保持严格的比例关系的特征。

一、混合成本的种类

由于成本按其性态以“是否变动”与“是否成比例变动”双重标准来分类，必然产生介于固定成本和变动成本之间的混合成本。混合成本按其变动部分与业务量的依存关系，可进一步细分为半变动成本、半固定成本、延期变动成本和曲线型混合成本。

（一）半变动成本

半变动成本也叫标准式混合成本，是指在一定初始基数的基础上随着业务量的变动而成正比例变动的成本。它由明显的固定和变动两部分成本合成，是普遍存在的一种类型。这类成本由两部分组成：

一是基数部分。它不随业务量的变化而变化，体现出固定成本性态。这部分是为提供服务所必需的、基本的最低支出部分，不管当期是否使用或使用多少都必须支付。

二是基数以上部分。它随业务量的变化而成比例地变化，呈现出变动成本性态，是可根据实际耗用量的多少乘以单价而计算的部分。

企业的公用事业费、电话费、煤气费、销售人员的薪金等均属此类。例如，电话费由按固定数额计收的月租费和按通话时间与计价标准计算的通话费两部分组成。其成本函数为 $y=a+bx$，性态模型如图 2-7 所示。

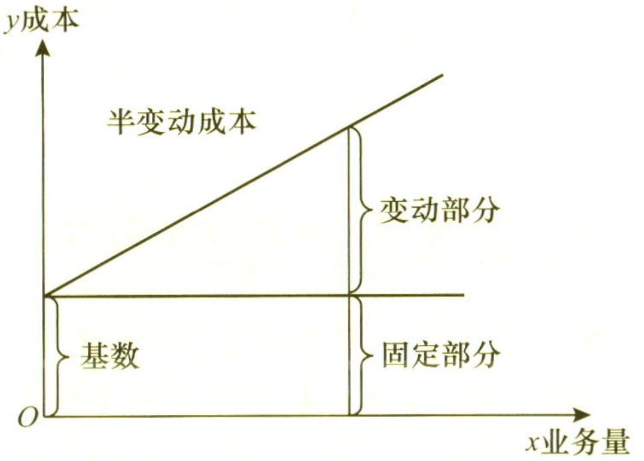

图 2-7　半变动成本性态模型

【例 2-1】　宝升公司租用一台设备，租约规定租金计算分为两部分，按年支付固定租金 2 000 元，在此基础上，机器每运转 1 小时支付租金 0.6 元，假定该设备今年累计运转 5 000 小时，写出成本模型，并计算应支付多少租金。

解： 根据上述资料，机器运转小时与租金成本的关系可表示成：

$$y=2\ 000+0.6x$$

当设备运转 5 000 小时，应支付的租金为：

$$y=2\ 000+0.6x=2\ 000+0.6\times 5\ 000=5\ 000\text{（元）}$$

（二）半固定成本

半固定成本又称为阶梯式变动成本，是成本总额随业务量的变动而呈阶梯式变动的成本。这类成本的业务量在一定范围内增长，其发生额保持不变，具有固定成本特征；一旦业务量突破这一范围，成本就会跃升至一新水平，然后在新的业务量增长的一定限度内又保持不变，直到出现另一个新的跳跃为止。如企业产品质量检验员、化验员等人员的工资。

半固定成本的成本函数可写成以下分段函数的形式：

$$y=\begin{cases} a_0, & 0\leqslant x\leqslant x_1 \\ a_1, & x_1<x\leqslant x_2 \\ \vdots & \\ a_n, & x_n<x\leqslant x_{n+1} \end{cases}$$

其成本性态模型如图 2-8 所示。

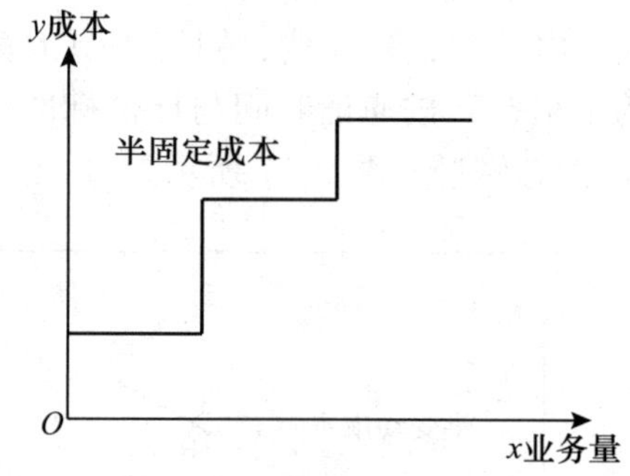

图 2-8 半固定成本性态模型

【例 2-2】 某厂生产的 A 产品需要通过复杂的检验过程，检验员检验 1 000 件产品，该厂所支付的工资为 1 000 元，该厂本年第四季度支付给检验员的工资如表 2-1 所示。

表 2-1 某厂第四季度支付给检验员的工资

产品产量（件）	检验员工资（元）
0～1 000	1 000
1 000～2 000	2 000
2 000～3 000	3 000

解：根据上述资料，该厂生产 A 产品的产量与该厂检验员工资的关系可用下列模型表示：

$$\text{检验员工资}(y)=\begin{cases}1\,000, & 0\leqslant x\leqslant 1\,000\\ 2\,000, & 1\,000<x\leqslant 2\,000\\ 3\,000, & 2\,000<x\leqslant 3\,000\end{cases}$$

（三）延期变动成本

延期变动成本是指在一定业务量范围内其总额保持不变，但当业务量达到一定水平时，其总额随业务量变化而相应变化的成本。这类成本在业务量的某一临界点以下表现为固定成本，超过这一临界点表现为变动成本。例如，在计时工资制下，支付给职工的正常工作时间内的工资总额是固定不变的，作为固定成本；当需要加班加点时，就需按时间的长短计发加班工资，这种工资被视为延期变动成本。

延期变动成本的函数为：

$$y=\begin{cases}a_0, & 0\leqslant x\leqslant x_0\\ a_0+b(x-x_0), & x>x_0\end{cases}$$

其成本性态模型如图 2-9 所示。

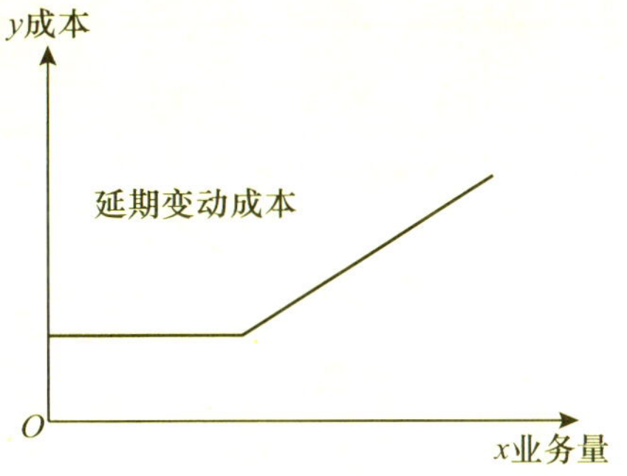

图 2-9 延期变动成本性态模型

【例 2-3】 某日化公司所聘销售日化产品的业务员底薪是 500 元，并规定业务员必须完成日 1 000 支的销售量，在超过 1 000 支销售量的基础上，每销售 1 支日化产品可提成 0.1 元，该公司本月销售人员的薪金情况如表 2-2 所示。

表 2-2 某公司销售人员薪金情况

销售量（支）	销售人员薪金（元）
10 000	1 400
9 000	1 300
8 000	1 200
6 000	1 000
5 000	900

解：根据上述资料，可得到混合成本的代数模型：

$$销售人员薪金(y)=\begin{cases}500, & 0\leqslant x\leqslant 1\ 000\\ 500+0.1(x-1\ 000), & x>1\ 000\end{cases}$$

（四）曲线型混合成本

曲线型混合成本是指成本总额与业务量之间表现为非线性关系的成本。这类成本通常有一个初始量，一般不变，相当于固定成本；在这个初始量基础上，随着业务量增长，成本也逐步增加（减少），但两者增减幅度不一致，因而呈现抛物线（而非线性）上升或下降趋势，属于变动成本性质。按曲线斜率的不同变动趋势，可进一步将其分为递增式混合成本和递减式混合成本。

（1）递增式混合成本。递增式混合成本总额的增长幅度大于业务量的增长幅度，成本的斜率随业务量递增，在坐标图上看到的是一条凹形曲线。如累计制工资、各种违约罚金等。此类成本随产量增加而增加，而且比产量增加得还要快，其变化率是递增的。其成本性态模型如图 2-10 所示。

（2）递减式混合成本。递减式混合成本总额的增长幅度小于业务量的增长幅度，成本的斜率随业务量递减，在坐标图上看到的是一条上凸曲线。如钢厂的炼钢炉设备，

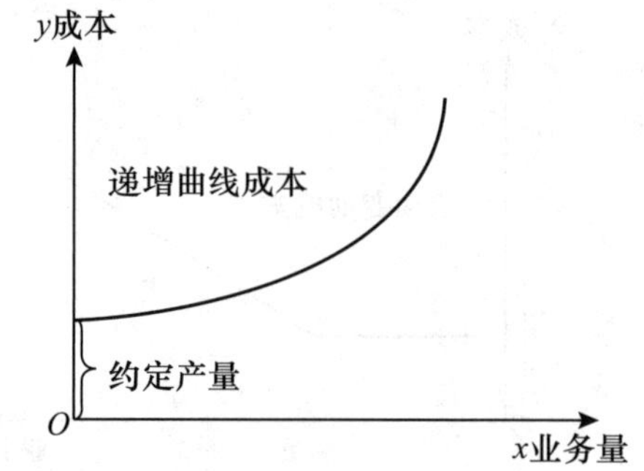

图 2-10　递增式混合成本性态模型

每班都需要预热，这部分预热成本体现固定成本的特性，预热后的耗用成本虽然会随着业务量的增加而逐步呈抛物线上升，但上升越来越慢，其变化率是递减的。其成本性态模型如图 2-11 所示。

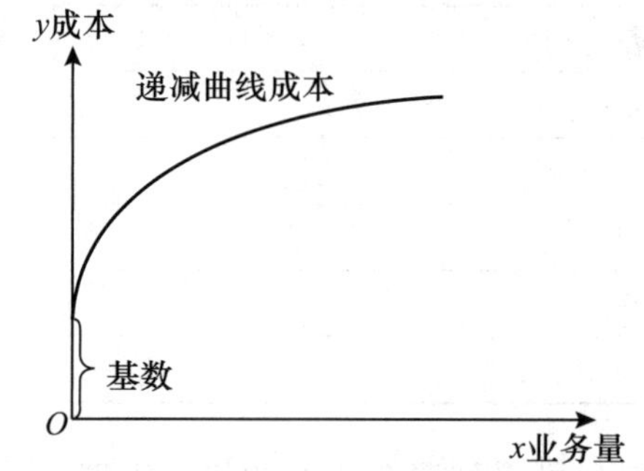

图 2-11　递减式混合成本性态模型

二、混合成本的分解

混合成本既包含不受业务量影响而保持相对稳定的固定成本因素，又包含随着业务量变化而相应增减的变动成本因素，这种既固定又不完全固定、既变动又不完全变动的成本因素，同业务量之间的相互关系不甚清晰，人们无法据以对成本和业务量之间的依存性做出正确的分析和判断，无法满足内部管理的需要。为此，必须采用一定的方法对混合成本进行适当的分解，将其明确划分为变动成本和固定成本两个部分。混合成本的分解方法主要有以下几种。

（一）合同确认法

合同确认法是指根据企业与供应单位签订的合同、契约或者规定的管理和核算制度，来确认、测算混合成本中固定成本与变动成本的方法。合同确认法将无论业务量多少均支付一定基数费用的认定为固定成本，将根据业务量多少来收取费用的认定为变动成本。

合同确认法的分析较准确，划分标准明晰，但是应用范围较小，只限于签有合同的成本性态分析。

（二）技术测定法

技术测定法也称工程法，是通过对生产过程中各种材料和人工成本消耗量的技术测定，划分固定成本和变动成本的方法。它的基本做法就是把材料、工时的投入量和产量进行对比分析，确定单位产量的消耗定额，并把与产量有关的部分汇集为单位变动成本，与产量无关的部分汇集为固定成本。其基本步骤如下：

（1）确定研究的成本项目；

（2）对导致成本形成的生产过程进行观察和分析；

（3）确定生产过程的最佳操作方法；

（4）以最佳操作方法为标准方法，测定标准方法下成本项目的每一构成内容，并按成本性态分别确定为固定成本和变动成本，把与产量有关的部分汇集为单位变动成本，与产量无关的部分汇集为固定成本。

（三）高低点法

高低点法是以某一期间内的最高业务量与最低业务量及其对应成本来估算混合成本中的固定部分和变动部分的方法。其具体步骤如下：

（1）确定高低点。高点是指一组历史资料中的最高业务量及其对应的成本；低点是指一组历史资料中的最低业务量及其对应的成本。

（2）计算单位变动成本。

$$单位变动成本\ (b)=\frac{最高点业务量混合成本-最低点业务量混合成本}{最高点业务量-最低点业务量}$$

$$=\frac{y_{高}-y_{低}}{x_{高}-x_{低}}$$

式中，y 代表混合成本总额；x 代表业务量；b 代表混合成本中的单位变动成本。

（3）计算固定成本。

$$固定成本\ (a)=最高点业务量混合成本-单位变动成本\times最高点业务量$$

或

$$=最低点业务量混合成本-单位变动成本\times最低点业务量$$

式中，a 代表混合成本中的固定成本总额。

（4）建立成本性态模型。将 a、b 的值代入 $y=a+bx$。

【例 2-4】 宝升公司 202×年上半年维修成本在相关范围内的变动情况如表 2-3 所示，现用高低点法对维修成本进行分解。

表 2-3　宝升公司维修成本表

月份	直接人工小时（小时）	维修成本（元）
1	4 500	3 500
2	6 700	4 600

续表

月份	直接人工小时（小时）	维修成本（元）
3	4 800	3 650
4	6 600	4 550
5	7 200	4 850
6	7 900	5 200

解：（1）首先，根据历史数据找出最高点与最低点的业务量。

高点：（6月）[7 900　5 200]

低点：（1月）[4 500　3 500]

（2）计算单位变动成本。

单位变动成本（b）$=(5\ 200-3\ 500)\div(7\ 900-4\ 500)=0.5$（元）

（3）计算固定成本。

$a=5\ 200-(0.5\times 7\ 900)=1\ 250$（元）

或　$=3\ 500-(0.5\times 4\ 500)=1\ 250$（元）

（4）得出混合成本的模型。

$y=1\ 250+0.5x$

需注意的是，选择高低点时，应以业务量为依据，而不要以混合成本的高低为依据。

高低点法的优点在于简便易行，便于理解和掌握；缺点是只使用两个极端的观测值来建立成本函数，因而带有一定的偶然性，分解的结果会产生较大的误差。该方法通常适用于经营活动比较正常、成本变化趋势较小的企业。

（四）散布图法

散布图法是将所观察的历史数据，在坐标图上作点，通过目测，画一条尽可能接近所有坐标点的直线，来确定混合成本中固定成本和变动成本各占多少的一种方法。具体步骤如下：

（1）建立以横轴代表业务量，纵轴代表混合成本的直角坐标系。

（2）根据业务量和混合成本的有关数据，在直角坐标系上确定相应的坐标点。

（3）考察散布图中各点的分布规律，目测确定一条直线，并保证散布图中各点均在此直线上或离该直线的距离最近。

（4）确定固定成本的值，所画的直线与纵轴的交点即为固定成本。

（5）求单位变动成本。直线的斜率即为单位变动成本，可按以下方法计算单位变动成本。在所画的直线上任取一点业务量，即可查出对应的成本的值。这时单位变动成本就可通过$b=\frac{y-a}{x}$这一公式求得。

（6）建立成本性态模型。将a和b的值代入$y=a+bx$。

【例2-5】 某公司机器小时及维修成本资料如表2-4所示，请绘制散布图。

表 2-4　某公司机器小时及维修成本表

年份	机器小时（小时）	维修成本（元）
20×1	120	100
20×2	110	95
20×3	100	90
20×4	120	100
20×5	130	105
20×6	140	110

解：散布图见图 2-12。

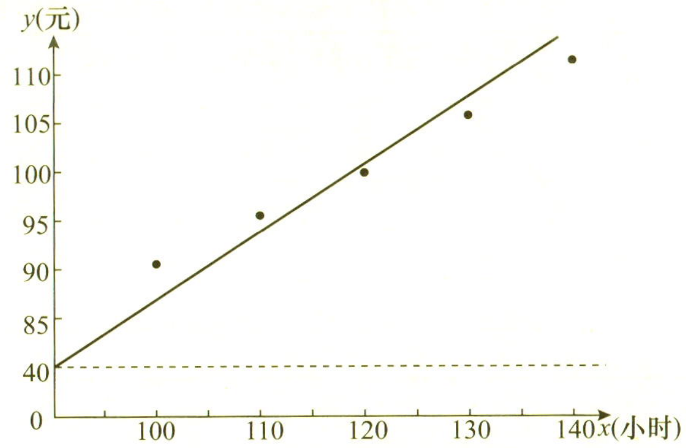

图 2-12　散布图

如图 2-12 所示，由于直线与纵轴的交点为 40，因而固定成本为 40 元；现任取一点（如机器小时为 120 小时，维修成本为 100 元），就可计算确定单位变动成本。

$$单位变动成本=\frac{总成本-固定成本}{业务量}=\frac{100-40}{120}=0.5（元）$$

根据上面的数据，可以得到反映维修成本的模型：

$$y=40+0.5x$$

散布图法全面考虑了已知的所有历史成本数据，其图形可反映成本的变动趋势，形象直观，易于理解，相比于高低点法只用两点来观察，其计算结果更为精确。但由于仅凭目测画线会因人而异，往往带有一定的主观性，准确程度较低。此法只适用于对混合成本的分解精确度要求不高的情况。

（五）回归直线法

回归直线法又称最小二乘法，其基本原理是以 $y=a+bx$ 这一线性方程为基础，确定一条能正确反映 x 和 y 之间具有最小误差的直线，据以求出固定成本总额和单位变动成本。其计算步骤如下：

（1）找到足够的历史数据资料，n 不要小于5；
（2）用列表法对历史资料进行加工、延伸，计算出公式中的求和值；
（3）将求和值代入公式，求出 a 和 b 的值；

$$a=\frac{\sum y-b\sum x}{n}$$

$$b=\frac{n\sum xy-\sum x\sum y}{n\sum x^2-(\sum x)^2}$$

（4）建立成本性态模型，将 a 和 b 的值代入 $y=a+bx$。

【例2-6】 某公司本年1—6月份设备维修费与机器运行时间的资料如表2-5所示。

表2-5 某公司设备维修费与机器运行时间表

月份	机器小时（小时）	维修费（千元）
1	5	25
2	7	33
3	6	27
4	8	31
5	9	36
6	6	24

用回归直线法进行混合成本分解。

解： 对原始资料进行加工整理，求得有关数据（见表2-6）。

表2-6 回归直线法计算表

月份 $n=6$	机器小时 x	维修费 y	xy	x^2
1	5	25	125	25
2	7	33	231	49
3	6	27	162	36
4	8	31	248	64
5	9	36	324	81
6	6	24	144	36
合计	41	176	1 234	291

将上表数据代入公式，得

$$b=\frac{6\times 1\ 234-41\times 176}{6\times 291-41\times 41}\approx 2.89$$

$$a=\frac{176-2.89\times 41}{6}\approx 9.59$$

据此建立成本模型：

$y=9.59+2.89x$

回归直线法的优点在于充分利用了离差平方和最小的原理，分析结果比较精确，避免主观上的误差；其缺点在于计算工作量大，对资料要求较高。这种方法一般适用于成本增减变动趋势较大的企业。

第 3 节　变动成本法

一、变动成本法概述

变动成本法起源于 20 世纪 30 年代的美国。第二次世界大战后，变动成本法广泛应用于美国、日本、西欧各国的企业内部管理，成为企业进行经营决策和成本控制的有效方法。为了加以区别，人们把传统的成本计算方法称为完全成本法或全部成本法。

变动成本法又称直接成本法，是将直接材料、直接人工和变动制造费用作为产品成本，将固定制造费用作为期间成本的成本计算方法。在管理会计中，产品成本只包括变动成本，不包括固定成本。变动成本法下的产品成本具有以下两个特征：一是与产品的实际形成直接相关；二是与产量的增减变动直接相关。

完全成本法的产品成本由直接材料、直接人工和全部的制造费用组成，产品成本中不仅包含变动成本，也包含固定成本。

二、变动成本法与完全成本法的区别

变动成本法是相对于传统的完全成本法而言的，与完全成本法的比较有助于进一步了解变动成本法的特点，从而在企业经营决策中更好地掌握和运用变动成本法。变动成本法和完全成本法的区别主要有以下几个方面。

（一）成本分类标准不同

变动成本法按成本性态，将全部成本划分为变动成本和固定成本两大部分。变动成本又可分为变动生产成本、变动销售费用、变动管理费用和变动财务费用；固定成本分为固定制造费用、固定销售费用、固定管理费用和固定财务费用。

完全成本法是按成本的经济用途将全部成本分为生产成本和非生产成本两大类。生产成本包括直接材料、直接人工和全部制造费用；非生产成本包括销售费用、管理费用和财务费用。

（二）产品成本及期间成本的构成内容不同

在变动成本法下，产品成本只包括变动生产成本，固定制造费用、销售费用、管理费用和财务费用则全部列入期间成本。

在完全成本法下，产品成本包括全部生产成本，只将非生产成本作为期间成本处理。

上述两方面的区别如表2-7所示。

表2-7　变动成本法和完全成本法在成本分类标准和构成内容方面的区别

项目		变动成本法	完全成本法
成本分类	标准	按成本性态分类	按经济用途分类
	分类	成本{变动成本{变动生产成本{直接材料、直接人工、变动制造费用}；变动非生产成本{变动销售费用、变动管理费用、变动财务费用}}；固定成本{固定制造费用、固定销售费用、固定管理费用、固定财务费用}}	成本{生产成本{直接材料、直接人工、制造费用}；非生产成本{管理费用、销售费用、财务费用}}
构成内容	产品成本	变动生产成本{直接材料、直接人工、变动制造费用}	全部生产成本{直接材料、直接人工、制造费用}
	期间成本	期间成本{变动非生产成本{变动销售费用、变动管理费用、变动财务费用}；固定成本{固定制造费用、固定销售费用、固定管理费用、固定财务费用}}	期间成本{销售费用、管理费用、财务费用}

【例2-7】 某企业只生产一种A产品，202×年有关的业务量、售价与成本资料如下：

期初存货量：0　　　　直接材料：50 000元
本年生产量：5 000台　　直接人工：30 000元
本年销售量：4 000台　　变动制造费用：40 000元
期末存货量：1 000台　　固定制造费用：25 000元
售价：40元/台　　　　变动销售费用：1 000元
固定销售费用：2 600元
变动管理费用：500元
固定管理费用：4 500元

要求：采用两种成本计算方法计算该企业的产品成本和期间成本。

解： 计算结果如表2-8所示。

表 2-8　计算结果

单位：元

项目		完全成本法		变动成本法	
		总成本	单位成本	总成本	单位成本
产品成本	直接材料	50 000	10	50 000	10
	直接人工	30 000	6	30 000	6
	变动制造费用	40 000	8	40 000	8
	固定制造费用	25 000	5		
	合计	145 000	29	120 000	24
期间成本	固定制造费用			25 000	
	销售费用	3 600		3 600	
	管理费用	5 000		5 000	
	合计	8 600		33 600	

计算结果显示：按完全成本法确定的产品总成本和单位成本高于按变动成本法确定的产品总成本和单位成本，完全成本法下的期间成本却低于变动成本法下的期间成本，它们共同的期间成本是销售费用和管理费用，这种差异的形成主要源于两种方法对固定制造费用的处理不同。在变动成本法下，产品成本不包括固定制造费用，在产销量波动的情况下，产品的单位成本一般保持不变；而在完全成本法下，由于产品成本包括固定制造费用，在产销量波动的情况下，产品的单位成本一般也随之上下波动。

（三）存货成本和销售成本的水平不同

变动成本法与完全成本法对固定制造费用的处理方法不同，导致两种成本法下销售成本及存货成本水平不同。

变动成本法下，不论是在产品、库存产成品还是已销产品，其成本都只包含变动生产成本，不包括固定制造费用，固定制造费用列入期间成本，直接计入当期利润表。

在完全成本法下，产品成本包括固定制造费用，无论是已销产品还是库存产成品、在产品，成本均包含一部分固定制造费用。固定制造费用要在销售与存货之间分配，使一部分固定制造费用转化为销售成本计入当期利润表，另一部分固定制造费用转化为存货成本递延到下期。

两种成本法在销售成本及存货成本水平方面的区别如表 2-9 所示。

表 2-9　两种成本法在销售成本及存货成本水平方面的区别

产品成本	固定制造费用的处理	
	变动成本法	完全成本法
销售成本	不包括	包括，计入利润表
存货成本	不包括	包括，计入资产负债表

（四）计算盈亏的公式不同

变动成本法下，按贡献损益确定程序计算营业利润，即首先用销售收入补偿本期实现销售产品的变动成本，从而确定边际贡献总额，再用边际贡献补偿固定成本，确定当期盈亏。计算公式为：

边际贡献＝销售收入－变动成本总额

其中：变动成本总额＝变动生产成本＋变动销售费用＋变动管理费用＋变动财务费用

营业利润＝边际贡献－固定成本总额

其中：固定成本总额＝固定制造费用＋固定销售费用＋固定管理费用＋固定财务费用

在完全成本法下，按传统式损益确定程序计算营业利润，即首先用销售收入补偿本期销售成本，从而确定销售毛利，再用销售毛利补偿期间成本，确定当期盈亏。计算公式为：

销售毛利＝销售收入－销售成本

其中：销售成本＝期初存货成本＋本期生产成本－期末存货成本

营业利润＝销售毛利－期间成本

其中：期间成本＝管理费用＋财务费用＋销售费用

三、两种成本法下营业利润差额的变化规律

变动成本法和完全成本法对固定制造费用的处理方式不同，这样就直接影响到存货计价和营业利润的计算。现举例说明在以下几种情况下用变动成本法和完全成本法确定营业利润的具体方法，从中探明这两种成本法下营业利润差额的变化规律。

（一）产量不变、销售量变动情况下，两种成本法对营业利润的影响

【例 2-8】 假设某公司三个会计年度的有关资料如表 2-10 所示。

表 2-10 某公司三个会计年度的有关资料 金额单位：元

项目	第一年	第二年	第三年
销售量（件）	200 000	240 000	280 000
单价	20	20	20
销售收入	4 000 000	4 800 000	5 600 000
生产成本数据：			
生产耗用原材料	1 200 000	1 200 000	1 200 000
生产耗用人工	480 000	480 000	480 000
变动制造费用	240 000	240 000	240 000
固定制造费用	720 000	720 000	720 000
合计	2 640 000	2 640 000	2 640 000
产量（件）	240 000	240 000	240 000
销售及管理费用：			
变动销售及管理费用	400 000	480 000	560 000
固定销售及管理费用	600 000	600 000	600 000
期末库存（件）	40 000	40 000	—

解：两种方法的计算结果分别如表 2－11、表 2－12 所示。

表 2－11　按完全成本法计算营业利润　　单位：元

项目	第一年	第二年	第三年
销售收入	4 000 000	4 800 000	5 600 000
销售成本：			
期初存货成本	0	440 000	440 000
本期生产成本	2 640 000	2 640 000	2 640 000
减：期末存货成本	440 000	440 000	0
销售成本合计	2 200 000	2 640 000	3 080 000
销售毛利	1 800 000	2 160 000	2 520 000
减：销售及管理费用	1 000 000	1 080 000	1 160 000
营业利润	800 000	1 080 000	1 360 000

表 2－12　按变动成本法计算营业利润　　单位：元

项目	第一年	第二年	第三年
销售收入	4 000 000	4 800 000	5 600 000
变动成本：			
变动生产成本	1 600 000	1 920 000	2 240 000
变动销售及管理费用	400 000	480 000	560 000
变动成本合计	2 000 000	2 400 000	2 800 000
边际贡献总额	2 000 000	2 400 000	2 800 000
固定成本：			
固定制造费用	720 000	720 000	720 000
固定销售及管理费用	600 000	600 000	600 000
固定成本合计	1 320 000	1 320 000	1 320 000
营业利润	680 000	1 080 000	1 480 000

由以上结果可以看出：

第一，如果期末存货＝期初存货，即产销平衡（产量等于销售量），则两种成本计算方法计算的营业利润相等。如本例中第二年的情况，产量 240 000 件等于销售量 240 000 件，此时，变动成本法确定的营业利润 1 080 000 元与完全成本法确定的营业利润相等。

原因是：当产量等于销售量时，无期末存货，当期的固定制造费用无论采用哪种计算方法，均在当期全部扣除，故二者确定的营业利润相同。

第二，如果期末存货＞期初存货，即产大于销（产量大于销售量），按变动成本法计算的营业利润小于按完全成本法计算的营业利润。如本例中第一年的情况，产量 240 000

件大于销售量200 000件，此时，变动成本法确定的营业利润680 000元小于完全成本法确定的营业利润800 000元。

原因是：按变动成本法计算，本期所发生的固定制造费用720 000元全额从本期销售收入中扣除。而在完全成本法下，在产量大于销售量时，说明本期生产的产品没有全部销售出去，产成品的期末存货增加，而期末存货又会负担一部分本期发生的固定制造费用。即本期发生的固定制造费用720 000元中有一部分由销售成本吸收，从本期的销售收入中扣除，其余部分120 000元（720 000÷240 000×40 000）则以期末存货形式结转到下期。可见，从本期销售收入中扣减的固定制造费用就不是全额了。所以，在销售收入相同的情况下，采用变动成本法扣除了全部固定制造费用，而采用完全成本法仅扣除了部分固定制造费用，变动成本法确定的营业利润必然小于完全成本法确定的营业利润。

第三，如果期末存货<期初存货，即产小于销（产量小于销售量），按变动成本法计算的营业利润大于按完全成本法计算的营业利润。如本例中第三年的情况，产量240 000件小于销售量280 000件，此时，变动成本法确定的营业利润1 480 000元大于完全成本法确定的营业利润1 360 000元。

原因是：按变动成本法计算，本期所发生的固定制造费用全额从本期销售收入中扣除。而按完全成本法计算，在产量小于销售量的情况下，期末产成品盘存减少，本期销售的产品中不仅包括本期生产的产成品，而且包括上期结转下来的产成品。可见，本期产品销售成本中不仅包括本期发生的全部固定制造费用720 000元，而且包括上期产成品所结转下来的固定制造费用120 000元（3×40 000）。所以，在销售收入一样的情况下，变动成本法扣除的成本少，完全成本法扣除的成本多，完全成本法确定的营业利润必然小于变动成本法确定的营业利润。

（二）销售量相同、产量变动情况下，两种成本法对营业利润的影响

【例2-9】 假设某公司三个会计年度的有关资料如表2-13所示。

表2-13 某公司三个会计年度的有关资料 金额单位：元

项目	第一年	第二年	第三年
销售量（件）	240 000	240 000	240 000
单价	20	20	20
销售收入	4 800 000	4 800 000	4 800 000
生产成本数据：			
生产耗用的原材料	1 400 000	1 200 000	1 000 000
生产耗用的人工	560 000	480 000	400 000
变动制造费用	280 000	240 000	200 000
固定制造费用	720 000	720 000	720 000
合计	2 960 000	2 640 000	2 320 000
产量（件）	280 000	240 000	200 000

续表

项目	第一年	第二年	第三年
销售及管理费用			
变动销售及管理费用	480 000	480 000	480 000
固定销售及管理费用	600 000	600 000	600 000
期末存货（件）	40 000	40 000	—

解：两种方法的计算结果分别如表 2－14、表 2－15 所示。

表 2－14　按完全成本法计算营业利润　单位：元

项目	第一年	第二年	第三年
销售收入	4 800 000	4 800 000	4 800 000
销售成本：			
期初存货成本	0	422 857	440 000
本期生产成本	2 960 000	2 640 000	2 320 000
减：期末存货成本	422 857	440 000	0
销售成本合计	2 537 143	2 622 857	2 760 000
销售毛利	2 262 857	2 177 143	2 040 000
减：销售及管理费用	1 080 000	1 080 000	1 080 000
营业利润	1 182 857	1 097 143	960 000

表 2－15　按变动成本法计算营业利润　单位：元

项目	第一年	第二年	第三年
销售收入	4 800 000	4 800 000	4 800 000
变动成本：			
变动生产成本	1 920 000	1 920 000	1 920 000
变动销售及管理费用	480 000	480 000	480 000
变动成本合计	2 400 000	2 400 000	2 400 000
边际贡献总额	2 400 000	2 400 000	2 400 000
固定成本：			
固定制造费用	720 000	720 000	720 000
固定销售及管理费用	600 000	600 000	600 000
固定成本合计	1 320 000	1 320 000	1 320 000
营业利润	1 080 000	1 080 000	1 080 000

由以上结果可以看出：

第一，当销售量不变而产量变化时，采用变动成本法计算的各期营业利润是一定的，本例均为 1 080 000 元。这是因为每年的销售量、销售收入相同，而且每年的成本费用水平都一致，所以营业利润相同。

第二，前述在产量不变、销售量变动的情况下变动成本法和完全成本法对营业利润影响的三条规律都适用，但不完全一致。

原因是：在完全成本法下，各年的产量发生变动后，单位产品分摊的固定制造费用就不相同，这样即使期初、期末存货数量相同，存货的成本也不完全相同，如本例中的第二年，虽然期初、期末数量都是 40 000 件，但期初存货的单位成本为 10.571 43 元（2 960 000÷280 000），而期末存货的单位成本为 11 元（2 640 000÷240 000），所以两种成本法确定的营业利润不一致。两者营业利润差额＝(期末单位成本－期初单位成本)×存货数量＝(11－10.571 43)×40 000≈17 143 元。

四、对变动成本法和完全成本法的评价

长期以来，对完全成本法和变动成本法的争论焦点在于存货计价的完整性和对外会计报告的准则要求。对此问题应从两方面考虑，从企业内部经营决策管理角度分析，变动成本法提供的信息更加有用；从企业外部分析，传统的外部报告必须符合会计准则的要求，完全成本法更合适。所以，两种成本计算方法各有千秋，其优缺点只是相对而言的。

（一）变动成本法的优点及局限性

1. 变动成本法的优点

（1）促使企业重视销售工作，防止盲目生产。扩大产品销售从而增加利润是一种常识，但是在完全成本法下，却会出现销售量下降利润反而增长的反常情况，这种情况只是产量大幅增加所致，容易助长只重视生产而忽视销售的不良倾向。这样一来，必然会导致企业盲目生产造成产品积压，而产品积压不仅会导致资金长期占用和保管成本上升，还可能会导致产品的永久损失，如折价、毁损、报废等。

采用变动成本法，利润与销售成正比，与产量的高低、存货的增减无关，这样就会促使管理当局考虑扩大销路来增加利润，更加重视销售环节，把注意力集中在分析市场动态、开拓销售渠道、以销定产、搞好售后服务等方面，防止盲目生产。

（2）有利于科学地进行成本分析和控制。变动成本法按成本性态将全部成本分为固定成本和变动成本，能把产量变动引起的成本变动同成本控制工作带来的成本变动清晰地区分开来，进而可以分清部门之间的责任，有针对性地对相关部门的工作进行正确评价，同时也有利于树立正确的成本控制指导思想。

（3）真正符合费用与收益相配比的公认会计原则。变动成本法的基本原理就是将当期所确认的费用按照成本性态分为两大部分：一是与产品生产数量直接相关的成本，即变动成本。它包括直接材料、直接人工和变动制造费用。这部分成本中，由已销售产品负担的相应部分（即当期销售成本）需要与销售收入（即当期收益）相配比；由未销售产品负担的相应部分（即期末存货成本）则需要与未来收益相配比。二是与产品生产数量无直接联系的成本，即固定制造费用。这部分成本是企业为维持正常生产能力所必须负担的成本，它们与生产能力的利用程度无关，既不会因为产量的提高而

增加，也不会因为产量的下降而减少，只会随着时间的推移而丧失，所以应全部列为期间费用而与当期的收益相配比。

2. 变动成本法的局限性

（1）不符合传统的成本概念要求。按传统成本概念的理解，生产成本是产品在生产过程中发生的全部耗费，既应该包括变动生产成本，也应该包括固定生产成本，这种观点得到了广泛认可。很显然，变动成本法不符合这一概念的要求。

（2）不能适应长期决策的需要。变动成本法以成本性态分析为基础，以相关范围内固定成本和单位变动成本固定不变为前提条件，这在短期内是成立的。但从长期看，受到技术进步和通货膨胀等因素的影响，固定成本总额和单位变动成本很难固定不变，甚至可能发生很大的变化。所以，虽然变动成本法能对短期决策提供最优方案的有关依据，但对长期投资决策来说，它难以完全胜任。

（3）不能适应定价决策的需要。变动成本法下的产品成本只包括变动生产成本，不包括固定生产成本，不便于在定价决策中依据产品成本来制定产品价格。

（二）完全成本法的优点和局限性

1. 完全成本法的优点

（1）鼓励企业管理当局提高产品产量。采用完全成本法，在市场激烈竞争条件下，可使单位产品成本发生急剧变化，即产量越高，单位产品分摊的固定成本越少，使单位产品总成本下降，从而大大激发企业提高产品产量的积极性。

（2）便于直接编制对外财务报表。企业财务报表的阅读者，如投资人、债权人等都是以一种长期的观点来衡量一个企业的，为了满足他们的要求，企业应当提供产品及其存货的全部成本资料，以满足他们执行长期决策的需要。完全成本法提供的成本资料可以直接用来编制对外财务报表，不需要进行任何加工处理。

2. 完全成本法的局限性

（1）不利于成本控制和考核。完全成本法所计算出的单位产品成本包括变动生产成本和固定生产成本，因此单位产品成本的高低不仅受成本控制好坏的影响，而且受产量多少的影响。

（2）提供的成本资料不便于预测和决策分析。采用完全成本法，不按成本性态将成本分为变动成本和固定成本，计算的产品成本包括固定成本、变动成本，提供的成本资料不能把本量利有机地联系起来，不便于进行预测、决策分析及编制预算，管理人员在规划和控制企业的经营活动时，还需要进行加工整理。

从以上分析可以看出，完全成本法和变动成本法各有优缺点，两者是互补关系，变动成本法的优点恰好是完全成本法的缺点，而变动成本法的缺点正好是完全成本法的优点。因此，企业可以将两种方法结合使用，满足不同的需求。在目前的制造环境下，存货将保持相当低的水平甚至为零，完全成本法和变动成本法收益上的差异将很小或不复存在，而且随着计算机在企业中的广泛应用，两种成本法的兼用有了可靠的保证。

小　结

成本按性态分类是管理会计的基础，掌握成本的各种分类方法对预测与决策极为重要。变动成本法是与传统的完全成本法相对应的一种方法，它与完全成本法的本质区别在于对固定制造费用这一特殊成本的处理。变动成本法将固定制造费用作为期间成本处理，故而当期发生的全部固定制造费用均计入利润表中；完全成本法则将固定制造费用作为产品成本处理，故而当期发生的固定制造费用会受到当期期初、期末存货水平的影响。

思考题

1. 什么是成本性态？成本为什么要按性态分类？
2. 请对比说明成本按性态分类和按经济用途分类的不同。
3. 什么是混合成本？它有几种表现形式？
4. 为什么在变动成本法下，固定制造费用不计入产品成本而作为期间费用处理？
5. 简述变动成本法和完全成本法的优缺点。
6. 采用变动成本法和完全成本法得出的营业利润可能不同，试分析其规律。

练习题

某机械公司以往对外公开的利润表一贯采用完全成本法进行编制，其最近三年的简明资料如表2-16所示。

表2-16　某机械公司的资料

单位：元

项目	2021年	2022年	2023年
销售收入	100 000	60 000	120 000
销售成本	60 000	36 000	72 000
销售毛利	40 000	24 000	48 000
销售及管理费用	20 000	20 000	20 000
税前净利	20 000	4 000	28 000

该公司2021—2023年连续三年的产销情况如表2-17所示。

表 2-17　产销情况　　单位：件

项目	2021 年	2022 年	2023 年
产量	10 000	10 000	10 000
销售量	10 000	6 000	12 000

该公司的产品单位变动成本为 4 元，其固定成本按每件 2 元分摊到产品中。

要求：

（1）用变动成本法编制 2021—2023 年三年的利润表。

（2）说明采用两种不同方法所求得的税前利润为什么有的年度相同，有的年度不同？如不同，相差多少？可以采用什么方法验算？

案例及应用

1. 某企业在 4 年前推行小经营主体的实践，表 2-18 是一份下属公司的产销量数据资料。

表 2-18　企业下属某公司的有关资料　　单位：件

项目	2021 年	2022 年	2023 年
产量	85 000	80 000	60 000
销售量	70 000	75 000	80 000

表 2-19 是根据这三年的产销量编制的利润表。

表 2-19　企业下属某公司 2021—2023 年的简化利润表　　单位：元

项目	2021 年	2022 年	2023 年
营业收入	1 750 000	1 875 000	2 000 000
期初存货成本	80 000	320 000	400 000
本期生产成本：			
变动生产成本（单位成本 9 元）	765 000	720 000	540 000
固定制造费用	560 000	560 000	560 000
本期生产成本合计	1 325 000	1 280 000	1 100 000
期末存货成本	320 000	400 000	80 000
本期营业成本	1 085 000	1 200 000	1 420 000
销售费用和管理费用（其中：单位产品的变动销售和管理费用为 6 元，其余的是固定销售和管理费用）	620 000	650 000	680 000
营业利润	45 000	25 000	－100 000

2024 年企业董事会拟对下属的这家公司进行聘期考核，然而若将这份利润表作为

董事会资料上会讨论，后果必然是该公司的经营班子下台。利润表显示，该公司这三年的利润数据是逐年递减的。企业下属的这家公司（小经营主体）的总经理对这三年的利润感到非常困惑，他认为，在任职的这三年里，经营班子重视销售，努力改进产品质量，加强广告、促销与技术服务，提高产品竞争力，公司的销售量一直稳步增长，为什么利润反而越来越少？2023年企业完成了200万元的销售额，反而亏损了10万元，这究竟是什么原因？通过管理会计视角的全面绩效评价，该下属公司的总经理明白了其中的道理，同时企业也没有以这份报表来考核总经理，而是重新按绩效管理的要求编制了一份管理会计的利润表，如表2-20所示。

表2-20 企业下属某公司的管理会计利润表

单位：元

项目	2021年	2022年	2023年
营业收入	1 750 000	1 875 000	2 000 000
变动成本：			
变动生产成本	630 000	675 000	720 000
变动销售及管理费用	420 000	450 000	480 000
变动成本合计	1 050 000	1 125 000	1 200 000
固定成本：			
固定制造费用	560 000	560 000	560 000
固定销售及管理费用	200 000	200 000	200 000
固定成本合计	760 000	760 000	760 000
营业利润	−60 000	−10 000	40 000

上表显示，这张调整后的利润表中利润是逐年递增的。它表明，企业管理层的经营是有成效的。管理会计的全面绩效评价不仅纠正了过去依据错误的数据来判断经营业绩的传统做法，还从科学的角度为公司任用真正有才干的经营团队提供了数据资料。这种将管理会计的知识应用于企业之中并产生效果的经验，值得借鉴与推广。

讨论：

应用上述案例资料，结合本章内容，谈谈变动成本法与完全成本法的区别与联系。

2. 周兴是一家制药企业的中层干部，自从担任药品供应部经理一职以来，他团结同事、勤奋工作，眼看就要到三年的考核期了。回顾三年来的工作，他有许多困惑存于心头。

担任药品供应部经理的第一年，部门净利润就比上一年有了大幅度的增长，周兴劲头倍增。

第二年，利润增加得更多。基于合同期三年的考虑，周兴的上司，负责经营的副总经理承诺，若今年（第三年）继续保持同样的利润增长率，将奖励他30万元人民币的奖金，团队成员也按事先确定的比例同步获得奖励。

第三年，周兴及其团队信心满满、干劲十足。这一年，企业的销售情况明显高于上一年，而成本水平与上一年持平。

到了三年末的考核期，周兴拿到了三年来的经营数据。看完这些数据，周兴十分高兴，因为自己的销售额比上一年增加了20%，而成本保持稳定。

可是，当他看完年度利润表后，却感到十分沮丧和困惑。第三年的利润并没有大幅度增加，相反却降低了一些。对此，他认为一定是会计部门弄错了。

讨论：

对比上一个案例，结合变动成本法的特征，谈谈管理会计利润表（变动成本利润表）存在的局限性。

第3章

本量利分析

知识目标

理解本量利分析的基本含义，了解保本点、保利点和经营安全程度等概念，认识本量利分析中各项指标的应用价值。

能力目标

掌握多品种条件下的本量利分析方法，以及各因素变动对盈亏平衡点的影响，应用本量利分析工具为企业的生产决策、定价决策以及投资决策等提供可靠依据。

素养目标

(1) 加强风险意识，优化企业在应对突发事件中的保本、保利措施。

(2) 结合国际形势，应用本量利分析强化企业在不确定性环境下的生存能力和应对手段，保障企业的平稳发展。

导读　突发事件下企业的生存之道

2020年1月，新冠疫情肆虐，成为经济运行中突发的不可抗力事件。疫情当前，企业面临巨大的考验，员工返岗难、合同履约难、供应服务难等无不阻碍着企业的生存与发展。尤其是中小企业，设备技术相对落后、人才匮乏、资金储备不足，更是难以应对突发情况。人民法院公告网显示，自疫情暴发以来，截至2022年3月，已有逾1 000家企业发布破产公告。多数企业为了应对疫情、减少成本，选择裁员，而这将使成千上万的人失业，给人民的幸福生活带来影响。

面对突发事件下的不确定性，企业如何保生存、谋发展，既是企业自身的现实需要，也是员工及区域经济发展的重要问题。从管理会计方法体系中寻求有效工具，是增强企业决策有用性的重要手段。本量利分析方法作为管理会计的一项重要工具，能够揭示成本、业务量和利润之间的数量关系，并结合固定成本与变动成本对利润的影响以及业务量与销售成本的关联性思考企业的对策。尤为重要的是，能够与风险管理等工具相互匹配与融合，预测企业在保本、保利等不同条件下的销售量及销售收入的实现情况。

本章知识将告诉我们，结合管理会计的学习与应用，可以制定出更加科学合理的管理方式或手段，以应对突发事件下的应急事项，构建风险管理的内在机制，帮助企业寻求最佳的生存与发展之道。

第1节 本量利分析概述

一、本量利分析的含义

本量利分析（cost volume profit analysis，CVP分析），是对成本-业务量-利润关系进行分析的简称。它是通过研究成本、业务量和利润三者之间的依存关系，从而为对生产经营活动进行预测、规划、决策和控制提供信息的一种定量分析方法。

本量利分析是管理会计的基本分析方法之一，无论在西方还是在我国应用都十分广泛。运用本量利分析可以进行保本、保利条件下应实现销售量或销售额的预测；若将其与风险分析相联系，可为企业提供降低经营风险的方法和手段，以保证企业既定目标的实现；若将其与决策分析相结合，可用于企业的生产决策、定价决策和投资项目的可行性分析，为全面预算、成本控制和责任会计应用等提供理论准备。

二、本量利分析的基本假设

在本量利分析中，成本、业务量和利润之间的数量关系是建立在一系列假设基础上的。这些基本假设一方面有助于建立简单数学模型来反映成本、业务量、利润之间的关系；另一方面又给数学模型的应用带来很大的约束和限制。正因为如此，管理会计的本量利分析方法在实际运用中具有一定的局限性，如果在分析中不注意这些基本假设，往往会得出错误的结论。所以，在运用本量利分析方法时，分析者应该对这些基本假设加以充分认识。本量利分析的基本假设主要包括：

（一）成本性态分析的假设

该假设要求企业所发生的全部成本按其性态确定为变动成本和固定成本，并且变动成本与业务量成正比例变动，固定成本保持不变，这就要求各成本要素的价格、生产效率、规模等都不发生变化。

（二）销售收入完全变动的假设

该假设要求销售收入必须随业务量的变化而变化，两者之间应保持线性关系。因此，产品的销售单价必须保持不变。

（三）同一业务量的假设

假设销售收入与总成本都以同一业务量作为共同基础进行计算。该假设要求，企业的产品都能出售，或者原有存货水平没有显著变化。只有这样才能使变动成本法下的当期销售收入与当期发生的所有变动和固定费用相配比。

（四）产品产销结构稳定的假设

在产销多种产品的情况下，盈亏平衡点会受到多种产品边际贡献率和产品产销结构的影响，只有在产品产销结构不变的基础上进行的盈亏平衡分析才是有效的。

三、本量利分析的基本模型

本量利分析所考虑的相关因素主要包括固定成本（a）、单位变动成本（b）、产量或销售量（x）、单价（p）、销售收入（px）和利润（P）等。根据变动成本法下的利润表格式，成本、销售量和利润之间的关系可以用下列方程式表示：

$$\begin{aligned}\text{利润}(P) &= \text{销售收入}-\text{总成本}\\ &= \text{销售收入}-(\text{变动成本}+\text{固定成本})\\ &= \text{单价}\times\text{销售量}-(\text{固定成本}+\text{单位变动成本}\times\text{销售量})\\ &= px-(a+bx)\\ &= (\text{单价}-\text{单位变动成本})\times\text{销售量}-\text{固定成本}\\ &= (p-b)x-a\end{aligned}$$

四、边际贡献及相关指标

边际贡献（contribution margin）也称作贡献毛益、贡献边际、边际利润或创利额，它是指销售收入减去变动成本以后的金额。通常有以下三种表现形式：

一是总额概念的“边际贡献”（Tcm），是指一定时期的销售收入总额减去变动成本总额后的余额，反映了本期产品销售为企业利润总额所做的贡献。计算公式如下：

$$\text{边际贡献总额}=\text{销售收入总额}-\text{变动成本总额}$$

应注意的是：企业各种产品所提供的边际贡献总额并不是企业的利润。因为边际贡献总额首先用来补偿固定成本总额（即利润＝边际贡献总额－固定成本总额）；如有余额，才能为企业提供利润；如不够补偿固定成本总额，则会出现亏损。所以，边际贡献的实质就是各种产品为企业提供盈利的能力，它是一项衡量每种产品的盈利水平的重要指标。因此，对企业的经营决策来说，边际贡献是导向性的指标，有举足轻重的影响。

二是单位概念的“单位边际贡献”（cm），是指某种商品的单价减去该商品的单位变动成本以后的差额，反映单位产品的盈利能力。即每增加一个单位产品的销售能给企业提供的贡献。计算公式如下：

$$\text{单位边际贡献}=\text{单价}-\text{单位变动成本}=\frac{\text{边际贡献总额}}{\text{销售量}}$$

三是“边际贡献率”（cmR），也称贡献毛益率、边际利润率或创利率，是指边际贡献在销售收入中所占的百分比。计算公式如下：

$$边际贡献率=\frac{单位边际贡献}{单价}\times 100\%=\frac{边际贡献总额}{销售收入}\times 100\%$$

与边际贡献率密切关联的指标是变动成本率，是指变动成本占销售收入的百分比，或指单位变动成本占单价的百分比。计算公式如下：

$$变动成本率=\frac{单位变动成本}{单价}\times 100\%$$
$$=\frac{变动成本总额}{销售收入}\times 100\%$$

将边际贡献率与变动成本率两个指标联系起来考虑，可以得出以下关系式：

$$边际贡献率+变动成本率=1$$

亦即　$单位边际贡献=单价-单位变动成本$

移项，得

$$单位边际贡献+单位变动成本=单价$$

等式两边除以单价，即可得到“边际贡献率＋变动成本率＝1”。

由此可知，边际贡献率与变动成本率具有互补关系，变动成本率低的企业，边际贡献率高，意味着企业创利能力强；反之，变动成本率高的企业，边际贡献率低，意味着企业创利能力弱。因此，企业应尽可能地增加边际贡献率高的产品的产量和销售量，以获得更多的利润。

【例 3-1】 宝升公司只生产一种产品，单价为 16 元，单位变动成本为 12 元，固定成本为 18 000 元，202×年销售量为 8 000 件。要求：(1) 计算全部边际贡献指标；(2) 计算营业利润；(3) 计算变动成本率；(4) 验证边际贡献率与变动成本率的关系。

解：(1) 单位边际贡献 $(cm)=p-b=16-12=4$（元）

边际贡献总额 $(Tcm)=cm\cdot x=4\times 8\,000=32\,000$（元）

边际贡献率 $(cmR)=cm\div p=4\div 16=25\%$

(2) 营业利润 $(P)=Tcm-a=32\,000-18\,000=14\,000$（元）

(3) 变动成本率 $(bR)=b\div p=12\div 16=75\%$

(4) 边际贡献率＋变动成本率 $=cmR+bR=25\%+75\%=1$

第 2 节　单一品种条件下的本量利分析

一、保本分析

所谓保本，就是指企业在一定期间内收支相等、盈亏平衡、不盈不亏、利润为零。

保本分析就是一种研究当企业恰好处于保本状态时的本量利关系的定量分析方法，它是本量利分析的核心内容，又称为盈亏临界分析、够本分析。研究的主要内容有保本点的确定、企业经营安全程度的分析、保利分析，以及有关因素变动对保本点的影响等。通过研究分析这些内容，为企业提供在何种业务量下会出现亏损、在何种业务量下能够盈利等信息。保本分析的关键是盈亏平衡点的确定。

盈亏平衡点，又称为保本点、损益分界点，是企业一定时期的总收入等于总成本、利润为零时的业务量或金额。在坐标图中，这个点正好是总收入线与总成本线的交点。

盈亏平衡点有两种表现形式：一种是用实物量表示的保本销售量，即销售多少数量的产品才能保本；一种是用价值量表示的保本销售额，即销售多少金额的产品才能保本。确定方法主要有以下两种。

（一）公式法

公式法是根据保本点的含义和本量利分析的基本公式来确定保本点的一种方法。当企业处于保本状态时，利润为零。根据本量利分析的基本公式，可以得到保本点的计算公式如下：

$$\text{销售收入}-\text{变动成本}-\text{固定成本}=0$$

$$\text{销售量}\times(\text{单价}-\text{单位变动成本})-\text{固定成本}=0$$

$$\text{保本销售量}=\frac{\text{固定成本总额}}{\text{单价}-\text{单位变动成本}}=\frac{\text{固定成本总额}}{\text{单位边际贡献}}$$

$$\text{保本销售额}=\text{单价}\times\text{保本销售量}=\frac{\text{固定成本}}{\text{边际贡献率}}=\frac{\text{固定成本}}{1-\text{变动成本率}}$$

【例3-2】 仍按例3-1有关资料，试计算该企业的保本点指标。

解： $\text{保本销售量}=\frac{\text{固定成本总额}}{\text{单价}-\text{单位变动成本}}=\frac{18\ 000}{16-12}=4\ 500$（件）

$\text{保本销售额}=\text{单价}\times\text{保本销售量}=16\times4\ 500=72\ 000$（元）

（二）图解法

除了用公式法进行盈亏平衡分析外，还可以通过绘制形象化的盈亏平衡分析图，来表达有关因素之间的相互关系。

绘制方法如下：建立直角坐标系，纵轴表示收入和成本，横轴表示产销量，然后绘出三条线。一是绘制固定成本线，在纵轴上确定固定成本数值，并以此为起点，绘制一条平行于横轴的直线，即为固定成本线 a。二是绘制销售收入线，以单价为斜率，过原点及任意销售量下的销售额（x，y），确定销售收入线 px。三是绘制总成本线，以单位变动成本为斜率，从纵轴 a 向上绘制总成本线 $a+bx$，如图3-1所示。

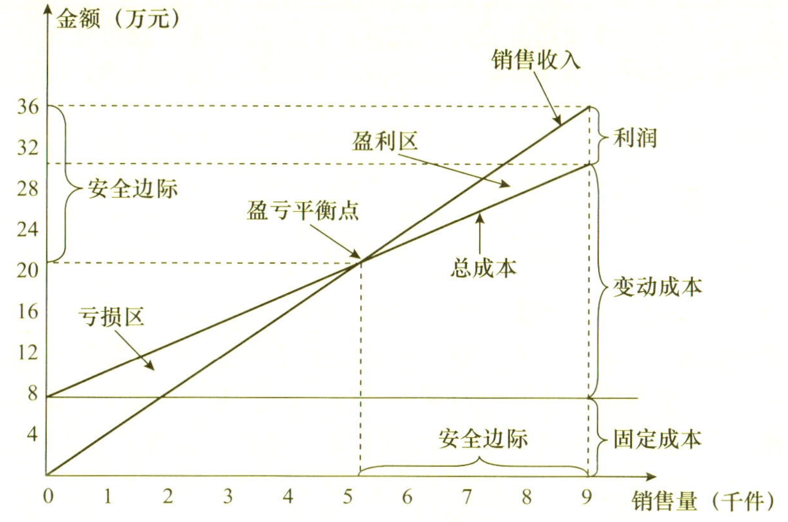

图3-1 本量利关系图

由图3-1可以看出：(1) 固定成本线与横轴之间的距离为固定成本，它不随产量增减而变动。(2) 总成本线与固定成本线之间的距离为变动成本，它随产量变动成正比例变动。(3) 总成本线与横轴之间的距离为总成本，它是固定成本与变动成本之和。(4) 总收入线与总成本线相交的那一点即为保本点，由保本点向横轴画一垂直线，与横轴相交的那一点即为保本销售量，与纵轴相交的那一点即为保本销售额。表明企业在此销售量下总收入与总成本相等，既没有利润，也不发生亏损。在此基础上，增加销售量，销售收入超过总成本，销售收入线和总成本线的距离为利润值，形成盈利区；反之，形成亏损区。

该图将固定成本置于变动成本之下，这样就可以清晰地揭示固定成本总额的不变性、保本点、盈利三角区以及亏损三角区等，并且清晰地反映有关因素的变动对利润的影响。图解法形象直观，易于企业管理人员理解，对于提高经营管理工作的预见性和主动性有较大的帮助。但是此法要依靠目测来绘制和读数，结果可能不十分精确。

二、经营安全程度分析

只有当产品销售量大于盈亏平衡点销售量时，企业才处于盈利状态，而且，产品销售量大于盈亏平衡点销售量的差额越大，获得的利润就越多；反之，获得的利润就越少，甚至亏损。从企业经营的角度来看，产品销售量大于盈亏平衡点销售量的差额越大，经营就越安全；反之亦然。衡量企业经营安全性的指标有两种：安全边际和保本作业率。

（一）安全边际

安全边际指实际（或预计）的销售量超过保本销售量的差额或实际（或预计）销

售额超过保本销售额的差额，它表明销售量、销售额下降多少企业仍不亏损。

安全边际有绝对数和相对数两种表现方式，其中绝对数指标包括实物量指标安全边际量和价值量指标安全边际额，相对数指标为安全边际率，计算公式如下：

$$安全边际量=实际（预计）销售量-保本销售量$$

$$安全边际额=实际（预计）销售额-保本销售额=单价\times安全边际量$$

$$安全边际率=\frac{安全边际量}{实际（预计）销售量}=\frac{安全边际额}{实际（预计）销售额}$$

安全边际指标对企业经营者而言是衡量经营前景的正指标。安全边际越大，发生亏损的可能性就越小，企业经营的安全程度就越高，企业可以实现的利润就越多。反之，安全边际越小，企业发生亏损的可能性就越大，企业经营的安全程度也就越低。当安全边际指标为负值时，企业则处于亏损状态。企业经营安全性的检验数据如表3-1所示。

表3-1 企业经营安全性检验标准

安全边际率	40%以上	30%～40%	20%～30%	10%～20%	10%以下
安全程度	很安全	安全	较安全	值得注意	危险

（二）保本作业率

保本作业率是指保本销售量（或销售额）与实际（或预计）销售量（或销售额）的百分比。计算公式如下：

$$\begin{aligned}保本作业率&=\frac{保本销售量}{实际（预计）销售量}\times100\%\\&=\frac{保本销售额}{实际（预计）销售额}\times100\%\end{aligned}$$

保本作业率是一个反指标，该指标越小越安全，数值越小，说明企业经营安全程度越高。

安全边际率与保本作业率的关系为：

$$安全边际率+保本作业率=1$$

【例3-3】 仍按例3-1有关资料，要求：(1) 计算该企业的安全边际指标；(2) 计算该企业的保本作业率；(3) 验证安全边际率与保本作业率的关系；(4) 评价该企业的经营安全程度。

解：(1) 安全边际量=实际销售量-保本销售量=8 000-4 500=3 500（件）

安全边际额=实际销售额-保本销售额=16×8 000-72 000=56 000（元）

安全边际率=安全边际量÷实际销售量=3 500÷8 000=43.75%

(2) 保本作业率=保本销售量÷实际销售量=4 500÷8 000=56.25%

(3) 安全边际率+保本作业率=43.75%+56.25%=1

(4) 安全边际率为43.75%，所以可以断定该企业处于很安全的状态。

（三）利润与其他因素的关系

只有保本点以上的销售额（即安全边际部分）才能为企业提供利润，安全边际与企业利润完全正相关取决于边际贡献的存在。也就是说，只有存在有效的边际贡献，安全边际才会与利润保持完全正相关。所以，利润与安全边际的正相关性需要通过与边际贡献指标的结合进行表达，即

$$\text{利润}=\text{安全边际销售量}\times\text{单位边际贡献}$$
$$=\text{安全边际销售额}\times\text{边际贡献率}$$
$$\text{销售利润率}=\text{安全边际率}\times\text{边际贡献率}$$

这表明，企业销售利润率的水平受到边际贡献率和安全边际率两个因素的共同影响。企业要提高销售利润率，就必须提高安全边际率，即降低保本作业率；或者提高边际贡献率，即降低变动成本率。

三、保利分析

在市场经济条件下，企业绝不可能仅仅满足于不亏本或维持简单再生产，而是要根据市场供需情况和企业本身的条件不断寻求发展，因此企业追求盈利是生存和发展的前提。只有在考虑盈利存在的条件下，才能充分揭示成本、业务量和利润之间的正常关系。所以，在确定了保本点以后，就需要进行保利分析。

保利点是指在单价和成本水平既定的情况下，为确保实现确定的目标利润而应当达到的销售量和销售额的总称。企业对一定时期内目标利润已知条件下本量利的分析就是保利分析。通过保利分析，可以首先确定为实现目标利润而应达到的目标销售量和目标销售额，从而以销定产，确定目标产量、生产成本以及资金需要量等。

保利点一般有两种表现形式：一是用实物量表现，称为保利销售量；另一种是用价值量来表现，称为保利销售额。

$$\text{保利销售量}=\frac{\text{固定成本总额}+\text{目标利润}}{\text{单价}-\text{单位变动成本}}$$

$$\text{保利销售额}=\frac{\text{固定成本总额}+\text{目标利润}}{\text{边际贡献率}}$$

$$=\frac{\text{固定成本总额}+\text{目标利润}}{1-\text{变动成本率}}$$

第 3 节 多品种条件下的本量利分析

以上是单一产品的本量利分析模型，但在实际工作中，绝大多数企业都不可能只生产一种产品，更多的是进行两种以上的多品种的产销活动。企业同时产销多种产品，盈亏平衡点就不能用实物量表示，因为不同质的各种产品在数量上是不能相加的，因此只能用货币量来表示。在单一品种的情况下，可以采用销售数量来表示，而在多品

种的情况下，就应采用销售金额来表示。多种产品的本量利分析方法主要有以下几种。

一、综合边际贡献率法

综合边际贡献率法是在确定企业综合边际贡献率的基础上，分析多品种条件下本量利关系的一种方法。它适用于多种产品都使用同一固定资产、固定成本无法划分的情况。使用这种方法的关键就是如何确定综合边际贡献率。计算公式为：

$$综合保本销售额=\frac{固定成本总额}{综合边际贡献率}$$

综合边际贡献率的计算方法又分为以下三种。

（一）加权平均边际贡献率法

加权平均边际贡献率法是指在各种产品边际贡献的基础上，以各种产品的预计销售收入比重作为权数，先确定企业加权平均的综合边际贡献率，然后分析多品种条件下本量利关系的一种定量分析方法。具体步骤为：

（1）计算各种产品的边际贡献率。

（2）计算全部产品的销售总额。

$$销售总额=\sum(某种产品的单价\times该产品的预计销售量)$$

（3）计算各种产品的销售比重。

$$销售比重=\frac{某种产品的销售额}{全部产品的销售总额}$$

（4）计算企业综合边际贡献率。

$$综合边际贡献率=\sum(各产品的边际贡献率\times各产品的销售比重)$$

（5）计算企业的综合保本销售额。

$$综合保本销售额=\frac{固定成本总额}{综合边际贡献率}$$

（6）计算各种产品的保本销售额及销售量。

$$各种产品的保本销售额=综合保本销售额\times各产品的销售比重$$

$$各种产品的保本销售量=\frac{各种产品的保本销售额}{各种产品的单价}$$

【例3-4】 宝升公司生产销售甲、乙、丙三种产品，固定成本为11 500元，产销资料如表3-2所示。

表3-2 宝升公司产销资料

项目	甲	乙	丙
销售量（个）	500	1 000	1 500

续表

项目	甲	乙	丙
单价（元）	20	30	40
单位变动成本（元）	16	27	28

要求：计算该公司甲、乙、丙三种产品的保本销售量。

解：（1）计算各种产品的边际贡献率。

甲产品边际贡献率＝(20－16)÷20＝20%

乙产品边际贡献率＝(30－27)÷30＝10%

丙产品边际贡献率＝(40－28)÷40＝30%

（2）计算全部产品的销售总额。

销售总额＝20×500＋30×1 000＋40×1 500＝100 000（元）

（3）计算各种产品的销售比重。

甲产品所占百分比＝20×500÷100 000＝10%

乙产品所占百分比＝30×1 000÷100 000＝30%

丙产品所占百分比＝40×1 500÷100 000＝60%

（4）计算该企业综合边际贡献率。

综合边际贡献率＝20%×10%＋10%×30%＋30%×60%＝23%

（5）计算该企业综合保本销售额。

11 500÷23%＝50 000（元）

（6）计算各种产品的保本销售额。

甲产品保本销售额＝50 000×10%＝5 000（元）

乙产品保本销售额＝50 000×30%＝15 000（元）

丙产品保本销售额＝50 000×60%＝30 000（元）

（7）计算各种产品的保本销售量。

甲产品保本销售量＝5 000÷20＝250（个）

乙产品保本销售量＝15 000÷30＝500（个）

丙产品保本销售量＝30 000÷40＝750（个）

（二）边际贡献率总和法

边际贡献率总和法是在计算每种产品为企业创造的边际贡献率的基础上，求出企业边际贡献率的总和从而得到综合边际贡献率的方法。计算公式为：

$$\text{某种产品为企业创造的边际贡献率}=\frac{\text{该产品创造的边际贡献}}{\text{企业全部产品销售收入之和}}\times 100\%$$

$$综合边际贡献率 = \sum 每种产品为企业创造的边际贡献率$$

【例3-5】 承例3-4，根据表3-3资料，计算宝升公司的盈亏平衡点。

表3-3 宝升公司销售数据

项目	甲	乙	丙	合计
销售收入（元）	10 000	30 000	60 000	100 000
变动成本（元）	8 000	27 000	42 000	77 000
边际贡献（元）	2 000	3 000	18 000	23 000
边际贡献率（%）	20	10	30	

解： 甲的边际贡献率＝(2 000÷100 000)×100%＝2%

乙的边际贡献率＝(3 000÷100 000)×100%＝3%

丙的边际贡献率＝(18 000÷100 000)×100%＝18%

边际贡献率总和＝2%＋3%＋18%＝23%

综合盈亏平衡点销售额＝11 500÷23%＝50 000（元）

此方法适用于已知各种产品为企业创造的边际贡献率的情况，但该方法无法进一步确定每种产品的保本点等指标。

（三）边际贡献总额法

边际贡献总额法是根据一定条件下企业各种产品的边际贡献总额与销售收入总额之比来确定综合边际贡献率的方法。计算公式为：

$$综合边际贡献率=\frac{全部产品边际贡献之和}{全部产品销售收入之和}\times 100\%$$

此方法比较简单，不需要每种产品的详细资料，只需企业边际贡献总额和销售收入资料即可，但该方法无法进一步确定每种产品的保本点等指标。

【例3-6】 承例3-5资料，计算宝升公司的盈亏平衡点。

解： 综合边际贡献率＝(23 000÷100 000)×100%＝23%

综合盈亏平衡点销售额＝11 500÷23%＝50 000（元）

上述三种计算综合边际贡献率的方法实质上是一样的，只是它们分别适用于掌握资料详略不同的情况。虽然加权平均法要求掌握比其他两种方法更详细具体的资料，但它能够提供比其他两种方法更为有用的信息从而更具有实用性。由于在管理会计实务中，大多按加权平均法计算综合边际贡献率，故也有人将综合边际贡献率法直接称为加权平均法。

二、联合产销单位法

联合产销单位法是指在事先掌握多品种之间客观存在的相对稳定的产销实物量比例的基础上，确定每一联合单位的单价和单位变动成本，进行多品种条件下本量利分析的一种方法。这种方法适用于利用同一种原料加工成性质相近、产出结构比较稳定的联产品的企业。计算公式如下：

$$联合盈亏平衡产销量=\frac{固定成本总额}{联合单价-联合单位变动成本}$$

其中：
$$联合单价=\sum\left(每种产品的单价\times\frac{该种产品的销售量}{销售量最大公约数}\right)$$

$$联合单位变动成本=\sum\left(每种产品的单位变动成本\times\frac{该种产品的销售量}{销售量最大公约数}\right)$$

$$某种产品的保本销售量=联合盈亏平衡产销量\times\frac{该种产品的销售量}{销售量最大公约数}$$

某种产品的保本额＝单价×某种产品的保本销售量

【例3-7】 宝升公司使用同种原料加工成性质相近、产出结构比较稳定、十分畅销的三种联产品甲、乙、丙，有关资料如表3-4所示。

表3-4 宝升公司产销资料　　金额单位：元

产品	销售量（千克）	单价	单位变动成本	固定成本
甲	20 000	20	17	60 000
乙	5 000	40	32	
丙	2 000	100	50	

要求：请用联合产销单位法计算各产品的保本销售量。

解： 产销实物量比例：甲∶乙∶丙＝20 000∶5 000∶2 000＝20∶5∶2

联合单价＝20×20＋40×5＋100×2＝800（元）

联合单位变动成本＝17×20＋32×5＋50×2＝600（元）

联合盈亏平衡产销量＝60 000÷(800－600)＝300（千克）

甲产品保本销售量＝300×20＝6 000（千克）

甲产品保本销售额＝20×6 000＝120 000（元）

乙产品保本销售量＝300×5＝1 500（千克）

乙产品保本销售额＝40×1 500＝60 000（元）

丙产品保本销售量＝300×2＝600（千克）

丙产品保本销售额＝100×600＝60 000（元）

三、分品种计算法

分品种计算法是将企业固定成本总额按一定标准在各种产品之间进行分配，然后对每一品种分别进行本量利分析的方法。该方法一般分三步：一是计算固定成本分配率并分配至各种产品；二是计算各种产品的边际贡献率；三是计算各种产品的保本销售额。

需要注意的是：在分配固定成本时，专属固定成本直接分配，共同固定成本选择适当分配标准（如销售额或销售量的比例，产品的重量、长度、面积或所需工时的比例等）分配给各种产品。该方法适用于固定成本能在各种产品之间合理分配的多种产品生产企业。

【例3-8】 宝升公司计划生产销售甲、乙、丙三种产品，预计销售单价分别为15元、20元和32元，单位变动成本分别为9元、14元和20元，预计销售量分别为2 000件、1 100件和1 500件，固定成本总额为150 000元。根据上述资料，请用分品种计算法计算该公司各产品的保本销售额（假定固定成本可按销售额比例进行分配）。

解：（1）先将固定成本总额分配给各产品。

分配率＝150 000÷(15×2 000＋20×1 100＋32×1 500)
＝150 000÷(30 000＋22 000＋48 000)
＝1.5

甲产品应分配的固定成本＝1.5×30 000＝45 000（元）
乙产品应分配的固定成本＝1.5×22 000＝33 000（元）
丙产品应分配的固定成本＝1.5×48 000＝72 000（元）

（2）计算各产品的边际贡献率。

甲产品边际贡献率＝(15－9)÷15＝40%
乙产品边际贡献率＝(20－14)÷20＝30%
丙产品边际贡献率＝(32－20)÷32＝37.5%

（3）计算各产品的保本销售额。

甲产品保本销售额＝45 000÷40%＝112 500（元）
乙产品保本销售额＝33 000÷30%＝110 000（元）
丙产品保本销售额＝72 000÷37.5%＝192 000（元）

四、主要品种法

主要品种法是一种粗略或简化的本量利分析方法，实质上是单一品种本量利分析方法。在企业产品品种较多的情况下，如果存在一种产品的产销比重比较大，它提供的边际贡献占比很大，而其他产品边际贡献较小，或为无足轻重的副产品，或发展前景不大，则可按单一品种的方法进行盈亏平衡分析。

这种方法的依据在于主要品种必然是企业生产经营的重点，因此，固定成本应主要由该产品负担。这样，分析结果往往可能存在一些误差，但只要在合理范围内就不会影响决策的正确性。

以上四种多品种条件下本量利分析的具体方法中，综合边际贡献率法一般要求资料齐备，产品结构相对稳定；而联合产销单位法、分品种计算法和主要品种法都属于将多品种条件下的本量利分析转化或简化为单一品种本量利分析的形式，又有各自的运用条件。如联合产销单位法必须在有严格产出规律的联产品生产企业应用；而分品种计算法要求能够客观地将固定成本在各产品之间进行分配；主要品种法则要求品种主次分明。在实际运用时，应根据具体情况，选择适合本企业特点的方法进行多品种本量利分析。

第4节 敏感性分析

在计算保本点时，我们假定单价、固定成本、单位变动成本等诸多因素均不变动，但实际上这种静态平衡不可能维持很久，这些因素很可能发生变化，如产品售价的波动、固定成本的升降等。所谓敏感性分析，就是研究本量利分析的基本假定中的诸因素发生微小变化对盈亏平衡点和利润的影响方向和影响程度。

敏感性分析的主要优点在于促使分析人员将注意力集中在那些非常敏感的因素上，而那些对分析影响不大的因素则可以忽略。敏感性分析所采用的确定性数学模型简便易行，花费代价小。它的主要缺点是由于广泛采用确定性数学模型，而放弃了采用不确定性数学模型的努力，如果后者不太复杂且较为经济，这样做的结果意味着放弃了更精确、更科学的数学模型。

下面介绍运用敏感性分析原理确定某些因素的变动对盈亏平衡点的影响。

一、单价变动对盈亏平衡点的影响

单价变动对盈亏平衡点的影响可按下列公式计算：

$$\text{单价变动后的保本销售量}=\frac{\text{固定成本}}{\text{原单价}\pm\text{单价变动额}-\text{单位变动成本}}$$

$$\text{单价变动后的保本销售额}=\frac{\text{固定成本}}{1-\dfrac{\text{单位变动成本}}{\text{原单价}\pm\text{单价变动额}}}$$

可见，在其他因素不变的情况下，单价提高将使产品的边际贡献增加，从而使盈亏平衡点降低。这样，同样的销售量实现的利润就越多。单价降低将使产品的边际贡献减少，盈亏平衡点提高。这样，同样的销售量实现的利润就越少。

需要说明的是，从盈亏平衡点降低的角度看，提高产品的销售单价对企业经营是有利的，但从另一方面来看，价格的提高总是伴随着市场占有率（即销售量）下降这一负面影响。因此，必须从这两个方面综合进行分析，才能最终做出有利于企业经营的选择。

二、单位变动成本变动对盈亏平衡点的影响

单位变动成本变动对盈亏平衡点的影响可按下列公式计算：

$$\begin{array}{c}\text{单位变动成本变动后的}\\ \text{保本销售量}\end{array}=\frac{\text{固定成本}}{\text{单价}-(\text{原单位变动成本}\pm\text{单位变动成本变动额})}$$

$$\begin{array}{c}\text{单位变动成本变动后的}\\ \text{保本销售额}\end{array}=\frac{\text{固定成本}}{1-\dfrac{\text{原单位变动成本}\pm\text{单位变动成本变动额}}{\text{单价}}}$$

在其他因素不变的情况下，盈亏平衡点的变动方向正好与单位变动成本的变动方向一致。单位变动成本增加时，单位边际贡献按其增加额相应地减少，盈亏平衡点必然提高；单位变动成本减少时，单位边际贡献按其减少额相应地提高，盈亏平衡点必然下降。

三、固定成本变动对盈亏平衡点的影响

固定成本变动对盈亏平衡点的影响可按下列公式计算：

$$\text{固定成本变动后的保本销售量}=\frac{\text{原固定成本}\pm\text{固定成本变动额}}{\text{单位边际贡献}}$$

$$\text{固定成本变动后的保本销售额}=\frac{\text{原固定成本}\pm\text{固定成本变动额}}{\text{边际贡献率}}$$

在其他因素不变的情况下，当固定成本增加时，盈亏平衡点就会提高；当固定成本减少时，盈亏平衡点也会下降。

四、多因素变动对盈亏平衡点的影响

以上所述的是为了保证实现目标利润，分项逐一计算各有关因素后应采取的措施。但在实际工作中，各有关因素往往不是孤立存在的，而是相互制约、互为影响的。因此，为如实反映客观实际情况，往往需要综合计算各有关因素同时变动的影响。如果各影响因素共同变动，则总成本线、收入线都将同时发生移动，必将引起盈亏平衡点发生变化。至于盈亏平衡点移动的方向和距离以及利润变动的数额，则由这些因素共同作用的结果决定。计算公式如下：

$$\text{多因素变动后的保本销售量}=\frac{\text{原固定成本}\pm\text{固定成本变动额}}{(\text{原单价}\pm\text{单价变动额})-(\text{原单位变动成本}\pm\text{单位变动成本变动额})}$$

$$\text{多因素变动后的保本销售额}=\frac{\text{原固定成本}\pm\text{固定成本变动额}}{1-\dfrac{\text{原单位变动成本}\pm\text{单位变动成本变动额}}{\text{原单价}\pm\text{单价变动额}}}$$

五、产品品种结构变动对盈亏平衡点的影响

各种产品的销售额占销售总额的比重就是产品结构。当企业同时生产多种产品时，由于各种产品的边际贡献不同，所以产品品种结构变动必然要对整个企业的盈亏平衡点产生影响。在多品种盈亏平衡点的计算过程中，产品结构是影响综合边际贡献率的关键指标，具体表现为：在产品品种结构中提高边际贡献率高的产品的比重，或降低边际贡献率低的产品的比重，会增大综合边际贡献率，相应会降低盈亏平衡点，使企业的利润水平提高，经营状况朝好的方向发展；反之，则情况正好相反。因此，正确确定经济、合理的产品品种结构，是提高企业盈利能力的一项重要措施。

综上所述，要增加利润，在产销单一产品的情况下，应从提高销售量和单价、降低单位变动成本和固定成本总额等方面入手；而在产销多种产品的情况下，还可以通过调整产品结构、增加边际贡献率高的产品的销售比重来实现。

小　结

本量利分析的主要内容是确定盈亏平衡点。盈亏平衡点确定以后，通过保利分析，可以预测产品的获利空间有多大；通过经营安全程度分析，可以预测企业的经营风险有多大，为管理者的经营决策提供信息。本章涉及的方法主要有综合边际贡献率法、联合产销单位法、分品种计算法和主要品种法。在实际运用时，应根据具体情况，选择适合本企业特点的方法进行多品种本量利分析。

思考题

1. 什么是本量利分析？本量利分析的基本公式是什么？
2. 本量利分析的基本假设包括哪些内容？
3. 什么是盈亏平衡点？如何确定盈亏平衡点？
4. 企业的经营安全性如何判定？
5. 如何进行多品种的本量利分析？
6. 试运用敏感性分析原理确定某些因素的变动对盈亏平衡点的影响。

练习题

1. 假设某企业的有关成本资料如下：

单价	30 元
单位变动成本	21 元
固定成本总额	1 188 000 元

要求：

(1) 计算以实物量表示的盈亏平衡点销售量。

(2) 计算该企业目标税前利润为 90 000 元时应达到的销售量。

(3) 计算该企业目标税后利润为 135 000 元时应达到的销售量（假设税率为 30%）。

(4) 假设变动成本中有 50%为人工成本，固定成本中有 20%为人工成本。此时，人工成本已上升 20%，求盈亏平衡点销售量（以实物量表示）。

2. 假设某厂本期生产甲、乙、丙、丁四种产品。有关资料如下：

(1) 全厂的固定成本为 80 000 元，目标利润为 22 400 元；

(2) 甲、乙、丙三种产品的单价分别为 8 元、12 元和 20 元；

(3) 甲、乙、丙、丁四种产品的销售比重分别为 10%、20%、20%和 50%；

(4) 甲、乙、丙三种产品的单位边际贡献分别为 4 元、6 元和 8 元；

（5）丁产品的边际贡献率为20%。

要求：

（1）计算全厂加权的综合边际贡献率及各产品的盈亏平衡点销售额。

（2）计算为实现目标利润，甲、乙、丙三种产品要达到的销售量（以实物量表示）。

3. 某产品单价10元，单位变动成本5元，当期固定成本8 000元，销售量2 000件。

要求：

（1）若其他条件不变，固定成本下降1 000元，预计实现利润将超过目标利润多少？（管理出效益）

（2）若其他条件不变，单位变动成本由5元降为4元，则预计实现利润将超过目标利润多少？（节约原材料和技术革新等产生效益）

（3）若其他条件不变，单位售价提高到11元，则预计实现利润将超过目标利润多少？（垄断可以实现高利润，是获利的最简单直接的手段）

（4）若其他条件不变，销售量由2 000件增加到2 500件，则预计实现利润将超过目标利润多少？（薄利多销）

案例及应用

1. 珍妮特制作的沙拉和果冻很受朋友和家人的喜欢，她常将沙拉和果冻装入自制的漂亮礼盒中送给好友。有人建议她，可以拿这些东西出去卖。珍妮特决定试一试。首先，她将大家都很喜欢的绿色仙人掌沙拉作为产品开发的重点，并找来罐子、盖子，同时用标签显示货源状况。接着，她与当地的农业发展办公室联系，了解有关食物销售的法律法规，请专家对沙拉的成分进行鉴定。以往，珍妮特的制作方法是逐步增添各种调味品直至味道可口。从法律上讲，这种非正式的方法不符合要求。正规的生产流程是：用标签标明各种成分的含量，按标准配方生产。为此，她请当地的职业食品化学师分析沙拉的成分及含量。

接下来，进行市场调研。珍妮特拜访了当地的一些食品杂货店及礼品店，在愿意寄售她产品的店里，将沙拉放在收款机旁。有的商店同意销售，但必须将产品放在陈列窗口，且需要支付商品陈列费。她估计一周得花一天左右时间送货，以及检查销售及库存状况，并拜访潜在的顾客。

最后，珍妮特在开始生产之前，向家庭会计师鲍勃咨询。鲍勃告诉她，生产前要有个预算，即预测一下产品的成本和售价。珍妮特说，每罐定价3.5美元，目的是开拓市场，售价不能太高。有关的成本已经进行计算了。由于是在厨房小批量生产，暂时成本并不高。经过几分钟的计算，鲍勃对珍妮特说：如果价格为3.5美元，而且变动成本像你所列示的那样，则你将亏本，无法持续下去。珍妮特反问：如果卖得更多会不会好些？鲍勃则说：这样只会使事情更糟。关键在于，能有效降低你的成本或提高销售价格，否则不做这桩生意为好。

讨论：

应用上述资料，结合本量利理论，分析珍妮特花费的变动成本及固定成本的构成，以及如何做好盈亏平衡管理。

2. 某飞机制造公司经过4年的研究调查，完成了新机型的设计，现在面临投产前的最后决策。新客机的投产急需一笔巨额资金，投资用于购置厂房设备等资源，为了有能力购置这些资产并获取利润，公司不得不保证对这种新机型的更高要求。关键问题是客户的需求是什么？是客机最新、最大、最昂贵，还是价值（使用价值）最高？最终，公司做出的决定是放弃数年的研发工作，不生产这种新客机。

根据公司董事会主席、首席执行官菲利普·康迪特（Philip Condit）所言："500人以上载客量飞机的市场是有限的，在有限市场需求下我们至少要能够收回巨大的研发项目成本；预期直达航线会有增加，公司的大部分客户需要更多的飞机。也就是说，客户宁可购买两架250人载客量的新飞机，也不会买一架500人载客量的超级巨型飞机，因为前者比后者更经济。"相反，公司集中精力对其已有机型进行升级。例如，该公司针对已有的某款飞机开发出的新机型，可能增加16%的座位，减少了10%的"米/座位"成本。

因此，管理人员必须对本量利关系有一个清晰的认识，即航空公司每增加一个乘客或者每增开一个航班将如何影响其成本和收益？

讨论：

有人说，本量利分析方法已经过时了，请你结合上述资料，对这一观点进行评论。

第4章

预测分析

知识目标

理解预测分析中的相关概念，了解销售预测、利润预测、成本预测和资金需要量预测之间的关系。

能力目标

掌握预测分析的种类、程序和基本方法，理解定性预测和定量预测方法在企业实践中的应用。

素养目标

(1) 结合《管理会计基本指引》中的“规划”功能，培养企业面向未来的预测意识。

(2) 顺应时代发展，在数智时代利用大数据精准预测企业的经营活动状况，进而服务企业的高质量发展。

导读　数智时代的预测分析

预测分析是通过对经营数据的分析，发现数据背后的规律和问题，基于此对企业的未来经营做出分析和判断，因此，数据无疑是预测分析的重要支撑。而如今，随着大数据、人工智能、物联网、云计算和区块链等数字化技术的不断涌现和发展，人类社会已经进入数字经济的新时代，党的十九届五中全会更是提出建设数字中国。党的二十大进一步提出，推进新型工业化，加快建设制造强国、质量强国、航天强国、交通强国、网络强国、数字中国。

与早期的数据预测分析不同，数智时代的数据预测，不仅数据量大、类型多，而且反应速度快。在海量数据的支撑下，企业能够准确掌握过去的市场份额、收入结构、重点业务发展等情况，快速分析客户的行为趋势，了解利益相关者的偏好，从而对下一步的经营行为做出科学预测。同时，将“数字映射”(digital twin) 等数字技术工具嵌入管理会计的预测分析之中，优化企业的决策次序，提高企业的效益。数字映射是数字世界中物理资产的实时表示，是物理事物或由物理事物组成的系统的软件模型。比如，制造商将生产汽车连接到云，同时将汽车有用的信息，如燃料消耗、里程、零件更换日志和位置数字化。当你和朋友约会但告诉家人你在办公室时，家人可以用智能手机查到你的汽车的实际位置。“未来三到五年内，数十亿事物将由数字映射来代表。”

值得注意的是，将数字技术嵌入管理会计预测分析等活动过程中，必须主动强化风险管理，具体包括：IT系统优化风险、系统集成风险和流程失控风险等，这些是管理会计信息支持系统功能在获得扩展机遇的同时需要面临的挑战。

从管理的整个过程看，预测分析在决策之前，是首要环节，预测分析可以为决策提供依据。如果没有准确的预测，要做出符合客观发展规律的科学决策是难以想象的。因此，每一位企业管理者都不能忽视这方面的工作。本章在阐明预测分析的概念、种类、原则、程序和基本方法的基础上，主要介绍定性分析和定量分析的方法在销售预测、利润预测、成本预测和资金需要量预测中的应用。

第1节 预测分析概述

凡事预则立，不预则废。预测分析在管理活动中的重要性已经充分显示出来。进行预测分析，首先要了解预测分析的概念、种类、程序和基本方法。

一、预测分析的概念和基本程序

预测，即预先推测，是人们对未来状况做出的估计。预测分析，就是根据经济活动的有关历史资料和现实情况，结合未来变化的要求，采用一系列科学计算方法和技术方法，对预测对象的未来状况或发展趋势所进行的预计和推测。

预测的真正目的是有助于应变。预测分析不可能完全准确。从表面上看，不准确的预测只能导致不准确的计划，从而使预测和计划失去意义。其实并非完全如此。预测给人们展现了未来各种可能的前景，促使人们制订出相应的应急计划。预测和计划的过程是超前思考的过程，其结果并不仅仅是一个数字，还包括对未来各种可能前景的认识和思考。预测分析可以提高企业对不确定事件的应变能力，减少不利事件带来的损失，增加利用有利机会带来的收益。

开展预测分析的基本程序为：

（1）明确预测对象和要求。

（2）收集和整理资料。

（3）运用适当的预测方法和预测模型进行预测。

（4）定期检查验证结果。

二、预测分析的基本方法

随着预测科学的发展，预测的方法已超过150种，据美国斯坦福研究所统计，广泛使用的有31种，常用的有12种。这些方法概括起来有两类，即定性预测分析法和定量预测分析法。在实际工作中，为提高预测分析的科学性和准确性，定性预测分析和定量预测分析的方法常常结合使用，它们构成了一个较为完善的预测分析方法体系。

（一）定性预测

定性预测分析法是指由专业人员根据实践经验，对预测对象的未来状况或发展趋势做出预测的一种分析方法。经常采用的定性预测分析法有专家预测法、市场调查法等。

1. 专家预测法

专家预测法是指通过向专家进行调查，利用专家的知识和经验，在对过去的经济活动及其资料进行综合分析的基础上，对企业的有关经济指标进行预测。专家预测法可以是召开专家会议讨论，也可以是向一些专家分别征求意见。分别征求专家意见的基本做法是：（1）提出预测的目标，对专家提出答复的要求；（2）收集、整理专家意见，即收集专家各自提出的意见、论据和预测结果，把不同意见集中整理，准备进一步研究所需的资料；（3）再次征求意见，即将经过整理和说明的意见以及补充材料再发给相关专家征求意见，让专家对自己原先的预测进行进一步的论证或修改；（4）确定预测结果，即要求专家在经过反复修改、论证后，提出最后的预测结果及其依据。

这种预测方法采用背靠背的形式，与召开专家会议相比，其优点在于，各位专家可以各抒己见，充分发表自己的见解；企业可以收集各有关专家的意见，了解不同的看法，在将各种不同意见整理后，与专家进行交流，相互启发，拓展思路，取长补短；对专家意见进行综合分析，有助于克服预测中的主观臆断，减少随意性，提高预测的可靠性。这种方法的不足之处是责任相对分散，耗时较多。它主要适用于企业对资金需要量、产品市场销售量等方面的预测。

2. 市场调查法

市场调查法是指通过对选取的与预测对象相关的市场主体、市场客体和市场要素的调查，掌握预测对象的基本状况和发展变化趋势。

市场主体、市场客体和市场要素的调查涉及面广、量大，要想全面调查几乎是不可能的。因此，市场调查法以统计抽样原理为基础，采用的是典型调查的方法，在充分考虑调查目的和要求的基础上，选择调查单位和调查项目，通过对客观现象的周密调查、仔细分析，在较短的时间内取得具有代表性的资料。这种方法经常采用的形式有走访用户、召开有关人员会议、电话咨询等。

需要指出的是，定性预测分析法的优点是在资料不足的情况下可以加快预测速度，但科学依据不足，准确性、可靠性较差。

（二）定量预测

定量预测分析法是运用数学的方法，对与预测对象有关的各种经济信息进行科学的加工处理，并建立相应的数学模型，得出预测结论的一种分析方法。定量预测的具体方法很多，应用比较广泛的有时间序列预测法和因果预测法两大类。时间序列预测法是将时间作为制约预测对象变化的自变量，把未来作为过去和现在的延续，由此对预测对象的未来状况或发展趋势做出预测的一种分析方法，它主要包括算术平均法、移动平均法、加权平均法、指数平滑法等。因果预测法是根据预测变量与其相关联的变量之间的因果函数关系，建立相应的因果预测模型，由此对预测对象的未来状况或发展趋势做出预测的一种分析方法，它主要包括回归分析法和经济计量法等。

下面以涉及企业经营活动的销售预测、利润预测、成本预测和资金需要量预测为例，说明定量预测分析法的具体应用。

第2节 销售预测

销售预测是指在一定的市场环境下，运用一定的方法，对某种产品在一定区域和期间内的销售量和销售额所进行的科学预计和推测。

一、销售预测的意义

在市场经济条件下，实行以销定产，市场决定着企业的生存和发展，因而销售预测处于先导地位。

（一）销售预测是企业经营预测的起点和基础

企业的各项经营活动与商品的销售密切相关。因此，销售预测是经营预测的起点和基础。无论是利润预测、成本预测还是资金需要量预测，都不可避免地与销售预测的内容和结果紧密相连。只有在做好销售预测的前提下，才能相互衔接，开展好其他各项经营预测。销售预测正确与否直接或间接地关系到其他各项经营预测的质量。

（二）销售预测为企业经营决策提供最重要的依据

做好销售预测，不仅有利于提高企业经营决策的科学性，而且直接关系到企业的经济效益。销售预测是制定企业经营决策最重要的依据。

二、销售预测分析的方法

在实际工作中，企业预测计划期的销售量或销售额，可采用的定量预测分析方法主要有算术平均法、移动平均法、直线回归分析法、产品生命周期分析法等。

（一）算术平均法

算术平均法又称简单平均法，是指以企业过去若干期的销售量（额）的算术平均数作为计划期的销售预测数的一种预测方法。其计算公式为：

$$\text{计划期销售预测数} = \frac{\sum \text{各期销售量(额)}}{\text{期数}}$$

【例4-1】 假设某企业2016—2023年销售额的资料如表4-1所示。

表4-1 某企业2016—2023年销售额 单位：万元

年份	销售额
2016	5 200
2017	4 800
2018	5 000
2019	5 600
2020	6 000
2021	6 200
2022	6 300
2023	6 500

要求：运用算术平均法对该企业2024年的销售额进行预测。

解：

$$2024\text{年销售额预测数}=\frac{5\ 200+4\ 800+5\ 000+5\ 600+6\ 000+6\ 200+6\ 300+6\ 500}{8}=5\ 700\text{（万元）}$$

这种方法的优点是计算简便，但由于它将不同时期的销售量（额）平均计算，没有考虑远近期实际销售量（额）对计划期预测数的不同影响，其结果往往误差较大，因而一般只适用于常年销售情况比较稳定的产品。

（二）移动平均法

移动平均法是指从企业过去若干时期（n期）的实际销售资料中选取一组m期（$m<n/2$）的数据作为观察值，求其算术平均数，并逐期推移，连续计算其平均数，以最后移动期观察值的平均数作为计划期销售预测数的方法。其计算公式为：

$$\text{计划期销售预测数}=\text{最后移动期销售量(额)的平均数}=\frac{\sum\text{最后移动期销售量(额)}}{m\text{期}} \quad (4-1)$$

为了使预测数更好地反映销售量（额）的变化趋势，可以对上述计算结果按趋势值进行修正。其计算公式为：

$$\text{计划期销售预测数}=\text{最后移动期销售量(额)的平均数}+\text{趋势值} \quad (4-2)$$

式中： 趋势值＝最后移动期销售量(额)的平均数－上一个移动期销售量(额)的平均数

沿用例4-1的资料，运用移动平均法对该企业2024年的销售额进行预测。

若$m=3$，根据式（4-1），利用最后3期的数据计算：

$$2024\text{年销售额预测数}=\frac{6\ 200+6\ 300+6\ 500}{3}\approx 6\ 333.33\text{（万元）}$$

根据式（4－2），有：

$$上一个移动期销售额的平均数=\frac{6\ 000+6\ 200+6\ 300}{3}\approx 6\ 166.67（万元）$$

最后移动期销售额的平均数为 6 333.33 万元，则

趋势值=6 333.33－6 166.67=166.66（万元）

2024 年销售额预测数=6 333.33+166.66=6 499.99（万元）

移动平均法强调了近期实际销售量（额）对计划期预测数的影响，计算也比较简便，但由于只选用历史资料中的部分数据作为计算依据，因而代表性较差。该法适用于销售情况略有波动的产品。

（三）直线回归分析法

直线回归分析法是根据企业过去若干时期的实际销售资料，确定可以反映销售变动趋势的一条直线，建立直线回归方程，进而计算计划期销售预测数的方法。

直线回归方程为：

$$y=a+bx$$

式中：

$$b=\frac{n\sum xy-\sum x\sum y}{n\sum x^2-\left(\sum x\right)^2}$$

$$a=\bar{y}-b\bar{x}$$

当 x 是时间变量时，相邻各期是等距的，由于实际数据资料的个数（n）有奇偶数，所以可以分两种情况对 x 取值，从而使计算简化。

（1）当 n 为奇数时。设中间一期 x 为 0，其前后各期各减 1 和加 1。计算计划期预测数时，也按此规律对计划期 x 取值后再代入直线回归方程。

【例 4－2】 假设某公司 2024 年 1—7 月销售额的资料如表 4－2 所示。

表 4－2 某公司 2024 年 1—7 月销售额 单位：万元

月份	销售额
1	78
2	80
3	85
4	81
5	86
6	90
7	88

要求：运用直线回归分析法对该公司 8 月份的销售额进行预测。

解： 根据上述资料，编制直线回归方程数据计算表，见表 4－3。

表 4-3　直线回归方程数据计算表

月份	x	y	xy	x^2
1	−3	78	−234	9
2	−2	80	−160	4
3	−1	85	−85	1
4	0	81	0	0
5	1	86	86	1
6	2	90	180	4
7	3	88	264	9
$n=7$	$\sum x=0$	$\sum y=588$	$\sum xy=51$	$\sum x^2=28$

根据表中有关数据，计算 a、b 值。

$$b=\frac{\sum xy}{\sum x^2}=\frac{51}{28}\approx 1.82$$

$$a=\bar{y}=\frac{588}{7}=84\text{（万元）}$$

该公司的销售额预测模型为 $y=84+1.82x$，则

8 月份销售额的预测数 $=84+1.82\times 4=91.28$（万元）

（2）当 n 为偶数时。设中间两期 x 分别为 -1 和 $+1$，其前后各期逐期减 2 和加 2。计算计划期预测数时，也按此规律对 x 取值后再代入直线回归方程。

（四）产品生命周期分析法

在销售预测分析中，还常常运用产品生命周期分析法。它是利用产品销售量在不同生命周期阶段的变化趋势，进行销售预测的一种预测分析方法。该方法是定性分析和定量分析的结合。

产品生命周期是指产品从投入市场到退出市场，一般要经过萌芽期、成长期、成熟期和衰退期四个阶段。在这一发展过程中，产品销售量的变化呈一条曲线，称为产品生命周期曲线。这一曲线在产品生命周期的各个阶段有以下特点：

（1）萌芽期。产品刚进入市场，顾客对其性能、质量还不太了解，销售量一般比较小。

（2）成长期。随着企业广告费的投入，产品已经在市场上占有一定份额，销售量迅速增长。

（3）成熟期。产品的市场销售量趋于稳定，增长速度减缓并趋于下降。

（4）衰退期。由于新产品的出现，原有产品将被替代，销售量急剧下降。

产品处于以上哪个阶段，可采用销售增长率指标进行判断。一般情况下，处于萌芽期的产品销售增长率不太稳定，成长期的产品销售增长率最大，成熟期的产品销售

增长率比较稳定，衰退期的产品销售增长率为负数。了解产品所处的生命周期阶段有助于正确选择预测方法。如在萌芽期，由于历史资料缺乏，可运用定性分析法进行预测；成长期可运用回归分析法进行预测；成熟期由于销售量比较稳定，可运用各种平均法进行预测。目前，随着市场的发展，产品的生命周期不断缩短，企业在销售预测中，应该灵活掌握和运用各种预测方法，以提高预测的准确性。

这里需要指出的是：

（1）销售预测的具体方法同样适用于其他经营预测。

（2）要针对不同的预测对象，根据所掌握资料的特点，选择适宜的预测方法。

（3）预测分析中应用数学方法不是搞数字游戏。我们必须将定性预测和定量预测的方法结合起来加以运用，才能取得良好的预测效果。任何数学方法都是以历史资料作为基础来预测的，如果不考虑预测期间在政治、经济、市场和政策方面可能发生的重大变化，预测结果就会脱离客观实际。

第 3 节　利润预测

利润预测是按照企业经营目标的要求，通过对影响利润变化的各种因素进行综合分析，对企业未来一定时期内可能达到的利润水平和变化趋势所进行的科学预计和推测。它主要是指对企业目标利润的预测。

一、利润预测的意义

做好利润预测不仅有利于规划企业的目标利润，而且有利于企业寻求增加盈利的途径。

（一）有利于规划企业的目标利润

利润预测的主要目的是预测目标利润。目标利润是企业在未来一定时期内所要实现的利润指标，它是企业经营活动必须考虑的重要战略目标之一。目标利润预测是根据企业经营目标的要求，在市场预测基础上，根据企业的具体情况，采用一定的预测方法合理地测定目标利润的过程。科学的利润预测有利于规划好企业的目标利润。

（二）有利于企业寻求增加盈利的途径

影响利润变动的因素是多方面的，如销售量、价格、成本费用、相关税费等。通过利润预测，认真分析各种因素的影响方向和影响程度，有利于企业在生产经营活动中有的放矢，寻求增加盈利的途径。

二、利润预测分析的方法

利润预测分析的方法主要有本量利分析法、直接预测法、比例法和运用经营杠杆预测利润等。这里主要介绍直接预测法、比例法和运用经营杠杆预测利润的方法，运用本量利分析法对企业目标利润的预测见第 3 章。

（一）直接预测法

直接预测法是指根据有关资料，直接推算出计划期的利润总额。预测时，可以分别预测利润总额各组成部分的数额，然后将各组成部分的预测数加总，得到利润总额的预测数。其计算公式为：

预计利润总额＝预计营业利润＋预计营业外收入－预计营业外支出

式中：预计营业利润＝预计营业收入（预计主营业务收入和预计其他业务收入）

－预计营业成本（预计主营业务成本和预计其他业务成本）

－预计税金及附加－预计销售费用－预计管理费用

－预计财务费用－预计资产减值损失

＋预计公允价值变动收益＋预计投资收益

（二）比例法

所谓比例法，就是根据有关利润率指标来预测计划期产品销售利润的一种方法。常用的利润率指标主要有销售利润率、成本利润率、产值利润率和资金利润率。

（1）根据销售利润率预测。其计算公式为：

预计产品销售利润＝预计产品销售收入×销售利润率

式中，销售利润率可根据以前年度的产品销售利润占产品销售收入的比重求得。

（2）根据成本利润率预测。其计算公式为：

预计产品销售利润＝预计产品销售成本×成本利润率

式中，成本利润率可根据以前年度的产品销售利润与产品销售成本的比例求得。

（3）根据产值利润率预测。其计算公式为：

预计产品销售利润＝预计产品总产值×产值利润率

式中，产值利润率可根据以前年度的产品销售利润占产品总产值的比重求得。

（4）根据资金利润率预测。其计算公式为：

预计产品销售利润＝预计资金平均占用额×资金利润率

式中，资金利润率可根据以前年度的产品销售利润与资金平均占用额的比例求得。

（三）运用经营杠杆预测利润（这里指息税前利润）

通过成本性态分析我们知道，在其他条件不变的情况下，产销量的增加虽然不会改变固定成本总额，但会降低单位固定成本，从而提高单位利润，使利润的增长率大于产销量的增长率。反之，产销量的减少会提高单位固定成本，降低单位利润，使利润下降率大于产销量下降率。

在有关因素不变的情况下，只要存在固定成本，利润的变动幅度就将大于销售量的变动幅度，这一规律称为经营杠杆。对经营杠杆进行计量最常用的指标是经营杠杆系数。

所谓经营杠杆系数，是指利润变动率相当于销售量（额）变动率的倍数。其计算公式为：

经营杠杆系数＝利润变动率/销售量(额)变动率

上述公式是计算经营杠杆系数的理论公式，但利用该公式必须以已知变动前后的相关资料为前提，比较麻烦。通过推导，经营杠杆系数还可以按以下简化公式计算：

经营杠杆系数＝基期边际贡献总额/基期利润

利用上式确定企业的经营杠杆系数后，如果销售变动率也已测定，那么，在目前的利润水平基础上，可以按照下面的公式来预测未来的利润：

利润预测数＝基期利润×(1＋利润变动率)

＝基期利润×(1＋销售变动率×经营杠杆系数)

【例 4－3】 某企业本年的有关资料如下：销售量 10 000 件，边际贡献总额 4 000 000 元，固定成本总额 2 000 000 元，利润 2 000 000 元，预计明年销售量增长 20%。要求：运用经营杠杆预测该企业下一年的利润。

解：根据上述资料，预测下一年利润的过程如下。

首先根据本年的资料计算出下一年的经营杠杆系数。

经营杠杆系数＝4 000 000/2 000 000＝2

然后预测下一年的利润。

利润预测数＝2 000 000×(1＋20%×2)＝2 800 000（元）

经营杠杆系数不仅可以用于利润的预测，而且可以反映经营风险的大小。经营杠杆扩大了市场和生产等不确定因素对利润变动的影响。从上例也可以看出，经营杠杆系数越高，利润变动越激烈，企业的经营风险就越大。一般来说，在其他因素不变的情况下，固定成本越高，经营杠杆系数越大，经营风险也越大。

第 4 节　成本预测

成本预测是指根据企业未来发展目标和有关资料，对企业未来一定时期内的成本水平及其发展趋势所进行的科学预计和推测。具体包括产品成本水平及趋势的预测、各种因素变化对成本影响的预测、成本降低幅度的预测、质量成本的预测以及使用成本的预测等。产品成本水平及趋势的预测，主要是指对产品在正常生产状况下应达到的成本水平及其变化趋势的预测，产品成本水平主要是通过测算目标成本来预测的；各种因素变化对成本影响的预测，具体包括直接材料、直接人工、制造费用等成本项目的变化对成本影响程度的预测；成本降低幅度的预测，主要是对可比产品成本降低额和可比产品成本降低率等指标进行预测；质量成本的预测，是指企业对为了保证和提高产品质量而发生的费用的预测；使用成本的预测，是指企业对产品进入消费环节后，为了保证正常使用和解决质量问题而发生的有关保修等费用的预测。

一、成本预测的意义

做好成本预测对提高企业成本管理水平具有重要意义。

（一）成本预测是进行成本决策和编制成本计划的基础

产品成本高低是决定企业竞争力的重要因素之一。因此，现代成本管理不仅要分析成本升降的原因，还要重视未来的成本规划，对企业的产品成本水平和变化趋势做出科学的预测。

预测是为决策服务的。成本预测是成本决策的前提，成本计划是成本决策的具体化。通过成本预测，可以为成本决策和计划提供科学的依据，使其建立在客观实际的基础之上。

（二）做好成本预测有利于加强成本管理和提高经济效益

做好成本预测工作，不仅可以帮助企业选择成本最低、经济效益最好的产品，充分发挥企业的优势，而且便于加强对成本的事前控制，克服盲目性，增强预见性，尽可能消除生产经营活动中可能发生的损失和浪费，达到提高经济效益的目的。

二、成本预测分析的方法

成本预测分析的具体方法很多，分别用于目标成本、期中成本和成本趋势等方面的预测分析。

（一）目标成本预测分析的方法

目标成本是指在一定时期内有效经营条件下企业为实现目标利润应达到的成本水平，它是成本控制的依据。

预测目标成本一般有以下两种方法：

（1）倒挤法。又称倒扣法，即在产品价格、销售量、目标利润既定的基础上，倒算出目标成本的一种方法。其计算公式为：

$$\text{目标成本}=\text{预计单位产品售价}\times\text{预计产品销售量}-\text{预计产品销售税金及附加}-\text{产品目标销售利润}$$

式中，预计单位产品售价可以根据市场上同类产品价格资料和市场发展趋势来预测；预计产品销售量要做详细的市场调查和市场分析，了解用户对本企业同类型的产品需求和购买意向的变化情况，尽量做到预测准确可靠；预计产品销售税金及附加，根据国家规定的税种、税率、计税办法等计算确定；产品目标销售利润可以用预计产品销售收入乘以同类企业平均销售利润率或同类企业先进水平的销售利润率来确定，也可以结合企业自身实际情况及各因素变动的影响，在上年产品销售利润的基础上，考虑一定的增长率来确定。

运用倒挤法预测目标成本，是建立在销售预测和利润预测基础上的。将确定的目标成本按可控性原则层层分解落实到企业每一个责任单位及责任人，从而调动全体员工努力降低成本的积极性，确保决策目标的实现。倒挤法在实际工作中得到广泛的运用。

（2）基数法。它是根据本企业上年实际平均单位成本和实现企业经营目标要求的成本降低任务测算目标成本的一种方法。其计算公式为：

$$单位产品目标成本=上年实际平均单位成本\times(1-计划期预计成本降低率)$$

$$目标成本=单位产品目标成本\times预计销售量$$

需要注意的是，这种方法仅适用于可比产品。

（3）因素变动预测法。它是基数法的一个特例，是在各种影响企业目标成本的因素的基础上进行的预测。其计算公式为：

$$目标成本=\left(\begin{matrix}上年实际\\单位成本\end{matrix}-\begin{matrix}各因素变动导致的\\成本降低额\end{matrix}\right)\times预计产品销售量$$

预测的产品成本降低率为：

$$成本降低率=\frac{各因素变动导致的成本降低额}{上年实际单位成本}\times100\%$$

（二）期中成本预测分析的方法

期中成本预测是指企业为了适应成本管理和决策的要求，定期根据生产经营活动中运用原始记录提供的材料领用、工时统计、产品产量、产品质量、有关费用支出等各项数据，对一定期间成本计划完成情况进行的一种成本预测。它直接根据日常掌握的资料进行，在时间上可以是 5 天、10 天、15 天、20 天等，不受会计结账期的限制，时效性强。

（三）成本趋势预测分析的方法

成本趋势预测是指利用企业的历史成本资料，运用一定的技术方法，对成本变化趋势进行的预测。常用的方法有加权平均法、直线回归分析法和因素变动分析法等。其中加权平均法和直线回归分析法都是建立在成本性态分析基础之上的。有关成本性态的概念及相关内容请见第 2 章。

【例 4 - 4】　某企业 2018—2023 年甲产品产量和总成本的资料见表 4 - 4。

表 4 - 4　某企业 2018—2023 年甲产品产量和总成本

年份	产量 x（件）	总成本 y（元）
2018	2 000	51 000
2019	2 200	55 000
2020	1 800	45 540
2021	1 900	48 640
2022	1 600	41 280
2023	2 400	60 480

要求：根据上述资料，运用高低点法预测该企业2024年产量为2 500件时的目标总成本和单位成本。

解：(1) 根据表中数据，找出最高点和最低点的产量分别为2 400件和1 600件，其相应的总成本为60 480元和41 280元。

(2) 代入公式，求得

b=(60 480－41 280)÷(2 400－1 600)=24

a=60 480－24×2 400=2 880（元）

或 　=41 280－24×1 600=2 880（元）

(3) 预测2024年产量为2 500件时的目标总成本和单位成本。

总成本=2 880＋24×2 500=62 880（元）

单位成本=62 880÷2 500=25.152（元）

第5节　资金需要量预测

资金需要量预测是以预测企业生产经营规模的发展和资金利用效果的提高等为依据，在分析有关历史资料、技术经济条件和发展规划的基础上，运用一定的数学方法，对计划期资金需要量所进行的科学预计和推测。

一、资金需要量预测的意义

做好资金需要量预测，在提高企业经营管理水平和企业经济效益方面有着重要意义。

（一）资金需要量预测为进行筹资决策提供依据

由于资金来源渠道的多元化，以及受筹资规模、时间、结构、方式、成本等因素的影响，筹资风险客观存在。因此，筹资决策正确与否至关重要，而做好资金需要量预测可以为进行筹资决策提供依据。

（二）资金需要量预测关系到企业的经济效益

企业筹资规模是否适度，直接关系到筹资成本和投资收益，是企业市场竞争力强弱的明显标志，对企业的生存和发展有着决定性的影响。企业筹集的资金数量应根据生产经营活动的正常需要确定，即筹资规模要适度。筹资过多，造成闲置浪费；筹资不足，则影响生产经营活动的正常进行。因此，做好资金需要量预测，对保证资金供应、合理组织资金运用、提高资金利用效果有重要意义。

二、资金需要量预测分析的方法

资金需要量预测分析的方法主要有销售百分比法和资金习性预测法。

(一) 销售百分比法

销售百分比法是比率预测法的一种。比率预测法主要是以一定财务比率为基础来预测未来的资金需要量。能用于预测的比率比较多，如资金与销售额的比率、存货周转率、应收账款周转率等，但最常用的是资金与销售额的比率。以资金与销售额的比率为基础，预测未来资金需要量的方法，就是销售百分比法。

采用这种方法，就是根据资金各个项目与销售额之间的依存关系，按照计划期销售额的增长情况来预测需要相应追加多少资金。具体的计算方法有两种：一种是根据销售总额预计资产、负债和所有者权益的总额，然后确定追加资金需要量；另一种是根据销售增加额预计资产、负债和所有者权益的增加额，然后确定追加资金需要量。

【例4-5】 某企业2023年销售收入1.2亿元，净利润480万元，股利支付率50%，厂房设备利用已呈饱和状态。该企业2023年度简化的资产负债表见表4-5。

表4-5 资产负债表

2023年12月31日 单位：万元

资产		负债和所有者权益	
货币资金	120	应付账款	600
应收账款	400	应交税费	300
存货	2 600	长期负债	1 310
固定资产	4 800	股本	5 400
无形资产	40	留存收益	350
资产总计	7 960	负债和所有者权益总计	7 960

该企业2024年销售收入将增至1.5亿元，销售净利率与上年相同，该企业仍按2023年股利支付率支付股利。要求：预测该企业2024年需要追加的资金数额。

解：(1) 根据销售总额确定追加资金需要量。

第一步，确定销售百分比。

资产项目的销售百分比＝(120＋400＋2 600＋4 800)÷12 000＝66%

负债项目的销售百分比＝(600＋300)÷12 000＝7.5%

这一步骤的关键是将资产负债表中预计随销售额变动而变动的项目分离出来，即区分直接随销售额变动的资产、负债项目与不随销售额变动的资产、负债项目。不同企业销售额的变动引起资产、负债变化的项目及比率是不同的，需要根据历史数据逐项研究确定。就本例而言，资产项目除无形资产外，负债项目除长期负债外，其余都随销售额变动而变动。

第二步，计算预计销售额下的资产和负债。

预计资产(负债)＝预计销售额×资产(负债)项目的销售百分比
＋不随销售额变动的资产(负债)项目的金额

预计资产＝15 000×66%＋40＝9 940 (万元)

预计不增加借款情况下的负债＝15 000×7.5％＋1 310＝2 435（万元）

第三步，预计留存收益增加额。

留存收益是企业内部融资来源。只要企业有盈利，并且不是全部支付股利，留存收益就会使所有者权益自然增长。留存收益可以满足或部分满足企业的资金需求。这部分资金的多少，取决于收益的多少和股利支付率的高低。

留存收益增加额＝预计销售额×计划销售净利率×(1－股利支付率)
＝15 000×(480/12 000)×(1－50％) ＝300（万元）

第四步，计算追加资金需要量。

追加资金需要量＝预计资产－预计负债－预计所有者权益
＝9 940－2 435－(5 400＋350＋300)
＝1 455（万元）

（2）根据销售增加额确定追加资金需要量。

追加资金需要量＝资产增加－负债自然增加－留存收益增加
＝新增销售额×资产项目的销售百分比
－新增销售额×负债项目的销售百分比
－预计销售额×计划销售净利率×(1－股利支付率)
＝(15 000－12 000)×66％－(15 000－12 000)×7.5％
－15 000×(480/12 000)×(1－50％)
＝1 455（万元）

在实际工作中，运用销售百分比法进行资金需要量预测时，应充分重视市场价格因素以及资产实际运营状况的影响，有必要根据企业内外部各种因素的影响对预测结果做出修正，以提高预测的准确性。

（二）资金习性预测法

资金习性预测法是指根据资金习性预测企业未来资金需要量的一种方法。所谓资金习性，是指资金的变动与产销量之间的依存关系。按照资金和产销量之间的依存关系，可以把资金区分为不变资金、变动资金和半变动资金。

所谓不变资金，是指在一定的产销量范围内，不随产销量变动，保持固定不变的那部分资金，如为维持营业而占用的最低数额的现金，原材料的保险储备，厂房、机器设备等固定资产占用的资金等。变动资金，是指随产销量的变动而成同比例变动的那部分资金，如构成产品实体的原材料、外构件等占用的资金，最低储备以外的现金、存货和应收账款等。半变动资金，是指虽然受产销量变动的影响，但不成同比例变动的资金，如一些辅助材料占用的资金等。半变动资金可采用一定的方法划分为不变资金和变动资金两个部分。因此，进行资金习性分析，就是将企业的资金最终划分为不变资金和变动资金两个部分，从数量上掌握资金与产销量之间的规律性，从而正确地预测资金的需要量。

资金习性预测法主要是根据资金总额与销售额的关系来进行预测，它借助直线回归分析这一数理统计方法，根据历史上若干期企业资金总额与销售额之间的关系，把资金划分为不变资金和变动资金两个部分，然后结合预计的销售额来预测企业资金需要量。

在预测资金需要量时，以销售额作为自变量，以资金总额作为因变量，根据一定数量的自变量与因变量的对应资料，建立直线回归方程：

$$y=a+bx$$

式中，x 为销售额；y 为资金总额；a 为资金中的固定部分（即不受销售额增减变动影响而能保持不变的部分）；b 为变动资金率（即每增加单位销售额需要增加的资金）。

根据已知过去若干年（n）的销售额 x 和资金总额 y 的资料，经过计算，可求出 a、b 值。

根据直线回归方程 $y=a+bx$，就可预测出未来一定时期为完成预计销售额所需要的资金数额。

【例 4－6】 某企业 2018—2023 年销售额和资金总额的资料见表 4－6。

表 4－6 某企业 2018—2023 年销售额和资金总额的资料 单位：万元

年份	销售额（x）	资金总额（y）
2018	580	420
2019	600	430
2020	740	510
2021	850	580
2022	900	600
2023	960	620

假定该企业 2024 年销售额预测数为 1 000 万元。要求：预测该企业 2024 年的资金需要量。

解： 根据上述资料，编制直线回归方程数据计算表（见表 4－7）。

表 4－7 直线回归方程数据计算表

年份	x	y	xy	x^2
2018	580	420	243 600	336 400
2019	600	430	258 000	360 000
2020	740	510	377 400	547 600
2021	850	580	493 000	722 500
2022	900	600	540 000	810 000
2023	960	620	595 200	921 600
$n=6$	$\sum x=4\ 630$	$\sum y=3\ 160$	$\sum xy=2\ 507\ 200$	$\sum x^2=3\ 698\ 100$

根据表中有关数据，计算 a、b 的值。

$$b=\frac{n\sum xy-\sum x\sum y}{n\sum x^2-\left(\sum x\right)^2}$$

$$=\frac{6\times 2\ 507\ 200-4\ 630\times 3\ 160}{6\times 3\ 698\ 100-4\ 630^2}=0.548\ 6$$

$$a=\overline{y}-b\overline{x}=\frac{3\ 160}{6}-0.548\ 6\times\frac{4\ 630}{6}=103.330\ 3\text{（万元）}$$

该企业的资金需要量预测模型为：

$$y=103.330\ 3+0.548\ 6x$$

已知该企业2024年销售额的预测数为1 000万元，则

2024年预计资金需要量$=103.330\ 3+0.548\ 6\times 1\ 000=651.930\ 3$（万元）

在实际工作中，运用直线回归分析法进行资金预测，应注意以下四个问题：

（1）坚持连贯的原则和类推的原则。如果所拥有的资料数据很不稳定，经常出现突然变化，则不便据以进行预测。

（2）销售额和资金需要量两个变量之间的线性关系的假定要符合实际情况。

（3）计算 a、b 值应利用预测年度前连续若干年的历史资料，选择的历史跨度越长，预测结果越准确。

（4）在具体运用时，应充分考虑市场价格等因素变动对资金需要量的影响，并根据有关因素的影响对预测结果做出必要的修正，以减少预测误差，提高预测质量。

小　结

本章重点介绍定量预测的方法在企业销售预测、利润预测、成本预测和资金需要量预测中的具体应用；强调在实际工作中，只有将定性预测和定量预测的方法结合起来加以使用，才能取得良好的预测效果。

思考题

1. 什么是预测分析？简要说明开展预测分析的一般步骤。
2. 简要说明资金需要量预测的销售百分比法。
3. 说明销售预测、利润预测、成本预测和资金需要量预测之间的关系。

练习题

某公司厂房设备利用率已达到饱和状态，2023 年的实际销售收入总额为 500 000 元，获得税后净利 20 000 元，并发放了 10 000 元股利。该公司 2023 年末的简略资产负债表如表 4－8 所示。

表 4－8　某公司资产负债表　单位：元

资产		负债和所有者权益	
货币资金	10 000	应付账款	50 000
应收账款	85 000	应交税费	25 000
存货	100 000	长期负债	115 000
固定资产	150 000	股本	200 000
无形资产	55 000	留存收益	10 000
资产总计	400 000	负债和所有者权益总计	400 000

该公司 2024 年预计销售收入总额将增加到 800 000 元，并仍按 2023 年度股利支付率支付股利。2024 年折旧准备提取数为 20 000 元，其中 70%用于更新原有的固定资产。假定 2024 年零星资金需要量为 14 000 元。

要求：预测 2024 年度该公司需要追加的资金量。

案例及应用

最近，某公司制定了一个新的业务战略，其目标是改进公司资金流动性、提高企业的盈利能力。新的战略主要体现在当前 3 个业务中心的重组规划。公司办公会议对新战略进行了多次讨论，要求各职能部门制定好各自的资金计划，以适应新战略的需要。

财务部门在公司 CFO 的领导下，认真地进行了资金计划的配置工作。以流动资金的布局为例，公司的资金配置结构是“当存货资产持有量为 3 200 万元时，债务资产持有量需要 1 600 万元，则现金持有量需要 1 200 万元”。公司的经验表明，以上述基准为资金配置的结构安排，可使公司在与其他企业展开竞争时获得资金优势。

在财务工作会议上，还提出了如下的财务目标：“企业利润目标增长 25%，资金成本从占销售收入的 15%下降至 9%，营运成本相应缩减 1/3.”在资金配置合理的前提下，企业应制定怎样的具体措施才能实现财务目标？面对财务目标的分层落实，各基层组织讨论与计划安排中，有的表现为财务计划和分解后的年度预算，有的表现为以业绩评价指标体系改进的行为安排，有的则表现为财务风险的评估跟踪系统的改进。

当然，传统的财务活动，如融资、投资活动和短期资产管理都制定了各自的工作计划。通过对这些财务资金安排和日常目标的落实，公司CFO对资金占用规模与企业经营活动协调的战略实现充满了信心。

讨论：

结合本章内容，围绕该公司的业务发展新战略，阐述怎样的资金占用规模能够与企业的经营活动相互匹配或互相协调。

第5章

经营决策分析

知识目标

了解决策的意义及一般程序，了解决策的种类及应用场景，理解与决策有关的成本概念的内涵与外延特征。

能力目标

掌握经营决策分析的常用方法，掌握生产决策和产品定价决策中的决策分析方法。

素养目标

(1) 结合《管理会计基本指引》中的“决策”功能，培养企业深入实践调查研究的自主意识。

(2) 在积极推进“共同富裕”的时代背景下，倡导共建共享、促进社会公平的机制保障。

导　读　　茅塞顿开的周厂长

最近，厂销售部张经理接到了一笔订单，为购货方生产5 000台A产品，对方的报价是29元/台，而经过与厂会计部门王会计沟通得知，根据厂里的实际情况，经过料工费核算，这笔货的生产成本也正好是29元/台。亦即，企业即便不考虑期间成本，生产A产品也赚不到钱。

受疫情影响，近期企业一直不景气，张经理接到这笔订单时把周厂长乐得不行。

听完王会计的汇报，周厂长心里变得焦虑与纳闷：“厂里这么多人，没活干可不行啊。”

周厂长下班回到家，正遇自己的女儿来看望他和老伴儿。看到父亲焦虑的眼神，女儿问：“爸爸怎么啦？”

于是，周厂长把订单的事说了一下。

在大学做会计学副教授的女儿说：“未必不可以接这笔订单。张经理传递的财务信息，是按完全成本法计算的单位成本，你请王会计按变动成本法再计算一下，看看单位成本究竟是多少？”

经过与王会计的沟通，得知变动成本法下的单位成本是24元。

听到这消息，周厂长眼神发光，有5元差价可赚，不错啊。

女儿说：“决定生产吧，看来你们单位得普及管理会计知识啊。这5元的差价，叫边际贡献”。

企业在日常的生产经营活动中，无时无刻不在进行着与生产经营活动有关的决策。在市场竞争十分激烈的今天，一个企业决策的好坏直接关系到企业经营的成败，因此企业管理人员对决策工作十分重视。西方企业家有这样的共识：管理的重心在经营，经营的关键在决策。

第1节 决策概述

一、决策的意义

决策是为了达到一定的目标在各种行动方案中进行选择的过程。管理会计中的决策是指企业在生产经营活动中对一些特殊的专门问题，需要决定是否采取某项行动，或者是在两个或两个以上的备选方案中做出选择，以取得最佳的经济效益。通常人们理解的决策是狭义的，即把决策理解为最优方案的最后选择。从广义上讲，决策不仅是选择方案的行为，还是一个提出问题、分析问题和解决问题的复杂过程，这个过程包括收集资料、提出备选方案和选定最优方案等基本环节。

任何一个处于生产过程中的企业都会遇到一些棘手的专门问题，这些问题大到企业未来的经营方针、发展的方向，小到产品生产的具体环节。随着这些问题的产生，企业需要决策的问题也层出不穷。决策是现代企业管理的关键与核心，正如现代管理科学所言，管理的重心在经营，经营的关键在决策。能否制定正确的经营决策，关系到企业经济效益的好坏甚至成败，甚至会影响整个国民经济建设的顺利进行。企业的管理层在生产经营过程中每天都在做出或正确或错误的决策，正确的决策能引导企业走向良性发展，而错误的决策往往会给企业造成不必要的浪费和损失，使企业财务状况不断恶化甚至危及企业的生存。所以，对企业经营过程中的问题进行决策并做出正确的决策，是企业顺利有效地进行生产经营活动的前提和基础。

从管理会计的角度分析，决策在管理会计的预测、决策、控制、考核中占有极其重要的地位。管理会计的工作重点是面向未来，而决策是事先做出的抉择，因而决策理论和方法是管理会计的核心内容。这种事先决策不是依靠个人经验和主观判断制定出来的，而是根据多方信息，采取科学的决策分析方法，通过周密的计算与分析，全面衡量得失后做出的最佳选择，因而具有较高的科学性和可靠性，对促进企业改善经营管理、提高经济效益起着积极的推动作用。

决策至少要有两个方案可供选择，如企业是否要增加投资扩大生产，产品零部件是自制还是外购，下一年的目标利润为多少较合适，产品投产的批量以及产品定价该如何确定等。在两个或两个以上的行动方案中也可能包括“不采取任何行动”这一方案。在这些方案中，首先要对每一个方案实施的结果进行预测，然后选择预测效果最佳者做出决策。因此，预测是决策的前提，决策离不开预测。当然，预测的数据不可能十分准确，加之决策执行过程中一些意外情况的出现，决策也可能发生偏差，这是在所难免的。

二、决策的种类

企业的经营决策无处不在，无时不有。为了掌握各类决策的不同特点，正确进行决策分析，应根据不同的依据对决策进行分类，分类角度的选择可视需要而定。下面介绍管理会计中两种常见的分类。

（一）按决策项目的时间跨度划分

按决策项目的时间跨度可把决策分为短期决策和长期决策。

（1）短期决策。凡决策方案对企业经济效益的影响时间在一年以内的生产经营决策称为短期决策。例如，产品零部件自制或外购的决策，产品品种最优组合的决策，亏损产品的停产或转产的决策，经济批量决策等。这类决策的主要目的是使企业现有资源得到最好和最充分的利用，从而取得最大经济效益。

（2）长期决策。凡决策方案对企业经济效益的影响时间在一年以上的决策称为长期决策。例如，固定资产购置决策，更新改造固定资产决策，新产品开发方案决策，扩大生产能力、生产规模决策等。这类决策的主要目的是使企业投入的资金取得最大的收益。

短期决策涉及的金额不大，时间较短，一般不考虑货币的时间价值，因而又称为战术性决策。长期决策涉及企业未来的发展方向，涉及的投资金额大，见效时间较长，往往依靠企业外部的资金来源，应考虑货币的时间价值，因而又称为战略性决策。

（二）按决策条件的肯定程度划分

按决策条件的肯定程度可把决策划分为确定型决策、风险型决策和不确定型决策。

（1）确定型决策。当与决策相关的各种影响因素都确定时，每种方案通常只会出现一种结果，不存在不确定因素的决策称为确定型决策。进行这类决策时，决策人对未来的情况已有完整的资料，因而极易做出正确决策。例如，企业手头的一笔钱不论是存入银行还是投资证券，都会取得收益，这时只需比较收益的大小即可做出决策。通常这类决策的选择标准是最大限度地满足预期目的，如利润最大、成本最低、质量最好等。实务中这类决策并不常见。

（2）风险型决策。如果决策涉及两个以上的影响因素，且未来状态不能确定，但其发生的概率能应用一定方法进行计算，这样的决策就是风险型决策。这类决策中包含若干不确定因素，某些方案可能出现几种不同的结果，但决策者能够事先确定每种结果出现的概率。例如，企业下年度的单位变动成本可能是 10 元，也可能是 9.5 元，还可能是 11.2 元，其概率分别为 0.7、0.1、0.2，这时就需运用一定的数学方法按照事先确定的决策标准求得最佳方案。由于只能从预计的大概情况入手，根据一定的计算方法做出决策，因而决策方案实施的结果通常不可能完全符合实际情况。实务中这类决策较常见。

（3）不确定型决策。决策的影响因素不能确定的决策，就是不确定型决策。决策人知道未来的情况有几种可能，但不能确定它们的概率，很难采用系统的分析方法做出正确的决策。因此，这类决策在很大程度上依赖于决策人的知识、经验和分析判断能力，决策人必须根据大量调查研究的资料，经过分析来确定采用的决策标准，然后才能根据经验做出决策。实务中这类决策较少见。

除了以上两种经常使用的决策分类，还有另外一些分类方法。如按决策会计信息服务的对象所处的地位，可分为高层决策、中层决策和基层决策；按决策问题与决策方法是否可以计量，可分为定量决策和定性决策；按决策事项需完成的次数，可分为单级决策和多级决策；按决策事项中目标个数的多少，可分为单目标决策和多目标决策等。显而易见，这些分类方法并非相互排斥，而是相互交叉重叠的。例如，基层决策多数是单级决策，高、中层决策多数是多级决策；短期决策一般是中层决策和基层决策，长期决策主要是高层决策；高层决策大多是不确定型和风险型决策，基层决策大多是确定型决策，中层决策则是确定型和风险型兼而有之等。

三、决策的一般程序

决策是一个提出问题、分析问题并解决问题的复杂过程，在这个过程中怎样利用相关的信息资料，依据正确的决策标准确定最优方案，是决策者最关心的事情。因此，按照科学的决策程序有条不紊地达到目标是非常必要的。通常，无论是短期决策还是长期决策，都应按下列程序进行。

（一）确定决策目标

企业处于不停地运转之中，需要决策的问题有很多。确定决策目标就是明确目前的决策需要解决的问题和要达到的目的。决策目标的制定应尽量做到量化，这样有利于进行具体的定量分析。例如，企业扩大生产采取哪种途径最好，扩大销售的数额为多少，单位变动成本要降低多少，盈亏临界点是多少。这些最好有明确的量化目标，使许多模糊不清的整体目标变为详细具体、便于分析的目标。

（二）提出备选方案

确定决策目标后，要有针对性地提出解决问题的各种可供选择的方案，以便从中选优。这个步骤是一种探索性的工作，必须集思广益、大胆假设、勇于创新，在考虑使现有经济资源得到充分合理利用的前提下，实事求是地提出一批与决策目标保持一致的方案。备选方案提出以后，就要选用或构建与之相适应的模型，以便利用模型对方案进行深入的分析，淘汰不可行方案，选出可行方案。

（三）收集相关的信息资料

备选方案确定后，要收集诸如成本、收入、利润、产量、价格等多种与之相关的信息资料。与企业经营、决策相关的资料是非常广泛的，收集时可将网撒大点，诸如人力资源、技术、资金、人口、市场等方面，只要相关均可集中起来。同时对这些资料有针对性地使用，避免不相关的信息阻碍决策者对目标的透视。

（四）对备选方案进行评价

利用收集到的信息资料，对其进行整理、分析、计算，逐个对备选方案进行评价。例如，产品的零部件是自制还是外购，可以利用收集到的自制与外购的成本费用资料，与其收入相比较，考虑各方案的得失，以便做出最佳选择。通常，评价时可结合构建的模型，采用科学、系统的方法对各方案从技术上的先进性、经济上的合理性和客观条件的可行性出发，进行正确可靠的评价。

（五）考虑非计量因素的影响

对于备选方案的评价，首先按可计量因素进行优劣排序，但许多非计量因素对方案的影响不容忽视，这些非计量因素的范围相当广泛，而且在不同时期表现无规律，如国际国内经济政治形势变化、消费者心理和消费结构改变、企业信誉状况、时效和季节等。所以，决策者应将定量分析与定性分析结合起来，综合考虑有关因素，除了科学的计算分析，还要凭借一定的经验和判断能力，权衡得失利弊，最终做出合理正确的决策。

（六）选择最优方案

这个步骤是决策的最终目的。在以上考虑计量和非计量因素的基础上，将各种备选方案进行比较，权衡得失，从中选出最理想的方案。这种理想是相对而言的，只要选择的方案是所有备选方案中最好的，那么做出的决策就是最优决策。

（七）实施方案，反馈信息

选择最优方案并不是决策的终点。从控制论的角度来讲，决策是一个循环往复的过程，在实施方案时，要不断地发现问题，并反馈到原来的方案上，不断改进，反复决策。实施方案时，现实中的条件并不会与评价方案时的条件完全一致，常常会发生一些未预测到的情况，加之人为判断也可能出错，所以在执行过程中会有许多方面不尽如人意。这些信息反馈回来，就可使决策者审时度势，重新建立模型进入下一轮的决策循环，从而不断完善决策机制，力争获得最佳经济效益。

一、与决策有关的成本概念

成本是评价方案优劣程度的一个重要依据，在决策中使用的一些成本概念不同于财务会计的成本概念，两者既有联系也有区别。

（一）差量成本

差量成本一般指决策时若干备选方案预期成本之间的差额。可以通过对比各个方案的预计总成本的大小，即计算各个方案预计成本之间的差量成本判断方案的优劣。例如，某企业进行扩建，预计采用 A 方案的总成本为 850 000 元，采用 B 方案的总成本为970 000元，两种方案的预计总成本相差120 000元，这个差额就是A、B两方案之间的差量成本。

与差量成本相联系的差量收入是指若干备选方案预期收入之间的差额，这两个概念还派生出差量收益的概念，它们广泛应用于各种类型的决策分析，如产量的增减差量分析、零部件的外购或自制差量分析、生产设备更新差量分析、工艺方法改变差量分析等。

（二）边际成本

边际成本的经济学含义是指产品产量的无限小变化引起的产品成本的变动部分，但在现实生活中，产品产量无限小的变化只能是一个可计量单位，如果小于一个可计量单位则会失去实际意义，因此，边际成本的实质就是当业务量以一个最小经济单位增加或减少时引起的成本变化量。显然，管理会计中的边际成本是差量成本的特殊形式，当业务量的增量为一个、一件或一批时，边际成本等于单位差量成本或一批的差量成本。

【例5-1】 某企业每增加1个单位产量的生产引起的总成本变化及追加成本如表5-1所示。

表5-1 增加单位产量的总成本变化与追加成本

产量（件）	总成本（元）	边际成本（元）
100	200	—
101	203	3
102	206	3
103	209	3
104	300	91
105	303	3

（三）机会成本

现实中每一种资源都具有稀缺性。在互斥的备选方案中，我们选定一种方案就必须放弃其他方案，这些被放弃的备选方案的最大收益构成了选定方案的机会成本。例如，某企业所需零部件A既可以自制也可以外购，若是自制则成本为1 390元，而外购价为1 700元，假定其他因素可以忽略不计。很显然，零部件A应以自制为宜，因为自制的成本小于外购。但现假定用于生产零部件A的厂房设备也可用于出租，可得租金400元，此时就必须将这400元租金看成是自制零部件的机会成本，这样就会使决策结论与前面相比有所变化，即此时企业应以外购为宜。

与会计学中的各种成本概念不同的是，机会成本是一种假设的成本。它永远不需要企业用资金去支付，在会计的各种账簿中并不能直接反映出来，因而容易被人们忽视，但机会成本是客观存在的，而且是决策的相关成本，对机会成本的忽视经常会导致错误决策。

(四)沉没成本与付现成本

沉没成本是指过去已经发生的成本。由于沉没成本属于非相关成本，因此不应将其列为目前决策的现金流量。这一点在实际工作中很容易被忽视。例如，某企业几年前用5 000元购买专用机床一台，由于5 000元的买价早已支付，因此它是沉没成本。即使目前发现当时购买这台专用机床是不明智的决策，也改变不了企业原有决策，更不可能改变已支付5 000元这一事实。沉没成本具有早已发生、不为目前或未来决策所影响的特征，这一特征决定了沉没成本不是差量成本，与目前或未来的决策不存在相关性，因此目前的决策可以不考虑这一因素。

与沉没成本相反的是付现成本。付现成本是指现在或将来的任何决策能够改变其支出数额的成本，可见付现成本是决策必须考虑的重要影响因素。例如，某企业几年前用5 000元购买A机器一台，已提折旧3 500元，折余净值1 500元。因生产新产品必须对A机器进行技术改造，为此需追加支出1 000元。市场上有相同的B机器出售，其性能与改造后的A机器相同，售价为2 000元。在是否改造A机器的决策中，如果我们简单地用A机器的折余净值及追加支出之和（即2 500元）与B机器买价（2 000元）进行比较，就会认为购买B机器比改造A机器节约支出500元。但由于A机器的折余净值属于沉没成本，不影响我们的决策，因此应该是将改造A机器的付现成本1 000元与购买B机器的2 000元进行比较，从而做出正确的抉择：选择改造A机器（比购买B机器节约支出1 000元）。

此外，成本还包括专属成本和联合成本、酌量性成本和约束性成本、相关成本与无关成本、历史成本与重置成本、可延缓成本与不可延缓成本、可避免成本与不可避免成本等。

第2节 经营决策分析的常用方法

经营决策主要是一年以内的生产经营决策，它与长期决策的最大区别在于不考虑货币的时间价值。因此，短期决策的分析评价总是直接或间接地计算不同方案的差量收入和成本，确认差量收益，即剔除现金流量问题的成本效益分析，从而做出理想的决策。从实际工作来看，常用的决策方法有差量分析法、边际贡献分析法、成本无差别点分析法、概率分析法。

一、差量分析法

差量分析法是指在决策过程中只分析计算不同方案间的差量部分，通过差量部分的对比，得出最优方案的一种决策方法。在运用差量分析法时，应首先明确几个概念：

（1）差量，是指两个备选方案同类指标之间的数量差异。

（2）差量收入，是指两个备选方案预期收入之间的数量差异。

（3）差量成本，是指两个备选方案预期成本之间的数量差异。

(4) 差量损益，是指差量收入与差量成本之间的数量差异。

评选方案的原则是，如果差量损益为正数，则前一个方案优于后一个方案；如果差量损益为负数，则后一个方案优于前一个方案。

差量分析法剔除了非相关成本，即将备选方案中数额相等的收入或成本撇开，只评价备选方案中的收入或成本的差额部分，因此大大简化了决策分析过程，提高了工作效率，成为经营决策最常用的一种方法。

【例5-2】 某公司现有生产条件既可加工甲产品，也可加工乙产品，两种产品的预期销售量、销售单价和单位变动成本如表5-2所示。

表5-2 预期销售量、销售单价和单位变动成本

项目	加工甲产品	加工乙产品
预期销售数量（件）	1 500	1 000
预期销售单价（元）	11	15
预期单位变动成本（元）	6	8

试根据上述资料做出加工甲产品还是乙产品的决策。

解： 下面利用差量分析法进行评价。

(1) 计算差量收入。

加工甲产品与加工乙产品的差量收入＝1 500×11－1 000×15＝1 500（元）

(2) 计算差量成本。

加工甲产品与加工乙产品的差量成本＝1 500×6－1 000×8＝1 000（元）

(3) 计算差量损益。

加工甲产品与加工乙产品的差量损益＝1 500－1 000＝500（元）

(4) 评价。根据上述分析结果，加工甲产品比加工乙产品多获利500元，所以应选择加工甲产品。

差量分析法广泛应用于各种经营决策，如企业选择出售半成品还是出售产成品、不需用的机器设备是出售还是出租、产品零件是自制还是外购等。对于这种只有两个备选方案的决策，运用差量分析法比较简单。如果有两个以上的方案，分析评价的过程就比较麻烦，要分别进行两两差量对比，工作量较大，因此对于多个备选方案的决策可结合运用其他分析方法。另外，在实际中运用差量分析法除了进行定量的计算，还应结合定性的判断，如从企业的全局利益和长远利益出发，考虑中选方案是否满足这方面的要求，从而更为慎重地做出抉择。

二、边际贡献分析法

边际贡献分析法是指通过对比备选方案边际贡献的大小来选择最优方案的决策方法。边际贡献是指销售收入扣除按变动成本计算的销售成本后的数额。根据成本性态分析，企业全部成本可分为变动成本和固定成本两大类。固定成本在相关范围内不随产量发生变化，其数额的大小是决策者无法改变的，因而列入非相关成本不予考虑。在对比备选方案的优劣时，收益作为衡量的标准，收益的计算可以只考虑变动成本这一相关成本，所以根据变动成本与销售收入相配合计算出的边际贡献即可用于决策，评选方案的原则是边际贡献总额最大的方案为最优方案。

【例5-3】 某企业现有生产能力10 000机时，既可用来生产甲产品，每件定额工时10小时，也可用来生产乙产品，每件定额工时8小时，甲、乙两种产品单位销售价格、单位变动成本和单位边际贡献的预计数据如表5-3所示。

表5-3 单位销售价格、单位变动成本和单位边际贡献 单位：元

项目	甲产品	乙产品
单位销售价格	200	180
单位变动成本	120	105
单位边际贡献	80	75

试根据上述资料做出生产甲产品还是生产乙产品的决策。

解： 利用边际贡献分析法计算评价如下。

（1）计算生产甲产品的边际贡献总额。

$$(10\ 000\div10)\times80=80\ 000\text{（元）}$$

（2）计算生产乙产品的边际贡献总额。

$$(10\ 000\div8)\times75=93\ 750\text{（元）}$$

（3）评价。80 000－93 750＝－13 750（元），即生产乙产品比生产甲产品要多获利13 750元，所以应当选择生产乙产品的方案。

根据边际贡献分析法评价方案时，需注意对比的是各方案的边际贡献总额，而不是单位产品边际贡献额。如上例，虽然甲产品单位边际贡献大于乙产品单位边际贡献，但选中的是乙产品，因为乙产品的边际贡献总额大于甲产品的边际贡献总额。这是甲、乙两产品的单位产品所需定额工时不同造成相同生产能力下产品数量不同所导致的。

三、成本无差别点分析法

前面所讲的边际贡献分析法和差量分析法都是适用于收入成本型（即收益型）方案的选择。企业在生产经营中，面临许多只涉及成本而不涉及收入即成本型方案的选择，如零部件自制还是外购的决策、不同工艺进行加工的决策等。这时可以考虑采用成本无差别点分析法进行方案的选择。

在成本按性态的分类中，我们知道，任何方案的总成本都可以用$y=a+bx$表述。所谓成本无差别点，是指在该业务量水平上两个不同方案的总成本相等，但当高于或低于该业务量水平时，不同方案就具有不同的业务量优势区域。利用不同方案的不同业务量优势区域进行最优方案选择的方法称为成本无差别点分析法。

【例5-4】 某企业目前从外部购进零部件10 000件，每件单价30元。如果自制该零部件，还需要另外租用一台设备，每年支付租金48 000元。其他成本数据如表5-4所示。

表5-4 自制成本数据表

单位：元

项目	单位成本	总成本
直接人工	10	100 000
直接材料	8	80 000
变动制造费用	4	40 000
固定制造费用	3	30 000
专属固定成本	2	20 000
总计	27	270 000

解： 根据有关资料分析，其中30 000元固定制造费用是企业现有厂房设备的折旧、保险费及财产税等，无论零部件是自制还是外购都将继续发生。

据此资料我们可以确定成本无差别点——外购总成本等于自制总成本的产量点。设x为产销量，y_1与y_2分别代表外购与自制的总成本，则

$$y_1=30x$$

$$y_2=48\ 000+24x$$

令$y_1=y_2$，则成本无差别点为下列方程的解：

$$30x=48\ 000+24x$$

解得 $x=8\ 000$（件）

即成本无差别点为8 000件。当零部件需求量大于8 000件时，以自制为宜；当零部件需求量小于8 000件时，则以外购为宜。

四、概率分析法

以上三种决策分析方法都是在有关条件已知或确定情况下采用的，如果企业决策者对企业未来情况不甚明了，则无法采用上述三种决策分析方法，而应采用概率分析法进行决策。

概率分析法就是对企业经营中的诸多因素（如产品销售量、变动成本、固定成本等）在一定范围内的变动程度做出估计，从而把影响决策的各种现象都考虑进去，使决策更加接近于实际情况。采用概率分析法时，应按以下步骤进行：

（1）确定与决策结果有关的变量；

（2）确定每一变量的变化范围；

（3）凭决策者假定或以历史资料为依据，确定每一变量的概率；

（4）计算各变量相应的联合概率；

（5）将不同联合概率条件下的结果加以汇总，得到预期值。

【例5-5】 某公司在进行销售利润决策时，对A产品销售量、变动成本、固定成

本进行综合测定：A 产品预计销售单价为 100 元，预计销售量为 80 件和 100 件，其概率分别为 40%和 60%，预计单位变动成本分别为 20 元和 30 元，其概率分别为 50%和 50%，预计固定成本总额为 1 000 元和 2 000 元，其概率分别为 80%和 20%。

解：由于影响销售利润的因素具有不确定性，因此应采用概率分析法进行决策分析。分析时，应分别就不同的销售单价、销售量、单位变动成本、固定成本的组合，计算销售利润的预期值。

我们以单价 100 元、销售量 80 件、单位变动成本 20 元、固定成本 1 000 元这一组合为例，计算可实现利润：

利润＝单价×销售量－(单位变动成本×销售量＋固定成本)
　　＝100×80－(20×80＋1 000)
　　＝5 400（元）

已知这种情况出现的联合概率为：

0.4×0.5×0.8＝0.16

则在此条件下利润的预期值为：

5 400×0.16＝864（元）

同理，对其他各种组合依次进行计算求出结果后，将所有预期值汇总计算出利润预期值 5 700 元，计算结果如表 5－5 所示。

表 5－5　计算汇总表

销售量（件）	单位变动成本（元）	固定成本（元）	事件组合	利润（元）	联合概率	预期值（元）
80 P=0.4	20 P=0.5	1 000 P=0.8	1	5 400	0.16	864
		2 000 P=0.2	2	4 400	0.04	176
	30 P=0.5	1 000 P=0.8	3	4 600	0.16	736
		2 000 P=0.2	4	3 600	0.04	144
100 P=0.6	20 P=0.5	1 000 P=0.8	5	7 000	0.24	1 680
		2 000 P=0.2	6	6 000	0.06	360
	30 P=0.5	1 000 P=0.8	7	6 000	0.24	1 440
		2 000 P=0.2	8	5 000	0.06	300
利润预期值（元）			5 700			

第3节　生产决策分析

一、品种决策

品种决策旨在解决生产什么产品的问题，例如，生产何种新产品，亏损产品是否停产或转产，零部件是自制还是外购，是否接受特殊价格追加订货，联产品（或半成品）是否需要进一步加工等。

（一）生产何种新产品的决策

如果企业有剩余的生产能力可供使用，在有几种新产品可供选择而每种新产品都不需要增加专属固定成本时，应选择提供边际贡献总额最多的方案。

【例5-6】 红星公司现有A、B两种新产品可以投入生产，但剩余生产能力有限，只能将其中一种新产品投入生产，这两种产品的资料如表5-6所示。

表5-6　A、B两种产品相关资料

产品	销售量（件）	售价（元）	单位变动成本（元）	固定成本总额（元）
A	300	60	30	8 000
B	400	45	20	

解： 只要分别计算A、B产品能够提供的边际贡献总额（见表5-7），并加以对比，便可做出决策。

表5-7　边际贡献总额计算表

项目	A产品	B产品
销售量（件）	300	400
单价（元）	60	45
单位变动成本（元）	30	20
单位边际贡献（元）	30	25
边际贡献总额（元）	9 000	10 000

以上计算表明，在固定成本不变的情况下，B产品的边际贡献总额比A产品的边际贡献总额高1 000元，可见，生产B产品优于A产品。

（二）亏损产品是否停产或转产的决策

当企业的一个部门或一种产品处于亏损经营状态时，管理当局就应考虑是否停产。通常认为，停产亏损产品可以使企业整体利润水平提高。但当亏损产品的停产仅使与之相关的变动成本减少而并不影响企业固定成本时，对亏损产品是否停产、停产能否使企业的利润增加等问题还需做出具体分析。以下举例具体分析。

【例5-7】 设红星公司本年生产销售A、B、C三种产品，有关资料如表5-8所示。

表5-8 A、B、C三种产品的相关资料

项目	A产品	B产品	C产品
产销量（件）	2 000	1 000	3 000
单价（元）	50	80	100
单位变动成本（元）	30	60	80
单位产品生产工时（小时）	15	30	10
固定成本（元）	90 000（按各产品生产工时分配）		

年终按完全成本法计算三种产品的损益后，公司经理认为B产品为亏损产品，应当停产以提高公司的盈利水平。

这样的决策似乎太武断了。请运用边际贡献分析法做出有关亏损产品是否停产或转产的决策。

解：根据上述资料编制边际贡献和营业利润计算表，如表5-9所示。

表5-9 边际贡献和营业利润计算表 单位：元

项目	A产品	B产品	C产品	合计
销售收入	100 000	80 000	300 000	480 000
变动成本	60 000	60 000	240 000	360 000
边际贡献	40 000	20 000	60 000	120 000
固定成本	30 000	30 000	30 000	90 000
营业利润	10 000	−10 000	30 000	30 000

其中：

$$A产品生产工时=2\ 000\times15=30\ 000（小时）$$
$$B产品生产工时=1\ 000\times30=30\ 000（小时）$$
$$C产品生产工时=3\ 000\times10=30\ 000（小时）$$
$$固定成本分配率=\frac{90\ 000}{30\ 000+30\ 000+30\ 000}=1（元/小时）$$
$$A产品负担固定成本=30\ 000\times1=30\ 000（元）$$
$$B产品负担固定成本=30\ 000\times1=30\ 000（元）$$
$$C产品负担固定成本=30\ 000\times1=30\ 000（元）$$

从表5-9可以看出，B产品全年亏损10 000元，为了增加企业盈利，似乎应该停产B产品。但应用边际贡献分析法可以看出，B产品本身有边际贡献20 000元，之所以亏损是因为它分担的固定成本30 000元大于其所创造的边际贡献。如果盲目将B产品停产，不但不能使企业增加利润，反而会损失更多利润，损失额相当于该亏损产品所能提供的边际贡献，其结果如表5-10所示。

表5-10　边际贡献和营业利润计算表　　单位：元

项目	A产品	C产品	合计
销售收入	100 000	300 000	400 000
变动成本	60 000	240 000	300 000
边际贡献	40 000	60 000	100 000
固定成本	45 000	45 000	90 000
营业利润	−5 000	15 000	10 000

由此可见，停止生产B产品，不但没有增加利润，反而使整个企业的利润降至10 000元，减少了20 000元，正好是B产品所创造的边际贡献。

由此得出结论：

（1）当亏损产品的生产能力无法转移时，只要亏损产品能提供边际贡献就不应当停产。本例中B产品能提供边际贡献20 000元，故不应停产。

（2）如果亏损产品的生产能力可以转移，即亏损产品停产后其闲置下来的生产能力可以转向生产其他产品，只要转产产品所创造的边际贡献大于亏损产品所创造的边际贡献，这项转产方案就是可行的。相反，如果转产产品所创造的边际贡献小于亏损产品所创造的边际贡献，就不应当转产而应继续生产亏损产品。

在实际工作中，对于亏损产品是否应该停产的决策需要考虑许多因素。除了上面重点阐述的成本因素，还应考虑其他因素。如亏损产品停产是否对客户关系造成损害，是否对企业产品配套问题造成不利影响，如由于钢材涨价，自行车制造厂生产车轮无利可图，但车轮是自行车必不可少的配件，因此还得照样生产。此外，还要考虑企业的产品结构和社会效益等因素。

（三）自制还是外购的决策

对于那些具有加工能力的企业而言，常面临所需零配件是自制还是外购的决策问题。由于所需零配件的数量对于自制还是外购方案都是一样的，因而这类决策通常只需要考虑自制方案和外购方案成本的高低，在相同质量并保证及时供货的情况下，选择成本低的方案。

1. 外购不减少固定成本的决策

如果企业可以从市场上买到现在由企业自己生产的某种零配件，而且质量相当，这时一般都会考虑是否停产外购。在由自制转为外购，且其生产能力不能利用（固定成本并不因停产外购而减少）的情况下：当自制单位变动成本大于购买价格时，应该外购；当自制单位变动成本小于购买价格时，应该自制。

【例5-8】 欣欣公司生产某种产品需要甲零件10 000件，自制时每件成本为60元，其中单位变动成本为45元，单位固定成本15元，且生产甲零件的生产能力不能转移，市场上零售价为每件50元。问该公司应该自制还是外购？

解： 由于自制单位变动成本45元小于外购单位价格50元，所以，应选择自制。

2. 自制增加固定成本的决策

在企业所需零配件由外购转为自制需要增加一定的专属固定成本（如购置专用设备而增加的固定成本），或由自制转为外购时可以减少一定的专属固定成本的情况下，自制方案的单位增量成本不仅包括单位变动成本，而且包括单位专属固定成本。因此，当外购增量成本大于自制增量成本，应该自制；反之，应该外购。

【例 5-9】 某公司每年需要用甲零件 1 000 件，以前一直外购，购买价格为每件 9 元。现该公司有无法移作他用的多余生产能力可以用来生产甲零件，但将增加专属固定成本 2 400 元，自制单位变动成本 6 元。

解： 设外购增量成本为 y_1，自制增量成本为 y_2，甲零件的年需求量为 x，则

$$y_1 = 9x$$
$$y_2 = 2\,400 + 6x$$

外购增量成本与自制增量成本相等时的年需求量，即成本分界点为：

$$9x = 2\,400 + 6x$$
$$x = 800\text{（件）}$$

所以，成本分界点的公式为：

$$\text{成本分界点} = \frac{\text{自制增加的专属固定成本}}{\text{购买价格} - \text{自制单位变动成本}}$$

当年需求量>800 件时，外购增量成本>自制增量成本，应该自制。
当年需求量<800 件时，外购增量成本<自制增量成本，应该外购。

3. 外购时租金收入的决策

在零配件外购时，如果出租剩余生产能力能获得租金收入，将自制方案与外购方案对比时，就必须将租金收入作为自制方案的一项机会成本。当自制方案的变动成本与租金收入之和大于外购成本时，应该外购；反之，应该自制。

【例 5-10】 某公司每年需要 A 零件 2 000 件，自制单位变动成本为 20 元；若外购，则外购单位价格为 25 元，且腾出来的生产能力可以出租，每年租金收入 8 000 元。

解： 计算过程如表 5-11 所示。

表 5-11 增量成本对比表 单位：元

项目	自制增量成本	外购增量成本
外购成本		25×2 000=50 000
自制变动成本	20×2 000=40 000	
外购租金收入	8 000	
合计	48 000	50 000
自制收益	50 000−48 000=2 000	

计算结果表明，选择自制方案是有利的，比外购方案减少成本 2 000 元。

（四）是否接受特殊价格追加订货的决策

在企业尚有一定剩余生产能力可以利用的情况下，如果外单位要求以低于正常价格甚至低于计划产品的平均单位成本的特殊定价追加订货，企业是否可接受这种条件苛刻的追加订货呢?

应针对不同情况区别对待：

(1) 在追加订货不影响本期计划任务（正常订货）的完成，又不要求追加专属成本的情况下，只要特殊订货单价大于该产品的单位变动成本，就可以接受该追加订货。

(2) 若该订货会妨碍本期原有计划任务的完成，应将由此而减少的正常收入作为追加订货方案的机会成本。当追加订货的边际贡献额足以补偿这部分机会成本时，则可以接受订货。

(3) 若该订货要求追加专属成本，则接受此追加订货方案的条件是，该方案的边际贡献大于专属成本。

(4) 当企业有关的剩余生产能力可以转移（以上三种情况均假定无法转移)，则应将与此有关的可能收益作为追加订货方案的机会成本综合考虑。

【例5-11】 甲企业本年计划生产1 200件甲产品，正常售价为每件60元。年初编制的成本计划如表5-12所示。

表5-12 甲产品计划成本计算单（产销量：1 200件）

项目	总成本（元）	单位成本（元）
直接材料	24 000	20
直接人工	12 000	10
变动制造费用	6 000	5
固定制造费用	12 000	10
销售及管理费用	6 000	5
合计	60 000	50

3月乙企业要求向甲企业追加订货300件甲产品，特殊订货单价为每件40元。试就以下各不相关方案做出可否接受此项追加订货的决策。

(1) 企业最大生产能力为1 500件，剩余能力无法转移，追加订货不需要追加专属成本。

(2) 企业最大生产能力为1 400件，剩余能力无法转移，不需要追加专属成本。

(3) 企业最大生产能力为1 500件，剩余能力无法转移，但追加订货要求使用某台专用设备加工，该设备价值1 000元。

(4) 企业最大生产能力1 480件，剩余能力可以转移，若对外出租可获租金收入200元，追加订货要求追加900元专属成本。

解： 分析步骤如下：

(1) 特殊订货单价40元大于单位变动成本35元（20+10+5)，可多获利润1 500元，可以接受此追加订货。

（2）接受与拒绝的计算（见表5-13）。

表5-13　接受与拒绝订货计算表　单位：元

项目	接受订货	拒绝订货
销售收入	78 000	72 000
其中：正常订货	1 100×60=66 000	1 200×60=72 000
追加订货	300×40=12 000	
总成本：	67 000	60 000
其中：变动成本	1 400×35=49 000	1 200×35=42 000
固定成本	18 000	18 000
利润	11 000	12 000

接受订货的利润为11 000元，比拒绝订货的利润少1 000元，所以不应当接受追加订货。

（3）编制差量损益分析表（见表5-14）。

表5-14　差量损益分析表　单位：元

项目	方案		
	接受订货	拒绝订货	差额
相关收入	300×40=12 000	0	+12 000
相关成本	11 500	0	+11 500
其中：变动成本	300×35=10 500		
专属成本	1 000		
差量损益			+500

接受订货可多获500元利润，应接受追加订货。

（4）相关损益分析如表5-15所示。

表5-15　相关损益分析表　单位：元

项目	方案	
	接受订货	拒绝订货并出租
相关收入	300×40=12 000	200*
相关成本	11 900	0
其中：变动成本	280×35=9 800	
专属成本	900	
机会成本	20×60=1 200	
相关损益	+100	+200

*租金收入=200（元）。

接受订货的相关损益比拒绝订货的相关损益少100元，所以不应接受追加订货。

（五）联产品是否深加工的决策

所谓联产品，是指一种原材料能够同时加工出两种或两种以上的产品。联产品既可以在市场上直接出售，也可以继续加工成最终产品后再出售。究竟是深加工联产品还是直接出售联产品？

在这样的决策中涉及两个重要的成本概念：联合成本（或称共同成本）和可分成本。所谓联合成本，是指联产品形成之前发生的由各联产品共同负担的成本。联产品是否进一步加工不会引起联合成本的变化，因此联合成本属于决策无关成本。可分成本是指联产品分离之后对某种产品进一步加工而支付的成本，因此属于决策相关成本。

【例5-12】 红星公司对同一种原料进行加工，可同时生产A、B两种产品，年产量分别为2 000吨、1 000吨。全年共发生300 000元联合成本，甲、乙产品分别负担200 000元、100 000元。其中B产品可以直接对外出售，也可以进一步加工为C产品后出售。企业已具备将80%的B产品深加工的生产能力，且无法对外转移。B产品与C产品的投入产出比为1∶0.6。每深加工一吨B产品需要追加可分成本15元。如果租入设备一台，年租金20 000元，可以使B产品的深加工能力达到100%。A、B、C产品的售价分别为200元、130元、250元。请问企业是直接出售B产品，还是深加工80%抑或100%的B产品为C产品？

解： 在这个决策中，企业面临三种选择：直接出售B产品、深加工80%的B产品和深加工100%的B产品。各方案的相关收入、相关成本和相关收益分析如下：

（1）直接出售B产品。

相关收入=1 000×130=130 000（元）
相关成本=0
相关损益=130 000（元）

（2）深加工80%的B产品。

相关收入=1 000×0.6×80%×250+1 000×20%×130=146 000（元）
相关成本=1 000×80%×15=12 000（元）
相关损益=146 000−12 000=134 000（元）

（3）深加工100%的B产品。

相关收入=1 000×0.6×250=150 000（元）
相关成本=1 000×15+20 000=35 000（元）
相关损益=150 000−35 000=115 000（元）

通过比较相关损益可以看出，将B产品的80%深加工、20%直接出售最合算。

二、产品最优组合决策

生产多种产品的企业往往需要考虑如何将有限的生产资源充分利用并合理地在各种产品之间进行分配。由于企业的生产受设备能力、原材料来源、动力供应、生产场地面积、熟练劳动力等多种因素的限制，因而企业必须合理安排生产，使各种产品达到最优组合，从而实现最佳的经济效益。

【例5-13】 某企业有甲、乙两个生产部门，现有生产能力分别为40 000机器小时和60 800机器小时。企业从事A、B两种产品生产，这两种产品都要经过甲、乙两个生产部门的加工，有关资料如表5-16所示。

表5-16 企业生产能力情况

产品	单位产品需用生产能力（机器小时）		产品订货量（件）	单位产品利润（元）
	甲部门	乙部门		
A	20	10	1 800	18
B	8	16	3 800	15

根据上述资料，企业如何达到既充分利用现有生产能力，又使未来利润最高的目的，即企业应怎样安排A、B两种产品的生产数量？

下面用两种方法进行决策。

1. 逐次测试法

第一次测试。从表中资料无法了解A、B产品的数量为多少才最合算，可以假设首先安排A产品的生产，各部门生产能力如果有剩余，再用于生产B产品，看结果如何，再据以进一步调整测试，这样安排的结果如表5-17所示。

表5-17 首次测试情况表

产品	产量（件）	所用机器小时		利润（元）
		甲部门	乙部门	
A	1 800	36 000	18 000	32 400
B	500	4 000	8 000	7 500
合计		40 000	26 000	39 900
可用机器小时		40 000	60 800	
剩余机器小时		0	34 800	

表5-17是第一次测试的结果，表明优先安排了A产品1 800件，然后再安排B产品500件，甲部门没有剩余生产能力，但乙部门有34 800小时的剩余生产能力。这样不符合充分利用生产能力的要求，于是再进行第二次测试。

第二次测试。第二次测试首先安排B产品的生产，如果有剩余生产能力再安排A产品的生产，看结果如何，再做调整测试。这样安排的结果如表5-18所示。

表5-18 第二次测试情况表

产品	产量（件）	所用机器小时		利润（元）
		甲部门	乙部门	
A	0	0	0	0

续表

产品	产量（件）	所用机器小时		利润（元）
		甲部门	乙部门	
B	3 800	30 400	60 800	57 000
合计		30 400	60 800	57 000
可用机器小时		40 000	60 800	
剩余机器小时		9 600	0	

表5-18的结果表明，优先安排B产品生产，乙部门的生产能力正好用完，因而无力生产A产品，而甲部门还有9 600小时的剩余生产能力。这次测试的结果比第一次测试的结果要理想，因为剩余生产能力由34 800小时下降到9 600小时，利润总额从39 900元上升到57 000元。但仍不是最理想，应做第三次测试。

第三次测试。为使甲部门9 600小时的剩余生产能力得到充分利用，应缩减B产品的生产，增加A产品的生产，但缩减和增加的幅度为多少才能正好用完剩余生产能力呢？从该例中所给资料得知，少生产一件B产品，可以从乙部门腾出16小时用于生产A产品1.6件（16÷10），增加利润13.8元（1.6×18－1×15）。

设B产品减少生产x件，则A产品可多生产$1.6x$件，根据上述资料有

$$20\times1.6x+8\times(3\,800-x)=40\,000$$

解得 $x=400$（件）

表5-19 第三次测试情况表

产品	产量（件）	所用机器小时		利润（元）
		甲部门	乙部门	
A	640	12 800	6 400	11 520
B	3 400	27 200	54 400	51 000
合计		40 000	60 800	62 520
可用机器小时		40 000	60 800	
剩余机器小时		0	0	

表5-19的计算结果表明，该企业为了充分利用现有生产能力，使利润额达到最多，应选择生产A产品640件、B产品3 400件。

2. 线性规划图解法

上述问题如果用线性规划图解法求最优产品组合将更为简便和直观。线性规划是在满足用线性不等式表示的约束条件的情况下，使线性目标函数最优化的一种数学方法。如果只有两个变量，可以配合图解法来确定目标函数的最优化，现对上例运用线性规划图解法求解最优产品的组合。

设x代表A产品的产量，y代表B产品的产量，p代表可提供的利润，则目标函数为：

$$p=18x+15y$$

两种产品的产量受到如下约束条件的限制：

$$\begin{cases}20x+8y\leqslant 40\ 000\\10x+16y\leqslant 60\ 800\\0\leqslant x\leqslant 1\ 800\\0\leqslant y\leqslant 3\ 800\end{cases}$$

将组成约束条件的各方程化为等式在平面直角坐标系中作图，如图 5-1 所示。

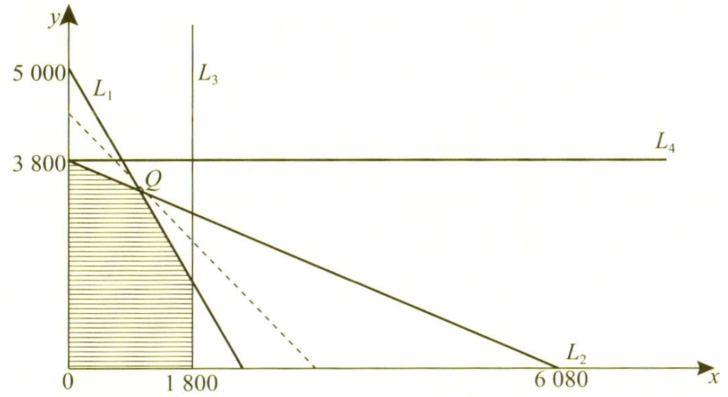

图 5-1 图解示意

图 5-1 中的 L_1、L_2、L_3、L_4 分别为上述各约束方程化为等式后的直线图，即 L_1 为甲部门的最高产量线，L_2 为乙部门的最高产量线，L_3 为 A 产品的最高订货量，L_4 为 B 产品的最高订货量，因此，满足上述各约束条件的可行解一定位于各直线的左下方，图中标明的阴影区域是约束方程组的可行解。

要使目标函数 $p=18x+15y$ 达到最大，就要在直线区域内寻找达到最大的点 (x, y)。因为目标函数的斜率为 $-1.2\left(即-\frac{18}{15}=-1.2\right)$，所以可在图中作一组斜率为 -1.2 的平行线，这些平行线称为等利润线，如图 5-1 中虚线所示。由此可见，最优解应是这一组等利润线中离原点最远、纵截距最大，又与直线区域相交的一条等利润线上的点，位于这条等利润线上又满足约束条件的点可在图中找到，即直线 L_1 和 L_2 的交点 Q。Q 点的坐标可由直线 L_1 和 L_2 的联立方程组求解：

$$\begin{cases}20x+8y=40\ 000\\10x+16y=60\ 800\end{cases}$$

解得 $x=640$（件），$y=3\ 400$（件）

$$p=640\times18+3\ 400\times15=62\ 520（元）$$

即生产 A 产品 640 件，生产 B 产品 3 400 件，既能使两个部门的生产能力得到充分利用，又能为企业提供最多的利润。

三、产品组织决策

（一）产品最优生产批量决策

尽管看单生产或称顾客化生产已不鲜见，分批生产仍是现代企业大生产的主流模式；在分批生产模式下，管理人员面临在全年总需要量一定的情况下，如何决定每批的批量及全年的批次的问题。由于全年总需求量确定，不同批量或批次方案之间并没有收入的差异，要分析的是成本的差异。而生产产品的单位变动成本和固定制造费用都与批量大小及批次多少无关，与批量或批次多少相关的成本费用包括两大类：调整准备成本和储存成本，最优生产批量或者经济生产批量是使这两类成本之和最小的生产批量。有关经济批量决策的计算方法请见第8章。

（二）产品生产工艺决策

生产工艺是指加工制造产品或零件所使用的机器、设备及加工方法的总称。同一种产品或零件，往往可以按不同的生产工艺进行加工。当采用某一种生产工艺时，可能固定成本较高，但单位变动成本较低；而采用另一种生产工艺时，可能固定成本较低，但单位变动成本较高。通常，产量较大时最好选择单位变动成本较低的工艺方案，但其固定成本一般较高；产量较小时最好选择固定成本较低的工艺方案，但其单位变动成本一般较高。如何确定选择的界限在这里是一个关键问题。下面举例说明。

【例5-14】 红星公司生产甲产品，有A、B、C三种方案可供选择，其成本资料如表5-20所示。

表5-20 红星公司的成本资料 单位：元

方案	专属固定成本	单位变动成本
A	1 000	4
B	600	6
C	500	10

解： 根据表5-20的资料，可以绘制图形，如图5-2所示。

设 X_{AC}、X_{BC}、X_{AB} 三个成本分界点的产量分别为 x_1、x_2、x_3，则三个成本分界点可计算如下：

$$1\,000+4x_1=500+10x_1$$

$$x_1\approx83\text{（件）}$$

$$600+6x_2=500+10x_2$$

$$x_2=25\text{（件）}$$

$$1\,000+4x_3=600+6x_3$$

$$x_3=200\text{（件）}$$

于是，整个产量区域被划分为0～25件、25～83件、83～200件、200件以上4个区域。从图5-2可以看出，当产品预计产量不足25件时，C方案成本最低，为最优方

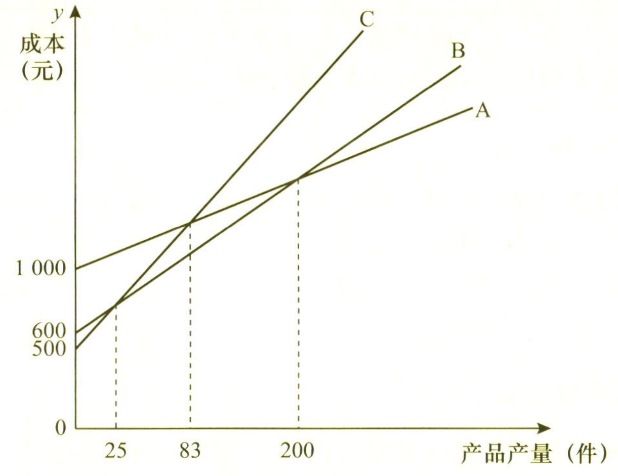

图 5-2　图解示意

案；当产品预计产量在 25～200 件时，B 方案成本最低，为最优方案；当产品预计产量超过 200 件时，A 方案成本最低，为最优方案。

第 4 节　定价决策分析

一、影响价格的基本因素

一种产品价格制定得适当与否，往往决定了该产品能否为市场所接受，并直接影响该产品的市场竞争地位和市场占有率。一般来讲，影响价格制定的基本因素包括如下几个。

（一）成本因素

成本是影响定价的最基本因素。从长期来看，产品价格应等于总成本加上合理的利润，否则企业无利可图，将会停止生产；从短期来看，企业应根据成本结构确定产品价格，即产品价格必须高于平均变动成本，以便掌握盈亏情况，减少经营风险。

（二）需求因素

市场需求与价格的关系可以简单地用市场需求潜力与需求价格弹性来反映。市场需求潜力是指在一定的价格水平下，市场需求可能达到的最高水平；需求价格弹性是指在其他条件不变的情况下，某种商品的需求量随其价格的升降而变动的程度，它是用需求变化率与价格变化率之比来表示的。需求价格弹性大的商品，其价格的制定和调整对市场需求影响大；需求价格弹性小的商品，其价格的制定和调整对市场需求影响小。

（三）商品的市场生命周期因素

商品的市场生命周期包括四个阶段，即投入期、成长期、成熟期、衰退期。不同的阶段定价策略应有所不同。投入期的价格，既要补偿高成本，又要能被市场接受；在成长期和成熟期，产品大量销售，企业要扩大市场占有率，必须稳定价格以利于开拓市场；进入衰退期后，一般应采取降价策略，以便充分挖掘产品的经济效益。

（四）竞争因素

产品竞争的激烈程度不同，对定价的影响也不同，竞争越激烈，对价格的影响就越大。完全竞争的市场，企业几乎没有定价的主动权；在不完全竞争的市场中，竞争的强度主要取决于产品制造的难易程度和供求形势。由于竞争影响定价，企业必须充分了解竞争者的情况，包括竞争对手的实力、主要竞争者的定价策略等。

（五）政策法规因素

国家的政策法规也会影响价格。比如，国家一般都对农产品实行补贴，而对某些行业（烟、酒行业等）征税。政府如果取消对这些行业的限制，这些行业的产品价格就完全由市场决定，一旦政府介入，就必须考虑政府税收和补贴对产品价格的影响。一般来说，政府对产品实行补贴，可以使产品的价格维持在一定的水平；政府对产品征税，生产者就会将部分税收转嫁给消费者，从而提高产品价格。同时，政府还利用货币金融、海关等手段间接调节价格。在进行国际贸易时，各国政府对价格的限制措施往往更多、更严。因此，企业应很好地了解本国及所在国关于物价方面的政策和法规，并将其作为定价策略的依据。

（六）科学技术因素

科学发展和技术进步在生产中的推广应用，必将导致新产品、新工艺、新材料代替老产品、老工艺、旧材料，从而形成新的产业结构、竞争结构和消费结构。例如，高清彩电是对传统彩电的替代。科学技术因素对销售价格的影响必须加以考虑。

（七）相关产品的销售量

某些产品的销售量往往取决于相关产品的销售量，如纺织业与服装业、轮胎业与汽车业、玻璃业与建筑业，基本上是后者的销售决定前者的销售。因此，前者销售价格的制定可以根据后者的预测资料进行。

除上述几方面外，产品的质量、产品的比价、差价与价格体系、消费者的支付能力与心理状态等，也是影响产品价格的重要因素。

二、产品定价决策

（一）以成本为基础的定价决策

成本是企业生产和销售产品所发生的费用的总和，是构成产品价格的基本因素，也是价格的最低经济界限。以成本为基础制定产品价格，不仅能保证生产中的耗费得到补偿，而且能保证企业必要的利润。凡是新产品都可以采用以成本为基础的定价决策方法。

1. 完全成本加成定价法

完全成本加成定价法是指在产品的全部成本基础上，加上一定百分比的销售利润，以此确定产品的销售价格。定价模型为：

产品单价＝预计单位全部成本×(1＋利润加成率)

【例 5－15】 某企业的甲产品需进行定价，有关成本资料如下：

甲产品单位成本资料（单位：元）：

直接材料	12
直接人工	8
变动制造费用	8
固定制造费用	10
变动销售及管理费用	3
固定销售及管理费用	1

公司的一般政策是按利润加成率 40%确定目标售价。

解： 分析如下：

甲产品单位成本＝12＋8＋8＋10＋3＋1＝42（元）

甲产品单价＝42×(1＋40%)＝58.8（元）

完全成本加成定价法是大多数公司所采用的方法。一方面，产品的完全成本在企业对外报告的现成资料中，收集信息的成本较低；另一方面，从长期来看，产品或劳务的价格必须补偿全部成本并应获得正常利润。但是，由于完全成本不以成本性态分类为基础，所以不便于进行本量利分析，很难预测价格和销售量的变动对利润的影响。

2. 变动成本加成定价法

变动成本加成定价法是以每生产一个单位产品的变动成本为基础，该变动成本不仅包括变动生产成本，还包括变动销售及管理费用，在此基础上考虑一定的边际贡献，确定产品的销售价格。定价模型为：

产品单价＝单位变动成本×(1＋加成率)

加成率一般是指在预期正常产量情况下，边际贡献与变动成本之比，其计算公式为：

$$\text{加成率}=\frac{cm}{b}$$

或

$$=\frac{a+P}{bx}$$

【例 5－16】 某厂的甲产品全年预计正常的产量为 10 000 件，单位变动成本 4 元，其中原材料 2 元，直接人工 1 元，变动制造费用 0.5 元，变动销售及管理费用 0.5 元，固定成本总额 35 000 元，预期利润 15 000 元，则其定价方法如下：

$$\text{加成率}=\frac{35\ 000+15\ 000}{4\times 10\ 000}\times 100\%=125\%$$

产品单价＝4×(1＋125％)＝9（元）

3. 边际成本定价法

在供求规律作用下，企业要增加销售量就只能降低价格，这时，销售收入在降价初期增长较快，继而逐渐转慢，即边际收入呈下降趋势；相应地，随着产销量增加，一些半变动成本乃至固定成本都会逐渐增加，边际成本呈上升趋势，最终，边际成本将超过边际收入，使降价提高销售量得不偿失。以利润最大化为目标，企业要选择使利润达到最大的价格与销售量的组合，定价原则即边际收入等于边际成本，边际利润等于零。

对于成本变动不超出成本性态分析的相关范围的情况，企业只需要确定随价格而变动的需求量，将价格降低、销售量增加所引起的收入的增加（边际收入）和增加的变动成本（边际成本）相比较，选择使边际收入等于边际成本的价格作为产品的销售价格。

【例5-17】 红星公司销售甲产品，固定成本为3 000元，单位变动成本为8元。通过产品试销和市场预测分析，取得的有关资料如表5-21所示。

表5-21 甲产品在不同价格水平时的销售资料

单价（元）	100	95	90	85	80	75	70	65	60	55
销售量（件）	150	175	200	225	250	275	300	325	350	375
销售收入（元）	15 000	16 625	18 000	19 125	20 000	20 625	21 000	21 125	21 000	20 625
总成本（元）	4 200	4 400	4 600	4 800	5 000	5 200	5 400	5 600	5 800	6 000

要求：采用边际成本定价法确定最优价格，并对此加以分析。

解：（1）根据资料，整理出表5-22。

表5-22 边际成本定价法计算表

金额单位：元

销售量（件）	单价	销售收入	边际收入	总成本	边际成本	边际利润	利润
150	100	15 000	—	4 200	—	—	10 800
175	95	16 625	1 625	4 400	200	1 425	12 225
200	90	18 000	1 375	4 600	200	1 175	13 400
225	85	19 125	1 125	4 800	200	925	14 325
250	80	20 000	875	5 000	200	675	15 000
275	75	20 625	625	5 200	200	425	15 425
300	70	21 000	375	5 400	200	175	15 600
325	65	21 125	125	5 600	200	−75	15 525
350	60	21 000	−125	5 800	200	−325	15 200
375	55	20 625	−375	6 000	200	−575	14 625

计算结果表明，随着销售量的不断增加，边际收入将逐步下降，甚至出现负数，以致边际利润不断减少。当边际利润为负数时，企业的利润总额就不会是最高的。因此，本题的最优价格在 65～70 元之间。

（2）为了把握销售量的最佳区域，可以将 300～325 件的销售量区域做进一步的细分，如表 5－23 所示。

表 5－23　单位边际成本计算表　　金额单位：元

销售量（件）	单价	销售收入	边际收入	总成本	边际成本	边际利润	利润
300	70	21 000	—	5 400	—	—	15 600
305	69	21 045	45	5 440	40	5	15 605
310	68	21 080	35	5 480	40	－5	15 600
315	67	21 105	25	5 520	40	－15	15 585
320	66	21 120	15	5 560	40	－25	15 560
325	65	21 125	5	5 600	40	－35	15 525

如表 5－23 所示，当产品销售量是 305 件、单价为 69 元时，边际收入最接近边际成本，利润总额最大，为 15 605 元。因此，甲产品每件定价 69 元为最优价格。

（二）以需求为基础的定价决策

以成本为基础的定价决策方法，着重考虑企业的成本情况而基本不考虑需求情况，因此制定的产品价格从企业取得最大产销收入或利润的角度看，不一定是最优价格。为此，必须考虑市场需求状况与价格弹性，分析销售收入、成本利润与价格之间的关系，寻找最优价格点。

1. 弹性定价法

市场供求关系的变化是影响企业产品价格的一个重要因素，因此，企业制定价格最需要考虑的因素是需求价格弹性。需求价格弹性，是指需求数量变动率与价格变动率之比，反映价格变动引起需求变动的方向和程度。需求价格弹性的大小取决于产品的需求程度、可替代性和费用占消费者收入的比重等。

需求价格弹性的大小可用下列公式计算：

$$E_p=\frac{\Delta Q/Q}{\Delta P/P}$$

式中，E_p 为需求价格弹性系数；Q 为基期需求量；ΔQ 为需求变动量；P 为基期单位产品价格；ΔP 为价格变动数。

企业掌握了某种产品的需求价格弹性后，就可以利用弹性系数来预测价格变动的最优方向和幅度。

【例5-18】 某公司计划年度预计生产并销售A产品20 000件，上年每件销售价格是380元，销售量是16 000件，该产品的需求价格弹性大约为-3.5，请问：计划单位产品价格掌握在什么水平对公司最为有利？

解： 设P_1为计划年度销售价格，Q_1为计划年度销售量，则

$$\Delta P=\frac{\Delta Q\times P}{Q\times E_P}=\frac{(Q_1-Q)\times P}{Q\times E_P}$$

$$P_1-P=\frac{(Q_1-Q)\times P}{Q\times E_P}$$

移项得

$$\begin{aligned}P_1&=\frac{(Q_1-Q)\times P}{Q\times E_P}+P\\&=\frac{(20\,000-16\,000)\times 380}{16\,000\times(-3.5)}+380\\&=352.9\text{（元）}\end{aligned}$$

可见，A产品单位价格下降至352.9元对保证完成20 000件产品销售最有利。

2. 反向定价法

企业可不以成本为依据，而在预测市场可接受的限度内，逆向预测和制定批发价格、出厂价格及生产成本。其计算公式如下：

$$\text{单位批发价格}=\text{市场可销零售价}-\text{批零差价}$$

或

$$=\frac{\text{市场可销零售价}}{1+\text{批零差价率}}$$

$$\text{单位出厂价格}=\text{批发价格}-\text{进销差价}$$

或

$$=\frac{\text{批发价格}}{1+\text{进销差价率}}$$

$$\text{单位生产成本}=\text{出厂价格}-\text{利润}-\text{税金}$$

或

$$=\frac{\text{出厂价格}\times(1-\text{税率})}{1+\text{利润率}}$$

应用上述公式，关键在于确定市场可销零售价，其他资料可以根据市场同类商品的有关资料确定，总的原则是根据市场需求，按消费者愿意接受的水平确定。

【例5-19】 深广公司计划生产甲产品，经市场调查，甲产品的市场单位零售价格为25元，批发环节的批零差价率一般为25%，进销差价率为10%，甲产品的销售税率为10%，利润率要求达到15%。则

$$\text{单位批发价格}=\frac{25}{1+25\%}=20\text{（元）}$$

$$\text{单位出厂价格}=\frac{20}{1+10\%}=18.18\text{（元）}$$

$$\text{单位生产成本}=\frac{18.18\times(1-10\%)}{1+15\%}=14.23\text{（元）}$$

反向定价法的实质是在价格确定上贯彻以销定产的要求，其优点是既能适应市场需求，促进销售，又能促进企业降低成本，提高产品竞争力；其缺点是市场可销零售价难以预测。该方法适用于需求弹性大、花色品种翻新快的商品价格制定。

三、其他定价策略

（一）心理定价策略

心理定价策略主要是零售企业针对顾客消费心理而采取的定价策略。常用的方法主要有以下几种：

（1）尾数定价。消费者购物时，对价格数字往往有这样一种心理倾向，即偏重于价格的整数，而忽视价格的零数。例如，当一件商品标价为 1.95 元与标价 2 元时，虽然这两种标价只差 0.05 元，但消费者认为差别很大，这种消费者在购物时对价格数字的心理倾向会指导消费者的购物行为。尾数定价法正是利用了消费者的这种心理，采取非整数定价形式，以达到引起消费者的购买欲望、增加销售量的目的。以这种方法制定的价格，其尾数以 8、9 为多，这样既能给消费者一个价格较低的印象，又能使消费者认为企业定价认真准确。它一般适用于价值较小、销售量大、购买次数多的中低档日用消费品。

（2）声望定价。有名望的商店出售的商品，其价格比一般商店要高；同类商品中，名牌商品要比非名牌商品价格高。这种以商店或商品的声望来为商品定价的方法就是声望定价。由于声望定价商品的购买者多看重商品能否显示其身份和地位，因而往往采用整数高位定价，以满足消费者的心理需要。

（3）心理折扣定价。心理折扣定价是利用消费者求廉务实的心理特点而采取的降价促销措施。当一种商品的品牌、性能不为广大消费者所熟悉与了解，其市场接受程度较低时，采用心理折扣定价，即标明原价后再打折，向消费者宣传“原价×××元的商品，现以××元出售”时，会给消费者带来物美价廉的感觉，从而吸引消费者购买商品。这种定价方法对市场接受程度低或销路不太好的商品比较有效。

（二）折扣定价策略

折扣定价策略是指在一定条件下，以降低商品的销售价格来刺激购买者，从而扩大商品销售量的定价策略。具体有以下几种方式：

（1）数量折扣。这是一种按购买者购买数量的多少所给予的价格折扣。购买数量越多，折扣越大；反之，则越小。它鼓励购买者大量或集中向本企业购买。数量折扣又分为累计和非累计数量折扣两种。非累计数量折扣，规定一次购买某种商品达到一定数量，给予折扣优惠，其目的是在鼓励购买者大量购买的同时，便于企业安排大批量生产和销售，节约生产和销售费用。累计数量折扣，规定购买者在一定时期内，购买数量如果达到一定数量或金额，可按总量大小给予不同的折扣。这样做的目的是鼓励购买者经常向本企业采购，成为稳定的长期客户。

（2）现金折扣。这是一种按购买者付款期限长短所给予的价格折扣，其目的在于鼓励购买者尽早偿付货款，加速资金周转。

（3）季节性折扣。这是一种对购买者在商品淡季购买所给予的价格折扣。这样做既鼓励购买者提早采购，减轻企业的仓储压力，又加快企业资金周转，充分发挥企业的生产能力。

小 结

本章通过对决策及其程序的描述，介绍了企业经营决策的基本方法，并通过具体的例子说明了生产决策和定价决策能解决的问题。要求掌握与决策相关的成本概念及生产与定价决策的方法。

思考题

1. 阐述决策及其一般程序。
2. 与决策有关的成本概念有哪些？
3. 经营决策分析常用的方法有哪些？
4. 产品定价有哪些方法？

练习题

1. 某企业可开发下列三种产品，具体资料如表5-24所示。

表5-24

项目	A	B	C
单位标准机器小时	20	5	2
预计单价（元）	60	82	44
单位变动成本（元）	50	70	38

若企业的固定成本总额为1 400元，用于新产品开发的机器小时最多为1 000小时。

要求：

（1）做出生产何种产品的决策；

（2）若生产B产品和C产品分别需要购置专属设备，其成本分别为200元和900元，又应当做出怎样的决策？

2. 某企业生产A、B、C三种产品，具体资料如表5-25所示。

表 5 - 25

项目	A	B	C
销售量（件）	1 000	500	400
单价（元）	20	60	25
单位变动成本（元）	9	46	15

若企业的固定成本总额为 18 000 元，并按产品销售金额比例分摊。

要求：通过计算，说明企业的亏损产品是否应停产。

3. 假定企业只生产甲产品，正常生产能力为 100 台，目前产销 80 台，销售单价为每件 1 000 元，单位产品成本资料如表 5 - 26 所示。

表 5 - 26　　单位：元

直接材料	300
直接人工	200
变动制造费用	100
固定制造费用	200
单位产品成本	800

要求：根据以下不相关情况，做出是否接受追加订货的决策：

（1）接受追加订货 20 台，出价 700 元；

（2）接受追加订货 40 台，出价 700 元；

（3）接受追加订货 20 台，剩余能力可出租，获得租金净收益 3 500 元，出价 700 元。

4. 某化工厂在同一生产过程中产出联产品甲、乙、丙三种，有关资料如表 5 - 27 所示。

表 5 - 27

产品名称	产量（吨）	联合成本（元）	分离后立即出售的单价（元）	分离后进一步加工的成本（元）	加工后的销售单价（元）
甲	800	8 000	26	13 600	48
乙	400	24 000	380	36 000	490
丙	200	2 000	18	2 000	25

要求：计算并判断哪些联产品分离后立即出售有利，哪些联产品进一步加工后再出售有利。

案例及应用

1. 麦肯锡公司在 20 世纪 90 年代对 2 400 多家公司的一项研究显示，不同的定价策略对利润底线产生不同的影响：固定成本每减少1%，利润可以提高2.3%；产量每增加1%，利润可以增加3.3%；变动成本每降低1%，利润可以增加7.8%；价格每上升1%，利润可以增加11%。可见产品定价对利润变动最为敏感，但产品定价是非常复杂的，既不能因为价格过高而失去市场份额，又不能因为价格较低而失去利润。如果技术领先、紧贴客户需求和市场、产品或服务质量高，卖价就是高，与成本高低无关。

（1）产品的价格是由顾客认知决定的，几十年一贯采用的成本加毛利法已经不适用。

（2）以产品的边际利润贡献而不是毛利作为定价参考依据。固定成本由于分摊的随意性和不合理性（如果固定成本系沉没成本，分摊就毫无意义），容易误导决策。

（3）在实施产品扩张策略（即水平式扩张和垂直式扩张）时，必须考虑的是：着眼于提高产品线的总体利润而不是单个产品利润（整体大于部分之和），因为产品之间有着很强且很明显的互补或替代关系。

（4）在提供多元化产品时，企业应根据产品线内各产品需求之间的关联性，对产品进行差别定价，避免同类相残。

讨论：

应用上述资料，结合本章内容，讨论产品价格决策在管理会计经营决策中的地位与重要性。

2. 大约20年前，“的哥”臧勤被微软上海公司邀请，去给其员工上课，这对于上海出租车行业来说是一个重大的新闻。那么，为什么著名公司要请一位普通司机讲课呢？关键在于，该司机的经营决策理念值得借鉴与推广。

臧勤说：“我做过精确统计，我每天开17个小时的车，算上油价和各种费用，平均每小时的成本为34.5元。如果上来一个10元的起步价，大约要开10分钟，加上每次载客之间的平均空驶时间7分钟，等于是我花了17分钟只赚了10元钱，而17分钟的成本价是9.8元，不划算，20元到50元之间的生意性价比最高。”

此外，臧勤还能够通过观察打车人的行头等做出判断，比如背包的或是空手的、医院附近的或是商场出口的等，他可以判断这些人可能的打车线路及路途远近，以便做出其是否停车搭载乘客的经营决策。

讨论：

应用上述资料，从经济责任与社会责任不同视角讨论“的哥”臧勤载客的经营特点及其对策优化。

第6章

投资决策分析

知识目标

了解投资决策的含义，理解影响投资决策的各种因素及其相互关系。

能力目标

掌握投资决策分析的基本方法及其应用情境，在企业的投资决策过程中熟练应用敏感性分析。

素养目标

（1）“百年变局、世纪疫情”的世界经济格局对企业而言，既是挑战也是机遇。

（2）树立投资决策的时间价值意识，通过进一步扩大开放，稳定市场预期，优化企业投资行为，提高投资的效率与效益。

导　读　投资决策中的时间价值

通过以下两个情境来观察，企业在投资决策过程中应如何看待时间价值。前一个案例是人生的时间价值，后一个案例是货币的时间价值。

事件一：1998年7月3日，《国务院关于进一步深化城镇住房制度改革加快住房建设的通知》出台，正式开启了我国城镇住房制度改革，结束了福利分房制度。在1998年房改推行时，人们的脑海里还没有买房贷款的概念。

“当时人们还不愿意借款，不愿意还利息，没钱买房选择攒钱买房。”

传统的消费习惯让人们不愿意选择住房贷款，在住房抵押贷款推行的过程中，问题重重。

在推广房改的过程中，有人用自己的智慧编了一则美国老太太和中国老太太天堂对话的故事：

“一位中国老太太去世以后到了天堂，碰到了一位美国老太太，美国老太太住房住了一辈子，刚还完钱。中国老太太攒了一辈子钱，没住上房。相比之下，中国老太太吃大亏了。”

“天堂对话”的故事广为流传，人们对于住房抵押贷款的心结也慢慢解开。

此后的20年，中国迎来了房改政策制定后的新情境，房地产市场得到了迅猛的发展。

事件二：1978年，四川的汤婆婆往银行里存了400元钱，当年这笔钱能买1间房子、400斤猪肉、1 818斤面粉、727盒中华香烟或50瓶茅台酒。2011年1月的某一天，汤婆婆取出这笔钱，连本带息835.82元，仅可买420斤面粉、69斤猪肉、20盒中华香烟或1瓶茅台酒。

相对于经营决策而言，投资决策主要面临的是长期投资决策问题。长期投资是指投资期在一年以上的资本性支出，如固定资产的购建、更新，资源的开发、利用等方面的支出。长期投资需要企业投入大量资金，且回收期长、风险大。所以，长期投资决策正确与否对企业能否保持长期获利能力、实现可持续发展具有决定性的影响。企业进行长期投资决策，有赖于正确而又灵活地采用一些投资决策分析的方法。本章着重说明投资决策分析的基本方法及其具体应用，并介绍投资决策中的敏感性分析。

第1节　投资决策分析概述

决策是一种行为选择的过程，企业进行长期投资决策的关键是要充分考虑各种影响因素，认真做好可行性研究和项目的经济评价。

一、投资决策的含义

投资决策是对企业各项投资的备选方案进行分析、评价、选择，最后确定最佳方案的过程。长期投资决策是企业具有长远意义的战略性决策，它会在较长时间内对企业经营产生持续的影响。投资决策正确，可以使企业由衰变兴，迅速发展壮大；投资决策失误，则会使企业面临“棋错一着，满盘皆输”的结局，使企业陷入困境甚至倒闭。因此，利用经济信息进行长期投资决策分析就成为管理会计的核心内容之一。

二、投资决策分析需要考虑的因素

要正确计算和评价长期投资项目的经济效益，必须考虑以下几个重要因素。

（一）货币时间价值

货币时间价值是评价长期投资项目方案优劣的重要因素。在进行长期投资决策分析时，终值、现值等都涉及货币时间价值的计算。

货币时间价值是指在不考虑通货膨胀和风险因素的情况下，货币经历一定时间的投资与再投资所增加的价值，它随着时间的延长而增加。货币时间价值有绝对数和相对数两种表现形式，一般以利息、利率或折现率来表示。

现代企业资本运动周而复始，在有效的资本运营过程中实现资本的不断增值。货币只有作为资本或者再生产的手段，通过劳动者的劳动才能创造价值，所以，货币作为资本使用是货币增值的真正原因。

货币时间价值的计算涉及终值、现值等，分单利和复利两种情况。

终值指某一特定金额在若干期后，按规定利率计算的包括本金和利息在内的未来价值。现值指若干期后某一特定金额按规定利率折算的现在价值。

单利的计算即只就本金计算利息，利不生利。复利的计算即利息加入本金计算利息，俗称“利滚利”。

在计算中，有关概念使用的符号含义如下：S 为终值；P 为现值；i 为利率；I 为利息；n 为计息期数。

1. 单利的计算

（1）单利利息的计算。单利利息的计算公式为：

$$I=Pin$$

（2）单利终值的计算。单利终值的计算公式为：

$$S=P+I$$

2. 复利的计算

（1）复利终值的计算。复利终值的计算公式为：

$$S=P(1+i)^n$$

式中，$(1+i)^n$ 称为复利终值系数，也称一元复利终值，用（S/P，i，n）表示，可查复利终值系数表求得。因此，复利终值计算公式也可以写成：

$$S=P(S/P,i,n)$$

（2）复利现值的计算。复利现值的计算公式为：

$$P=S(1+i)^{-n}$$

式中，$(1+i)^{-n}$称为复利现值系数，也称一元复利现值，用（P/S，i，n）表示，可查复利现值系数表求得。因此，复利现值计算公式也可以写成：

$$P=S(P/S,i,n)$$

3. 年金的计算

年金是指一定时期内等额、定期的系列收付款项，用 A 表示。按照收付款项的时间不同，年金可以分为普通年金、即付年金、递延年金和永续年金。

（1）普通年金终值与现值的计算。各期期末收付的年金称为普通年金。

普通年金终值是指一定期间每期期末等额的系列收付款项的终值之和，用 S_A 表示，其计算公式为：

$$S_A=A\frac{(1+i)^n-1}{i}$$

式中，$\frac{(1+i)^n-1}{i}$称为年金终值系数，用（S/A，i，n）表示，可查年金终值系数表求得。因此，普通年金终值的计算公式也可以写成：

$$S_A = A(S/A,i,n)$$

普通年金现值是指一定期间每期期末等额的系列收付款项的现值之和，用 P_A 表示。普通年金现值的计算公式为：

$$P_A=A\frac{1-(1+i)^{-n}}{i}$$

式中，$\frac{1-(1+i)^{-n}}{i}$称为年金现值系数，用（P/A，i，n）表示，可查年金现值系数表求得。因此，普通年金现值的计算公式也可以写成：

$$P_A = A(P/A,i,n)$$

（2）即付年金终值与现值的计算。各期期初收付的年金称为即付年金。它与普通年金的区别仅在于付款时间的不同。即付年金终值的计算公式为：

$$S_A=A\left[\frac{(1+i)^{n+1}-1}{i}-1\right]$$

式中，$\left[\frac{(1+i)^{n+1}-1}{i}-1\right]$称为即付年金终值系数，它是在年金终值系数的基础上，期数加1，系数减1所得的结果，用［(S/A，i，n+1)−1］表示，可利用年金终值系数表，查得（n+1）期的值，然后减去1得出。因此，即付年金终值的计算公式也可以写成：

$$S_A = A[(S/A,i,n+1)-1]$$

即付年金现值的计算公式为：

$$P_A=A\left[\frac{1-(1+i)^{-(n-1)}}{i}+1\right]$$

式中，$\left[\frac{1-(1+i)^{-(n-1)}}{i}+1\right]$称为即付年金现值系数，它是在年金现值系数的基础上，期数减1，系数加1所得的结果，用［(P/A，i，n−1)+1］表示，可利用年金现值系数表，查得（n−1）期的值，然后加上1得出。因此，即付年金现值的计算公式也可以写成：

$$P_A = A[(P/A,i,n-1)+1]$$

（3）递延年金终值与现值的计算。第一期收付发生在第二期或第二期以后的年金，称为递延年金。

递延年金终值的计算方法和普通年金终值的计算方法类似。

递延年金现值的计算方法主要有以下两种。

第一种：先求出递延期末的现值，再将此现值调整到第一期期初。其计算公式为：

$$P_A = A\frac{1-(1+i)^{-n}}{i}(1+i)^{-m}$$
$$= A(P/A,i,n)(P/S,i,m)$$

式中，m 为无年金发生期；n 为年金发生期。

第二种：先求出（$m+n$）期的年金现值，再扣除递延期（m）的年金现值。其计算公式为：

$$P_A = A\left[\frac{1-(1+i)^{-(m+n)}}{i}-\frac{1-(1+i)^{-m}}{i}\right]$$
$$= A[(P/A,i,m+n)-(P/A,i,m)]$$

企业应树立货币时间价值观念，在进行长期投资决策分析时，必须考虑货币的时间价值。也就是说，在将不同时间的货币量进行比较时，应将其换算到同一时间基础上，以便得出合理的分析结论，从而提高决策分析的正确性。由于在扩大再生产条件下，企业创造的留存收益往往随原始投资一起继续投放到生产经营活动中，这与复利计息的原理非常接近，因此，在长期投资决策分析活动中，通常采用复利计息的方法计算货币的时间价值，这种方法符合国际惯例。

还需要说明的是，在通货膨胀期，通货膨胀因素和货币时间价值同时存在，它们共同影响货币的价值。通货膨胀因素对货币价值的影响程度用通货膨胀率表示。通货膨胀率是物价指数增长的百分比，在不同时期往往是变动的，因此，对货币价值的影响也随之发生变化。为了更准确地进行投资决策分析，在通货膨胀期，除了要考虑货币时间价值的影响，还应考虑通货膨胀因素对货币价值的影响。

（二）投资的风险报酬

现代企业处在极其复杂的市场环境中，时常受到各种不确定因素的干扰和冲击，面临机会或者威胁。从管理会计的角度来说，风险主要是指无法达到预期报酬的可能性。冒风险进行投资而获得的超过货币时间价值的额外收益，称为投资的风险报酬。

1. 风险的衡量

风险与概率直接相关，并由此而同期望值、标准差和标准差系数等发生关系，对风险进行衡量时，应着重考虑这些因素。

（1）概率分布。概率是用于表示随机事件发生的可能性大小的数值，用 P_i 表示，它符合以下条件：$0 \leqslant P_i \leqslant 1$，且 $\sum_{i=1}^{n} P_i = 1$。其中，必然事件的概率定为1，不可能事件的概率定为0，任一随机事件的概率均为0～1，概率越大，说明所描述的事件发生的可能性越大。将随机事件各种可能的结果按一定的规则排列，同时列出各结果出现的相应概率，这一完整的描述称为概率分布。

(2) 期望值。期望值是一个概率分布中所有可能结果以其相对应的概率为权数计算的加权平均值。其计算公式为：

$$\overline{E}=\sum_{i=1}^{n}X_iP_i$$

式中，$\overline{E}$ 为期望值；n 为所有可能取值的个数；X_i 为第 i 种可能结果的取值；P_i 为第 i 种可能结果发生的概率。

(3) 标准差。标准差反映概率分布中各种可能结果对期望值的偏离程度，用 σ 表示。其计算公式为：

$$\sigma=\sqrt{\sum_{i=1}^{n}(X_i-\overline{E})^2P_i}$$

它是以绝对数衡量决策方案的风险程度，在期望值相同的情况下，σ 越大，风险越大；反之，σ 越小，风险越小。

(4) 标准差系数。标准差系数又称变异系数，是指标准差与期望值的比值，用 V 表示。其计算公式为：

$$V=\frac{\sigma}{\overline{E}}\times 100\%$$

它是以相对数衡量决策方案的风险程度，对于期望值不同的决策方案，用 V 表示风险程度，V 越大，风险越大；反之，V 越小，风险越小。

【例 6-1】 某公司对一项长期投资进行决策，现有两种方案可供选择。

A 方案：投资报酬率为 40%的概率为 0.3；投资报酬率为 25%的概率为 0.4；投资报酬率为 10%的概率为 0.3。

B 方案：投资报酬率为 80%的概率为 0.2；投资报酬率为 30%的概率为 0.5；投资报酬率为−20%的概率为 0.3。

要求：

(1) 计算 A、B 两种方案的预期投资报酬率；

(2) 衡量 A、B 两种方案的风险程度；

(3) 对 A、B 两种方案进行分析评价。

解：计算如下：

(1) 预期投资报酬率。

A 方案预期投资报酬率＝40%×0.3＋25%×0.4＋10%×0.3＝25%

B 方案预期投资报酬率＝80%×0.2＋30%×0.5＋(−20%×0.3)＝25%

(2) 风险程度。

A 方案的标准差：

$$\sigma_A=\sqrt{(40\%-25\%)^2\times0.3+(25\%-25\%)^2\times0.4+(10\%-25\%)^2\times0.3}$$
$$=11.6\%$$

B 方案的标准差：

$$\sigma_B=\sqrt{(80\%-25\%)^2\times0.2+(30\%-25\%)^2\times0.5+(-20\%-25\%)^2\times0.3}$$
$$=35\%$$

（3）分析评价。计算结果表明，宜选择 A 方案，因为 A、B 两种方案预期投资报酬率都为 25%，但 B 方案的风险较大。

2. 风险与报酬的关系

一般而言，风险与报酬之间呈正比关系，风险越大，所要求的报酬越高。各投资项目的风险大小是不同的，在报酬率相同的情况下，人们会选择风险小的投资，结果竞争使风险增加，报酬率下降。最终，高风险的项目必须有高报酬，否则就没有人投资；低报酬的项目必须风险很低，否则也没有人投资。风险与报酬之间的这种关系，是市场竞争的结果。投资者进行风险投资所期望的投资报酬率是无风险报酬率与风险报酬率之和。其计算公式为：

期望投资报酬率＝无风险报酬率＋风险报酬率

式中，无风险报酬率是指货币的时间价值，可以用国债收益率表示；风险报酬率则与风险大小有关，是风险报酬斜率和风险程度的乘积。风险报酬斜率取决于全体投资者的风险回避态度，如果大家都愿意冒风险，风险报酬斜率就小；如果大家都不愿意冒风险，风险报酬斜率就大。风险程度一般用标准差系数计量。

【例 6-2】 假定国债收益率为 5%，某行业风险报酬斜率为 0.12，甲投资方案的标准差系数为 50%。要求：计算甲投资方案的期望投资报酬率。

解： 甲方案的风险报酬率＝0.12×50%＝6%

甲方案的期望投资报酬率＝5%＋6%＝11%

要树立投资风险报酬观念，在现代企业管理活动中，必须增强风险意识，正确认知风险，评估风险的大小，并综合考虑风险和报酬的关系，努力分散和降低风险，趋利避害，把握机遇，获取收益。

（三）资本成本

资本成本是资本使用者获取和使用资本所付出的代价。资本成本因取得长期投资的资本来源的不同而不同。如果长期投资的资本是向金融机构借来的，资本成本就是借款利率；如果长期投资的资本是自有的，资本成本就是企业预期的投资报酬率。

1. 个别资本成本

个别资本成本是指以各种融资方式所筹资金的成本，主要有银行借款资本成本、债券资本成本、优先股资本成本、普通股资本成本和留存收益资本成本。

（1）银行借款资本成本。银行借款资本成本的计算公式为：

$$K_1=\frac{I_1(1-t)}{P_1(1-f_1)}=\frac{i_1(1-t)}{1-f_1}$$

式中，K_1 为银行借款资本成本；I_1 为银行借款年利息；P_1 为银行借款筹资总额；t 为所得税税率；f_1 为银行借款筹资费率；i_1 为银行借款年利率。

【例6-3】 某企业从银行取得3年期长期借款500万元，筹资费率为0.1%，年利率为8%，每年结息一次，到期一次还本。公司所得税税率为25%。要求：计算该笔长期借款的资本成本。

解： 银行借款资本成本为：

$$K_1=\frac{8\%\times(1-25\%)}{1-0.1\%}=6.01\%$$

（2）债券资本成本。债券资本成本的计算公式为：

$$K_2=\frac{I_2(1-t)}{P_2(1-f_2)}=\frac{Bi_2(1-t)}{P_2(1-f_2)}$$

式中，K_2 为债券资本成本；I_2 为债券年利息；P_2 为债券筹资总额；t 为所得税税率；f_2 为债券筹资费率；B 为债券面值总额；i_2 为债券年利率。

【例6-4】 某企业发行债券1 000万元，面额1 000元，按溢价1 050元发行，票面利率10%，所得税税率30%，发行筹资费率1%。要求：计算该债券资本成本。

解： $K_2=\frac{1\,000\times10\%\times(1-30\%)}{1\,050\times(1-1\%)}=6.73\%$

（3）优先股资本成本。优先股资本成本的计算公式如下：

$$K_3=\frac{D}{P_3(1-f_3)}$$

式中，K_3 为优先股资本成本；D 为优先股年股利额；P_3 为优先股筹资总额；f_3 为优先股筹资费率。

【例6-5】 某公司发行优先股，每股10元，年支付股利1元，发行费率3%。要求：计算该优先股资本成本。

解： $K_3=\frac{1}{10\times(1-3\%)}=10.31\%$

（4）普通股资本成本。普通股资本成本的计算公式为：

$$K_4=\frac{D_1}{P_4(1-f_4)}+G$$

式中，K_4 为普通股资本成本；D_1 为预期第1年普通股股利；P_4 为普通股筹资总额；f_4 为普通股筹资费率；G 为普通股年股利增长率。

【例6-6】 某公司发行普通股，每股面值10元，溢价12元发行，筹资费率4%，第一年年末预计股利率10%，以后每年增长2%。要求：计算该普通股资本成本。

解： $K_4=\frac{10\times10\%}{12\times(1-4\%)}+2\%=10.68\%$

（5）留存收益资本成本。留存收益是企业的可用资金，它属于普通股股东所有，其实质是普通股股东对企业的追加投资。留存收益资本成本一般等于普通股资本成本，但它不会发生筹资费用，因此，其计算公式为：

$$K_5=\frac{D_1}{P_4}+G$$

式中，K_5 为留存收益资本成本，其余同普通股资本成本。

【例6-7】 续例6-6，同时，该公司留用利润50万元。要求：计算该留存收益资本成本。

解： $K_5=\frac{10\times 10\%}{12}+2\%=10.33\%$

2. 综合资本成本

综合资本成本即加权平均资本成本，它是以各种资本占全部资本的比重为权数，对各种个别资本成本进行加权平均计算得出的，权数可按资本的账面价值或市场价值、目标价值来确定。其计算公式为：

$$K_W=\sum W_J K_J$$

式中，K_W 为加权平均资本成本；W_J 为某种筹资数额占全部筹资数额的比重，即权数；K_J 为某种筹资的资本成本。

【例6-8】 某企业共有资金1 000万元，其中银行借款50万元，长期债券250万元，普通股500万元，优先股150万元，留存收益50万元；各种来源资金的资本成本分别为7%、8%、11%、9%、10%。要求：计算综合资本成本。

解： $综合资本成本=\frac{50\times 7\%+250\times 8\%+500\times 11\%+150\times 9\%+50\times 10\%}{1\ 000}$

$=9.7\%$

资本成本在长期投资决策中非常重要，它是判断投资项目是否有利可图的最低报酬率，可以用来评价一个投资方案是否可行。也就是说，如果投资项目预期获利水平低于资本成本，该投资方案应舍弃；反之，如果投资项目预期获利水平高于资本成本，则该投资方案是可行的。

（四）现金流量

现金流量是一定时期内发生的现金的流出量与流入量的统称。在长期投资决策中，投资支出与收回都是以现金的实际支付和收入为基础的，因而对现金流量的研究在长期投资决策中非常重要。预计投资项目的现金流量是投资决策中十分重要的工作。

所谓投资项目的现金流量，是进行项目投资所引起的现金流出量和现金流入量的统称。现金流入量与现金流出量之间的差额即为现金净流量。

在从项目投资到投资收回的整个过程中，投资项目的现金流量由以下三个部分组成：

（1）初始投资现金流量。指项目开始实施到投产之前这段时间内所发生的现金流出量，通常包括固定资产投资、相应的流动资金投入和投产前费用等。

（2）营业现金流量。指项目投产后的整个生命周期内，生产经营活动发生的营业现金流入量减去营业现金流出量。其计算公式为：

营业现金流量＝营业收入－付现成本－所得税

或　　＝税后利润＋折旧

（3）终结现金流量。指投资项目终了时发生的现金流入量，一般包括固定资产的变价收入、原垫支流动资金的收回等。

【例6－9】 某企业准备购置一套生产设备，共需170万元，另需相应投入20万元的流动资金。该设备预计使用年限为8年，采用直线法计提折旧，预计净残值10万元。投产后，每年可获80万元的销售收入，且第1年付现成本为40万元，从第2年起需要增加设备维修费用1万元，此后设备维修费用逐年递增1万元。企业所得税税率为25%。要求：计算投资项目的现金流量。

解： 计算如下：

（1）初始投资现金流量。该投资项目的初始投资现金流量包括以下两项内容：一是固定资产取得成本170万元；二是与该投资项目相配套的20万元的流动资金投入。两项相加得到初始投资现金流量190万元。

（2）营业现金流量。采用直线法计提折旧，则

年折旧额＝(170－10)÷8＝20（万元）

各年营业现金流量的计算见表6－1。

表6－1 各年营业现金流量 单位：万元

项目	年次							
	1	2	3	4	5	6	7	8
营业收入（1）	80	80	80	80	80	80	80	80
付现成本（2）	40	41	42	43	44	45	46	47
税前现金流量（3）＝(1)－(2)	40	39	38	37	36	35	34	33
折旧（4）	20	20	20	20	20	20	20	20
应税收入（5）＝(3)－(4)	20	19	18	17	16	15	14	13
所得税（6）＝(5)×25%	5	4.75	4.5	4.25	4	3.75	3.5	3.25
税后利润（7）＝(5)－(6)	15	14.25	13.5	12.75	12	11.25	10.5	9.75
税后现金流量（8）＝(7)＋(4)	35	34.25	33.5	32.75	32	31.25	30.5	29.75

（3）终结现金流量。该投资项目的终结现金流量包括以下两项内容：一是净残值的变现收入10万元；二是原垫支流动资金收回的20万元。两项相加得到终结现金流量30万元。

（4）投资项目的现金流量。整个投资项目的现金流量计算见表6－2。

表6-2　投资项目的现金流量　　单位：万元

项目	年次								
	0	1	2	3	4	5	6	7	8
初始现金流量	−190								
营业现金流量		35	34.25	33.5	32.75	32	31.25	30.5	29.75
终结现金流量									30
现金流量合计	−190	35	34.25	33.5	32.75	32	31.25	30.5	59.75

（五）投资回收期

投资回收期是企业长期投资决策时应考虑的重要因素。一般来说，由于市场竞争所造成的不确定因素较多，投资回收期的长短直接影响到投资回收的风险程度，所以企业在进行长期投资时，都要确定一个回收期限标准。确定回收期限时可考虑两个标准：一是项目（固定资产）本身的自然寿命，它仅考虑固定资产的有形损耗；二是项目的经济寿命，这个标准既考虑有形损耗，又考虑无形损耗。因此，一般认为回收期限应短于项目的经济寿命，否则风险较大。

第2节　投资决策分析的基本方法

在长期投资决策中，分析和评价备选方案优劣的专门方法很多，大体上可以分为两类：一类是决策方案的取舍不考虑货币时间价值，称为静态分析方法。这类方法的基本点是把不同时期的现金流看作等效的，如投资回收期法、投资报酬率法等。另一类是决策方案的取舍考虑货币时间价值，称为动态分析方法。这类方法的基本点是把现金流出量、现金流入量和时间这三个基本因素相互联系起来进行分析评价。在这类方法中，最常用的有净现值法、现值指数法和内含报酬率法。无论是静态分析方法还是动态分析方法，都需要计算投资决策分析评价指标，用来衡量和比较投资项目的可行性，以便进行方案决策，如投资回收期、投资报酬率、净现值、现值指数、内含报酬率等，它们构成了一个综合反映投资收益和项目投入产出关系的指标体系。由于评价指标的自身特点不同，评价指标之间的关系也比较复杂，因此，如何运用评价指标进行投资决策分析，往往取决于具体的应用环境，应具体问题具体分析。

一、静态分析方法

长期投资决策的静态分析方法主要有投资回收期法和投资报酬率法。

（一）投资回收期法

投资回收期是指以投资项目的各年现金净流量来收回该项目的原始投资总额所需的时间（通常用年数来表示），它表示收回投资所需的年限。一般来讲，投资回收期越短，收回投资就越快，投资方案所承担的风险也就越小；反之，投资回收期越长，收回投资就越慢，投资方案所承担的风险也就越大。

列表法是计算投资回收期的一般方法，通过列表计算累计现金净流量，可以求得投资回收期。

【例 6-10】 假定A企业目前有一项投资方案，投资总额为200 000元，一年内可产生回报，投资项目的预计使用年限为5年。该方案各年的现金净流量分别为56 000元、60 000元、61 000元、62 000元、86 000元。要求：计算该方案的投资回收期。

解：根据以上资料，首先计算投资方案累计现金净流量，如表6-3所示。

表 6-3　投资方案累计现金净流量计算表　　单位：元

年次	年现金净流量	累计现金净流量
0	−200 000	−200 000
1	56 000	−144 000
2	60 000	−84 000
3	61 000	−23 000
4	62 000	39 000
5	86 000	125 000

从表6-3中可知，该方案从第4年开始累计现金净流量为正数，可见投资回收期是在第3年与第4年之间，由于第3年累计现金净流量为−23 000元，而第4年的现金净流量为62 000元，因此该方案的投资回收期为3.37年（3+23 000/62 000）。

如果例6-10中，该投资方案的其他条件不变，各年的现金净流量相等，则可采用更为简便的计算方法。只要将投资总额除以年现金净流量，就可求出投资回收期。其计算公式为：

$$投资回收期=\frac{投资总额}{年现金净流量}$$

假设该方案各年的现金净流量均为60 000元，则该方案的投资回收期为3.33年（200 000/60 000）。

求出投资回收期后，可将该指标与基准投资回收期比较，一般认为，当投资回收期小于基准投资回收期时是可以考虑接受该方案的。行业的基准投资回收期因不同行业而异。一般食品工业1年，轻纺、化工工业2～3年，机械工业3～5年，矿业10年左右。当然，这只是一般要求，具体情况还要具体分析。如果是两个方案进行比较，不能仅凭该指标来确定投资方案的优劣，因为它没有考虑投资回收后的现金流量，存在一定的局限性。

（二）投资报酬率法

投资报酬率是指投资项目达到设计生产能力后，正常年度息税前利润占投资总额的比率。对生产期内各年的息税前利润变化幅度较大的项目，应计算生产期年平均息税前利润与投资总额的比率。其计算公式为：

$$投资报酬率=\frac{年息税前利润（或平均息税前利润）}{投资总额}\times 100\%$$

沿用例6-10的资料，若该投资方案的其他条件不变，又已知各年的息税前利润分别为30 000元、35 000元、36 000元、38 000元、41 000元。

$$\begin{aligned}年平均息税前利润&=(30\,000+35\,000+36\,000+38\,000+41\,000)/5\\&=36\,000（元）\end{aligned}$$

则 $$该方案的投资报酬率=36\,000/200\,000\times 100\%=18\%$$

投资报酬率反映项目正常生产年份每一元投资带来的息税前利润，用投资报酬率进行投资后项目间经济效益的比较，简单明了，易于理解和掌握。

值得注意的是，静态分析方法由于没有考虑货币时间价值，因而在评价投资方案时只能起辅助作用，在实际工作中，一般应和其他方法结合运用。

二、动态分析方法

长期投资决策的动态分析方法主要有净现值法、现值指数法和内含报酬率法。

（一）净现值法

对于任何一项长期投资方案，决策者总是期望未来能获得报酬的总金额要多于初始投资的金额，这样才能体现价值的增值。基于这样的考虑，我们把一项投资方案在未来期间所能获得的各种报酬，按一定的折现率折算成总现值，然后将它与初始投资额折成的现值进行比较，将投资项目未来现金净流量的总现值与初始投资额现值之间的差额称为净现值，将这种评价投资方案优劣的方法称为净现值法，折现率可以根据资本成本或企业要求的最低投资报酬率确定。

在实际工作中，计算长期投资方案的未来报酬往往比较复杂，净现值的计算一般可以按以下三个步骤进行：

（1）对投资项目生命周期内各年的营业现金流量进行预测。

（2）用选定的折现率将未来的各种报酬折算成总现值。首先要将各年的营业现金流量折成现值，再将期末固定资产的残值或中途变现价值以及期末应收回的流动资本折成现值。两者相加，才是未来报酬的总现值。

（3）计算投资方案的净现值。其计算公式为：

$$净现值=未来报酬总现值-初始投资额的现值$$

对于某一投资项目，如果净现值大于零，表明该项目的投资报酬率大于预定的折现率，说明项目是可行的；如果净现值小于零，表明该项目的投资报酬率小于预定的折现率，项目不可行。

【例6-11】 某企业拟建造一项目，预计建设期为1年，所需初始投资200万元于建设之初一次投入。该项目预计使用寿命为5年，使用期满报废清理时无残值，采用直线法计提折旧；该项目投产后每年增加净利润60万元；适用的行业基准折现率为10%。

要求：

(1) 计算该项目各年的现金流量；

(2) 计算该项目的净现值，并评价其财务可行性。

解：计算如下：

(1) 第0年现金流量=-200（万元）

第1年现金流量=0

第2～6年现金流量=60+(200-0)/5=100（万元）

(2) 净现值=(-200)+100×$(P/A,10\%,5)$×$(P/S,10\%,1)$

=(-200)+100×3.790 8×0.909 1

=144.62（万元）

计算结果表明，净现值大于零，该项目可行。

运用净现值法对同一投资额不同决策方案进行分析评价时，如果有几个可行的投资项目，应选择净现值较大的投资项目。

应当指出的是，在项目评价中，正确选择折现率至关重要，它直接影响决策的结果。选择的折现率无论是过低还是过高，都会导致决策失误。在实务中，确定折现率的方法一般有以下几种：(1) 以投资项目的资本成本作为折现率。(2) 以投资项目的机会成本作为折现率。(3) 根据不同阶段采用不同的折现率。在计算项目建设期现金流量现值时，以贷款的实际利率作为折现率；在计算项目经营期现金流量时，以全社会资金平均收益率作为折现率。(4) 以行业平均资金收益率作为折现率。

（二）现值指数法

现值指数法是通过测算各投资方案的现值指数来评价投资方案优劣的一种方法。现值指数是指投资项目未来现金流量的总现值与原始投资额的现值之比，它反映每一元原始投资所带来的按预定折现率折现后的净收益，是评价投资方案优劣的另一项动态指标。

现值指数法的决策标准是：如果现值指数大于1，表明该项目的投资报酬率大于预定的折现率，说明该项目是可行的；如果现值指数小于1，表明该项目的投资报酬率小于预定的折现率，该项目不可行。

运用现值指数法进行投资决策的步骤中前两步与净现值法相同，第三步，计算现值指数。其计算公式为：

现值指数=未来报酬总现值/原始投资额的现值

最后按现值指数法的决策标准评价并取舍方案。

由于现值指数以相对数表示，因而它适用于不同投资额方案之间进行对比，如果有几个可行的投资项目，应选择现值指数较高的投资项目。

【例6-12】 某企业有甲、乙两个项目，它们的现金流量情况如表6-4所示。

表6-4 甲、乙两个项目有关现金流量的资料 单位：元

项目	年次					
	0	1	2	3	4	5
现金流量（甲）	−900 000	150 000	250 000	280 000	240 000	210 000
现金流量（乙）	−980 000	180 000	400 000	380 000	280 000	250 000

该企业的资本成本为10%。

要求：运用现值指数法，对甲、乙两个项目进行分析评价。

解：计算如下：

$$\begin{aligned}\text{甲项目的现值指数}&=(150\,000\times0.909\,1+250\,000\times0.826\,4+280\,000\times0.751\,3\\&\quad+240\,000\times0.683\,0+210\,000\times0.620\,9)/900\,000\\&=847\,638/900\,000\\&=0.94\end{aligned}$$

$$\begin{aligned}\text{乙项目的现值指数}&=(180\,000\times0.909\,1+400\,000\times0.826\,4+380\,000\times0.751\,3\\&\quad+280\,000\times0.683\,0+250\,000\times0.620\,9)/980\,000\\&=1\,126\,157/980\,000\\&=1.15\end{aligned}$$

计算结果表明，由于甲项目的现值指数小于1，所以甲项目不可行；乙项目的现值指数大于1，所以乙项目可行。

应该注意的是，净现值法和现值指数法都是根据预定的折现率对投资方案的全部现金流量进行折现，然后据以对投资方案的优劣做出评价。现值指数是一个相对数指标，反映投资的效率，而净现值是一个绝对数指标，反映投资的效益，这两种方法有一个共同缺陷，就是都不能揭示各投资方案本身可能达到的投资报酬率究竟是多少。正因为如此，就需要应用另一种专门方法来弥补这一缺陷，那就是内含报酬率法。

（三）内含报酬率法

内含报酬率（IRR）是指一项长期投资方案在其生命周期内按现值计算的实际可能达到的投资报酬率，也称内部收益率。它的基本原理就是根据这个报酬率对投资方案的全部现金流量进行折现，使得未来报酬的总现值正好等于该方案原始投资额的现值。因此，内含报酬率的实质就是一种能使投资方案的净现值等于零的报酬率。

根据内含报酬率这一评价指标进行项目投资决策分析的方法称为内含报酬率法。对某一投资项目，如果内含报酬率大于预定的折现率，说明项目是可行的；如果内含报酬率小于预定的折现率，则项目不可行。如果有几个可行的投资项目，应选择内含报酬率较高的投资项目。

在实际工作中，一般采用逐步测试法计算投资项目的内含报酬率。首先，估计一个折现率，以此计算投资项目的净现值。如果净现值大于零，表明估计的折现率小于内含报酬率，应略微提高折现率，再进行测试。如果净现值小于零，表明估计的折现

率大于内含报酬率，应略微降低折现率。经过多次测试，找出由正到负的两个相邻的折现率（一般两者之差在5%以内）。根据这两个相邻的折现率，采用插值法，计算出使净现值为零的折现率，即投资项目的内含报酬率。

【例6-13】 沿用例6-12的资料，要求：运用内含报酬率法对甲、乙两个项目进行分析评价。

解：计算如下：

甲项目：先以8%的折现率进行测试：

甲项目的净现值=(150 000×0.925 9+250 000×0.857 3+280 000×0.793 8
+240 000×0.735 0+210 000×0.680 6)-900 000
=894 800-900 000
=-5 200（元）

再以7%的折现率进行测试：

甲项目的净现值=(150 000×0.934 6+250 000×0.873 4+280 000×0.816 3
+240 000×0.762 9+210 000×0.713 0)-900 000
=919 930-900 000
=19 930（元）

插值法如下：

折现率	净现值
8%	-5 200
IRR	0
7%	19 930

$$\frac{7\%-8\%}{IRR-8\%}=\frac{19\ 930+5\ 200}{5\ 200}$$

25 130*IRR*=1 958.4

IRR=7.8%

乙项目：先以15%的折现率进行测试：

乙项目的净现值=(180 000×0.869 6+400 000×0.756 1+380 000×0.657 5
+280 000×0.571 8+250 000×0.497 2)-980 000
=993 222-980 000
=13 222（元）

再以16%的折现率进行测试：

乙项目的净现值=(180 000×0.862 1+400 000×0.743 2+380 000×0.640 7
+280 000×0.552 3+250 000×0.476 1)-980 000
=969 593-980 000
=-10 407（元）

插值法如下：

折现率	净现值
15%	13 222
IRR	0
16%	−10 407

$$\frac{16\%-15\%}{IRR-15\%}=\frac{-10\ 407-13\ 222}{-13\ 222}$$

$$23\ 629IRR=3\ 676.57$$

$$IRR=15.6\%$$

计算结果表明，甲项目的内含报酬率低于资本成本，所以甲项目不可行；乙项目的内含报酬率高于资本成本，所以乙项目可行。

由于内含报酬率能够正确反映各投资方案本身实际能达到的报酬率是多少，因此，它是评价投资方案优劣的一项重要指标。目前世界银行和联合国开发计划署对发展中国家发放优惠贷款时，普遍要求借款单位必须提供有关投资项目的内含报酬率的信息，以便进行评估，决定是否发放优惠贷款。

需要强调的是，无论运用哪种投资决策分析方法，都只能给决策者提供一些有参考价值的信息，而不能明确地告诉决策者投资与否。投资与否，还需要考虑诸多非定量因素。所以，在进行长期投资决策分析时，除运用上面提到的一些专门方法外，还应从社会宏观环境、市场需求、技术创新、资源利用、发展前景等方面做出全面的分析评价，正确权衡投资风险和投资报酬，合理选择投资方向。此外，企业应当建立规范的项目决策程序，明确相关机构和人员的职责权限，建立项目投资决策的责任制度，防范决策失误风险。

第3节 投资决策分析方法的具体应用

下面以固定资产修理或更新的决策、固定资产购买或租赁的决策为例，说明投资决策分析方法的具体应用。

一、固定资产修理或更新的决策

固定资产修理或更新的决策是在假定维持现有生产能力不变的情况下，决定是继续使用旧设备还是购买新设备。

【例6-14】 和达公司考虑是否需要更新一台已使用1年的设备，新旧设备生产能力相同。最低投资报酬率为10%，所得税税率为25%。其他有关资料如表6-5所示。要求：做出是继续使用旧设备还是购买新设备的决策。

表 6-5　新旧设备的有关资料　　金额单位：元

项目	旧设备	新设备
原价	60 000	60 000
税法规定残值（5%）	3 000	3 000
税法规定使用年限	5	4
已使用年限	1	0
尚可使用年限	4	4
每年营运成本（付现）	16 000	10 000
两年后大修成本	20 000	
最终报废残值	5 000	8 000
目前变现价值	40 000	
每年折旧额	直线法	年数总和法
第1年	11 400	22 800
第2年	11 400	17 100
第3年	11 400	11 400
第4年	11 400	5 700

解：将新旧设备的现金流出总现值进行比较，如表6-6所示。

表 6-6　新旧设备的现金流出总现值比较

项目	现金流量（元）	年次	折现系数	现值（元）
继续使用旧设备：				
每年营运成本（付现）	16 000×(1－25%)＝(12 000)	1～4	3.169 9	(38 038.8)
每年折旧抵税	11 400×25%＝2 850	1～4	3.169 9	9 034.22
两年后大修成本	20 000×(1－25%)＝(15 000)	2	0.826 4	(12 396)
残值变现收入	5 000	4	0.683 0	3 415
残值变现收入多纳税	(5 000－3 000)×25%＝(500)	4	0.683 0	(341.5)
合计				(38 327.08)
购买新设备：				
旧设备变现价值	40 000	0	1	40 000
旧设备变现损失减税	[40 000－(60 000－11 400)]×25%＝2 150	0	1	2 150
设备投资	(60 000)	0	1	(60 000)
每年营运成本（付现）	10 000×(1－25%)＝(7 500)	1～4	3.169 9	(23 774.25)
每年折旧抵税：				
第1年	22 800×25%＝5 700	1	0.909 1	5 181.87
第2年	17 100×25%＝4 275	2	0.826 4	3 532.86

续表

项目	现金流量（元）	年次	折现系数	现值（元）
第3年	11 400×25%=2 850	3	0.751 3	2 141.21
第4年	5 700×25%=1 425	4	0.683 0	973.28
残值变现收入	8 000	4	0.683 0	5 464
残值变现收入多纳税	(8 000－3 000)×25%=(1250)	4	0.683 0	(853.75)
合计				(25 184.78)

说明：加括号的数字表示现金流出。

计算结果表明，购买新设备的现金流出总现值为25 184.78元，比继续使用旧设备的现金流出总现值38 327.08元要少13 142.30元，因此，该公司宜考虑购买新设备。

在此例中，假设固定资产的生产能力相同，并且未来尚可使用年限相同，因此，可以通过比较其现金流出总现值来判断投资方案的优劣。如果未来尚可使用年限不同，则需要计算固定资产平均年成本，然后进行比较，选择平均年成本较低的方案。考虑到货币的时间价值，固定资产平均年成本是未来使用年限内现金流出总现值与年金现值系数的比值，即平均每年的现金流出。

【例6-15】 某企业有一台旧设备，重置成本为16 000元，年营运成本（付现）12 000元，两年后大修成本8 000元，4年后报废无残值。如果用50 000元购买一台新设备，年营运成本（付现）为11 000元，使用年限8年，不需大修，预计净残值4 000元。新旧设备的产量及产品销售价格相同。企业采用直线法计提折旧。最低投资报酬率为10%，所得税税率为25%。要求：进行是继续使用旧设备还是购买新设备的决策。

解： 因为旧设备尚可使用4年，而新设备可使用8年，未来尚可使用年限不同，所以，需要计算新旧设备的平均年成本，然后进行比较。

（1）继续使用旧设备：

旧设备重置成本=16 000（元）

两年后大修成本现值=8 000×(1－25%)×$(P/S,10\%,2)$
=6 000×0.826 4
=4 958.40（元）

折旧抵税现值=16 000/4×25%×$(P/A,10\%,4)$
=1 000×3.169 9
=3 169.90（元）

总营运成本现值=12 000×(1－25%)×$(P/A,10\%,4)$
=9 000×3.169 9
=28 529.10（元）

平均年成本=现金流出总现值/年金现值系数
=(16 000+4 958.40－3 169.90+28 529.10)/$(P/A,10\%,4)$
=46 317.60/3.169 9=14 611.69（元）

（2）购买新设备：

设备投资＝50 000（元）

折旧抵税现值＝(50 000－4 000)/8×25%×(P/A,10%,8)

＝1 437.50×5.334 9

＝7 668.92（元）

总营运成本现值＝11 000×(1－25%)×(P/A,10%,8)

＝8 250×5.334 9

＝44 012.93（元）

残值变现现值＝4 000×(P/S,10%,8)

＝4 000×0.466 5

＝1 866（元）

平均年成本＝现金流出总现值/年金现值系数

＝(50 000－7 668.92＋44 012.93－1 866)/(P/A,10%,8)

＝84 478.01/5.334 9＝15 834.98(元)

计算结果表明，使用新设备的平均年成本为15 834.98元，比继续使用旧设备的平均年成本14 611.69元要多1 223.29元，因此，该企业宜继续使用旧设备。

二、固定资产购买或租赁的决策

固定资产购买或租赁的决策是在假定满足生产能力要求的情况下，决定是购买设备还是租赁设备。

【例6-16】 长江公司需要一台生产用设备，若购买，需支付设备价款400 000元，该设备使用寿命10年，预计净残值20 000元；若采用租赁的方式租入设备，每年将支付65 000元的租赁费用，租赁期10年。最低投资报酬率为10%，所得税税率为25%。要求：进行是购买设备还是租赁设备的决策。

解：（1）购买设备：

支付设备价款＝400 000（元）

折旧抵税现值＝(400 000－20 000)/10×25%×(P/A,10%,10)

＝38 000×25%×6.144 6＝58 373.70（元）

设备残值变现现值＝20 000×(P/S,10%,10)

＝20 000×0.385 5＝7 710（元）

购买设备的现金流出总现值＝400 000－58 373.70－7 710

＝333 916.30（元）

（2）租赁设备：

支付租赁费用现值＝65 000×(P/A,10%,10)

＝65 000×6.144 6

＝399 399（元）

租赁费用抵税现值＝65 000×25%×$(P/A,10\%,10)$
＝16 250×6.144 6
＝99 849.75（元）

租赁设备的现金流出总现值＝399 399－99 849.75
＝299 549.25（元）

计算结果表明，租赁设备的现金流出总现值 299 549.25 元，比购买设备的现金流出总现值 333 916.30 元要少 34 367.05 元，所以该公司宜租入设备进行生产。

第 4 节　敏感性分析在投资决策中的应用

在投资决策中，敏感性分析主要是用来考察如果与决策有关的某变量发生了变动，那么该项决策的预期结果将会受到怎样的影响。凡某变量在很小幅度内发生变动就会影响决策结果，表明该变量的敏感性强；反之，若某变量在较大幅度内发生变动才会影响决策结果，则表明该变量的敏感性弱。

一般用敏感系数作为反映敏感程度的指标。敏感系数是目标值的变动百分比与变量值的变动百分比的比值。其计算公式为：

$$敏感系数=\frac{目标值的变动百分比}{变量值的变动百分比}$$

敏感系数大，表明该变量对目标值的影响程度大；反之，敏感系数小，表明该变量对目标值的影响程度小。

长期投资决策中的敏感性分析通常用来研究以下问题：如果投资方案的现金净流量或固定资产使用年限发生变动，那么对该方案的净现值或内含报酬率将会产生多大程度的影响？通过分析，管理人员能够预测投资方案的现金净流量或固定资产使用年限在多大幅度内变动，尚不致影响投资方案的可行性；如变动超过此幅度，则投资方案不可行。

敏感性分析有助于管理人员对投资决策所应注意的问题做到心中有数，预先防范，从而减少失误。

一、以净现值为基础进行敏感性分析

以净现值为基础的敏感性分析就是现金净流量或固定资产使用年限的变动对净现值的敏感性分析。

【例 6－17】 某企业将投资 A 项目，该项目的总投资额为 400 000 元，建成后，预计可以使用 5 年，每年的现金净流量为 125 000 元，折现率为 10%。要求：进行现金净流量或固定资产使用年限的变动对净现值的敏感性分析。

解： 该项目的净现值＝125 000×$(P/A,10\%,5)$－400 000
＝125 000×3.790 8－400 000
＝73 850（元）

净现值大于零，说明该项目的投资报酬率大于预定的折现率，该项目可行。但如果项目的年现金净流量或使用年限发生了变化，项目的可行性就将随之发生变化，敏感性分析就是用来解决项目的年现金净流量或使用年限可以在多大范围内变化，而该项目的投资报酬率仍然大于预定的折现率10%的问题。

（1）假定使用年限不变，年现金净流量的下限是多少？或年现金净流量在什么幅度内变动，尚不致影响投资方案的可行性？

假定使用年限5年不变，年现金净流量的下限就是使该项目的净现值为零时的年现金净流量，则

$$\begin{aligned}\text{年现金净流量的下限}&=400\ 000/(P/A,10\%,5)\\&=400\ 000/3.790\ 8\\&=105\ 518.62\ (\text{元})\end{aligned}$$

可见，在使用年限不变的情况下，当年现金净流量下降到小于105 518.62元时，项目的净现值将小于零，则该项目不可行。

（2）假定年现金净流量不变，该项目的最低使用年限应为多少年？或该项目的使用年限在什么幅度内变动，尚不致影响投资方案的可行性？

假定年现金净流量125 000元不变，该项目的最低使用年限就是使该项目的净现值为零时的使用年限，则

$$125\ 000\times(P/A,10\%,n)-400\ 000=0$$

$$(P/A,10\%,n)=400\ 000\div125\ 000=3.2$$

查年金现值系数表，$(P/A,\ 10\%,\ 4)=3.169\ 9$，$(P/A,\ 10\%,\ 5)=3.790\ 8$，采用插值法计算如下：

$$\begin{aligned}\text{最低使用年限}&=4+(3.2-3.169\ 9)\div(3.790\ 8-3.169\ 9)\\&=4+0.030\ 1\div0.620\ 9\\&=4.048\ 5\ (\text{年})\end{aligned}$$

可见，在项目年现金净流量不变的情况下，当使用年限缩短到小于4.048 5年时，项目的净现值将小于零，则该项目不可行。

从上述计算可知，年现金净流量和使用年限都会影响投资项目的净现值，从而影响投资决策。

二、以内含报酬率为基础进行敏感性分析

进一步通过计算敏感系数来分析年现金净流量或固定资产使用年限对内含报酬率影响程度的大小。沿用例6-17的资料，计算敏感系数并分析年现金净流量或固定资产使用年限对内含报酬率影响程度的大小。

该项目的内含报酬率：

$$125\ 000\times(P/A,i,5)-400\ 000=0$$

$$(P/A,i,5)=400\ 000/125\ 000=3.2$$

查年金现值系数表，$(P/A, 15\%, 5)=3.3522$，$(P/A, 16\%, 5)=3.2743$，采用插值法计算如下：

$$\begin{aligned}\text{内含报酬率}&=15\%+(16\%-15\%)\times(3.3522-3.2)/(3.3522-3.2743)\\&=15\%+1\%\times0.1522/0.0779\\&=16.95\%\end{aligned}$$

$$\begin{aligned}\text{年现金净流量对内含报酬率的敏感系数}&=\frac{(16.95\%-10\%)/16.95\%}{(125000-105518.62)/125000}\\&=2.63\end{aligned}$$

$$\begin{aligned}\text{使用年限对内含报酬率的敏感系数}&=\frac{(16.95\%-10\%)/16.95\%}{(5-4.0485)/5}\\&=2.15\end{aligned}$$

从上面的计算可知，年现金净流量对内含报酬率的敏感系数比使用年限对内含报酬率的敏感系数大，说明年现金净流量对内含报酬率的影响比使用年限大。内含报酬率以 2.63 倍的速率随年现金净流量变化，而以 2.15 倍的速率随使用年限变化。由于它们的敏感系数都大于 1，所以都属于敏感因素。

小　结

长期投资决策分析需要考虑的因素主要有货币时间价值、投资的风险报酬、资本成本、现金流量和投资回收期，在正确衡量这些因素的前提下，长期投资决策过程中常常采用投资回收期法、投资报酬率法，以及净现值法、现值指数法和内含报酬率法等方法，对不同的备选方案做出正确的评价。

思考题

1. 长期投资决策分析需要考虑的因素主要有哪些？
2. 投资项目的现金流量由哪几个部分组成？如何计算？
3. 长期投资决策的静态分析方法有哪些？有关指标如何计算？
4. 长期投资决策的动态分析方法有哪些？有关指标如何计算？
5. 长期投资决策中的敏感性分析通常用来研究哪些方面的问题？如何进行分析？

练习题

1. 假定某公司有两个投资项目可供选择，两项目的原始投资额均为期初一次性投入 300 万元，资本成本为 14%，两项目的经济寿命均为 5 年，期满无残值。它们在寿命周期内的现金流入量总额为700万元，但分布情况不同，如表6-7所示。

表6-7 某公司投资项目现金流量 单位：万元

项目	年次					
	0	1	2	3	4	5
甲方案原始投资及各年的现金净流量	(300)	140	140	140	140	140
乙方案原始投资及各年的现金净流量	(300)	130	160	180	150	80

要求：采用净现值法评价甲、乙两方案的优劣。

2. 假定某公司计划添置一台固定资产，需款项430 000元，可使用5年，期满有残值30 000元。使用该项设备可使该公司每年增加销售收入360 000元，设备每年按直线法计提折旧，折旧以外的每年付现的营业成本为200 000元，所得税税率为30%。若该公司购置设备的款项系从银行借来，借款利率为10%（复利）。

要求：采用投资回收期法分析该公司添置新设备是否可行。

3. 围绕企业长期投资决策进行敏感性分析。假设某公司有一投资方案，设备投资额为30 000元，可使用年限为5年，使用该设备后每年的销售额为28 000元，料、工、费合计成本为20 000元，不考虑所得税。

要求：试确定投资方案可行的年现金净流入量下限、可回收年限的上限以及内含报酬率的下限，设折现率为10%。

案例及应用

1. “算法推荐”是数字技术应用于管理会计最常见的手段之一，它能够强化管理会计的决策功能。传统管理会计决策活动中存在的投资行为无价值、经营活动不经济、管理手段低效率等现象，需要借助算法推荐进行决策优化。

2018年，美国一家迪士尼乐园将其门票的定价机制从手工模式转换为数字技术下的算法模式。其具体的运作特征是：调整门票结构，对多日有效的门票进行整体性提价，同时降低非旅游高峰时期的门票价格，鼓励游客提前规划好行程计划，或者预订迪士尼乐园淡季（非高峰）时期的行程，以享受低价优惠。迪士尼乐园的这项改革增加了情境产品的选择，使体验经济的效应得到体现。其优点是明显的：

一是这种动态的定价模式不仅增加了迪士尼乐园的门票收入以及客流量，还使得错峰进入乐园的目标有效达成。

二是顾客体验显著改善。错峰出行使游客有更多机会享受游乐实施，参观更多的景点，并且可以更好地规划在乐园内的时间安排。

三是这种动态的定价模式有助于维护游客的利益，提升游客的满意度，并且还可以使价格总体上保持在上升的通道之中。

该案例表明，随着数字经济时代的到来，管理会计借助数字技术工具，可以实现企业效率与效益的提升，还可以在信息的可靠性、完整性、及时性等方面为企业带来新的价值增量。同时，需要提醒的是，必须加强前瞻性管理，以避免算法推荐等数字技术应用带来的风险。企业在面对数字化改革等新的情境特征时，应主动协作与调整，扬弃原有的经营模式，积极实施数字化技术等的转型升级，跟上时代步伐。同时，面向未来，愿意试错，能纠错迭代，持续创新。

讨论：

应用上述资料，谈谈如何借助新兴的科学技术来提高企业投资决策的效率与效益。

2. 亨特是犹他大学商学院大二的学生，主修会计、辅修西班牙语，将在两年后毕业。亨特正在考虑这个暑假去哪里工作，他有两个选择：在制瓶厂做全职，或者在肉制品包装厂的会计部门做兼职。他下个暑假可能会在同一个地方工作，暑假期间能工作12周。

制瓶厂今年每周支付给亨特的薪酬是380美元，下个暑假工资会增长7%。在肉制品包装厂，亨特可以每周工作20小时，每小时工资8.75美元。做这份兼职工作，他还可以利用这个暑假上两门会计课程，学费是每小时225美元，每门课程都是4小时。亨特认为，这个暑假的工作经验可以让他有资格在下个暑假得到肉制品包装厂的会计全职工作，会计全职工作每周的工资是550美元。

亨特认为，这个暑假做兼职工作还有两个好处：第一，他可以减轻在秋季和春季学期的学习负担，每个学期可以只上一门课程；第二，他在15周的秋季学期可以有时间在大学的会计部门做评级员的工作，这份工作每周支付给他50美元。

资料来源：奥利弗，霍恩格伦．管理会计．东北财经大学出版社，2012.

讨论：

（1）假设亨特在做短期决策时不考虑货币的时间价值，同时假设他的唯一目标就是在这两个暑假尽量多赚钱，那么他应该怎么做？亨特会考虑哪些非定量因素？如果你面对这两种选择会怎么做？

（2）现在假设亨特考虑货币的时间价值，所有的现金流都预计会在一年或更长的时间内被收回，那么他会偏好哪一种选择？为什么？

第7章

全面预算管理

知识目标

了解全面预算的含义，明确全面预算管理的作用与意义，理解全面预算管理的全面性及其合理性与有效性。

能力目标

掌握全面预算的内容及其分类管理的特征，结合全面预算的编制流程与方法，熟练选择并应用预算管理工具开展编制及其分析工作。

素养目标

（1）培养企业全面预算的意识，借助全面预算管理提高企业控制的效率与效益，促进企业的高质量发展。

（2）将全面预算管理与数字技术等新兴技术融合，推动企业实现绩效管理的规范化、资源配置的最优化，以及战略制定的精益化。

导 读　大数据、云计算与企业全面预算管理的融合发展

全面预算管理是一种全方向、多领域、各级组织相互配合实施的管理体系，是企业管理活动的基础。没有全面预算管理，企业的组织管理、流程管理等将难以得到有效实施。近年来，我国数字经济发展较快且成就显著。从技术发展看，数字化、智能化是不可逆转的时代潮流，全面预算管理必须充分利用并协调好数字化和智能化的技术手段，提高企业战略规划与经营目标实现的效率与效益。党的十九大报告提出“建立全面规范透明、标准科学、约束有力的预算制度，全面实施绩效管理”，预算制度是企业制度的重要内容，企业必须在战略导向、过程控制、融合性、平衡管理、权变性等原则的基础上，选择应用适宜的数字技术手段，且完善并发展企业全面预算管理的功能系统。

党的二十大为“中国式现代化”提供了新的发展目标与要求。面对数字经济新时代，现代化进程要求企业适应数字化背景下的经营模式及其创新业态中的思维方式，主动调整企业的发展战略，重新思考全面预算的编制、分析与控制。随着企业数字化

转型的不断深入，大数据、云计算等数字技术日益成为企业主流的运用技术，将全面预算管理与这些数字技术进行融合，成为全面预算管理发展的新趋势。嵌入大数据、云计算等数字技术的全面预算管理本身就是管理会计工具创新的一种重要形式，通过“场景连通—数据贯通—价值互通”形成数据资源的价值创造逻辑，为全面预算管理提供重要的场景管理保障。从“场景连通”来看，首先是面向客户，与客户加强交流与沟通，使商业活动触达终端；其次，通过技术与业务，形成完整的集成功能，即完成场景的重构。这种大数据下的场景应用，使预算编制更精确，比如资金宽松度的把握、销售实现的准确预测等，同时提高预算执行的效率与效果，即可以预知市场的变化，及时加以应对等，还有助于预算管理的创新，使传统预算管理过程中存在的信息沟通与反馈不及时、数据准确性不高、数据易被修改等问题得到有效的解决，比如，可以借助“可扩展商业语言”等信息资料进行财务指标的预测，为企业决策提供更加及时有效的数据支持。

总之，随着数字技术的广泛应用，嵌入大数据、云计算等的企业预算活动，借助预算数据中心，将非结构性数据结构化、外部数据与内部数据相互融合，对海量的内外部数据进行不同视角的多维度分析，同时开展纵横结合的数据计算，即通过对纵向的企业历史数据和横向的相关行业数据的整合及比较分析，最大限度地发挥预算管理的战略管理功能，使企业管理当局更加准确地把握企业经营的情境状况，做出更加科学的决策判断，充分发挥以大数据、云计算为代表的全面预算管理优势，培育企业的深度学习能力，进一步提高企业的核心竞争力。

“预算”（budget）一词源于法文 baguette，意思是用皮革制成的袋子或公文包。19 世纪中期，英国财政大臣有一种习惯，就是在提出下年度税收需求时，会在议员们面前打开公文包，展示他所需要的数字，因此，财政大臣的“公文包”就指下年度的预算数。大约在 1870 年，budget 一词正式出现在财政大臣公文包中的文件上，这就是预算最初的来源。1911 年，泰罗创建了科学管理理论，促使企业预算理论进一步发展。1922 年，麦金西出版了《预算控制》一书，对预算理论及方法从控制角度进行了详细介绍。第二次世界大战后，企业竞争日益激烈，经营者意识到不仅要进行事后控制，还要实施事前预测和决策，于是产生了盈亏平衡点分析、弹性预算、变动成本法等多种预算方法。20 世纪 80 年代后，信息技术的发展实现了会计数据处理、传递的及时与准确，在降低信息传递成本的同时，大大提高了预算差异分析的准确性。尤其是进入 21 世纪之后，随着“互联网＋”、大数据、云计算以及智能制造等的广泛应用，预算管理的内涵与外延发生了质的变化。

第 1 节　全面预算管理概述

一、全面预算的含义

全面预算是对与单位经营相关的投资活动、经营活动和财务活动的未来情况进行预期并控制的管理行为及其制度安排。财政部的《管理会计应用指引第200号——预算管理》将全面预算定义为，“预算管理，是指企业以战略目标为导向，通过对未来一定期间内的经营活动和相应的财务结果进行全面预测和筹划，科学、合理配置企业各项财务和非财务资源，并对执行过程进行监督和分析，对执行结果进行评价和反馈，指导经营活动的改善和调整，进而推动实现企业战略目标的管理活动”。预算管理的定义说明了预算管理与企业战略之间的关系：（1）预算管理要以企业战略目标为导向；（2）企业战略目标要通过预算管理来实现。预算管理指引的制定依据是《管理会计基本指引》，而制定预算管理指引的目的在于促进企业加强预算管理，发挥预算管理在企业规划、决策、控制和评价活动中的作用。

（一）全面预算是单位奋斗目标的具体化

单位编制预算，是单位各职能部门围绕业务量、收入、成本与耗费、经营成果等应该达到的水平，分别确定目标，并将制定目标所依据的主要设想和意图、达到目标所应采取的方法与措施、应对外部环境变化的对策均详细地列举出来，同时通过反复的预算平衡，制定出完整的预算书面方案，报单位领导批准。经批准的预算方案，使单位各职能部门和下属单位都明确了自己应该达到的水平，并据此安排自己所负责范围的经济业务活动，确保完成单位总的战略目标，减少经营风险与财务风险。

（二）全面预算是协调各部门的重要手段

各职能部门的经济活动之间存在局部优化和整体优化的关系问题。局部计划的最优并不能使全局计划合理。比如，销售部门根据市场的有利趋势拟定了一个庞大的企业销售计划，而生产部门可能限于生产能力的不均衡无法提供更多的产品。因此，企业整个预算计划并不是各部门最优化方案的简单结合，而是以利润最大化来谋求市场营销计划、生产计划、物料供应计划、资金计划等诸多计划的最佳结合。单位通过预算的编制，可以使各部门的计划得到最好的协调，使单位整个计划体系相互衔接，完整且切合实际。

（三）全面预算是控制日常经济活动的工具

全面预算一经制定就要付诸实施，管理工作的重心转入控制，即设法使经济活动按计划进行。在执行预算中，各级单位和各职能部门都必须通过计量、计算、对比和分析，寻找预算与实际执行的差异，分析原因，并立即采取必要的措施纠正差异，使日常的经济活动控制在预算范围之内。因此，全面预算是目前单位控制日常经济活动最主要的依据。

（四）全面预算是业绩考核的标准

全面预算是单位计划的数量化和货币化的表现，为业绩评价提供了标准，便于对各部门实施量化的业绩考核和奖惩制度，也方便了对员工的激励与控制。预算管理对单位各部门及其员工的日常活动进行了规范，使单位的经营活动有目标可循、有制度可依。

二、全面预算的作用与意义

全面预算管理体现的是一种“战略—计划—财务”框架下的三角式企业资源配置理念。在这一三角中，战略居于上位，计划与财务并行且相互匹配，处于下位。即在战略的引导下，合理有效地安排企业的各项业务计划，同时结合企业战略，使财务活动在业务计划的协调下进行资金等资源的最优配置，以提高各种资源的利用效率与效益。从企业生产经营活动视角考察，开展全面预算管理成为企业战略管理必不可少的一部分，其主要作用有以下几个：

（1）全面预算就是企业战略细化的过程。它可以把企业的总目标分解成各级部门的具体目标，将战略与具体生产经营活动紧密联系起来，动员全体员工为此奋斗。企业全面预算是各级部门工作奋斗的目标、协调的工具、控制的标准、考核的依据，在经营管理中发挥着重大作用。

（2）全面预算就是未来经营活动的货币化体现。它具有高度的综合能力，经过综合平衡以后可以体现解决各级部门冲突的最佳方法，使各部门协调工作。以财务管理为中心的特点就是在资金的筹集和使用上将过去的“用了算”改变为“算了用”，极大地提高资金使用的计划性，产生更大的综合效益。

（3）全面预算有利于企业建立激励机制，健全责任制度，变被动的奖罚措施为主动的激励约束制度。

（4）全面预算是控制经济活动的依据。当实际状况与预算有较大差异时，可以及时查明原因并采取措施。

（5）全面预算有助于实现所有者（股东）权益最大化。现代企业追求的是筹资成本最低化、营运资本最活化、资产配置最优化、投资效益最佳化等，要实现这些目的，都有赖于事先的全面预算。

（6）预算管理是信息社会对财务管理的客观要求。企业必须根据市场的要求，在预测和控制方面保持较强的灵敏度。实施全面预算管理，超前提出预算方案，有计划、有步骤地控制生产经营活动，大大增强了企业的生命力。

三、全面预算的内容

全面预算主要包括业务预算、财务预算和专项预算三大类。

（1）业务预算（operating budget）主要是反映企业在计划期间日常发生的各种具有实质性的基本活动的预算。它主要包括销售预算、生产预算、直接材料预算（采购预算）、直接人工预算、制造费用预算、产成品成本预算、销售及管理费用预算等。

（2）财务预算（financial budget）是指企业在计划期内反映有关现金收支、经营成果和财务状况的预算。它主要包括现金预算、预计利润表和预计资产负债表三种。

（3）专项预算（special decision budget）是指企业为不经常发生的长期投资决策项目或筹资项目所编制的预算。包括支出预算（涉及资本性支出预算、科技开发与研究支出预算、技术改造支出预算）和筹资预算。

它们之间的关系如图7-1所示。

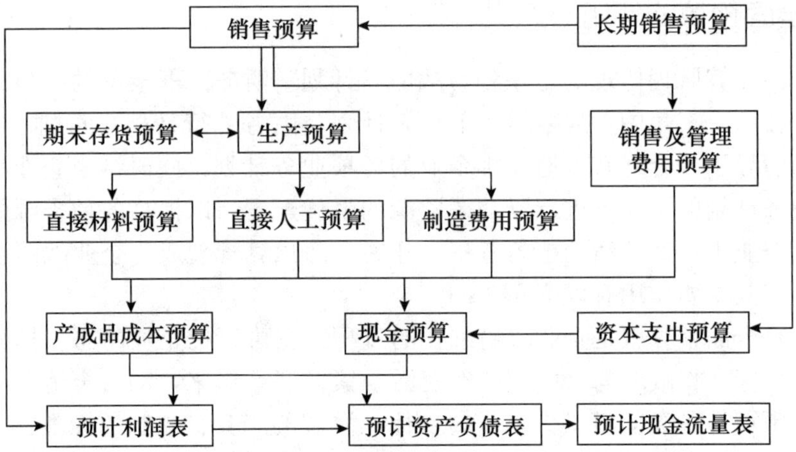

图7-1 预算内容结构示意图

四、全面预算的分类

（一）按涉及的预算期分为长期预算和短期预算

长期销售预算和资本支出预算属于长期预算，长期预算有时还包括长期资金筹措预算和研究与开发预算；短期预算是指年度预算，或者时间更短的季度或月度预算，如直接材料预算、现金预算等。通常长期和短期的划分以一年为界限，有时也把2～3年的预算称为中期预算。

（二）按涉及的内容分为总预算和专门预算

总预算包括预计利润表、预计资产负债表和预计现金流量表，它们反映了企业的总体状况，是各种专门预算的综合；专门预算是指其他反映企业某一方面经济活动的预算。

（三）按涉及的业务活动领域分为销售预算、生产预算和财务预算

前两类预算又统称业务预算，用于计划企业的基本经济业务；财务预算是关于资金筹措和使用的预算，包括短期的现金收支预算和信贷预算，以及长期的资本支出预算和资金筹措预算。

第2节 全面预算的编制程序和方法

一、全面预算的编制程序

企业全面预算的编制涉及经营管理的各个部门，只有各部门共同参与才能使预算成为它们自愿努力完成的目标而不是外界强加于它们的枷锁。一般应按照“上下结合，

分级编制，逐级汇总”的程序进行编制：

（1）最高领导机构根据长期规划，利用本量利分析等工具，确定企业一定时期的总目标，并下达规划指标。

（2）基层成本控制人员自行草编预算，使预算较为可靠、符合实际。

（3）各部门汇总部门预算，并初步协调本部门预算，编出销售、生产、财务等业务预算。

（4）预算委员会审查、平衡业务预算，汇总出公司的总预算。

（5）经过最高决策层批准，审议机构通过或者驳回预算。

（6）主要预算指标报告给董事会或上级主管单位，讨论通过或者驳回修改。

（7）批准后的预算下达给各部门执行。

例如，某石油勘探局（集团公司）的全面预算编制程序为：（1）集团预算委员会制定并颁布经营战略、方针和目标；（2）集团预算办公室将考核委员会拟定的奖惩制度、价格委员会拟定的转移价格及采购和销售价格的监管政策、财务部门拟定的资金分配和现金控制政策，以及内部审计部门拟定的审计规则及对审计人员的惩戒措施等汇总起来，加上预算编制中的时间规定，编成本年度预算编制指南；（3）二级单位根据预算编制指南，结合本单位的具体情况，编制本单位预算草案；（4）二级单位的预算草案经集团审计部门审计后，报集团预算委员会审批并下达，如图7－2所示。

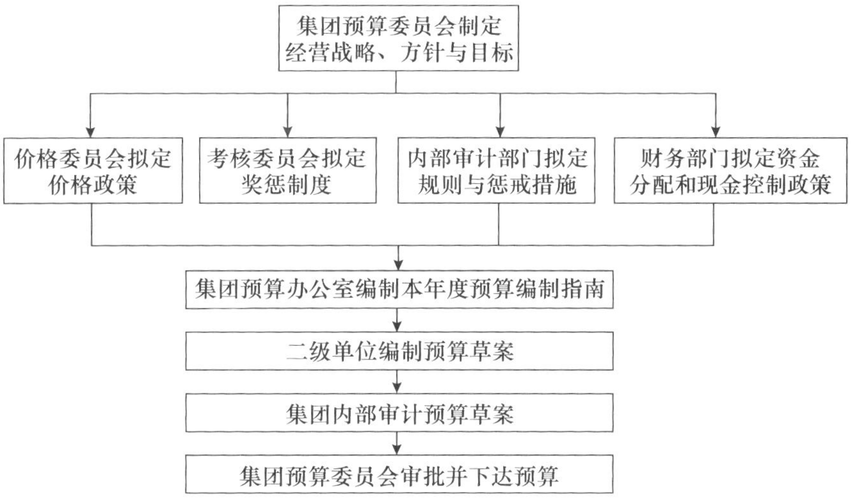

图7－2　某石油勘探局（集团公司）全面预算编制程序示意图

二、全面预算的编制方法

（一）固定预算与弹性预算

1. 固定预算

固定预算（fixed budget），又称为静态预算（static budget），是指按固定业务量编制的预算，一般按预算期的可实现水平编制。

固定预算的基本特征是：不考虑预算期内业务活动水平可能发生的变动，只按照预算期内计划预定的某一共同的业务活动水平为基础确定相应的数据；将实际执行结果与按照预算期内计划预定的某一共同业务活动水平所确定的预算数进行比较分析，并据以进行业绩评价、考核。然而，如果企业的实际执行结果与预期业务活动水平相距甚远，固定预算就难以为控制服务。事实上，固定预算对控制的有用性仅限于当实际业务水平与预期业务活动水平完全一致时，否则难以为控制服务。在市场变化较大或较快的情况下，不宜采用此法。

2. 弹性预算

针对固定预算所存在的不足，早在20世纪30年代，就已经有弹性预算方法的应用。

弹性预算（flexible budget），又称变动预算（variable budget），是指一种具有伸缩性的适用于一系列业务量变化的预算。它是在企业不能准确预测业务量的情况下，根据收入、费用、成本同业务量之间有规律性的依存关系，按预算期内可能产生的业务量编制的一系列预算。

弹性预算主要有全面弹性预算、弹性成本预算、弹性管理费用预算、弹性销售费用预算和弹性利润预算等多种类型。

全面弹性预算（master flexible budget）是以预算期内预期的各种可能实现的销售净收入作为计量基础，按成本性态扣减相应的成本，据此分别确定不同销售净收入水平下可实现的利润或发生的亏损。

弹性预算和传统的固定预算在编制方法上有所不同，弹性预算是为一系列业务量水平而编制的，其适用范围较为广泛。只要预算的各项指标是在一定业务范围之内，其数据都可以为实际控制所用。

弹性预算和其他预算方法相比有很多优点：它比固定预算运用范围广，使预算与实际具有可比的基础，使预算控制和差异分析更有意义和说服力，一经编制，只要各项消耗标准和价格等依据不变，便可连续使用，从而大大减少预算编制的工作量。当然，运用弹性预算而不运用固定预算的最主要原因在于，运用弹性预算能够在控制数量变化后，更好地对预算责任单位、责任人或员工的工作业绩进行正确评价。

（二）增量预算与零基预算

1. 增量预算

增量预算是指以基期成本费用水平为基础，结合预算期业务量水平及有关降低成本的措施，通过调整有关原有费用项目及预算额编制预算的方法。

这种方法存在以下不足：受原有费用项目和数额限制，可能导致保护落后。由于按这种方法编制预算，往往不加分析地保留或接受原有的成本项目和数额，可能使原来不合理的费用开支延续下去，形成不必要的开支合理化，造成预算浪费，滋长预算中的平均主义和简单化。采用此法，容易鼓励预算编制人员凭主观臆断按成本项目平均削减预算或只增不减，不利于调动各责任单位和员工降低费用的积极性，不利于企业的发展。按照这种方法编制预算，对于那些未来实际需要开支的项目，可能因没有考虑未来情况的变化而造成预算不足。

2. 零基预算

为弥补增量预算的不足，美国得克萨斯工具公司的派尔（P. A. Pharr）设计了零基预算模式。该模式已被西方国家广泛视为管理间接费用的一种有效方法，取得了良好的控制效果。

零基预算（zero base budgeting，ZBB），全称为“以零为基础编制计划和预算的方法”，是指在编制成本费用预算时，不考虑以往会计期间所发生的费用项目或费用数额，而是以所有的预算支出均为零为出发点，一切从实际需要与可能出发，逐项审议预算期内各项费用的内容及开支标准是否合理，在综合平衡的基础上编制费用预算。此定义最关键的一点就是零基准，即从一张白纸开始，也可以说从什么都没有的状态出发。

零基预算法的优点有：第一，不仅能压缩费用的开支，而且能够切实做到将有限的费用用在最需要的地方；第二，成本、费用预算核定不受过去老框框的制约，能够充分发挥各级管理人员的积极性和创造性，促进各预算责任中心精打细算，量力而行，量入为出，合理使用资金、控制费用，提高经济效益。

零基预算法是一种将业务计划与预算编制密切结合的方法，并且运用划分层次和规定各级增量的方法，将分类排队工作贯穿整个预算编制过程中，使企业各责任单位能够相互协调，配合一致，为完成企业的总体预算目标采取有效的行动，节约费用开支，提高资金的利用效率，极大地调动各责任中心和员工的主观能动作用。尤其是多层次参与制定预算工作，根据业务量的范围和重要性，安排和落实预算，使资金、费用的使用更为合理，能够选择效益最大的预算分配方案，因此，零基预算法最符合效益最大、费用最少的原则。

（三）定期预算与滚动预算

编制预算的方法按预算期的时间特征不同，可分为定期预算和滚动预算两大类。

1. 定期预算

定期预算法是指以不变的会计期间（如日历年度）作为预算期的一种编制预算的方法。定期预算的唯一优点是使预算期间与会计年度相衔接，便于考核和评价预算的执行结果。但按照定期预算方法编制的预算存在以下缺点：

第一，盲目性。由于定期预算往往是在年初甚至提前两三个月编制的，其对于整个预算年度的生产经营活动很难做出准确的预算，尤其是对后期只能进行笼统的估算，数据笼统含糊，缺乏远期指导性，给预算的执行带来很多困难，不利于对生产经营活动的考核与评价。

第二，滞后性。由于定期预算不能随情况的变化及时调整，当预算中所规划的各种生产经营活动在预算期内发生重大变化（如预算期临时中途转产）时，就会造成预算滞后过时，成为虚假预算。

第三，间断性。受预算期间的限制，经营管理者的视野局限于本期规划的经营活动，通常不考虑下期。

为了克服定期预算的缺点，在实践中可采用滚动预算的方法编制预算。

2. 滚动预算

滚动预算（rolling budget），又称连续预算或永续预算（perpetual budget），是指在编制预算时，将预算期与会计年度脱离开，随着预算的执行不断延伸补充预算，逐期向后滚动，使预算期永远保持12个月，其实质是动态的连续更新调整的弹性预算。详见图7-3。

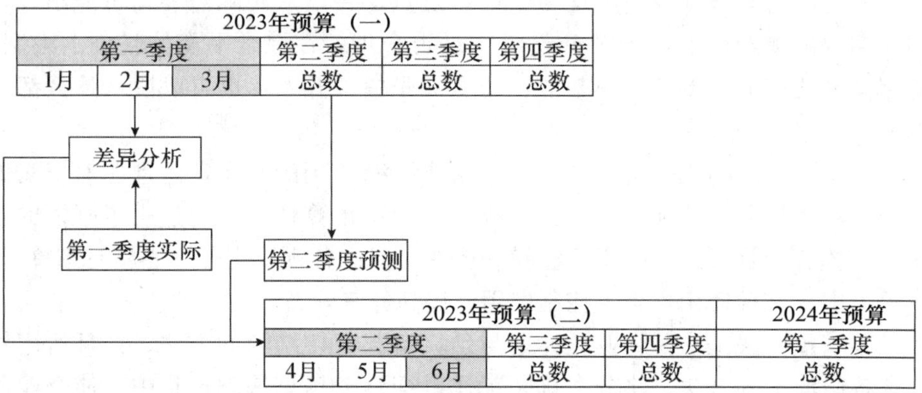

图7-3 滚动预算示意图

具体做法是：每过一个季度（或月份），立即根据前一个季度（或月份）的预算执行情况，对以后季度（或月份）进行修订，并增加一个季度（或月份）的预算。如此以逐期向后滚动、连续不断的预算形式规划企业未来的生产经营活动。

与传统的定期预算相比，按滚动预算方法编制的预算具有以下优点：

第一，透明度高。由于编制预算不再是预算年度开始之前几个月的事情，而是实现了与日常经营管理的紧密衔接，管理人员始终能够从动态的角度把握企业近期的规划目标和远期的战略布局，预算具有较高的透明度。

第二，及时性强。滚动预算能根据前期预算的执行情况，结合各种因素的变动，及时调整和修订近期预算，从而使预算更加切合实际，能够充分发挥预算的指导和控制作用。

第三，连续性、完整性和稳定性突出。滚动预算在时间上不再受日历年度的限制，能够连续不断地规划未来的生产经营活动，不会造成预算的人为间断，同时可以使企业管理人员了解未来12个月内企业的总体规划与近期目标，能够确保企业管理工作的完整性与稳定性。

采用滚动预算的方法编制预算的唯一缺点就是预算工作量大。

（四）概率预算

在上述有关预算的编制过程中，假设生产和销售的情况是稳定的，所涉及的业务量、价格、成本等变量是确定的值，所编制的预算是一种确定的预算。但是，实际上企业生产经营的不确定因素很多，在市场供求、产销变动比较大的情况下，业务量、价格、成本等变量有时甚至是难以确定的。这时企业就需要根据客观条件，对有关变量进行分析，估计它们可能变动的范围及其在该范围内出现的概率，然后结合概率对各变量进行调整，计算期望值，编制预算。这种运用概率编制预算的方法称为概率预算。

概率预算考虑了计划年度的各种可能情况。由于考虑问题较全面，概率预算比较符合多变的市场环境等情况。但如何估计未来的各种可能情况及其概率是比较困难的事情，尤其是概率的确定容易受主观因素的影响。一般来说，在具备历史资料的条件下，可以通过对历史资料的统计分析来确定各种可能情况及其概率。

第3节 全面预算的编制

全面预算管理是以全面预算为依托，在预算编制、执行和控制过程中规划企业的全部经济活动及其成果。全面预算管理主要包括全面预算的编制、执行与控制以及评价与激励三个部分。全面预算一般包括业务预算、专项预算和财务预算三大类。

一、业务预算

业务预算（operating budget）是反映企业在计划期间日常发生的各种具有实质性的基本活动的预算。主要包括销售预算、生产预算、直接材料预算、直接人工预算、制造费用预算、产成品成本预算、销售及管理费用预算等。

（一）销售预算

销售预算是全面预算的起点，其他所有预算都会或多或少地使用销售预算中的数据。销售预算包括产品的名称、销售量、单价、销售额等项目。在生产经营多种产品的企业中，为了避免销售预算过于繁杂，一般并不在预算中详细反映所有产品的有关数据，而是列示全年及各季度的销售总额，并对几种主要产品分别编制销售预算附表附在销售预算之后，数量较少、销售额较低的产品予以省略。

为方便编制现金预算，在销售预算中一般还附有预计现金收入计算表，预计现金收入数应为上期销售收入中本期应收到的款项与本期销售收入中应在本期收到的款项之和。

【例7-1】 红星公司在2024年度只生产和销售一种产品，销售单价为20元，每季度的商品销售在当期收到货款的70%，其余30%在下季度收回。2023年末的应收账款余额为40 000元。该公司2024年度的分季销售预算如表7-1所示。

表7-1中的销售量、销售价格来自对计划期销售情况的预测，每期收到现金数占销售收入金额的比率一般根据以往经验确定。

表 7-1 红星公司销售预算

2024 年度

项目		第一季度	第二季度	第三季度	第四季度	全年
预计销售量（件）		5 000	15 000	20 000	10 000	50 000
预计销售价格（元）		20	20	20	20	20
预计销售额（元）		100 000	300 000	400 000	200 000	1 000 000
预计现金收入计算表（元）	期初应收账款（2023 年 12 月 31 日）	40 000				40 000
	第一季度销售收入	70 000	30 000			100 000
	第二季度销售收入		210 000	90 000		300 000
	第三季度销售收入			280 000	120 000	400 000
	第四季度销售收入				140 000	140 000
	现金收入合计	110 000	240 000	370 000	260 000	980 000

（二）生产预算

销售预算确定后即可根据计划销售量制定生产预算。由于企业一般都有一定数量的存货以备临时需要，每期生产数量与当期的销售量不一定相等，计算公式如下：

预计生产量＝计划销售量＋计划期末预计存货量－计划期初存货量

【例 7-2】 依前例，假定红星公司 2024 年的生产预算中，各季度期末产成品存货数量用下期销售数量乘以一定比率计算得出，本例中为 20%；年末产成品存货数量则是根据下一年第一季度销售数量的估计数计算出来的；期初产成品存货数量即为上期期末产成品存货数量。该公司 2024 年度的生产预算如表 7-2 所示。

表 7-2 红星公司生产预算

2024 年度　　单位：件

项目	第一季度	第二季度	第三季度	第四季度	全年
预计销售量（见表 7-1）	5 000	15 000	20 000	10 000	50 000
加：期末产成品存货数量	3 000	4 000	2 000	2 000	2 000
产成品需要量合计	8 000	19 000	22 000	12 000	52 000
减：期初产成品存货数量	1 500	3 000	4 000	2 000	1 500
生产量	6 500	16 000	18 000	10 000	50 500

期末产成品存货数量的预算对企业来说也相当重要，如果期末剩余存货过多，既占用大量资金，又会增加仓储、保管等各方面费用，造成不必要的浪费；存货太少又可能造成下期生产过于紧张，甚至无法满足销售需要。因此，对期末存货数量的合理预测至关重要。

（三）直接材料预算

根据生产预算可以编制直接材料预算，用于反映生产过程中直接材料的需要量。直接材料预算的主要依据是：计划产品生产数量、单位产品直接材料耗用量和直接材料单位价格。直接材料购买数量预算公式如下：

$$\text{本期购买材料预计数量}=\text{本期生产耗用材料数量}+\text{期末材料存货数量}-\text{期初材料存货数量}$$

在实际工作中，材料采购预算下面往往还附有计划期间的预计现金支出计算表，其中包括前期应付购料款的偿还以及本期购料款的支付，有了这张附表，编制财务预算类的现金预算会方便许多。

【例 7－3】 依前例，假定红星公司单位产品的材料消耗定额为 4 千克，计划单价 0.5 元。每季度的购料款当季度支付 60%，余下部分在下季度支付。各季度的期末存料按下一季度生产需要量的 10%计算，各季度期初存料与上期期末存料相等，期初应付购料款为 9 500 元。现根据生产预算中的预计生产量，结合期初、期末存料水平，以及单位产品的材料消耗定额编制直接材料预算，如表 7－3 所示。

表 7－3　红星公司直接材料预算

2024 年度

项目		第一季度	第二季度	第三季度	第四季度	全年
生产量（件）（见表 7－2）		6 500	16 000	18 000	10 000	50 500
单位产品直接材料耗用量（千克）		4	4	4	4	4
总耗用量（千克）		26 000	64 000	72 000	40 000	202 000
加：期末直接材料存货数量（千克）		6 400	7 200	4 000	5 500*	5 500*
总需要量（千克）		32 400	71 200	76 000	45 500	207 500
减：期初直接材料存货数量（千克）		5 000	6 400	7 200	4 000	5 000
直接材料采购量（千克）		27 400	64 800	68 800	41 500	202 500
直接材料单位价格（元）		0.5	0.5	0.5	0.5	0.5
直接材料采购金额（元）		13 700	32 400	34 400	20 750	101 250
预计现金支出计算表（元）	应付账款	9 500				9 500
	第一季度付现额	8 220	5 480			13 700
	第二季度付现额		19 440	12 960		32 400
	第三季度付现额			20 640	13 760	34 400
	第四季度付现额				12 450	12 450
	现金支出合计	17 720	24 920	33 600	26 210	102 450

* 估计数。

（四）直接人工预算

直接人工预算也是根据生产预算编制的，用于对计划期内直接生产工人的人工耗费进行规划，以便合理进行人员安排以满足生产需要。如果事先不对此做好准备可能会出现因人手短缺而影响生产的情况，而临时招聘工人一方面可能付出较高代价，另一方面工人未经必要的培训匆忙上岗会造成生产效率的降低。

通常情况下，企业往往需要雇用不同工种的人工，直接人工预算就应该按不同工种分别计算，然后合计。计算公式如下：

$$\text{预计直接人工成本总额} = \text{预计生产量} \times \sum \left(\begin{matrix} \text{单位工时} \\ \text{工资率} \end{matrix} \times \begin{matrix} \text{单位产品} \\ \text{工时定额} \end{matrix} \right)$$

【例7-4】 依前例，假定红星公司在计划期内所需直接人工只有一个工种，单位产品的工时定额为0.8小时，单位工时的工资率为5元，现根据计划期生产预算的预计产量，编制直接人工预算，如表7-4所示。

表7-4　红星公司直接人工预算

2024年度

项目	第一季度	第二季度	第三季度	第四季度	全年
生产量（件）（见表7-2）	6 500	16 000	18 000	10 000	50 500
单位产品直接人工工时（小时）	0.8	0.8	0.8	0.8	0.8
直接人工工时合计（小时）	5 200	12 800	14 400	8 000	40 400
工资率（元/小时）	5	5	5	5	5
直接人工耗费总额（元）	26 000	64 000	72 000	40 000	202 000

（五）制造费用预算

制造费用预算也是根据生产预算编制的，是对生产成本中直接人工费用和直接材料费用以外的其他生产费用的规划。编制制造费用预算的主要依据是计划期预计生产量、制造费用标准消耗量和标准价格。

编制制造费用预算首先应按照制造费用的成本性态划分为变动制造费用和固定制造费用。对于变动费用项目，在一般情况下，应以计划期的一定业务量为基础，规划它们的具体预算数字；对于固定费用项目，则大多根据基期的实际开支水平，再结合上级下达的成本降低率，进行折算填入预算表内。另外，在这张预算正表下面还要附有预计现金支出计算表，以便今后编制财务预算类的现金预算。但是固定资产折旧费属于固定制造费用，不属于现金支出项目，故在编制附表时应剔除。

【例7-5】 依前例，假定红星公司制造费用的变动部分按计划年度所需直接人工工时总数进行规划，固定部分则根据基期的实际开支数，按上级下达的成本降低率3%进行计算。编制如下的四个季度支出相等的制造费用预算，固定制造费用在各季度之间平均分配，如表7-5所示。

表 7－5　红星公司制造费用预算

2024 年度

成本项目		金额（元）	费用分配率计算
变动制造费用	间接人工费用	20 800	变动制造费用分配率＝变动制造费用预算合计/标准总工时＝80 800/40 400＝2（元/小时）
	间接材料费用	30 000	
	维修费	13 000	
	水电费	17 000	
	合计	80 800	
固定制造费用	折旧费	25 000	固定制造费用分配率＝固定制造费用预算合计/标准总工时＝101 000/40 400＝2.5（元/小时）
	维护费	21 000	
	管理费	45 000	
	保险费	10 000	
	合计	101 000	

项目	第一季度	第二季度	第三季度	第四季度	全年合计
预计直接人工工时（小时）	5 200	12 800	14 400	8 000	40 400
变动制造费用分配率（元/小时）	2	2	2	2	2
预计变动制造费用（元）	10 400	25 600	28 800	16 000	80 800
预计固定制造费用（元）	25 250	25 250	25 250	25 250	101 000
预计制造费用（元）	35 650	50 850	54 050	41 250	181 800
减：折旧费用（元）	6 250	6 250	6 250	6 250	25 000
现金支出的制造费用（元）	29 400	44 600	47 800	35 000	156 800

（六）产成品成本预算

编好以上五种业务预算以后，产成品的预算成本即可得出，但在实际工作中要求企业必须实行标准成本制度，因而产成品成本的预算就是单位产品的“标准成本单”。所谓标准成本，就是按成本项目反映的单位产品的目标成本。因为通过成本预测确定的目标总成本不便于进行日常控制和考核，所以在实际工作中，目标总成本还必须交给设计、技术、生产、营销和财务部门具体落实，并分别按成本项目逐一详细地制定成本标准，即标准成本。

西方的标准成本通常只针对产品生产成本中的直接材料、直接人工和制造费用三大项目制定，至于管理费用和销售费用则采用编制费用预算的方法进行控制，一般不制定标准成本。料、工、费三大项目应根据企业的总体目标制定相应的标准。

直接材料的标准成本＝计划单价×消耗定额

直接人工的标准成本＝工资率×工时定额

其中：　工资率＝预计支付直接人工工资总额/标准总工时

变动制造费用的标准成本＝变动费用分配率×工时定额

固定制造费用的标准成本＝固定费用分配率×工时定额

产成品成本预算（标准成本单）编写的方法很简单，只需将料、工、费三大项目的价格标准与用量标准分别相乘，然后加以汇总即可填入预算表内。另外，在实际工作中，往往还需在正表下面附期末存货预算，可根据生产预算中的期末存货数量乘上产品的标准成本得出，如表7-6所示。

表7-6 红星公司产成品成本预算

2024年度

项目	单位成本			生产成本（元）（50 500件）	期末存货成本（元）（2 000件）	销货成本*（元）
	单价（元）	单位耗用量	成本（元）			
直接材料（见表7-3）	0.5	4	2	101 000	4 000	100 000
直接人工（见表7-4）	5	0.8	4	202 000	8 000	200 000
变动制造费用（见表7-5）	2	0.8	1.6	80 800	3 200	80 000
固定制造费用（见表7-5）	2.5	0.8	2	101 000	4 000	100 000
合计			9.6	484 800	19 200	480 000

*销货成本由公式（销货成本＝期初产成品存货成本＋本期生产成本－期末产成品存货成本）计算得出，期初产成品存货为1 500件。

（七）销售及管理费用预算

这项预算是对计划期内发生的产成品成本以外的一系列其他费用所做的预算。其中，销售费用预算是指对为实现销售预算而需要支出的费用所做的预算，在编制时应以销售预算为基础，对过去发生的销售费用进行细致分析，运用本量利分析等方法分析销售收入、销售利润与销售费用之间的关系，以合理安排销售费用，使之得到最有效的使用。管理费用预算是对企业运营过程中需要支出的管理费用所做的预算，在编制时应以过去发生的实际支出为参考，结合分析企业的业务情况，使费用支出更合理、更有效。如果销售费用及管理费用预算包括的项目太多，也可以对各部分分别编制预算。

销售费用及管理费用应区分变动费用和固定费用，对于变动费用可以根据销售量在各季度之间分配，固定费用则可以在四个季度平均分配或列入实际支付的季度，混合成本应在分解为变动费用和固定费用后分别列入预算的变动部分和固定部分。红星公司销售及管理费用预算如表7-7所示。

表7-7 红星公司销售及管理费用预算

2024年度　　金额单位：元

项目	第一季度	第二季度	第三季度	第四季度	全年
预计销售量（件）（见表7-1）	5 000	15 000	20 000	10 000	50 000
单位变动销售及管理费用耗用额	1.5	1.5	1.5	1.5	1.5
预计变动销售及管理费用耗用额	7 500	22 500	30 000	15 000	75 000
固定销售及管理费用：					

续表

项目	第一季度	第二季度	第三季度	第四季度	全年
广告费	25 000	25 000	45 000	25 000	120 000
管理人员工资	32 000	32 000	32 000	32 000	128 000
保险费	20 000		10 000		30 000
财产税				12 000	12 000
固定销售及管理费用合计	77 000	57 000	87 000	69 000	290 000
预计销售及管理费用合计	84 500	79 500	117 000	84 000	365 000

说明：销售费用及管理费用全部在发生当期以现金支付。

二、专项预算

专项预算（special decision budget）是指企业为不经常发生的长期投资决策项目或筹资项目所编制的预算。

（一）资本支出预算

资本支出预算是对未来期间选择和评价长期资本投资活动的相关原则和方法步骤的规划。简要地说，成功的资本投资应该遵循以下步骤：（1）投资意向的产生；（2）估计战略、市场和技术因素，预计现金流量；（3）评价现金流量；（4）在可接受标准基础上选择项目；（5）执行计划；（6）在投资项目的现金流量和经济状况被接受以后，不断重新评价，或进行事后审计。

资本支出预算就是对上述步骤在未来期间做一个全面考虑，并把相应指标量化，供管理人员进行决策。资本支出预算编制时的评价和专业水平需要达到什么层次，由企业的规模以及资本支出的规模和甄选标准决定。资本支出量越大，需要进行的甄选层次越多。分公司的经理人有权决定本公司内部中等规模的投资项目，更高级别的管理人员可以决定更大型的投资。不同企业的投资甄选管理程序各不相同，集权和分权的企业之间、紧凑型和松散型管理的企业之间，各级别管理人员的决策权都有很大的区别。

【例 7－6】 依前例，假设红星公司董事会批准在计划期间的第一季度用自有资金购置一台固定设备的投资项目，需支付 50 000 元，分 4 个季度付款。资本支出预算如表 7－8 所示。

表 7－8　红星公司资本支出预算

2024 年度　　单位：元

项目	预计购买日期	预计成本	第一季度	第二季度	第三季度	第四季度	全年
动力设备	第一季度	50 000					50 000
现金支出			20 000	10 000	10 000	10 000	50 000

（二）筹资预算

筹资预算是关于单位在预算期内需要新借入的长短期借款，经批准发行的债券，以及原有借款、债券还本付息的预算，主要依据单位有关资金需求决策资料、发行债券审批文件、期初借款余额及利率等编制。单位经批准发行股票、配股和增发股票，应当根据股票发行预算、配股预算和增发股票预算等资料单独编制预算。股票发行费用应当在筹资预算中分项做出安排。

【例7-7】 依前例，假定红星公司根据计划期间现金收支情况，预计第一季度初需向银行借款94 000元，第三、四季度分别偿还本金和利息。另外，根据税法规定，计划期间每季末预付所得税17 000元，全年68 000元。公司在第一、三季度发放现金股利10 000元。该公司年度筹资预算如表7-9所示。

表7-9 红星公司筹资预算

2024年度　　单位：元

项目	第一季度	第二季度	第三季度	第四季度	全年
筹措资金①	94 000②				94 000
归还资金			50 000	44 000	94 000
偿还利息			3 750③	4 400	8 150
预付所得税④	17 000	17 000	17 000	17 000	68 000
预付股利	10 000		10 000		20 000

①假设借款应为1 000元的整数倍，假定所有借款发生在期初，还款发生在期末。

②公司最低现金余额为30 000元，上年度现金余额为−63 620元，因此第一季度借款额为：63 620+30 000=93 620（元），由于借款为1 000元的整数倍，故取整为94 000元。

③借款年利率为10%，偿付的利息就当期偿还的本金部分计算，因此本例中第三季度偿付的利息为：50 000×10%×(3÷4)=3 750（元）；第四季度偿付的利息为：44 000×10%=4 400（元）。

④所得税支出根据计划期销售情况及利润情况的分析估计得出。

三、财务预算

财务预算（financial budget）是指企业在计划期内反映有关现金收支、经营成果和财务状况的预算。财务预算实际上就是对企业整体的预算，即总预算（master budget），各种业务预算和专门预算就称为分预算（partial budget）。财务预算主要包括现金预算、预计利润表和预计资产负债表三种。

（一）现金预算

现金预算是为反映企业在计划期间预计的现金收支的详细情况而编制的预算，包括四个部分：现金收入、现金支出、现金的余缺与资金融通和期末现金余额。

现金收入包括：（1）计划期的期初现金余额；（2）计划期内的预计现金收入（可从表7-1销售预算的附表中获得该项数据）。

现金支出是指计划期内预计可能发生的一切现金支出，包括用现金支付的材料采购费、直接人工费用、制造费用、销售费用、管理费用、固定资产购置以及所得税支出和股利的发放等，其数据来源于业务预算的表7-3、表7-4、表7-5、表7-7，确定了业务预算和目标利润，所得税支出和股利的发放金额就很容易确定。

现金的多余或不足反映的是现金收入与支出之间的差额。如果现金收入小于支出即发生现金不足，企业需要向银行或其他单位借款以应付现金的需要；如果现金收入大于支出即发生现金多余，企业则应考虑如何安排多余的现金，用于短期投资或偿还借款。资金融通是对计划期内出现现金多余或不足时所做的具体现金安排。对计划期内的资金融通预做安排可以避免企业在需要用款时由于现金短缺而陷入麻烦，还可有效利用暂时多余的资金进行投资获取利益，其数据在现金预算表中直接填列。

期末现金余额是用计划期的现金收入总额减去现金支出总额，再减去资金投放或归还总额，或加上资金筹措总额。

现金预算是企业预算的一个重要部分，为了对现金收支进行有效的控制和调度，企业应尽可能缩短现金预算的编制时间，大多数企业按月或季编制现金预算，有些则按周甚至按天编制。

【例 7－8】 依前例，假定红星公司是按年分季度编制现金预算的，该公司规定计划期间现金的最低库存余额为 30 000 元，现根据以上各种预算中的有关资料编制现金预算，如表 7－10 所示。

表 7－10　红星公司现金预算

2024 年度　　单位：元

项目	数据来源	第一季度	第二季度	第三季度	第四季度	全年
期初现金余额	转入	31 000	30 380	30 360	39 210	130 950
加：销售现金收入	表 7－1	110 000	240 000	370 000	260 000	980 000
现金收入合计		141 000	270 380	400 360	299 210	1 110 950
减：现金支出						
直接材料	表 7－3	17 720	24 920	33 600	26 210	102 450
直接人工	表 7－4	26 000	64 000	72 000	40 000	202 000
制造费用	表 7－5	29 400	44 600	47 800	35 000	156 800
销售及管理费用	表 7－7	84 500	79 500	117 000	84 000	365 000
所得税		17 000	17 000	17 000	17 000	68 000
购置生产设备	表 7－8	20 000	10 000	10 000	10 000	50 000
发放股利	表 7－9	10 000		10 000		20 000
现金支出合计		204 620	240 020	307 400	212 210	964 250
资金融通前现金余额		(63 620)	30 360	92 960	87 000	146 700
资金融通						
借款		94 000				94 000
还款	表 7－9			50 000	44 000	(94 000)
偿还利息				3 750	4 400	(8150)
资金融通合计		94 000		53 750	48 400	
期末现金余额		30 380	30 360	39 210	38 600	138 550

（二）预计利润表

预计利润表是用货币金额来反映企业在计划期间全部经营活动及其最终财务成果而编制的预算，也称利润预算（profit budget），是整个预算体系中的重要组成部分。它的格式与实际的利润表相同，只是数据来源于上述各项具体预算而不是实际。

【例7-9】 依前例，红星公司根据以上预算表的有关资料，编制2024年度的预计利润表，如表7-11所示。

表7-11 红星公司预计利润表

2024年度　　单位：元

项目	数据来源	金额
销售收入	表7-1	1 000 000
减：变动成本		
变动生产成本	表7-3、表7-4、表7-5	384 050
变动销售及管理费用	表7-7	75 000
边际贡献总额		540 950
减：期间成本		
固定制造费用	表7-5	101 000
固定销售及管理费用	表7-7	290 000
营业净利		149 950
减：利息费用	表7-9	8 150
利润总额		141 800
所得税	表7-9	68 000
净利润		73 800

预计利润表中的所得税金额是在对企业利润进行预测分析时估算出的，并非通过预计利润表中的利润总额与所得税税率计算得出。这是由于该项支出已列入现金预算，并对利息费用产生影响，而预计利润表又利用了现金预算的有关数据，如果在编制预计利润表时根据利润与所得税重新计算所得税，就需要根据计算出的新结果修改现金预算，继而影响现金预算中的有关数据并反过来对预计利润表产生影响，结果又要修改预计利润表，如此一来就会陷入无休止的循环之中。

（三）预计资产负债表

预计资产负债表是为反映企业在计划期末预计的财务状况而编制的预算。预计资产负债表是根据计划期的销售预算、生产预算等具体预算对期初资产负债表进行适当调整编制而成的。

【例7-10】 依前例，根据上述相关资料，编制红星公司的2024年度预计资产负债表，如表7-12所示。

表 7-12　红星公司预计资产负债表

2024 年度　　单位：元

资产			负债和所有者权益		
项目	期初余额	期末余额	项目	期初余额	期末余额
流动资产：			流动负债：		
现金（见表 7-10）	31 000	38 600	应付账款（见表 7-3）	9 500	8 300②
应收账款（见表 7-1）	40 000	60 000①	流动负债总额	9 500	8 300
直接材料（见表 7-3）	2 500	2 750	长期负债：		
产成品（见表 7-6）	14 400	19 200	长期借款③	100 000	100 000
流动资产总额	87 900	120 550	长期借款总额	100 000	100 000
固定资产：			负债总额	109 500	108 300
土地③	80 000	80 000	所有者权益：		
房屋与设备	150 000	194 950	普通股股本③	100 000	100 000
减：累计折旧	64 000	89 000	未分配利润（见表 7-9、表 7-11）	44 400	98 200④
固定资产总额	166 000	185 950	所有者权益总额	144 400	198 200
资产总额	253 900	306 500	负债和所有者权益总额	253 900	306 500

①期末应收账款＝第四季度销售额×30%＝200 000×30%＝60 000（元）。
②期末应付账款＝第四季度材料采购金额×40%＝20 750×40%＝8 300（元）。
③土地、长期借款、普通股股本三项未发生变动；房屋与设备等数据结合表 7-5 综合得出。
④期末未分配利润＝期初未分配利润（转入）＋本期净利润－本期发放股利＝44 400＋73 800－20 000＝98 200（元）。

小　结

本章通过对全面预算的意义和内容的阐述，分析了全面预算各种编制方法的适用范围和优缺点，并用一个较为完整的例子具体说明了全面预算的编制过程。熟练掌握预算编制方法对于提升企业经营管理水平具有极大的帮助。

思考题

1. 什么是全面预算？它有哪些作用和意义？
2. 预算编制的方法有哪些？各自有何特点？
3. 业务预算包括哪些内容？编制业务预算的主要依据是什么？
4. 现金预算一般包括哪几个部分？它对企业的经营有哪些重要作用？

练习题

1. ABC 公司预计 2024 年四个季度的销售量分别为 100 件、200 件、300 件、400

件，假定计划期每一季度的产成品存货占次季度销售量的10%。年末预计产品盘存量为30件。

要求：编制计划期的分季度生产预算表（见表7-13）。

表7-13 ABC公司2024年生产预算表 单位：件

项目	第一季度	第二季度	第三季度	第四季度	本年合计
预计本季销售量					
预计期末存货量					
期初存货量					
本期生产量					

2. 某公司某年11月份现金收支的相关资料如下：

(1) 11月1日的现金（包括银行存款）余额为13 700元，已收到未入账支票40 400元。

(2) 产品售价8元/件。9月销售20 000件，10月销售30 000件，预计11月销售40 000件，12月销售25 000件。根据经验，商品出售后当月可收回货款的60%，次月收回30%，再次月收回8%，另外2%为坏账。

(3) 进货成本为5元/件，平均在15天后付款。编制预算时月底存货为次月销售的10%加1 000件。10月底的实际存货为4 000件，应付账款余额为77 500元。

(4) 11月的费用预算为85 000元，其中折旧为12 000元，其余费用须当月用现金支付。

(5) 预计11月份将购置设备一台，支出150 000元，须当月付款。

(6) 11月份预交所得税20 000元。

(7) 现金不足时可以从银行借入，借款额为10 000元的倍数，利息在还款时支付，期末现金余额不少于5 000元。

要求：填写11月份的现金预算表即表7-14中用字母表示的数字。

表7-14

项目	金额
期初现金余额	A
加：销售现金收入	B
可供使用资金	C
减：本月各项支出	
进货现金支出	D
其他费用支出	E
购置设备支出	F
预交所得税	G
支出合计	H

续表

项目	金额
现金多余或不足	I
向银行借款	J
还银行借款	
合计	K
期末现金余额	

案例及应用

扬子公司全面预算管理的实践

扬子石化有限责任公司（以下简称“扬子公司”）属于特大型国有集团公司，拥有8个下属二级单位、12个全资及控股子公司，公司业务范围广泛，具体包括公用工程、运输、检修、信息服务、工程施工及设计、商品贸易和文教卫社区服务等。近10年来，扬子公司逐步建立和完善了一套切合本企业实际的以财务管理为中心的企业运行机制，并在实施企业全面预算控制制度的基础上，建立和完善了一套切合本企业实际的以财务管理为中心的基本制度。

扬子公司全面预算的编制按时间分为年度预算编制、季度预算编制和月度预算编制，在预算编制过程中具体明确以下几点：(1) 预算编制的原则是以实现经营目标为前提，分清轻重缓急，充分估计目标实现的可能性；(2) 预算编制的基础是中国石油化工集团公司下达的年度利润指标；(3) 预算编制的程序是上下结合、分级编制、逐级汇总；(4) 年度预算由公司财务处报经理办公会决定，月度预算由总会计师审批；(5) 预算编制的重点是资金预算、成本费用预算；(6) 针对不同的业务板块，制定符合自身特点且各有侧重的目标体系。全面预算涉及企业生产经营的方方面面。因此，扬子公司将产供销、人财物全部纳入预算范围，每个环节疏而不漏。具体细化到：(1) 利润预算、现金流量预算、资产负债预算；(2) 产品产销期间费用预算；(3) 人工成本预算；(4) 材料、物资、设备采购预算；(5) 货币资金预算；(6) 固定资产基建、技改、技措预算；(7) 对外投资预算等。

在预算控制与考核过程中采取如下做法：(1) 加大预算执行过程中的控制力度，推行预算管理责任化，建立有效的考核和激励措施，确保预算管理措施落实到位；(2) 建立与完善信息反馈系统，不断调整偏差，确保预算目标的实现；(3) 建立合理的预算考评体系，各责任中心对预算的执行情况与经营者、职工的经济利益挂钩，奖惩分明，从而使经营者、职工与企业形成责权利相统一的共同体，极大地调动全体职工的积极性；(4) 确立全面预算调整的程序和权限，保证全面预算管理的可行性和严肃性。

扬子公司推行全面预算管理，实现了公司财务部门对整个公司生产经营活动的动态监控，加强了财务部门和其他部门之间的联系，同时规范了企业生产经营行为，将企业各项经营活动纳入科学的管理轨道，为企业参与市场竞争打下了坚实的基础。

讨论：

应用上述资料，结合本章内容，就全面预算管理及其实践创新谈谈你的认识。

第8章

存货管理

知识目标

了解存货和存货管理的含义及作用，理解存货管理中四个基本存货成本的分类概念，了解其他常用的存货管理方法，理解存货的再订货点和储存期控制的含义，对存货管理的供应链整体化要求有一个基本的认识。

能力目标

掌握存货的基本经济订货批量模型，能够结合存货管理的动态要求，对其他条件下存货的经济订货批量扩展模型进行合理设计与扩展应用。

素养目标

（1）高质量发展的基础在于企业，而企业经营的基础在于存货管理。

（2）企业在存货管理过程中要主动实施数字化改造，积极应用数字技术提升存货管理的效率与效益。

导　读　　沃尔玛的存货管理经验

随着企业数字化转型的加速，沃尔玛存货管理面临的内外部环境发生了深刻的变化。首先，存货管理目标中的收益驱动方式开始向成本驱动方式转变。长期以来，沃尔玛通过一系列大大小小的创新，在公司运营和物流管理上节省了大量的成本，其经验与做法已经成了行业标准。

沃尔玛创造的仓储式购物业态、“天天低价”、与供应商的电子数据交换系统（EDI），这些创新成果至今仍是管理会计案例研究的重要课题。沃尔玛是最早采用计算机跟踪库存的零售企业之一（1969年），也是最早使用条形码（1980年）、利用EDI与供应商进行更好的协调（1985年）、发射自己的通信卫星（1986年）和使用无线扫描枪（20世纪80年代末）的零售企业之一。

高效率的配送中心、迅速的运输系统、先进的卫星通信网络，使配送中心、供应商及每一分店的每一销售点都能形成在线作业，短短几个小时内便可完成“填妥订单—各分店订单汇总—送出订单”等整个流程。

借助于数字化平台提供的机遇，沃尔玛主动展开战略合作，完成线上多个电商平台的搭建，并且同步建设数字化运营的底层能力。通过整合线上线下交易数据和消费行为分析，实现大数据选品，帮助沃尔玛对商品的品类管理和促销方式做出更加有效的决策。同时，针对新品上市、品类扩展、商品升级等几个阶段，规划了数据洞察和数据营销的能力。面向新、老顾客分开投放商品信息和广告，并引流至沃尔玛私域各个渠道，比如小程序和门店智慧电子屏领券，然后在线上沃尔玛到家和门店“扫玛购”核销，实现全渠道叠加发力，不仅降低了投放成本，还提高了成功投放的曝光率以及顾客互动的转换率。与此同时，沃尔玛中国强化鲜食和自有品牌，提高了企业经营周转的效率与效益。

客观地讲，国内企业存货管理及应收账款管理政策仍存在许多不足之处，容易造成企业经营活动的不畅，及至困境。对此，应虚心向沃尔玛等先进企业学习，提升存货管理等的能力与水平。

当前，企业应通过数字化转型积极应对外部环境不确定性带来的不利影响，围绕政府纾困解难政策，合理选择存货管理等的财务政策。对生产型企业来说，库存的费用是巨大的，包括存货保险、仓库租金、管理员工资、库存合理损耗等等。

在前面的章节中我们介绍过，工业企业的资金有一大部分是以各种原材料、燃料、低值易耗品等生产用物资的形式和在产品、产成品的形式滞留在企业中的。由于这部分资金的规模较大（一般可达到企业资金总量的30%～40%），如何安排和运转这些资金，直接关系到企业的日常生产经营，并对企业的财务状况与经营成果有很大的影响。因此，加强存货的计划与控制，尽可能运用科学的方法和手段并保持存货的最优水平，促使这部分资金得到最经济合理的使用，就成为企业经营管理必须着重研究的重要问题。

第1节　基本概念

一、存货的含义和作用

存货是指企业在日常活动中持有以备出售的产成品或商品、处在生产过程中的在产品、在生产过程或提供劳务过程中耗用的材料和物料等。在制造企业中，存货一般包括各种原料、燃料、委托加工材料、包装物和低值易耗品、在产品及自制半成品、产成品等；在商品流通企业中，存货主要有商品、材料物资、低值易耗品、包装物等。在企业中，各种存货不仅品类繁多，而且所占用的资金数量很大，一般可达到企业资金总量的30%～40%。因此，企业在材料物资上占用的资金，其利用效果如何，对企业的财务状况与经营成果将有很大的影响。加强存货的计划与控制，在存货的功能与成本之间进行利弊权衡，运用科学的方法来确定并保持存货的最优水平，使这部分资金得到最经济合理的使用，成为企业经营管理必须研究的重要问题。

存货对于企业至关重要。它不仅对生产运作很必要，而且有助于满足顾客需求。一般来说，存货有以下作用：

（1）节约订货费用和采购成本。企业在每次订货的过程中，都会发生一定的订货费用，如资料信息的收集整理费、电话通信费、采购人员的差旅费等。在企业的年需求总量既定的前提下，大批量订货可以减少年订货次数，节约订货费用。同时，大批量订货可以获得一定的数量折扣，降低采购成本。

（2）避免不确定因素影响，保证生产经营过程的顺利进行。在企业的生产过程中，存在大量的不确定因素，对整个生产过程产生严重的影响，可能导致生产过程暂停或中断，使企业面临无法及时交货的困境。此时，一定量的存货储备是十分必要的。例如，当供应延迟或中断（罢工、恶劣的天气和企业破产等都是引起供应中断的不确定性事件）时，原材料和零配件等存货缓冲储备的存在可确保生产顺利进行。此外，考虑到生产过程会产生大量的不合格品，公司为了满足顾客的需求，会按照超出需要量的生产量组织生产。同样，为保证顾客供应和生产供应的连续性（即使是在某台机器出故障、生产量下降的情况下），也需要一定的存货缓冲储备。

（3）平滑生产需求。面临季节性需求的企业总是在淡季积累库存，满足特定季节的过高需求，这种库存称为季节性库存。加工新鲜水果蔬菜的公司和生产季节性商品的企业都会涉及季节性库存。

（4）避免价格上涨等不利因素的影响。当公司预测到物价要上涨时，为避免增加成本，就会以超过平时正常水平的数量进行采购，储存多余商品的能力也允许公司利用更大订单获取价格折扣。

二、存货管理的含义及作用

存货管理就是对企业的存货进行管理，主要包括存货的信息管理和在此基础上的决策分析，最后进行有效控制，其最终目的是提高经济效益。存货的管理包括对库存物资的购、收、存、发等环节的管理。每一环节在存货管理中都起着非常重要的作用，企业拥有充足的存货，大批量购货，不仅有助于降低采购成本，节约订货费用与生产时间，防止停工待料，保证生产过程的顺利进行，而且能够迅速地满足客户各种订货的需要，为企业的生产与销售提供较大的机动性，避免存货不足带来的机会损失。然而，存货的增加必然要占用更多的资金，其储存成本和管理费用也会增加，影响企业获利能力的提高。因此，如何在存货的功能与成本之间进行利弊权衡，在充分发挥存货功能的同时降低成本、增加收益，实现它们的最佳组合，成为存货管理的基本目标。好的库存管理是企业成功运作的关键。

三、有效存货管理的必要条件

管理有两项关于存货的基本职能。一项是建立系统，明确库存细项；另一项是对订货数量与时间进行决策。为达有效，管理必须具备：

（1）一个系统，用于确定持有的与订货的库存。

（2）可靠的需求预测，其中包括对可能预测失误的说明。

（3）对生产提前期与生产提前期变化幅度的了解。

（4）对库存储存成本、订货成本与缺货成本的合理评价。

（5）库存细项的分类系统。

四、存货成本的基本概念

（一）采购成本

采购成本又称购置成本、进货成本，是指存货本身的价值，即存货采购的单价与采购数量的乘积。一般情况下，采购成本与存货进货总量和存货的进价成本相关。在存货的年需求量既定的情况下，进价通常保持稳定，但是，在单次进货量较大时，供应商会在进价上给予一定的数量折扣。

设年采购成本为 TC_r，年需求总量为 D，可以得到如下公式：

（1）当不存在数量折扣时，设单位产品采购成本为 p，则年采购成本为：

$$TC_r = pD$$

从这个公式可以看出，当不存在数量折扣时，年采购成本与年需求量正相关。当年需求量既定时，无论企业如何安排订货次数或每次订购量，存货的采购成本都是相对稳定的，对订货决策没有影响。在这种情况下进行订购决策时，存货的采购成本不需要考虑，属于决策无关成本。

（2）当存在数量折扣时，设折扣率为 $u(\%)$，则单位产品采购成本为 $p(1-u)$，此时，年采购成本为：

$$TC_r = p(1-u)D$$

可见，当存在数量折扣时，采购成本不仅与年需求量有关，还与数量折扣的折扣率有关。在这种情况下，必须把采购成本纳入决策之中，充分考虑不同折扣率对订货总成本的影响。

（二）订货成本

订货成本又称订货费用，是指企业为组织每次订货而支出的费用，如与材料采购有关的办公费、差旅费、电话通信费、运输费、检验费、入库搬运费等。这些费用支出根据与订货次数的关系可以分为变动性订货成本和固定性订货成本。

变动性订货成本与订货的次数有关，如差旅费、电话通信费等费用支出，这些支出与订货次数成正比例变动，属于决策的相关成本。

固定性订货成本与订货次数的多少无关，如专设采购机构的基本开支等，属于决策的无关成本。

在订货批量决策中，一般无须考虑固定性订货成本，因此订货成本通常指的是变动性订货成本，即订货成本随订货次数的变化而变化，与每次订货数量无关。设每次订货的订货成本为 S，年需求总量 D 既定，每次订货数量为 Q，则年订货次数为：

$$N=\frac{D}{Q}$$

年订货成本为：

$$TC_a=NS=\frac{D}{Q}S$$

（三）储存成本

存货的储存成本是指企业为持有存货而发生的费用，主要包括存货资金的占用费或机会成本、仓储费用、保险费用、存货残损霉变损失等。储存成本可以按照与储存数量的关系分为固定性储存成本和变动性储存成本。

固定性储存成本与存货储存数额的多少没有直接的联系，如仓库折旧费、仓库职工的固定月工资等，这类成本属于决策的无关成本。变动性储存成本随着存货储存数额的增减成正比例变动，如存货资金的应计利息、存货残损和变质的损失、存货的保险费用等，这类成本属于决策的相关成本。

单位货物和单位储备资金的年储存成本称为储存费率。前者以单位存货储存单位期间（通常为一年）所需的储存费用表示，后者以平均储备金额或单位存货的购入成本的一定百分比表示。若以 TC_c 代表年储存成本，H 代表单位存货年储存费，则年储存成本可按下述两种情况分别计算：

当每次（批）订货一次全额到达，在订货间隔期（即供应周期）内陆续均衡耗用时，年储存成本应为：

$$TC_c=\frac{Q}{2}H$$

当每次（批）订货在一定的到货期间内分若干日（或若干个周期）均匀到达，且在订货间隔期内陆续均衡耗用时，年储存成本应为：

$$TC_c=\frac{Q}{2}\left(1-\frac{y}{x}\right)H$$

式中，x 为到货期间内每日到货量（单位）；y 为供应周期内每日耗用量（单位）。

（四）缺货成本

缺货成本是因存货不足而给企业造成的损失，包括由于材料供应中断造成的停工损失、成品供应中断导致延误发货的信誉损失及丧失销售机会的损失等。如果生产企业能够以替代材料解决库存材料供应中断之急，缺货成本便表现为替代材料紧急采购的额外开支。缺货成本能否作为决策的相关成本，应视企业是否允许出现存货短缺而定。若允许缺货，则缺货成本便与存货数量反向相关，即属于决策相关成本。反之，若企业不允许发生缺货情形，此时的缺货成本假设为零，也就无须加以考虑。

缺货成本的多少与存货储备量的大小有关：当订购数量、保险储备量较大时，缺货的次数和数量就较少，缺货成本就较低；反之，缺货次数和数量就较多，缺货成本就较高。不过，当订购数量、保险储备量较大时，储存成本也较高；而当订购数量、保险储备量较小时，储存成本也较低。

单位存货短缺一年的成本称为缺货费率，单位存货短缺一个供应周期的成本称为单位缺货成本。当发生缺货将造成极大的经济损失时，通常不允许缺货。

若以 TC_s 代表年缺货成本，$\overline{Q}_s$ 代表年平均缺货量，K_s 代表缺货费率，N_s 代表年缺货次数，Q_s 代表每次缺货量，K_u 代表单位缺货成本，则年缺货成本可按下式计算：

$$TC_s=\overline{Q}_sK_s$$

或

$$TC_s=N_sQ_sK_u$$

综上所述，年存货总成本（TC）可用下式表示：

$$TC=TC_r+TC_a+TC_c+TC_s$$

亦即

年存货总成本＝年采购成本＋年订货成本＋年储存成本＋年缺货成本

该式将在后面的模型中反复使用，具体进入模型的变量视条件而定。

第2节　存货管理的一般模型

由上面的介绍我们知道，企业存货的总成本由存货的采购成本、订货成本、储存成本和缺货成本构成，存货的订货次数和每批订货的数量影响每种成本的变化。在实际应用中，我们要通过存货管理的经济订货批量（economic order quantity，EOQ）模型确定订货批量。所谓经济订货批量，是指在保证生产经营需要的前提下，能使企业在存货上花费的相关总成本最低的每次订货量。在不同条件下，经济订货批量控制所考虑的相关成本的构成不同。下面首先介绍一般经济订货批量模型，即基本经济订货批量模型。

一、基本假设

基本经济订货批量模型是存货管理中最简单的一个，用来辨识使持有库存的年储存成本与订货成本之和最小的订货批量。在这个模型中，涉及以下几个假定：

（1）只涉及一种产品；

（2）年需求量既定；

（3）每批订货一次收到；

（4）不考虑允许缺货的情况；

（5）没有数量折扣。

在这个模型中，因为不存在数量折扣，在年需求总量一定的条件下，年采购成本是既定的，与订货批次的多少无关；同时由于不允许缺货，缺货成本也是决策无关成

本。因此，最后进入模型的只有订货成本与储存成本，即

年存货相关总成本＝年订货成本＋年储存成本

二、基本经济订货批量模型

当订货批量变化时，一种成本上升同时另一种成本下降。当订货批量比较小时，平均库存就会比较低，储存成本也相应较低。但是，小批量必然导致经常订货，又会使年订货成本上升。相反，大量订货使订货次数减少，订货成本缩减，但会导致较高的平均库存水平，从而使储存成本上升，如图8-1所示。因此，基本经济订货批量模型必须在持有存货的储存成本与订货成本之间取得平衡，订货批次既不能特别少次大量，又不能特别多次少量。

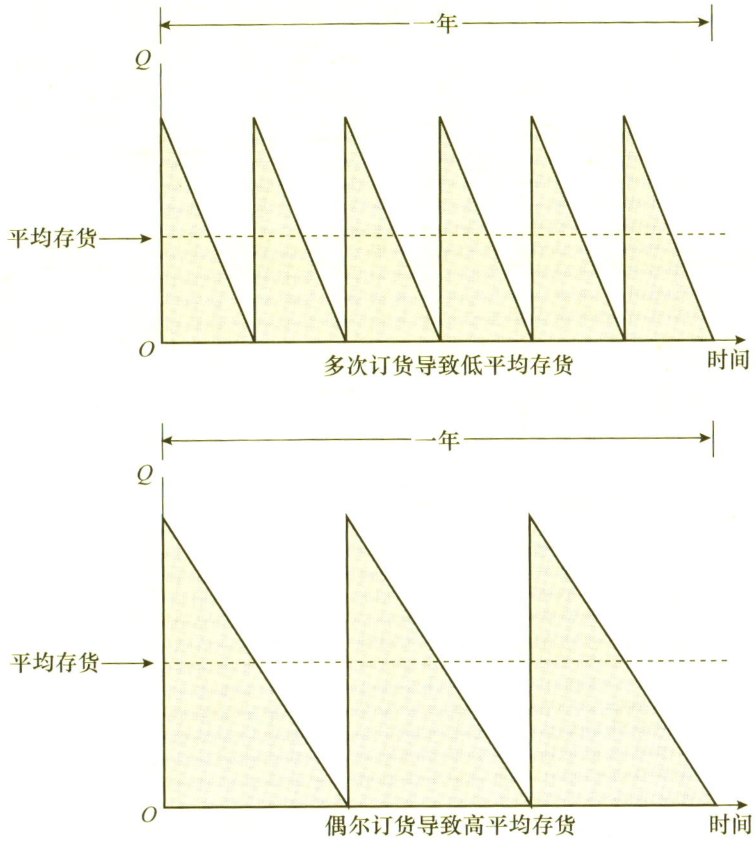

图8-1 平均库存水平与年订货次数反向相关：一个升高则另一个降低

设 Q 代表每批订货量，H 代表单位储存成本，D 代表年需求总量，S 代表每次订货的成本，则

$$TC=\text{年储存成本}+\text{年订货成本}=\frac{Q}{2}H+\frac{D}{Q}S \tag{8-1}$$

式中，年储存成本$=\frac{Q}{2}H$，是一个关于Q的线性函数，与订货批量Q的变化成正比，如图8－2中（a）所示；另一方面，年订货成本$=\frac{D}{Q}S$，年订货次数$\frac{D}{Q}$随Q上升而下降，则年订货成本与订货批量反向相关，如图8－2中（b）所示。年总成本如图8－2中的虚线所示，最低点A即为最优订货批量点。

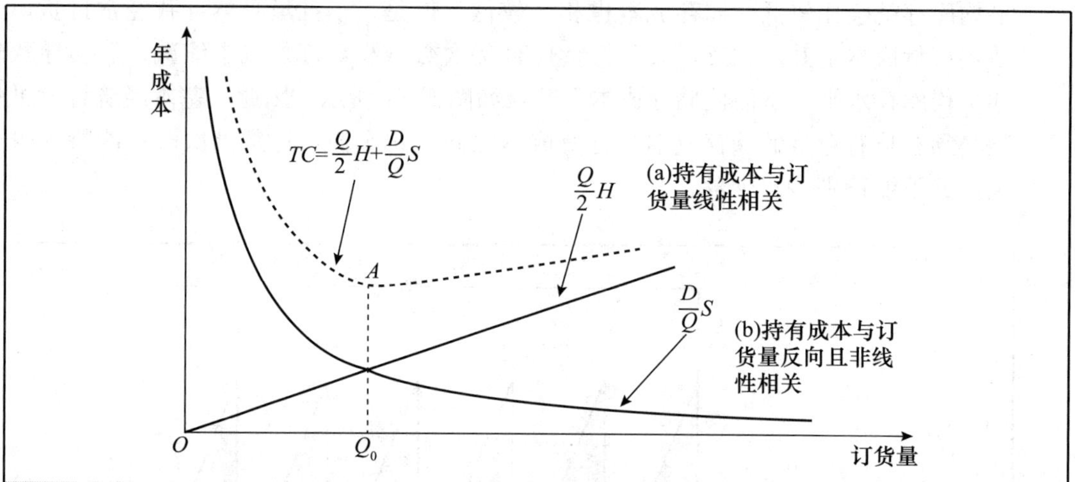

图8－2　最优订货批量点的确定

运用微积分，将$TC=\frac{Q}{2}H+\frac{D}{Q}S$对$Q$求导，并设导数为0，则有

$$\frac{dTC}{dQ}=\frac{H}{2}-\frac{DS}{Q^2}=0$$

即可得到最优订货批量Q_0的算术表达式如下：

$$Q_0=\sqrt{\frac{2DS}{H}} \qquad (8-2)$$

代入式（8－1）可以得到

$$\text{年订货批次}=\frac{D}{Q}=\frac{D}{\sqrt{\frac{2DS}{H}}}=\sqrt{\frac{DH}{2S}} \qquad (8-3)$$

$$\text{年最低相关总成本}=\frac{Q}{2}H+\frac{D}{Q}S=\sqrt{\frac{2DS}{H}}\frac{H}{2}+\frac{DS}{\sqrt{\frac{2DS}{H}}}=\sqrt{2DSH} \qquad (8-4)$$

因此，当给定年需求总量、每批订货成本和单位年储存成本时，就能计算出最优（经济）订货批量。

【例8－1】 红星公司全年需用某材料880千克，单位采购成本为5元，每次订货成本为28元，年储存成本为每千克90元。试求该公司的经济订货批量、年最低相关总成本及年订货批次。

解：依题意有 $D=880$ 千克，$S=28$ 元，$H=90$ 元，则根据公式经济订货批量为：

$$Q_0=\sqrt{\frac{2DS}{H}}=\sqrt{\frac{2\times 880\times 28}{90}}=23.40\text{（千克/次）}$$

全年订货批次为：

$$\frac{D}{Q}=\sqrt{\frac{DH}{2S}}=\sqrt{\frac{880\times 90}{2\times 28}}=38\text{（次）}$$

全年最低相关总成本为：

$$TC=\frac{Q}{2}H+\frac{D}{Q}S=\sqrt{2DSH}=\sqrt{2\times 880\times 28\times 90}=2\ 106\text{（元）}$$

第 3 节　经济订货批量模型的扩展

一、边进库边耗用模型

在实际生产过程中，每次订购的货物不一定是一次全部到达，有可能分批陆续到达；同时企业生产经营也不是等到货物全部运抵仓库后才开始耗用，而是边补充边耗用。在这种情况下，可以将一个订货周期（本次订货开始收到点到下次订货开始收到点这段时间）分为两个阶段：第一阶段为库存形成周期，是指从订货开始收到点到货物全部运抵仓库这段时间，此时间段内，存货的进库速度通常大于出库速度（耗用速度），当货物全部运抵仓库时，有最高的库存量；第二阶段就是货物全部运抵到下次订货开始收到点，此时，有关存货将只出不进，其经常储备不断下降，在存货经常储备下降到零时，下一批订货又将开始分批陆续到达，如此循环往复，如图 8－3 所示。在边进货边耗用的情况下，存货的库存周期、库存期间消耗量和实际库存量等多种因素及其变化会影响存货经济订货批量的确定，因此管理者要综合考虑各个因素，正确制定边进库边耗用条件下的存货决策，科学计算边进库边耗用条件下的经济订货批量。

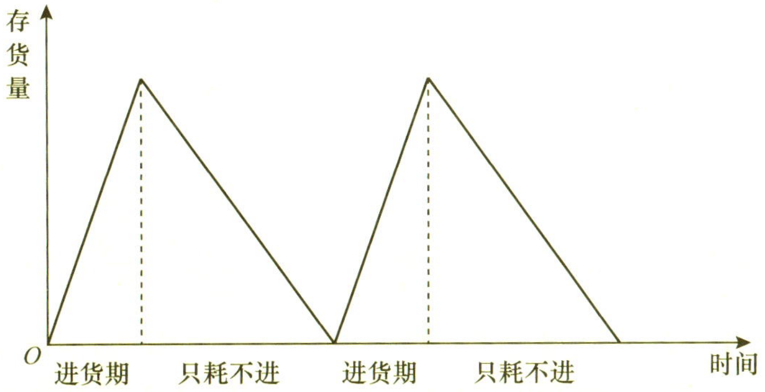

图 8－3　边进库边耗用条件下存货量的变化

在边进库边耗用模型中，决策相关成本包括订货成本和储存成本。其中，储存成本又与存货的每日进库量和每日消耗量相关。

设 x 代表存货每日进库量，y 代表每日消耗量，每次订货成本为 S，单位储存成本为 H，则有

$$库存形成周期\ T=\frac{Q}{x}$$

$$入库期间总消耗量=Ty=\frac{Q}{x}y$$

$$每日增加净库存量=x-y$$

$$最高库存量=Q-\frac{Q}{x}y=\frac{Q}{x}(x-y)$$

$$平均库存量=\frac{1}{2}\left(Q-\frac{Q}{x}y\right)=\frac{Q}{2x}(x-y)$$

$$订货成本=\frac{D}{Q}S$$

$$储存成本=平均库存量\times单位储存成本=\frac{Q}{2x}(x-y)H$$

$$存货相关总成本=\frac{DS}{Q}+\frac{Q}{2x}(x-y)H$$

即

$$\begin{aligned}TC&=TC_a+TC_c\\&=\frac{DS}{Q}+\frac{Q}{2x}(x-y)H\end{aligned}\qquad(8-5)$$

以 Q 为自变量，对 TC 求导，并令其为零，应有

$$\frac{\mathrm{d}TC}{\mathrm{d}Q}=\frac{-DS}{Q^2}+\frac{x-y}{2x}H=0$$

$$Q^2=\frac{2DS}{H}\frac{x}{x-y}$$

$$Q=\sqrt{\frac{2DS}{\frac{x-y}{x}H}}$$

同时可以得到

$$全年订货次数=\frac{D}{Q}=\sqrt{\frac{x-y}{x}\frac{DH}{2S}}\qquad(8-6)$$

$$年最低相关总成本=\frac{DS}{Q}+\frac{Q}{2x}(x-y)H=\sqrt{2\left(\frac{x-y}{x}\right)DSH}\qquad(8-7)$$

【例8-2】 假设某企业生产某产品，全年需用A零件10 000件，每次订货成本为100元，每个A零件年储存成本为1.2元。该零件在供应周期内每日进库量为200件，每日耗用量为80件。为使存货相关总成本达最低值，该企业应如何确定A零件的经济

订货批量?

解: 将本例有关数据代入上述公式，则

$$Q=\sqrt{\frac{2\times 10\ 000\times 100}{\frac{200-80}{200}\times 1.2}}=1\ 667\ (\text{个})$$

计算结果表明，某企业在现有边进库边耗用的条件下，A 零件的经济订货批量应为 1 667 个，此时该种零件的相关总成本达最低值。

$$\text{全年订货次数}=\frac{D}{Q}=\frac{10\ 000}{1\ 667}=6\ (\text{次})$$

$$\begin{aligned}\text{年最低相关总成本}&=\frac{DS}{Q}+\frac{Q}{2x}(x-y)H\\&=\frac{10\ 000\times 100}{1\ 667}+\frac{1\ 667}{2\times 200}\times(200-80)\times 1.2\\&=1\ 200\ (\text{元})\end{aligned}$$

二、数量折扣模型

所谓数量折扣，是指当企业每批（次）购买某种货物的数量达到或超过一定限度时，供应商在价格上给予的优惠。对供应商而言，给予一定的数量折扣可以鼓励买方大量购货，从而扩大自己的销售量，提高自己在市场上的声誉和地位；对购货方而言，实行数量折扣制度，可以获取商品降价的收益，但也受到增加储存费用、占压资金、多付利息等不利因素的影响。此时，企业管理者应该全面权衡接受数量折扣的利弊得失，为保障企业的经济利益制定正确的存货数量折扣决策。

当存在数量折扣时，货物的采购成本随折扣的增加而减少，此时的经济订货批量模型就不仅包括订货成本和储存成本，还应该包括采购成本。即

$$\begin{aligned}TC&=\text{采购成本}+\text{订货成本}+\text{储存成本}\\&=PD+\left(\frac{D}{Q}\right)S+\left(\frac{Q}{2}\right)H\end{aligned}\tag{8-8}$$

式中，P 为折扣后的货物单价；D 为年需求总量；S 为每次订货的成本；H 为单位储存成本；Q 为每批订货量。

在数量折扣模型下，随着每次订货批量的增加，企业获取更低的价格折扣，同时也降低年采购成本，但平均库存水平的上升会造成存货储存成本的上升。对数量折扣决策一般采用成本比较法，即对不接受数量折扣、仅按经济订货批量购货的存货总成本与接受数量折扣条件下的存货总成本进行比较，从中选取成本较低者为决策行动方案。

另外，关于该模型，一般有两种情形。一种是储存成本为常数（如每单位 2 元）；另一种则是储存成本用购买价格的百分比表示（如单位价格的 20%）。当储存成本为常数时，将会有单一的经济订货批量，对所有成本曲线都相同。但储存成本用单位价格百分比表示时，每条曲线都有不同的经济订货批量，因为储存成本是价格的百分比，

价格越低意味着储存成本越低，经济订货批量越大。下面分别介绍这两种情况下的分析方法。

（一）储存成本为常数的情况

在储存成本为常数的情形下，最优订货批量确定过程如下：

（1）计算不接受数量折扣的经济订货批量 Q_a。

（2）对照数量折扣的区间和折扣率，看 Q_a 属于哪个范围：

1）如果 Q_a 在最低折扣率的区间内，即为最优订货批量。

2）如果 Q_a 在其他区间内，不仅要计算 Q_a 所对应的年最低相关总成本，还需计算折扣率更低的区间的年最低相关总成本（此时，因为这些区间要求的最低订货数量均大于 Q_a，所以在计算总成本时只需用该区间的最低订货数量即可）。比较这些总成本，其中最低总成本对应的数量即最优订货批量。

【例8-3】 一家企业的装配车间需要A型零件，年需求量约900件。订货成本为15元/次，储存成本为每件每年6元。供应商给出的最新价目表显示，当每次订货数量较大时，可以获得不等的价格折扣，其折扣区间如表8-1所示。

表8-1 A型零件的数量折扣区间

范围（件）	单位价格（元）
1～49	20
50～79	18
80～99	17
100及以上	16

请确定最优订货批量与年相关总成本。

解： 首先，计算不考虑折扣情况下的经济订货批量：

$$EOQ=\sqrt{\frac{2DS}{H}}=\sqrt{\frac{2\times 900\times 15}{6}}=67\text{（件）}$$

由于67件落在50～79件的范围区间内，应以18元的价格购买。一年购买900件的总成本以每批67件计算，得

$$\begin{aligned}TC_{67}&=\text{采购成本}+\text{订货成本}+\text{储存成本}\\&=PD+\frac{D}{Q}S+\frac{Q}{2}H\\&=18\times 900+\frac{900}{67}\times 15+\frac{67}{2}\times 6\\&=16\ 602\text{（元）}\end{aligned}$$

由于存在更低的成本范围，应该再检查一下是否还有比每件18元、每批67件成本更低的订货方式。

为了以 17 元每件的成本购买，至少需要每批 80 件，其相关总成本为：

$$TC_{80}=17\times900+\frac{900}{80}\times15+\frac{80}{2}\times6$$
$$=15\ 709（元）$$

为了以 16 元每件的成本购买，至少需要每批 100 件，其相关总成本为：

$$TC_{100}=16\times900+\frac{900}{100}\times15+\frac{100}{2}\times6$$
$$=14\ 835（元）$$

比较 TC_{67}、TC_{80}、TC_{100}，可以看出 TC_{100} 最低，即最优订货批量为每批 100 件，年最低相关总成本为 14 835 元。

（二）储存成本以价格百分比形式表达的情况

当储存成本以价格百分比形式表达时，用以下步骤确定最优订货批量：

（1）从最低的单位价格范围开始，为各价格范围计算其经济订货批量，直到经济订货批量可行（即该批量正好落入与其价格相对应的数量范围之内）为止。

（2）如果最低单位价格的经济订货批量可行，计算它的最低相关总成本，并将其与更低价格范围的经济订货批量的相关总成本相比较，较低者为最优订货批量。

（3）如果每个价格范围计算出的经济订货批量都不可行，就在所有较低价格的价格间断点上计算总成本，比较得出最大可行经济订货批量，与最低总成本对应的数量即为最优订货批量。

【例 8-4】 某电气公司每年需用 4 000 个拨动开关，开关定价如表 8-2 所示。公司一次订货大约花费 30 元，每年的单位储存成本为买价的 40%。请确定最优订货批量与年相关总成本。

表 8-2 拨动开关的折扣范围

范围（个）	单位价格（元）	单位储存成本（元）
1～499	0.90	0.40×0.90=0.36
500～999	0.85	0.40×0.85=0.34
1 000 及以上	0.80	0.40×0.80=0.32

解： 从最低价格开始，为价格范围寻找经济订货批量，直到确定出可行的经济订货批量为止。

（1）范围 1 000 个及以上。

$$EOQ_{0.80}=\sqrt{\frac{2DS}{H}}=\sqrt{\frac{2\times4\ 000\times30}{0.32}}=866（个）$$

由于 866 个开关的订货批量成本为 0.85 元而非 0.80 元，因此这不是一个可行解。

（2）然后再试 500～999 件范围内的情形。

$$EOQ_{0.85}=\sqrt{\frac{2DS}{H}}=\sqrt{\frac{2\times4\ 000\times30}{0.34}}=840\text{（个）}$$

这是一个可行解，它落在500～999个之间，单位价格为0.85元。

现在，计算批量为840个开关时的最小总成本，并与0.80元所需的最低总成本做比较。

$$\begin{aligned}TC&=\text{采购成本}+\text{订货成本}+\text{储存成本}\\&=PD+\frac{D}{Q}S+\frac{Q}{2}H\end{aligned}$$

$$\begin{aligned}TC_{840}&=0.85\times4\ 000+\frac{4\ 000}{840}\times30+\frac{840}{2}\times0.34\\&=3\ 686\text{（元）}\end{aligned}$$

$$\begin{aligned}TC_{1\ 000}&=0.80\times4\ 000+\frac{4\ 000}{1\ 000}\times30+\frac{1\ 000}{2}\times0.32\\&=3\ 480\text{（元）}\end{aligned}$$

于是，最低成本的经济订货批量为1 000个开关，其年相关总成本为3 480元。

三、允许缺货条件下的经济订货批量模型

前面在对经济订货批量进行计算时，曾做过企业不允许缺货的假定。但是在实际生产经营过程中，由于种种原因，存货短缺的情况经常发生，因此，某些容易缺货的企业还需要在允许缺货的情况下计算经济订货批量。所谓允许缺货，是指由于某种原因导致存货短缺，但只需支付少量的缺货费用，对企业信誉、生产经营活动并不造成重大损失；或者为避免存货短缺而增加保险储备量所付出的代价，比因缺货而发生的经济损失还要大，此时，发生存货短缺在经济上对企业是有利的，故应当允许缺货。这时，企业管理者的职责就是：对存货短缺的具体情况进行分析，确定在允许缺货条件下的经济订货批量，以使其存货成本达到最低水平。

在允许缺货条件下，企业对经济订货批量的确定，除了要考虑订货成本与储存成本，还需对可能发生的缺货成本加以考虑，即能使三项成本总和最低的批量是经济订货批量。

设U代表缺货量，Q代表最优订货批量，S代表每次订货的订货成本，H代表单位年储存成本，K_u代表单位缺货年缺货成本，d代表存货日消耗量，T_1为不缺货的天数，T_2为缺货天数，则一个购货周期$T=T_1+T_2$，如图8-4所示。

由图8-4易知：T时间段内最高库存量为$(Q-U)$；T_1时间内平均库存为$\frac{Q-U}{2}$；T_2时间内平均库存为$\frac{U}{2}$，则

$$T_1=\frac{Q-U}{d}$$

$$T_2=\frac{U}{d}$$

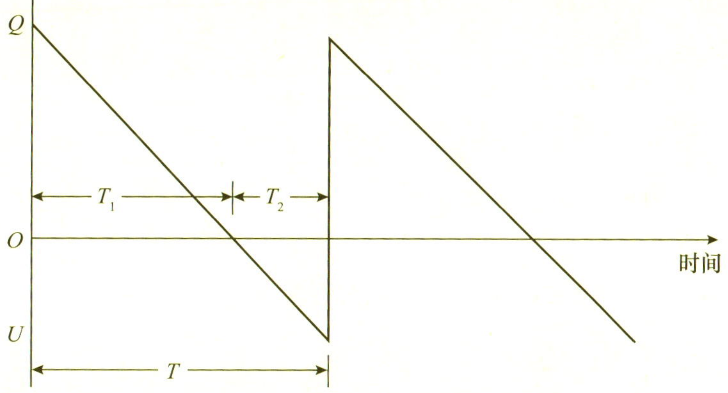

图 8-4　允许缺货条件下库存量的变化

$$T=T_1+T_2=\frac{Q-U}{d}+\frac{U}{d}=\frac{Q}{d}$$

由此得到

$$\text{平均库存量}=\frac{T_1\frac{Q-U}{2}}{T}=\frac{\frac{Q-U}{d}\frac{Q-U}{2}}{\frac{Q}{d}}=\frac{(Q-U)^2}{2Q}$$

$$\text{平均缺货量}=\frac{T_2\frac{U}{2}}{T}=\frac{\frac{U}{d}\frac{U}{2}}{\frac{Q}{d}}=\frac{U^2}{2Q}$$

则

$$\text{订货成本}=\frac{D}{Q}S$$

$$\text{储存成本}=\frac{(Q-U)^2}{2Q}H$$

$$\text{缺货成本}=\frac{U^2}{2Q}K_u$$

此时，有

$$\text{存货总成本}=\text{订货成本}+\text{储存成本}+\text{缺货成本}$$

即

$$\begin{aligned}TC&=TC_a+TC_c+TC_s\\&=\frac{DS}{Q}+\frac{(Q-U)^2H}{2Q}+\frac{U^2K_u}{2Q}\\&=\frac{DS}{Q}+\frac{QH}{2}-UH+\frac{U^2H+U^2K_u}{2Q}\end{aligned}\qquad(8-9)$$

以 U 和 Q 为自变量，对 TC 求偏导，并令其为 0，即

$$\frac{\partial TC}{\partial U}=\frac{-H(Q-U)}{Q}+\frac{K_uU}{Q}=0$$

$$U=Q\frac{H}{H+K_u} \tag{8-10}$$

$$\frac{\partial TC}{\partial Q}=\frac{-DS}{Q^2}+\frac{H}{2}-\frac{U^2H}{2Q^2}-\frac{U^2K_u}{2Q^2}=0$$

$$Q^2=\frac{2DS+U^2(H+K_u)}{H} \tag{8-11}$$

将式（8-10）代入式（8-11），整理得

$$Q^2=\frac{2DS}{H}\frac{H+K_u}{K_u}$$

$$Q=\sqrt{\frac{2DS}{H}\frac{H+K_u}{K_u}} \tag{8-12}$$

【例8-5】 某企业生产某种零件，全年需用某特种材料9 000千克，假设企业允许缺货，每次订货成本为40元，每千克材料年储存成本为0.5元，其单位缺货损失为2元。为尽可能降低缺货条件下的存货成本，该企业应如何确定所需的某特种材料的经济订货批量？

解： 依题意有$D=9\ 000$千克，$S=40$元，$H=0.5$元，$K_u=2$元，将以上数据引入上述有关公式，则允许缺货条件下的经济订货批量为：

$$Q=\sqrt{\frac{2\times 9\ 000\times 40}{0.5}\times\frac{0.5+2}{2}}$$
$$=1\ 342（千克）$$

允许的缺货量为：

$$U=1\ 342\times\frac{0.5}{0.5+2}$$
$$=268（千克）$$

计算结果表明，某企业在目前允许缺货的条件下，某特种材料的经济订货批量为1 342千克，允许缺货量为268千克，这样可使其有关成本保持在最低水平。

第4节 再订货点及储存期控制

经济订货批量模型解决了每次订购多少货物的问题，但还没有回答何时订货，以及在何时必须清货的问题。在存货管理和控制过程中，通常会遇到发出订单与收到货物不在一个时点的情况，一般是发出订单若干天后，才会陆续到货。因此必须对再订货点进行确认。另外，对于某些易腐坏、易过期的商品而言，最长可以储存多久、何时打折或清货才能保证企业的预期利润或者弥补成本，是储存期控制所要解决的问题。

下面分别对这两个存货管理的重要组成部分进行分析。

一、一般再订货点模型的确定

在存货管理和控制过程中，通常会遇到发出订单与收到货物不在一个时点的情况。从发出订单到收到货物的这段时间称为提前期。再订货点（reorder point，ROP）则是指发出新订单的时点，通常是根据提前期倒推算出的。

再订货点模型是根据库存数量和提前期来确定再订货点的一个函数模型：一旦库存数量下降至某一事先确定的数量，就会发生再订货。这个数量一般包括生产提前期以及额外可能的期望需求（即当需求不确定时可能要留有的保险储备）。注意，为确定何时为再订货点，需要采用永续盘存制。

再订货的库存数量取决于以下四个因素：

（1）平均日耗用量（通常是基于预测的需求率）；

（2）生产提前期；

（3）需求范围与生产提前期的变化量；

（4）管理者可以接受的缺货风险程度。

（一）需求确定下的再订货点

如果需求与生产提前期都是常数，确定再订货点就很简单：

$$ROP=dLT$$

式中，d 为平均日耗用量（通常是基于预测的需求率）；LT 为生产提前期天数或周数。

例如，某车间 C 存货平均日耗用量为 50 件，每次订货 4 天后才收到货物。此时 C 存货的再订货点为：

$$ROP=50\times4=200\text{（件）}$$

因此，当 C 存货还有 200 件时开始再订货，如图 8－5 所示。

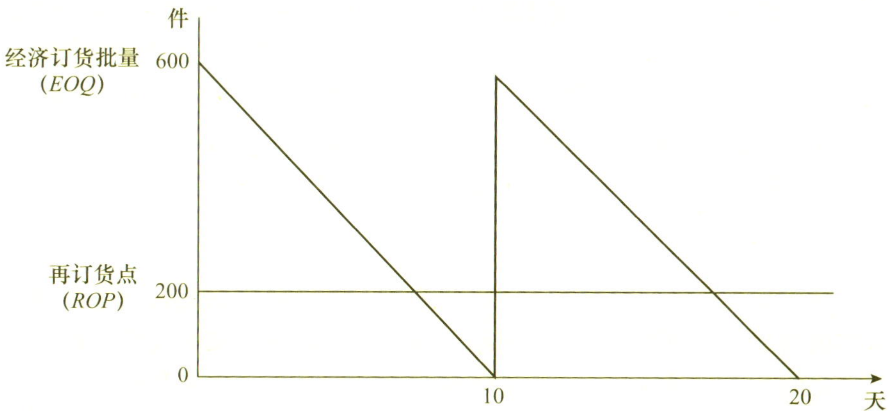

图 8－5　再订货点的确定

（二）需求不确定条件下的再订货点

一旦需求或生产提前期发生变化，实际需求就有可能超过期望需求。因此，为减少生产提前期内用光库存的风险，企业一般会建立保险储备。保险储备是在企业存货管理中增加一个安全库存量。此时，再订货点就为：

$$\begin{aligned} ROP &= \text{生产提前期内的期望需求} + \text{安全库存量} \\ &= \text{平均日耗用量} \times \text{提前期} + \text{安全库存量} \end{aligned}$$

例如，如果生产提前期内的期望需求为200单位，想要的安全库存量为60单位，再订货点就是260单位。

$$\text{安全存货量} = \left(\begin{matrix}\text{预计每天最大的} \\ \text{耗用量}\end{matrix} - \begin{matrix}\text{预计每天正常} \\ \text{耗用量}\end{matrix}\right) \times \text{预计订货提前期}$$

式中，“订货提前期”就是订货需要提前的天数，即提前多少天通知供应商，供应商能保证送货。

【例8-6】 有一家企业，其生产需要的一种原材料预计订货提前期是10天，平均每天消耗16千克，每天最多消耗20千克，那么安全存货量为：

$$\text{安全存货量} = (20-16) \times 10 = 40\ （\text{千克}）$$

按照生产需要，企业的最低存货量应该是安全存货量加上前期正常的耗用量，那么，企业的最低存货量为：

$$\text{最低存货量} = (16 \times 10) + 40 = 200\ （\text{千克}）$$

也就是说，企业的存货最好在200千克刚刚出头，这时候成本是最低的，当企业存货下降到200千克的时候，就应该立即订货了；否则，就无米下锅了。

二、储存期控制

对于某些容易腐烂的物品（新鲜蔬菜、水果、海鲜）以及有效期短的细项（报纸、杂志、专用仪器的备件等），在考虑订货批量和再订货点的同时，还必须考虑物品的储存期限。这些物品如果超期仍然未售出或未使用将会损害企业的利益。例如，一天没卖掉的烤面包往往会降价出售，剩余的海鲜可能会被扔掉，过期杂志则会廉价出售给旧书店。同时，处置剩余商品还会发生费用。这时，就需要对这些易过期的货物进行储存期控制。

储存期控制是根据本量利的平衡关系式来分析的，即

$$\text{利润} = \text{毛利} - \text{固定储存费} - \text{销售税金及附加} - \text{每日变动储存费} \times \text{储存天数}$$

从式中可以看出，由于变动储存费随着存货储存期的延长而不断增加，造成了储存成本的增加，利润不断减少，利润与费用之间此增彼减的关系实际上是利润与变动储存费之间此增彼减的关系。当毛利扣除固定储存费和销售税金及附加后的差额，被变动储存费抵销到恰好等于企业目标利润时，表明存货已经到了保利期，当它完全被变动储存费抵销时，便意味着存货已经到了保本期。无疑，存货如果能够在保利期内

售出，可获得的利润便会超过目标值，反之，将难以实现既定的利润目标。倘若存货不能在保本期内售出，企业便会遭受损失。

【例8-7】 某海鲜批发市场购进某种鲜鱼1 000条，假设每条鱼的重量相等，平均进价为10元，售价13.5元，经销该批鲜鱼的一次性固定储存费用为200元，若货款均来自银行贷款，年利率8.8%，该批存货的月保管费用率为86.35%，价内的销售税金及附加为80元。

要求：

(1) 计算该批存货的保本储存期。

(2) 若企业要求获得2%的投资利润率，计算保利期。

(3) 若该批存货实际储存了9天，能否实现2%的目标投资利润率？差额多少？

(4) 若该批存货亏损了160元，求实际储存天数。

解：现根据上述资料计算如下：

(1) 每日变动储存费＝购进批量×购进单价×日变动储存费率

＝1 000×10×(8.8%/360＋86.35%/30)

＝290（元）

保本储存天数＝(毛利－固定储存费－销售税金及附加)/每日变动储存费

＝[(13.5－10)×1 000－200－80]/290

＝11.1（天）

(2) 目标利润＝投资额×投资利润率

＝1 000×10×2%

＝200（元）

保利储存天数＝(毛利－固定储存费－销售税金及附加－目标利润)/每日变动储存费

＝[(13.5－10)×1 000－200－80－200]/290

＝3 020/290＝10.4（天）

(3) 批进批出经销该商品实际获利额

＝每日变动储存费×(保本储存天数－实际储存天数)

＝290×(11－9)＝580（元）

Δ利润＝实际利润－目标利润

＝580－200

＝380（元）

Δ利润率＝实际利润率－目标利润率

＝580/(1 000×10)－2%

＝3.8%（能够超额完成）

(4) 实际储存天数＝保本储存天数－该批存货获利额/每日变动储存费

＝11－(－160)/290

＝11.6（天）

或 ＝[(13.5－10)×1 000－200－80－(－160)]/290

＝11.6（天）

通过对存货储存期的分析与控制，可以及时了解企业的存货信息，比如有多少存货已过保本期或保利期、金额多大、比重多高。经营决策部门收到这些信息后，可以针对不同情况采取相应的措施。一般而言，凡是已经过了保本期的商品大多属于积压呆滞的存货，企业应当积极推销，压缩库存，将损失降至最低限度。对超过保利期但未过保本期的存货，应当首先检查销售状况，查明原因，分析是人为所致还是市场行情已经逆转，有无过期积压存货的可能，若有，需尽早采取措施。至于那些尚未超过保利期的存货，企业应密切监控，以防发生过期损失。财务部门还应当通过调整资金供应政策，促使经营部门调整产品结构和投资方向，推动企业存货结构的优化，压缩存货储存期，提高存货的投资效率。

第5节　相关存货管理方法

一、ABC存货管理

某些大中型企业如果存货品种繁多，数量、价格差别较大，其存货可以考虑实施ABC分类管理法进行管理。ABC分类管理法认为，企业中的某些存货尽管品种不多，数量也很少，但每件存货的金额巨大，管理稍有不善会给企业造成极大的损失。相反，有的存货虽然品种繁多，数量巨大，但其总金额在存货总占用资金量中的比重较低，对于这类存货即使管理当中出现一些问题，也不至于对企业产生太大的影响。因此，从经济角度和人力物力财力有限的角度看，企业应该对不同的存货给予不同程度的关注。ABC分类管理法的目的即在于使企业分清主次，突出重点，提高存货资金管理的效果。

ABC分类管理法的具体操作通常分为以下步骤：首先按一定的标准将企业的存货分类。分类的标准主要有金额标准（主要是年平均耗用总额）和数量标准。其中金额标准是最基本的，品种数量标准仅作为参考。例如，先将企业各种存货按其单位成本、数量、年平均耗用总额排序（其中，年平均耗用总额＝全年平均耗用量×单位成本），然后按照一定金额标准把它们分成A、B、C三类。其中A类存货单位价值大、数量少，这类存货一般只占用年耗用总数量的10%，但其价值占年耗用金额的70%；B类存货金额一般，品种数量相对较多；C类存货品种数量繁多，但是价值很小，只占年耗用金额的10%，但占年耗用总数量的70%。如一个拥有上万种商品的百货公司，精品服饰、皮具、高档金饰、手表、家用电器、大型家具、健身器材等商品的品种数量并不很多，价值却相当大。大众化的服装、鞋帽箱包、床上用品、文具用品等商品品种数量比较多，但价值相对A类商品要小得多。至于各种小百货，如日用百货、化妆品等品种数量非常多，但所占的金额很小。

ABC各类存货的分类划定以后，就可以针对不同存货实行分品种重点管理、分类别一般控制和按总额灵活掌握的存货管理方法。由于A类存货占用企业绝大多数的资金，只要能控制好A类存货，基本上不会出现较大的问题，因此必须对A类存货实行分品种重点管理，即对每一种存货都列出详细的数量、单价情况，严格按照事先计算确定的数量和时间进行订货，使日常存量达到最优水平，同时对每件存货的订购、收入、发出、结余情况都详细登记。由于B类存货的品种数量远远多于A类存货，企业通常没有能力对每一具体品种进行控制，因此可以通过划分类别的方式管理，即将B类存货中相似的存货归类，以这些类别来控制存货收发的数量和金额。尽管C类存货品种数量繁多，但其所占金额很小，对此，企业只要把握一个总金额就可以了。

【例8-8】 某车间某年计划耗用零件15种，其具体的单位成本、年均耗用量和耗用总成本如表8-3所示，现拟采用ABC分类管理法对该车间的零件存货进行管理，分类标准为耗用总成本：耗用总成本大于40 000元的列入A类重点管理；耗用总成本大于20 000元但小于40 000元的为B类存货一般管理；耗用总成本小于20 000元的归入C类综合管理。

表8-3 某车间零件计划耗用情况表

零件编号	单位成本（元）	年均耗用量（件）	比例（%）	耗用总成本（元）	比例（%）	类别
1001	18.00	2 200	1.98	39 600	5.92	B
1002	42.00	2 530	2.28	106 260	15.88	A
1003	2.00	7 600	6.83	15 200	2.27	C
1004	5.00	5 420	4.87	27 100	4.05	B
1005	1.60	9 900	8.90	15 840	2.37	C
1006	0.50	16 500	14.84	8 250	1.23	C
1007	71.00	1 500	1.35	106 500	15.92	A
1008	7.00	4 800	4.32	33 600	5.02	B
1009	2.20	4 000	3.60	8 800	1.32	C
1010	19.00	2 550	2.29	48 450	7.24	A
1011	5.00	4 000	3.60	20 000	2.99	B
1012	0.80	12 300	11.06	9 840	1.47	C
1013	0.15	30 800	27.70	4 620	0.69	C
1014	15.60	4 200	3.78	65 520	9.79	A
1015	55.00	2 900	2.61	159 500	23.84	A
合计		111 200	100.00	669 080	100.00	

解：根据表8-3提供的资料，按实物数量和占用金额分别计算各类存货在总量中所占的比重，如表8-4所示。

表8-4 各类存货在总量中所占的比重

零件类别	耗用数量		耗用成本	
	单位数（件）	比例（%）	耗用总成本（元）	比例（%）
A	13 680	12.30	486 230	72.67
B	16 420	14.77	120 300	17.98

续表

零件类别	耗用数量		耗用成本	
	单位数（件）	比例（%）	耗用总成本（元）	比例（%）
C	81 100	72.93	62 550	9.35
合计	111 200	100.00	669 080	100.00

从表8-4中可以看出，A类存货虽然数量只占总量的12.30%，其价值却占了存货总价值的72.67%；而C类存货正好相反，数量虽然占了总量的72.93%，价值却只有9.35%；B类存货介于A类存货和C类存货之间。对于这种情况，该车间应该对A类存货实行分品种重点管理，至于B类和C类存货，则按具体情况采取适当的分类别控制和总额控制。

二、JIT管理和零存货控制

（一）JIT管理产生的背景

20世纪中叶以前，世界汽车制造业均采用福特式的大批量生产、高生产准备成本的总动员生产方式。这种生产方式以其规模制造的成本优势为企业创造了巨大的收益。然而随着经济的不断发展，需求的异质性暴露了福特式传统生产模式的缺陷。一方面，技术进步缩短了产品生命周期，使得产品花色品种不断多样化和独特化，市场需求也向多品种、小批量转变，这对大批量生产、生产准备成本高的国内公司形成了巨大的挑战。另一方面，市场竞争已经突破了国界的限制。运输和通信手段的进步推动全球竞争市场的形成，外国公司将高质量、低成本并且各具特色的产品推向市场。这促使本国公司在追求提高产品质量、增加花色品种的同时，还要积极降低总成本。

在这种背景下，日本丰田汽车公司副总裁大野耐一意识到必须采取一种更灵活、更能适应市场需求变化的生产方式。他综合了批量生产和单件生产的特点和优点，创造了一种在多品种小批量混合生产条件下高质量、低消耗的生产方式，即准时制（just in time，JIT）。JIT促进了日本汽车制造业的飞速发展，被当作日本企业成功的秘诀，在全世界受到广泛尊崇和推广。

（二）JIT管理的基本理念与零存货管理

传统生产属于推压式生产，各项生产是从购入原材料开始被推动着通过整个生产系统：当某个工作岗位上的工作完成时，产出物就被“推”到下一个工作岗位；或者在最终作业阶段，产出物被推进产成品库。推式系统中的工作随着自己的结束而前进，不管下道工序是否已经做好准备，因此，工作可能会堆积在由于设备故障或发现质量问题而落后于进度安排的某些岗位上。

在准时制生产环境下，这一过程倒了过来。准时制主张生产应由现在的需求拉动，市场上产品需求的信号是企业进行生产的命令，下一环节需要什么，上一环节就供给什么，整个生产过程被需求拉动。在这种方式下，生产信号是顾客的要求；

生产中可能隐藏的问题能够及时暴露、及时解决；各种物资的控制可通过简单、醒目的自动控制实现，无须通过传统的进出存账簿记录或报表、单据等来实现；生产过程和产品质量的监控不再是生产调度和质检部门的事，而是由生产一线工人随时直接进行。

零存货是准时制的特征之一，也是其显著成果之一。在传统推压式制造中，原材料在等待着生产的耗用，产品要尽量多地生产出来，以备需求。因此，必然产生较多的存货。事实上，存货不仅被视为一种浪费，而且被认为与公司的竞争力直接相关。公司如果持有大量存货，则表明存在应引起重视的问题。存货水平高通常意味着产品质量低、提前期长以及在及时处理其他事情方面做得差。JIT存货管理为公司提供了一种解决问题的备选方法，这种方法并不要求保持大量的存货，在这种理念指导下的JIT存货管理，是追求一种无库存的生产系统，或使库存最小化的生产系统，是消除一切只增加成本而不向产品中增加价值的过程，即存货水平最低，浪费最小，空间占用最小，事务量最小。准时制的核心是一个没有中断倾向的系统，根据产品品种及其所能控制的数量范围而具备柔性，最终形成一个使材料平滑、迅速地流经整个系统的和谐系统。

（三）保证JIT管理的措施

为保证企业的JIT生产过程顺利进行，停产、物价变化、废品等情况是要尽量避免的，因此在综合预防性维修和全面质量管理的过程中，必须在每个环节做好以下工作。

1. 全面质量管理——保持最低废品量

消除各种不合理因素，并对加工过程中的每一道工序精益求精。对原材料、零配件的购进到生产的每道工序以至完工产品的产出整个过程实行全面质量管理，保证产品的质量。

2. 缩短生产准备时间——减少非增值作业

零件搬运是非增值操作，减少零件和装配件运送量与搬运次数，可以节约装配时间，并减少这一过程中可能出现的问题。生产提前期最短，短的生产提前期与小批量相结合的系统，应变能力强，柔性好。准备时间最短，准备时间长短与批量选择有关，如果准备时间趋于零，准备成本也趋于零，就有可能采用极小批量。

3. 降低订货成本——发展与供货商的密切关系

就外购材料的供应而言，与供应商谈判签订长期合同，能够减少订货次数和相应的订货成本。JIT的解决方法是与一些经过挑选的供应商（包括价格、地理位置、质量、交货能力等方面的考察）谈判签订长期合同，让供应商广泛参与企业的生产经营。另外，签订长期合同还有其他好处。首先，合同规定了产品价格以及可接受的质量水平；其次，长期合同还大幅削减了下达订单的次数，有助于降低订货成本。有些购货方通过建立电子数据交换系统（EDI），让供应商进入自己的联机数据库，当供应方知悉购货方的生产安排后，就可以将购货方所需要的零配件准时送达购货方的生产部门。

(四) JIT的局限性

JIT 的实施是一个渐进的过程。比如，与供应商建立有效的协作关系需要时间。坚持要求供应商在送货次数和产品质量方面做出迅速的改变是不切实际的，有可能导致公司与供应商之间形成对抗。从长远看，供应商会寻找新的市场，寻找卖出更高价格的各种途径，或寻求宽松的条款。上述种种行为会抵消许多 JIT 带来的收益。因此，合作，而不是强制，应该成为与供应商关系的基础。

另外，工人也会受到 JIT 管理的影响。研究表明，存货缓冲储备显著降低后，工作流程将被严密地组织起来，生产工人的劳动紧张程度将提高。有人提议应有计划地、审慎地降低存货水平，激发工人的独立自主性，鼓励他们积极参与，追求更广泛的进步。

JIT 的最大缺陷在于没有储备存货作为缓冲来应对生产中断的局面，当期的销售时时受到预料之外的生产中断的威胁。事实上，JIT 的对策是在继续开展生产活动以前，找出并解决该问题。如果需求的增加远远超出了零售商存货的供应，零售商就不可能迅速地对订货做出调整，从而无法避免失去销售额、触怒顾客。

然而，尽管存在这些不利因素，零售商似乎仍十分喜爱 JIT，因为由于意外打击造成的销售额损失要小于保持大量存货所付出的代价。推行 JIT 的制造企业为了确保实现未来的销售额，也愿意让本期的销售额承受风险。这种保证来源于更优的质量、更快的反应速度，以及更小的营运成本。即使如此，我们也必须意识到，销售额的丧失就是永远的丧失，建立一个中断次数非常少的 JIT 系统，不是一项短期就能完成的工作。

三、约束理论与存货管理

每个公司拥有的资源都是有限的，市场对每种产品的需求也是有限的。这些局限就称为约束条件（constraints）。约束理论（theory of constraints，TOC）认为，任何组织的业绩都受到各种约束条件的限制。于是，发展出一种管理约束条件的特殊方法，以促进持续改善目标的实现。按照约束理论，组织要改进业绩，必须了解它面临的各种约束条件，在短期内利用这些约束条件，而从长远看，则应找到克服这些约束条件的方法。

约束理论是一种替代的或许还是一种互补性的方法。原则上讲，约束理论可以和 JIT 联合并用，毕竟 JIT 制造环境同样存在各种约束。不仅如此，约束理论的魅力在于除了能保护本期销售额，还能通过提高质量、缩短反应时间以及降低经营成本等手段，努力提高未来的销售额。

(一) 基本概念

约束理论重点从三个方面考察组织的业绩：完工效益、存货和营业费用。完工效益是组织通过销售来赚钱的速率。从经营方面看，完工效益是销售收入与诸如材料、动力等变动成本之间的差异。直接人工通常被看作固定费用，因而不包含在上述定义中。按照这种理解，完工产品与边际贡献有关。存货是组织在将原材料转化成完工产品的过程中投入的全部货币。营业费用的定义则是组织在将存货转化成完工效益的过程中投入的所有货币。以上述三种业绩计量指标为基础，管理的目标可以表述为完工效益提高、存货数量最小化以及营业费用降低。

完工效益提高、存货数量最小化以及营业费用降低后，三个财务业绩指标会受到影响：净收益和投资报酬率将提高，现金流量将增加。作为改善三个财务业绩指标的关键，完工效益的提高和营业费用的降低一向备受重视。然而，在改善上述财务指标的过程中，存货数量最小化的作用在传统上被认为不如完工效益和营业费用重要。

相比传统观点，约束理论和 JIT 一样，都将存货管理置于更为重要的地位，体现出它的突出作用。约束理论认识到，存货水平下降，能降低储存成本，进而节约经营费用，增加净收益。约束理论还认为，通过比较低的价格出售更好的产品和对顾客需要做出快速反应，将存货保持在较低水平，有利于公司形成竞争优势。

1. 更好的产品

产品更好意味着质量更高。它还意味着公司有能力改进产品，并将这些改进后的产品迅速投放市场。存货水平与产品质量之间的关系在 JIT 部分已有论述。从本质上说，存货水平低，便于及时发现缺陷、探究问题的症结。产品改进也是一个关键的竞争因素。新产品或改进后的产品需要赶在竞争者能提供具有相似性能的产品之前，迅速地投放市场。保存低水平的存货有助于这一目标的实现。存货水平低，就能更迅速地引入新产品，因为在引入新产品以前，需要处置或出售的旧产品（库存产品或加工过程中的在产品）较少。

2. 较低的价格

存货水平高意味着需要较强的生产能力，从而需要在设备和场地上投入较多的资金。提前期和大量的在产品存货通常联系在一起，存货水平高往往是加班加点的起因。当然，加班加点会提高营业费用，降低盈利能力。存货水平低，能降低储存成本、单位投资成本以及诸如加班费、特殊装运费用等营业费用。投资额和营业成本的降低，能提高单位产品的边际贡献，从而使定价决策有更大的弹性。如果竞争状况不要求降低价格，那么制定较低的价格或获取较高的产品毛利是可能的。

3. 反应性

及时交货，用比市场领导者短的提前期生产商品，是一种重要的竞争手段。及时交货与公司预测生产和交货所需时间的能力有关。如果公司的存货水平高于竞争者，那么公司的生产提前期将比行业的预计水平长。存货水平高，会模糊生产和供应货物所要求的实际时间。存货水平低，实际提前期的长短就能更加细致地观察出来，就能提供更准确的交货日期。缩短提前期同样很关键，缩短提前期等于减少在产品存货。某公司持有 10 天的在产品存货，平均的生产提前期为 10 天。如果该公司能将提前期缩短至 5 天，公司就只持有 5 天的在产品存货。

随着提前期的缩短，减少产品存货的可能性也同样存在。例如，如果某产品的提前期为10天，市场要求公司按需求交货，那么平均而言，公司必须持有10天的产成品存货（外加一些存货保险储备以应对需求的不确定性）。假定公司能够将提前期缩短至5天，那么，产成品存货也可以减少到5天。因此，存货水平的高低能够显示出组织的反应能力。与竞争者相比，存货水平偏高会转化成竞争劣势。因此，约束理论强调缩短提前期来降低存货水平。

（二）TOC步骤

为了实现改善组织经营业绩的目标，约束理论采取以下五个步骤：

（1）了解组织面临的约束条件；

（2）利用集成约束条件；

（3）让其他所有方面都遵从步骤（2）所做的决策；

（4）改善集成约束条件；

（5）重复上述过程。

结合约束理论开展存货管理创新是管理会计研究的一项重要内容，当前较为流行的存货驱动成本分析法可以视为一种具有可操作性的创新工具，如表8-5所示。

表8-5 存货驱动成本的决策

存货驱动成本因子	解释/说明	针对措施
零部件贬值成本	外部市场价格下跌	控制进货数量，优化零部件购买结构（降价快、跌幅大的少储备）
价格补偿成本	因降价或促销给供应商的利润补偿	缩短营业周期，增加补货频率，限制经销商存货存放期限或不予补偿
退货成本	经销商以进价退还	改进产品质量/服务水平，控制经销商存货水平，签署不退货约定
产品淘汰成本	产品进入衰退期、停产、清仓	老产品退出市场须提前准备，新老产品平衡交替
持有成本	包括存货占用的资金成本和维持存货的实际成本（人工费、租赁费、保险费、保管费、再加工费、破损费和损耗费等）	自有仓库纳入物流部门进行市场化运作，实行优化管理

四、实物期权与存货管理

将实物期权引入存货管理的行为之中，就是要增加存货管理的柔性或管理灵活性，以便为决策者提供主动选择的机会，而不是必须执行或放弃的义务。在分阶段购入存货的情况下，各个阶段内含着终止的期权。这种期权的价值涉及不同阶段期权价值计量的决策，即是基于金融买入期权（financial call options）的价格决定理论而展开的。传统的管理会计工具缺乏对存货管理的战略性控制，期初购入存货时的合理性往往在日后变成了“逆反”状况。因此，将实物期权思想与存货管理相结合，在存货管理的不同阶段嵌入实物期权具有积极的现实意义。

实物期权方法把未来的不确定性价值纳入存货管理的预测价值中，使之更符合现实的情况。引入实物期权方法后，我们在评估存货管理项目时，不仅要考虑存货的各种显性与隐性成本，还需要考虑内含于存货中的实物期权价值。存货管理决策的期权特征主要体现在以下几个方面。

（1）存货未来增值的机会把握。决策者可以在存货管理与控制的时间上进行选择，找到最有利的存货进出时机。如果现在的存货规模已经很大，管理者就应该控制存货的进入量。如果现在的存货已经不符合成本效益比值的要求，而存货未来存在涨价或因稀缺性增值的可能，则存货数量不一定要严格控制，待市场出现有利信号时卖出存货，从而给企业带来收益。这种选择权与金融买入权本质上是一致的。

（2）追加存货的机会。在存货管理的具体实践中，决策者也可以根据市场的具体条件对存货数量与质量进行调整。如果市场条件有利，决策者可以追加存货，扩大存货规模，保证生产所需的存货数量，从而为企业带来比原来预期更大的现金流。

（3）转作他用的机会。在存货管理活动中，如果出现市场条件不利，而存货本身具有可以互相调配使用的灵活性，那么决策者则可以将某地的存货转作他用，以避免可能的进一步损失。

在不确定性的现实环境下，存货管理的灵活性可以增加企业的价值增值，这一点恰恰被传统的存货管理方法忽略。存货管理的灵活性和战略的适应性来源于存货本身具有实物期权属性，因此加强实物期权方法与存货管理的结合应用是管理会计未来发展的一个重要领域。

五、有效产出会计与存货管理

有效产出会计（throughput accounting）是有关存货管理的成本核算会计。以往，存货资产的源头价值是通过销售实现的，在销售时点要尽量维护对原材料耗用部分价值的回收，然而，有效产出会计是在不涉及销售的期间里，对这种原材料费用加以维护（回收）。这种基于有效产出会计的存货资产成本的计算方法，是对传统路径方法的完全告别。传统的成本计算采用的是成本的聚集特征这一思路。在成本的聚集性条件下，围绕产品的加工进程，对在产品生产中增加的原材料费用采用直接劳务费及制造费用的方式回收。然而，在有效产出会计条件下，对半成品及产成品仅给予相当于直接材料费的价值。即有效产出会计在制造成本中仅将直接材料费计入产品成本，其他成本要素均构成期间成本。

根据管理会计相关文告（SMA4HH），所谓有效产出（throughput）就是“从系统整体（产品或者服务）的销售额中产生的货币”。对此，在物料成本会计中，如表8-6所示，从销售额中扣除直接材料费及其他变动费用（在直接成本计算模式中仅扣除直接材料）求得物料的有效产出（增加值），然后扣除“业务费用”（operating expenses）就求得了净收益。

表8-6 有效产出会计的基本结构

全部成本计算	有效产出会计（TA）	直接成本计算
销售额	销售额	销售额
一直接材料费	一直接材料费	一直接材料费
一直接劳务费		
一变动间接费用*	一其他变动费用**	
边际收益	增加值	增加值
一固定费用	一业务费用	一业务费用
净收益	净收益	净收益

* 不仅包含制造成本的分摊额，也包括营业费用的分摊额。

** 包括承包金额、销售人员的佣金、关税、支付的运输费用等。

由表8-6可见，有效产出会计作为一种新的存货成本计算方法，与完全成本会计方法相比，最大的不同点在于它将直接劳务费作为变动费用而不加以处理。对此，直接劳务费等的人工费与折旧费等作为业务费用，从新的直接成本中一并加以扣除，并由此计算出净收益。有效产出会计之所以受到重视，是因为在这种新的直接成本会计方法下，有效产出增加，货币收入提高，从而达到企业价值创造的目的。这样的有效产出（增加值），不仅适用于一个企业的价值链，在更广阔的企业之间的供应链中也能够得到扩展。

有效产出会计具有以下特征：(1) 在企业的目的上，它不是只关注收益，而是将创造货币收入作为其根本所在，据此能够达成投资额（包含库存）抑制和业务费用降低的效果。因此，它与现金流量经营及流量会计具有相同的理念。(2) 相对于从销售额中扣除直接材料费以求得边际利润或者贡献毛益而言，固定费用采用一笔扣除的方式。因此，它仅是直接成本计算或者贡献毛益计算的一种类型。(3) 库存因为仅由直接材料构成，库存的增大并不会使物料成本产出增大，这一点在将固定费用分配给库存的全部成本计算过程中，由于存在依据库存的增加来增加收益的情况，因此涉嫌盈余管理而备受批判。

小　结

本章通过对存货概念及其成本构成的分析，围绕存货定量管理阐述了经济订货批量模型及其扩展模型，并就ABC存货管理、JIT管理和零存货控制、约束理论和有效产出会计进行了介绍。

思考题

1. 简述存货及存货管理的含义。

2. 存货管理中有哪些相关的成本概念？它们各自的含义是什么？

3. 请列举经济订货批量的基本假设。

4. 经济订货批量模型有哪些扩展模型？各自的条件和特点是什么？

5. 什么叫再订货点？再订货点的模型是什么？

6. 储存期控制的含义和作用是什么？

7. 什么是 ABC 存货管理？它的内容是什么？

8. JIT 存货管理与传统存货管理方法有哪些不同点？

9. JIT 管理下，为保证 JIT 生产过程的顺利进行有哪些措施？

10. 什么是约束理论和有效产出会计？

练习题

1. 企业全年耗用甲种材料 1 800 千克，该材料单价 20 元，年单位储存成本 4 元，一次订货成本 25 元。

要求：

(1) 计算经济订货批量；

(2) 计算最低相关总成本；

(3) 计算最佳订货次数；

(4) 计算最佳订货周期；

(5) 计算最佳存货资金占用额；

(6) 若企业订货日至到货期的时间为 10 天，每日存货需要量为 10 千克，试计算再订货点。

2. 假定某存货的年需要量 $D=3\ 600$ 件，单位储存变动成本 $K_C=2$ 元，单位缺货成本 $K_U=4$ 元，交货时间 $L=10$ 天；已经计算出经济订货批量 $Q=300$ 件，每年订货次数 $N=12$ 次。交货期内的存货需要量及其概率分布见表 8-7。

表 8-7

需要量 (10*d*)	70	80	90	100	110	120	130
概率 (*P*)	0.01	0.04	0.20	0.50	0.20	0.04	0.01

要求：寻求合理的保险储备量，使缺货成本与储存成本之和最小。试围绕以下几个条件进行计算：

(1) 不设置保险储备量；

(2) 保险储备量为 10 件；

(3) 保险储备量为 20 件；

(4) 保险储备量为 30 件。

3. 某企业生产某产品需用 12 种材料，各种材料的编号、年需要量、单价、金额如表 8-8 所示。

表 8-8

编号	年需要量（件）	单价（元）	金额（元）
1	5 000	0.14	700
2	3 000	0.34	1 020
3	20	500	10 000
4	200	40	8 000
5	3 000	3	9 000
6	1 250	2	2 500
7	2 000	0.7	1 400
8	3 000	0.28	840
9	10 000	0.07	700
10	5 000	0.02	100
11	1 000	1.05	1 050
12	2 000	0.31	620

要求：

(1) 采用 ABC 分类法对材料进行分类；

(2) 你是依据什么标准进行 ABC 分类的？

案例及应用

全球各公司使用什么指标来衡量它们采用 JIT 系统的好处呢？表 8-9 列出了在四个国家中按重要性（1=最重要）排列的衡量指标。这些排列顺序也揭示了促使公司采用 JIT 系统的各种最初动机的相对重要程度。

表 8-9

	美国	加拿大	爱尔兰	英国
降低存货成本	1	1	3	1
实现即时供货	2	4	1	2
改善质量	3	2	4	3
缩短生产作业时间	4	3	2	5
提高劳动生产率	5	—	—	4
减少场地占用	6	5	—	6

可以看出，采用 JIT 系统最重要的目的是降低存货成本、实现即时供货和改善质量。在较小的程度上，公司认为缩短生产作业时间是很重要的。

一项关于意大利公司的调查也表明上述指标是常用的，但该调查没有提供这些指标的相对重要程度。

另一项调查表明，采用 JIT 和没有采用 JIT 的公司在管理控制上有明显区别。采用 JIT 生产方式的公司倾向于更加分散化的管理，更多、更及时的信息披露，以及工人在开始和停止生产方面拥有更大的自主权，以确保质量。

讨论：

应用上述资料，结合本章内容，谈谈你对 JIT 的看法。

第9章

责任会计

知识目标

了解责任会计的作用，理解责任中心的概念及其划分依据，明确责任会计的指标构建及其发展趋势。

能力目标

掌握建立责任会计及其制度的原则、基本内容，应用责任会计理念制定并选择内部转移价格，掌握责任成本考核的内容与方法。

素养目标

(1) 责任会计对于从严治党、端正组织纪律和干事风气等具有重要的价值导向作用。同时，为“干部能上能下”提供微观的基础材料，营造人们干事创业的良好氛围。

(2) 将责任会计融入企业管理及其人才培养的活动之中，聚气凝神，推动企业高质量发展。

导读　如何在组织机构中贯彻责任会计理念

根据党中央部署，2021年9月2日，中央巡视工作领导小组召开十九届中央第七轮巡视集中反馈会议。9月3日，中央第一巡视组向某985大学党委反馈了巡视情况。组长舒某某分别向该大学党委书记胡某某和大学党委领导班子反馈了巡视情况。

巡视发现了问题。比如，落实党委领导下的校长负责制不到位，院（系）党委政治功能发挥不够充分；落实意识形态工作责任制不够到位，阵地建设存在薄弱环节；全面从严治党“两个责任”落实不够有力，压力传导不到位，基建工程、资产管理等非主业领域存在廉洁风险，整治形式主义、官僚主义还不到位，等等。同时，巡视组还收到一些反映领导干部的问题线索，已按有关规定转中央纪委国家监委、中央组织部等有关方面处理。

针对该校商学院存在的“领导班子”混乱，比如在商学院下设置经济学院与管理学院、三个院长均为正处级、财务签字权分散（有近20人有签字权）等，要求商学院限期进行整改。归集存在的与责任会计相关的问题，最主要的就是：机构设置交叉，院中院并行，职责不清，财务关系混乱……

2021年11月，在该大学党委书记胡某某的主持协调下，党委决定、组织部下达通知：该大学即日起对外只有商学院一个主体。为稳定起见，管理学院与经济学院可以暂时保留，亦即，经济学院、管理学院的院长仅担负商学院副院长之职（原来商学院下的经济学院与管理学院的副院长向下调整。比如，通过设立“研究生教学与培养办公室”等，重新配置组织资源等），并且，从同年11月份起，不能再代表管理学院与经济学院的独立身份对外活动，包括校内外。

这是组织工作中贯彻责任会计理念的体现，责任中心只有一个，不能平等设置若干个，要体现权责利相结合的原则。

整改结果是，商学院院长负总责，管理学院与经济学院院长作为商学院分管教学与科研的副院长从事日常工作，分管各自4个系（一共8个系）的教学科研工作，这一届任期满后，不再设置管理学院与经济学院。

为了确保企业目标的实现，企业管理部门还必须适应分权管理和经济责任制的要求，把全面预算所确定的指标，按照各个责任单位进行分解，形成责任预算。在此基础上，对各单位责任预算的执行情况进行日常的核算与控制，并定期进行评价与考核。这种主要为控制企业内部各责任单位的生产经营活动朝着预定的目标和任务有效运行而提供有用信息的会计工作，即责任会计。

第1节　责任会计概述

责任会计是企业内部管理和控制会计，主要运用价值的形式，通过在企业内部建立责任中心、目标管理、差异分析、责任转账、编制责任报告和责任报表等方法，对企业内部生产经营活动过程中的耗费、占用和成果进行核算、控制和考核的一套专门制度。

一、责任会计的产生与发展

责任会计的萌芽，见于20世纪初的泰罗制。责任会计的概念最早于1952年由美国著名会计学家约翰·希金斯（John A. Higgins）提出，但至今对这一概念的定义在理论上仍没有统一的看法。一般认为，它是指以企业内部的各个责任中心为会计主体，以责任中心可控的资金运动为对象，对责任中心进行控制与考核的一种会计制度。它主要利用价值形式，通过建立各级责任中心，编制责任预算，进行差异分析、责任核算、业绩评价和编制责任报告，对企业内部各部门生产经营过程中的价值运动进行连续、系统、全面的反映和控制，以期达到设定的目标。

我们认为，责任会计是适应分权管理的要求，在企业内部建立若干责任单位，对各责任单位权责范围内的生产经营情况进行规划及业绩考评的内部控制制度。在社会科学迅速发展和科学技术不断进步的背景下，现代企业规模越来越大，管理层级越来越多，组织结构日趋复杂，分支机构分布越来越广。为了有效地管理、监控庞大的经济组织，就有了实施分权管理的必要。所谓分权管理，就是将日常经营管理决策权在不同层级的管理人员之间进行适当划分，并通过相应授权，使不同层级的管理人员能对各权责范围内的经营管理活动做出及时有效的决策，最大限度地激发基层管理人员的积极性和创造性，减轻高层管理人员的工作压力与决策负荷，使他们将工作重点放在企业的长远战略规划上。

分权管理的结果，一方面使分权单位之间具有一定的相互依赖性，主要表现是它们之间相互提供产品或劳务；另一方面使各分权单位具有相对的独立性，因此，必须大力协调各分权单位之间的关系，防止出现各部门片面追求局部利益，而使企业整体利益受损的行为。为了充分发挥分权管理的优越性，尽量减少这种管理模式的缺陷，就必须加强内部控制。责任会计正是适应这种管理要求而建立起来的一种行之有效的内部控制制度。

二、责任会计的基本内容

余绪缨教授（2004）认为，责任会计是以各个责任中心为主体，以责、权、效、利相统一的机制为基础形成的为评价和控制企业经营活动的进程和效果服务的信息系统。我们认为，无论是信息系统论观还是管理活动论观，责任会计的主要内容均包括以下四个方面。

（一）设置责任中心

责任中心就是被授予一定管理决策权，同时必须承担相应经济责任的企业内部责任单位，按照分工明确、责任易辨、业绩便于考核评价的原则，将所属各级部门或单位划分成不同层次的若干责任中心，明确规定其权责范围，是实施责任会计制度的基础。

（二）编制责任预算

责任预算是将企业全面预算所确定的总体目标和任务进行层层分解后，按每个责任中心编制的预算，它是落实到每个责任中心的具体工作目标和任务，也是对各责任中心业务活动进行反映、监督，以及对其工作业绩进行考核评价的依据和标准。

（三）实施责任监控

责任监控是指对责任预算的执行情况进行跟踪反馈和监督控制，这是责任会计工作程序中的主要环节，为此必须建立一整套专门的责任核算信息系统，包括凭证系统、账簿系统、内部结算系统、费用归集分配系统、损益确定及业绩报告系统等；也可利用原有财务会计、成本会计核算信息系统加以改进，使之同时与责任会计的核算要求相适应。责任核算信息系统的功能不仅在于如实反映各责任中心的工作业绩，为考核评价、实施奖惩提供依据，而且在于对各责任中心的业务活动及时进行信息反馈，通过对实际数与预算数的差异分析，发现问题，解决问题，实现对各责任中心业务活动的监督、调节和控制，促使其更好地执行责任预算，从而保证企业全面预算总体目标和任务的完成。

（四）进行业绩考核评价

对各责任中心的工作业绩定期进行全面的考核评价，为实施奖惩提供依据，这是权、责、利三者相结合的具体贯彻和最终落实。通过考核与评价，充分肯定各责任中心的工作业绩，同时指出存在的问题，分析原因，提出改进建议，帮助其总结经验，吸取教训，不断提高工作水平。在此基础上，将工作业绩与经济利益相联系，对成绩卓著者进行奖励，对导致失误的责任人进行处罚，做到赏罚分明，以调动各责任中心全体员工的工作主动性、积极性和创造性，为实现共同的目标尽心尽责，做出最大努力。

三、责任会计的基本原则

责任会计作为企业内部控制会计，要遵循以下几个基本原则。

（一）责任主体原则

责任会计旨在通过落实经济责任实现对企业内各部门、各单位的协调与控制，所以其会计主体是经济责任的承担者，即企业内部划分的各个责任单位，或责任中心。这就是说，实行责任会计制度要求会计主体与责任主体相一致。设置责任中心，明确权责范围，集中体现了责任主体原则。

（二）总体最优化原则

总体最优化原则就是要求各责任中心目标的实现有助于企业总体目标的实现，使两者的目标保持一致。建立责任会计的目的是对企业各分权单位进行协调，使之始终与企业的整体目标保持一致，避免因为片面追求局部利益而影响整体利益，所以在责任会计的每个工作环节，都应服从企业整体利益，体现总体最优化原则。

（三）激励原则

分权管理与集中管理相比较，其优势之一就是能有效地调动各级管理部门的积极性。责任会计在对企业内部各分权单位进行协调、使之服从企业整体目标的同时，不能削弱分权管理的优势，相反要使这种优势得到进一步强化。所以责任会计特别注重以人为中心的行为管理，强调激发人的内在积极性，提倡通过内在激励实现柔性管理，尽量避免简单依靠外在强制力而实施的刚性管理。为此，每个责任中心都应实现权、责、利三者相结合，要充分调动全体员工的积极性，自觉为实现企业整体目标而共同努力；同时，责任预算应合理可行，对责任预算执行情况的监控、考评，以及相应的奖惩措施应科学、合理，应能达到充分调动企业全体员工积极性的效果，总而言之，都应体现激励原则。

（四）可控性原则

可控性原则是指各责任中心只能对其可控制和管理的经济活动负责，即各责任中心只对其可以控制的经济活动负责，对于其权力范围之外的经济活动不承担经济责任。所以，对于每个责任中心权责范围的划分、责任预算的编制，以及在实施监控和业绩考评等各个环节上，都应体现可控性原则，做到责任分明、奖罚合理。

（五）反馈原则

管理会计的特点之一就在于它不是着眼于反映过去，而是着眼于控制现在和决策未来。作为现代管理会计的组成部分之一，责任会计也是如此。对责任预算执行情况进行监控和考核评价，以及实施相应的奖惩措施，其根本目的在于反馈，即要对现时的和未来的责任预算执行情况产生积极的影响，帮助、促使各责任中心改进工作，更好地执行责任预算，最终保证企业整体目标的实现。从这个意义上说，整个责任核算信息系统都是一种信息反馈系统，对责任预算执行情况的监控、考评及实施奖惩，都是在贯彻一种反馈机制，都体现了反馈原则。

第 2 节　责任中心

在企业内部，可根据责任和权限的不同划分若干个责任区域，这些责任区域就是责任中心。当然，责任中心的责任和权力必须有人承担和行使，这个人就是该责任中心的负责人。建立责任中心的关键就是分清责任和权限，企业应根据各自的具体情况，按照所能控制的范围和承担的不同责任以及管理的需要来建立责任中心。

按企业内部责任单位权责范围以及业务活动的特点不同，可以将企业生产经营上的责任中心划分为成本中心、利润中心和投资中心三类。

一、成本中心

（一）成本中心概述

成本中心是应对成本或费用负责的责任中心。狭义的成本中心仅指直接从事生产产品或提供劳务等活动，应对构成产品成本或劳务成本的费用负责的责任中心；广义的成本中心还包括从事行政管理或研究开发等非生产性活动，应对各种非生产性费用负责的责任中心。

成本中心的基本特征之一是没有经营决策权，更没有投资决策权，狭义成本中心的业务范围仅限于整个经营过程中的一部分，即直接生产（或提供劳务，下同）过程，其权力仅限于在生产过程中决定料、工、费的投入，而无权决定经营过程中的其他问题，包括生产的品种、规模以及产品的销售等，所以其相应的责任范围也就只限于对成本费用进行控制，不涉及收入或收益。至于从事行政管理或研究开发等非生产性活动的成本中心，情况类似。其在提供各种职能服务的过程中只发生费用，不形成收入，或虽有收入但无权决定收入（例如，其收入的有无及收入的多少均由上级部门决定），因此无法控制收入，其权责范围同样只限于对有关费用进行控制，而不涉及收入或收益。就财务指标而言，成本中心应对成本负责，也只能对成本负责，成本指标确切地反映了其所应承担的经济责任；通过考核其成本指标的完成情况，就能够对其工作业绩做出评价。

（二）成本中心的设置

成本中心是在企业内部普遍建立的一种责任中心。凡是在其业务活动中有成本发生或费用支出的单位或个人，都应成为相对独立的成本中心，或被归入某个成本中心。一个较高层次的成本中心可以包含若干个较低层次的成本中心。各成本中心的层次高低不一，规模大小不一，成本控制的权责范围及具体考核指标也不相同。

成本中心并非设置得越多越好、划分得越细越好。在企业内部组织结构的较低层次上，授权往往较模糊，相应的责任也比较模糊。例如，在一家工厂的各个车间之间，在同一车间的各个工段之间，权责划分通常比较容易，比较明确；而在同一工段的各个班组之间，同一班组的工人之间，权责划分就困难得多，也模糊得多。设置成本中心的一个基本原则就是：作为一个相对独立的责任主体，其责任范围必须能够明确划分，其承担的责任必须便于单独考核。

（三）成本中心的分类

成本或费用的性质不同，其具体发生过程以及采取的相应控制措施也具有不同的特点。例如，产品生产过程中耗费的直接材料、直接人工及制造费用等，其发生数额（投入量）与产品的产出量通常有密切联系，两者之间有较稳定的数量关系，对这些成本或费用一般可通过制定标准成本和编制弹性预算进行控制。这样的成本中心称为标准成本中心或技术性成本中心。而诸如行政管理费、研究开发费、广告宣传费、职工培训费等，其发生数额（投入量）与服务成果的产出量通常没有密切联系，有时其产出本身就很难辨认和计量，对这些费用无法通过投入与产出的比较来评价其有效性，一般要通过严格审批制度，并尽可能实施零基预算进行控制。这样的成本中心称为费用中心或酌量性成本中心。

需要注意，标准成本中心（或技术性成本中心）并不等同于前面提到的狭义成本中心。例如，变动销售费用是非生产性费用，不计入产品成本，不属于狭义成本中心的控制范围，但其发生数额与服务成果的产出量（即产品销量）有密切联系，可通过制定标准成本、编制弹性预算实施控制，因此对其负责的责任中心属标准成本中心而非费用中心。

（四）产品成本与责任成本

需要特别强调的是，成本中心所要控制并应对其负责的成本是责任成本，而不是通常意义上的产品成本。通常意义上的产品成本是以产品为对象，按“谁受益，谁承担”的原则进行分配和归集的成本；计算产品成本的直接目的在于反映和监督产品生产过程中发生的实际耗费，为计算确定并分析评价各种产品的盈利性提供依据。责任成本则是以责任中心为对象，按“谁负责，谁承担”的原则进行分配和归集的成本；计算责任成本的直接目的在于反映和监督责任预算的执行情况，为计算确定并考核评价各责任中心的工作业绩提供依据。

根据可控性原则，按责任中心进行分配和归集的责任成本必须是各成本中心的可控成本。要判定某项成本为可控成本，一般应同时具备以下三个条件：首先，在该项成本实际发生之前，成本中心能预知其发生；其次，对于该项成本的发生数额，成本中心能确切计量；最后，成本中心能通过自己的行为对该项成本的实际发生过程施加有效影响，使之符合某种预定的目标或要求。凡不同时具备上述条件的成本都是不可控成本，不应计入责任成本。

关于成本的可控性，有三点需要注意：

第一，判定某项成本可控与否，是对某个特定成本中心而言的。对于整个企业来说，全部成本都应该是可控的，而就每个特定的成本中心而言，成本则有可控与不可控之分；某个成本中心的不可控成本，对于另一个成本中心来说则可能是可控成本。例如，生产车间耗用的外购材料，在材料质量、规格完全符合要求的情况下，所消耗的全部材料按标准价格计算的材料成本对于生产车间来说是可控的，而由材料实际价格与标准价格的差异所构成的这部分材料成本则是不可控的，但它对于材料采购部门来说又是可控的；在材料质量、规格存在问题的情况下，因材料质量、规格不符合要求而导致的超定额消耗部分，按标准价格计算的材料成本对于生产车间来说也是不可控的，但对于材料采购部门来说则仍是可控的。又如生产车间发生的某项制造费用，对于生产工段、班组这一层次的成本中心来说可能是不可控的，但在生产车间这一层次上则是可控的。

第二，某项成本可控与否，在一定条件下是可以转化的。例如，某基层单位在其业务活动中使用何种设备、如何取得这种设备，如果必须由上级管理部门决定，则设备的折旧费或租赁费对于该基层单位来说是不可控的，它们是上级管理部门的可控成本，但如果上级部门将决策权下放给该基层单位，有关费用就成为该单位的可控成本。又如，原来没有独立安装电表的某职能科室现在装上了电表，其电费也就由不可控成本（因为无法确切计量）转变为可控成本。

第三，同样是可控成本，对于决策会计与责任会计，其意义是不同的，但两者又互相联系。决策会计所要考虑的是事前对未来将要发生的成本进行决策，成本一旦实际发生，就成为沉没成本，是决策的无关成本。而责任会计所要考核的责任成本恰恰是事后的、已实际发生的成本，正因为已实际发生，所以才能与预算做比较，计算分析其差异，才能反映成本中心的工作业绩，并要求成本中心对其承担经济责任。事后对责任成本进行考核评价又是为了能对下一次将要发生的成本做出更为合理有效的事前决策。在有些成本项目上，其决策的影响时间较短，重新决策以纠正以前决策失误的机会较多，所以某一次决策的正确与否对责任成本的影响较小，如直接材料、直接人工等。而在另一些成本项目上，其决策的影响时间较长，重新决策以纠正以前决策失误的机会相对较少，所以某一次决策的正确与否往往会对该成本中心较长时期内的责任成本产生影响，如折旧费、租赁费等。有权对一项长期成本进行事前决策的成本中心，理应在事后对该项成本长期承担责任。当然，对于一项可控成本，不可能没有重新决策的机会。例如，对于已经购置的固定资产可以进行改造、售旧购新或售旧改租，等等，折旧费也就因此而改变数额或转变为租赁费等。

某成本中心的各项可控成本之和构成该成本中心的责任成本。对于整个企业来说，全部成本都是可控的，即成本总额的每一个组成部分总能为某个特定的成本中心所控制，从而计入其责任成本，所以从整个企业看，产品成本总额与相关的责任成本总额（即狭义成本中心的责任成本总额，不包括非生产性费用）应该是相等的。也就是说，构成产品成本总额的每一个组成部分总要被归入某个成本中心的责任成本，总有某个成本中心要对其负责。

二、利润中心

（一）利润中心概述

利润中心是应对利润负责的责任中心。因为利润由收入与成本两方面因素决定，所以利润中心既要对收入负责，又要对成本负责。显然，利润中心是比成本中心处于更高层次的责任中心，每个利润中心都包含若干下属的成本中心。利润中心所要负责控制的成本按下属各成本中心进行分解，即形成各成本中心所要负责控制的对象，而利润中心要对其权责范围内取得的全部收入和发生的全部成本以及将两者综合反映的利润指标负责。

利润中心的基本特征之一是有经营决策权，但没有投资决策权。利润中心的权责范围包括从材料采购到产品的生产与销售整个经营过程，所以，利润中心一方面有权自主决定经营过程中的各种问题，包括生产什么、生产多少、如何生产，以及如何销售、以什么价格销售，等等；另一方面不仅要对经营过程中发生的成本或费用负责，还因其有可控的经营收入而要对收入和利润负责。但是，利润中心无权决定企业的投资方向、投资规模及投资类型等投资问题，所以对于与利润相关的将投入资本联系起来加以综合考核的投资收益指标，利润中心不能负责。就财务指标而言，利润中心应对利润负责，也只能对利润负责，利润指标确切地反映了其所应承担的经济责任，通过考核其指标的完成情况，就能够对其工作业绩做出评价。

（二）利润中心的设置与分类

利润中心可以是自然形成的，也可以是人为划分的。自然形成的利润中心是能直接向企业外部销售产品或提供劳务而取得实际收入的利润中心，它能够在外部市场上开展购销业务，相当于一个独立的企业。人为划分的利润中心则是只能在企业内部各责任中心之间按内部转让价格进行购销活动，从而取得内部收入的利润中心；它本来只是企业内的一个部门或单位，为了充分贯彻激励原则，最大限度调动其挖掘潜力、降低成本、提高效益的积极性，通过引入市场机制，制定内部转移价格，实行内部结算，将其建成利润中心，使其像一个独立的企业那样，自主地开展经营活动。所以，只要条件成熟，许多成本中心都可以转变为利润中心。例如，大型钢铁公司内部的采矿、炼铁、炼钢、轧钢等部门，纺织厂内部的纺纱、织布等车间，都可建成人为的利润中心；企业内部的辅助生产部门，如运输、修理、供电、供水、供气等车间，也可以按内部转移价格向各受益部门收费，成为人为的利润中心。

（三）经营利润与责任利润

与产品成本同责任成本的关系相类似，对于利润中心来说，它所要控制并应负责的利润与通常意义上的产品销售利润或营业利润也不尽相同，根据可控性原则，利润中心所要控制并应负责的利润是其可控收入扣除其可控成本后的剩余部分，它是将收入与费用按“谁负责，谁承担”的原则进行配比的结果，所以可称为责任利润，它与按“谁受益，谁承担”的原则进行配比而形成的产品销售利润或营业利润的计算口径并不完全一致。例如，某些利润中心的可控成本可能只包括变动成本而不包括固定成本，或只包括一部分固定成本，这样，它们所应负责并控制的利润实际上是指边际贡献或可控毛益。

需要指出，由某个利润中心直接经手取得的收入或支付的费用，未必就是它所能控制的收入或费用；相反，它所能控制的收入或费用也有可能是经由其他责任中心来收取或支付的。所以，在计算确定其利润指标的完成情况时，必须根据可控性原则，将有关收入与费用在各责任中心之间进行必要的划转。另外，并非任何一个既有费用支出又有收入来源，因而可计量其利润的部门或单位都是利润中心。如果没有经营决策权，不能自主地开展经营活动，就不是利润中心，因为它无法控制利润，也就不能对利润负责。

三、投资中心

投资中心是应对投资收益负责的责任中心。因为投资收益是将投入资本与该项投资所产生的利润联系起来加以综合考核的指标，所以，投资中心要对投资收益负责，就要对利润负责，从而也就要对形成利润的收入与成本负责。显然，投资中心是比利润中心处于更高层次的责任中心，每个投资中心都包含若干下属的利润中心。投资中心所要负责并控制的利润按下属各利润中心进行分解，形成各利润中心所要负责并控制的对象，而投资中心要对其权责范围内的全部投资及其产生的全部利润，以及将两者联系起来加以综合反映的投资收益指标负责。

投资中心的基本特征之一是不仅有经营决策权，而且有投资决策权，所以投资中心享有高度的自主权。实际上，所谓分权管理，是指一家大型公司被划分为若干个享有高度自主权的投资中心；而在成本中心、利润中心层次上的分权，在集中管理模式下也是存在的。投资中心在各类责任中心中处于最高层次，享有最大的权责范围，有权自主决定经营活动和投资活动中的各种问题，包括经营的品种、方式，投资的方向、规模、类型等，同时也要对经营成果和投资收益负责。在一般情况下，企业最高管理层对投资中心的活动不加干预。

成本中心、利润中心、投资中心这三类责任中心在分权管理的企业组织结构中分别处于不同层次。成本中心通常包括工厂、车间、工段、班组等，一般都不是独立法人；利润中心通常包括分公司以及一部分工厂甚至车间，有的是独立法人，有的不是；投资中心则通常包括各事业部和一部分分公司，一般都是独立法人。

成本中心、利润中心、投资中心这三类责任中心的控制范围及三者之间的关系大体如图 9－1 所示。

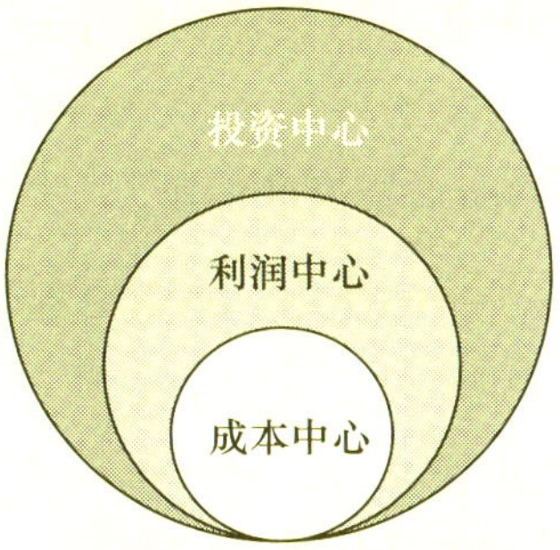

图 9－1　成本中心、利润中心和投资中心关系图

也就是说，一个利润中心必然同时是成本中心，一个投资中心必然同时是利润中心、成本中心。

第 3 节　内部转移价格

一、内部转移价格概述

（一）什么是内部转移价格

企业内部各责任中心在生产经营活动中既相互联系又相对独立。为了正确评价企业内部各责任中心的经营业绩，明确区分各自的经济责任，使业绩评价与考核建立在客观、公正、可比的基础上，各责任中心之间发生经济往来，相互提供产品（或劳务，下同）时，就需要按照一定的价格，采用一定的结算方式，进行计价结算。这种计价结算并不动用企业货币资金，而是一种观念上的货币结算，是一种资金限额指标的结算。计价结算过程中使用的价格称为内部结算价格，也叫内部转移价格。

（二）制定内部转移价格的目的

1. 分清经济责任，防止责任转嫁

内部转移价格作为一种计量手段，可以确定转移产品的价值量。这种价值量既标志着提供产品的责任中心的经济责任的完成，也标志着接受产品的责任中心应该承担经济责任的开始。因此，正确制定内部转移价格，可以合理确定各责任中心应承担的经济责任，防止责任转嫁，切实维护各责任中心的正当经济权益，保证责任会计的正确、合理实施。

2. 量化工作绩效，指导经营决策

通过制定和运用内部转移价格，可以把有关责任中心的经济责任、工作绩效加以量化，使企业最高管理者和内部各业务职能部门的主管人员能根据企业未来一定期间的经营目标和有关的收入、成本、利润以及资金情况，在分析比较的基础上，制定正确的经营决策，选取履行经济责任、完成责任预算、实现预定目标的最佳行动方案。如有关部门的生产经营是不断扩大还是适当缩小；中间产品和劳务是在企业内部购买还是向外部市场购买等。

（三）制定内部转移价格时应遵循的原则

为了有效发挥内部转移价格的作用，制定内部转移价格时应遵循以下原则。

1. 目标一致性原则

责任中心是企业整体的组成部分，其目标应该与企业整体目标一致。因此，制定内部转移价格时，既要考虑有关责任中心的利益，又要考虑企业整体的利益，并且尽可能使两方面利益达成一致，不能只顾企业整体利益而忽视责任中心利益导致责任中心积极性受挫，或为了某个责任中心利益而损害企业整体利益。

2. 公平性原则

制定内部转移价格应该使提供产品的责任中心和接受产品的责任中心都认为公平合理，否则，就不能正确考核各责任中心的业绩，也不利于调动其积极性。

3. 自主性原则

在目标一致的前提下，各责任中心要拥有自主制定本中心产品的内部转移价格的权利。自主性是责任中心行使权利的表现，其他部门和个人不得干涉。当各责任中心不能对内部转移价格达成一致意见时，任何一方都要尊重对方的意见，无权强制对方执行自己的意图，这在一定程度上也体现了公平性原则。

当然，自主性的前提是目标一致。当责任双方各持己见，争执不下，并可能损害企业整体利益时，应以企业整体利益为重，由企业上级管理部门合理协调。

二、内部转移价格的类型

（一）市场价格

市场价格简称市价，即以产品或劳务的市场供应价格作为计价的基础。以市场价格作为内部转移价格，其前提是各责任单位必须有充分的外购外销产品（或劳务）的自主权，而且这些产品或劳务都具有进入竞争市场的价格优势。

通常认为市场价格是制定内部转移价格的最好依据，因为市价比较客观，对买卖双方均无所偏袒，而且能促使卖方努力改善经营管理，同时市价也最能体现责任中心的基本要求。

以市价作为内部转移价格时，应该注意两个问题。一是中间产品有外部市场，可向外部出售或从外部购进时，可以市场价格作为内部转移价格，但并不等于直接将市场价格用于内部结算，而应在此基础上，对外部价格做一些必要调整。外部售价一般包括销售费、广告费以及运输费等，这些费用在产品内部转移时一般可避免发生。若企业各责任中心不是独立核算的分厂而是车间或部门，产品的内部转移价格不必支付销售税金，这些税金一般也是外部销售价格的组成部分，在制定内部转移价格时，如不在市场价格中做出扣除，这两方面的好处都会被供应方获得，不利于利润的公平分配。二是以市场价格为依据制定内部转移价格，一般假设中间产品有完全竞争的市场，或中间产品提供部门无闲置生产能力。

在采用市场价格作为内部转移价格时，应尽可能使各责任中心进行内部转让，除非责任中心有充分理由说明对外交易比内部转让更为有利。为此，要遵循以下三个原则：

（1）当供应方愿意对内销售，且售价不高于市价时，使用方有购买的义务，不得拒绝“购进”；

（2）当供应方售价高于市场价格时，使用方有转向市场购入的自由；

（3）当供应方宁愿对外界市场销售时，则应有尽量不对内销售的权利。

但是，必须以不影响企业整体利益为前提。

以市场价格作为内部转移价格也有局限性，即企业内部转移的中间产品往往没有相应的市价作为依据。

（二）协商价格

协商价格也称议价，是企业内部各责任中心以正常的市场价格为基础，通过定期共同协商确定的为双方所接受的价格。采用协商价格的前提是责任中心转移的产品应有在非竞争性市场买卖的可能性，在这种市场上，买卖双方有权自行决定是否买卖这种中间产品。如果买卖双方不能自行决定，或价格协商的双方发生矛盾而又不能自行解决，或双方协商定价不能导致企业最优决策，企业高一级的管理层就要进行必要干预。这种干预应以有限、得体为原则，不能使整个谈判变成上级领导完全决定一切。

协商价格的上限是市价，下限是单位变动成本，具体价格应由各相关责任中心在这一范围内协商议定。当产品或劳务没有相应的市价时，也只能采用议价方式来确定。通过各相关责任中心的讨价还价，形成企业内部的模拟“公允市价”，作为计价的基础。

协商价格也存在一定的缺陷：一是协商定价的过程要花费人力、物力和时间；二是协商定价各方往往会相持不下，需高层管理者裁定，这样就弱化了分权管理的作用。

（三）双重价格

双重价格就是针对责任中心各方面分别采用不同的内部转移价格所制定的价格。之所以采用双重价格，是因为内部转移价格主要是为了对企业内部各责任中心的业绩进行评价和考核，故各相关责任中心所采用的价格并不需要完全一致，可分别选用对责任中心最有利的价格为计价依据。双重价格有两种形式：

（1）双重市场价格，就是当某种产品或劳务在市场上出现几种不同价格时，供应方采用最高市价，使用方采用最低市价。

（2）双重转移价格，就是供应方按市场价格或议价作为基础，而使用方按供应方的单位变动成本作为计价的基础。

双重价格的好处是既可较好地满足供应方和使用方的不同需要，也能激励双方在经营上充分发挥其主动性和积极性。

采用双重价格的前提条件是：内部转移的产品或劳务有外部市场，供应方有剩余生产能力，而且其单位变动成本要低于市价，特别是当采用唯一的内部转移价格不能达到激励各责任中心有效经营和保证责任中心与整个企业的经营目标达成一致时，应采用双重价格。

（四）成本转移价格

成本转移价格就是以产品或劳务的成本为基础制定的内部转移价格。由于成本的概念不同，成本转移价格也有多种不同形式，其中用途较为广泛的成本转移价格有三种：

（1）标准成本，即以产品（半成品，下同）或劳务的标准成本作为内部转移价格。它适用于成本中心产品的转移。其优点是将管理和核算工作结合起来，可以避免供应方成本高低对使用方的影响，有利于调动供需双方降低成本的积极性。

（2）标准成本加成，即以产品或劳务的标准成本加计一定的合理利润作为计价的基础。它的优点是能分清相关责任中心的责任，但确定加成利润率时难免带有主观随意性。

（3）标准变动成本，即以产品或劳务的标准变动成本作为内部转移价格。它符合成本习性，能够明确揭示成本与产量的关系，便于考核各责任中心的业绩，也利于经营决策。不足之处是产品或劳务中不包含固定成本，不能反映劳动生产率变化对固定成本的影响，不利于调动各责任中心提高产量的积极性。

第4节 责任中心的业绩评价与考核

分权制下，高层管理人员要对低层管理单位进行控制，以使各责任单位的目标与企业整体目标相一致，而控制的一个重要途径就是财务控制。在20世纪，许多组织都用财务控制的方法来监督、评估、改进企业的经营活动。财务控制用成本、收入、投资报酬率等财务数据作为业绩指标或者作为一个经营单位所使用的资源的衡量标准。财务控制将与目标有关的财务数据同标准的数据（或者叫预算）进行比较，以找出差异。不利差异就是警告的信号，根据差异可以确定产生不利业绩的原因并加以改正。

控制的过程通常包括设定业绩目标、衡量业绩、将业绩与目标进行比较、计算实际业绩与目标间的差异，如有必要，还要对这一差异采取措施。控制过程的核心是设定业绩的目标水平。业绩指标可以是财务性的，也可以是非财务性的，不过财务指标一直是使用最广泛的。主要因为：第一，财务业绩指标直接和公司的长期目标相衔接，而公司的长期目标几乎总是纯财务性的；第二，恰当的财务业绩指标能综合地反映公司的业绩。

一、业绩评价与考核的一般原则

各责任中心业绩评价与考核的一般原则如下：

（1）可控性原则。考核的指标要选择可控制的因素，既方便考核，又显示公平。

（2）例外管理原则。对合乎正常的偏离应做一般评价；对显然不正常或与预定范围差距较大的事项应予以重点评价；对细小项目、细微数额应不予考虑；对重大的要紧项目或数额应给予特别注意。

（3）客观原则。对业绩的评价应持客观的、善意的、建设性的态度。应切中要害，抓住主流，实事求是，恰如其分。不仅要指出问题所在，还应指出解决的途径。

（4）可比性原则。在业绩评价与考核中免不了要进行比较，如将实际和预算对比说明预算遵守的情况，将实际与标准比较以发现脱离标准的偏差和原因。不同时间的比较可以发现生产经营活动的趋势及规律性；不同部门的比较可以衡量部门管理水平和所取得成果的大小；不同产品的比较可以了解各种产品的贡献大小，有利于进行生产决策；同行业比较可以取长补短。这些都需要比较双方具有可比性，消除一些不可比的因素。

（5）激励性原则。根据各个责任中心确定的权、责、利，对于取得的成果按照贡献的大小给予不同的奖励。比如，对建设性提案的重视与信赖，对工作成就的承认与赞赏，工作遭遇困难时给予支持与帮助，组织学习观摩，授予应有的荣誉称号，展览生产技术或经营管理成果，先进事迹的介绍表彰等，都是一些行之有效的激励办法。

（6）平衡性原则。企业成功与否不能单看短期内的成就，长期成就更是难能可贵。例如，一种新的生产方法可以减少废料，虽然每期减少数不多，但一直采用就能长期地使废料有所减少且数字可观；又如工人使用一项新的设备或生产一种新产品，近期财务报告上不易看出成绩，但期限愈拉长贡献就愈发明显。在考核评价时，应注意平衡长短期的效果，不能“一刀切”，避免片面武断。

二、财务业绩指标的考核与控制

各类责任中心的性质和特点不同，对其考核的业绩指标也不同，下面分别予以介绍。

（一）成本中心

由于成本中心的职责比较单一，考核起来也比较简单，主要集中于目标成本完成情况的考核，包括成本节约额和成本节约率，计算公式如下：

$$成本节约额=实际成本-目标（预算）成本$$

$$成本节约率=\frac{成本节约额}{目标成本}\times 100\%$$

【例9-1】 某成本中心生产甲产品，计划（预算）产量500件，单位成本100元；实际产量600件，单位成本90元。计算成本中心的成本节约额和成本节约率。

解： $成本节约额=600\times 90-500\times 100=4\ 000（元）$

$$成本节约率=\frac{4\ 000}{500\times 100}\times 100\%=8\%$$

该成本中心的成本节约额为4 000元，节约率为8%，究其原因可分析如下：

产量增加对成本的影响数为：

$$(600-500)\times 100=10\ 000\text{（元）}$$

单位成本降低对成本的影响数为：

$$(90-100)\times 600=-6\ 000\text{（元）}$$

（二）收入中心

对收入中心的考核，应立足于销售收入的实现问题，具体的考核指标包括销售收入目标完成百分比、销售款回收平均天数和坏账发生率等。

销售收入目标完成百分比的计算公式为：

$$\text{销售收入目标完成百分比}=\frac{\text{实际实现销售收入}}{\text{目标销售收入}}\times 100\%$$

通过以上公式的计算结果可以考核销售收入的目标完成情况，对收入中心来说，这是最主要的指标。

销售款回收平均天数的计算公式为：

$$\text{销售款回收平均天数}=\frac{\sum(\text{销售收入}\times\text{回收天数})}{\text{全部销售收入}}$$

这一指标可以反映企业收入中心是否能及时回收销售款，能增强收入中心加速资金回收的责任心。

坏账发生率的计算公式为：

$$\text{坏账发生率}=\frac{\text{某年的坏账发生数}}{\text{某年全部销售收入}}\times 100\%$$

这一指标可以用于考察收入中心在履行职责过程中发生的失误情况。对收入中心来说，正确判断客户的付款能力也是其销售业务中的基本职责。

值得注意的是，大多数收入中心会发生销售和市场的成本，同时还具有对这些成本的不同程度的控制力，因此，通常采用的方式是把责任中心可追溯的成本，诸如工资、广告费用、销售成本等，从销售收入中扣除，确定中心的净收入。

（三）利润中心

利润中心的业绩考核可以选择的财务指标包括短期营业毛利、可控贡献、部门毛利和部门税前利润等。

【例9-2】 以红星公司的财务数据为例，分析各种指标的优缺点。红星公司某责任中心的财务数据如表9-1所示。

表9-1 红星公司某责任中心的财务数据 单位：元

项目	金额
销售收入	100 000
变动成本	80 000

续表

项目	金额
可控固定成本	12 000
不可控固定成本	3 000
公司分摊的一般管理费用	1 000

以上几种利润中心考核指标的计算过程如表 9-2 所示。

表 9-2 对利润中心的考核指标计算表

单位：元

项目	金额
销售收入	100 000
变动成本	80 000
(1) 短期营业毛利	20 000
可控固定成本	12 000
(2) 可控贡献	8 000
不可控固定成本	3 000
(3) 部门毛利	5 000
公司分摊的一般管理费用	1 000
(4) 部门税前利润	4 000

(1) 短期营业毛利。对于控制收入和可控变动成本来说，部门短期营业毛利 20 000 元是重要的，但它对业绩评价没有用，部门经理还可以控制其他不包括在这个业绩指标中的成本，而且可以在随生产能力的使用而变化的成本（如人工小时）和随生产能力的购置而变化的成本（如机器成本）之间做出选择。所以，部门经理的业绩评价至少应包括可控的随已购置生产能力变化的成本。

(2) 可控贡献。可控贡献 8 000 元是部门的销售收入减去直接归属该部门的变动成本和该部门经理可控制的部分固定成本的结果。这个指标包括诸如间接人工、间接材料和公用设施等提供生产能力的成本。部门经理可以通过提高经营效率、降低产品系列和销售渠道的复杂性及差异性来减少这些成本。

因为可控贡献衡量了部门经理有效运用在其控制权限下的资源的能力，它也许是评价部门经理业绩最好的业绩指标。这个指标的一个局限是可控固定成本与不可控固定成本难以区分。例如，如果部门经理有权处置固定资产，则这些资产的折旧、保险费和财产税就是可控成本，但如果他没有这一权力，这些成本就是不可控成本。同样，雇员和管理人员的工资水平是由公司集中制定的，如果部门经理有权决定该部门雇用多少员工，那么工资成本是他的可控成本；如果部门经理既不能决定工资水平又不能决定雇员的多少，则工资成本是不可控成本。

在这里，我们要在评价经理的业绩和部门对全公司的经济贡献之间做出权衡。部门业绩会受到超出经理控制的市场环境的影响。例如，一个好的部门业绩可能是绝佳的市场机会和低劣的管理的结果，一个不好的部门业绩可能是糟糕的市场环境和出色管理的结果。运用责任中心的利润指标进行业绩评价时，必须考虑该部门的潜力，正如在制定部门年度预算时所做的那样。但是，经理通常参与预算的制定过程，可能会隐瞒潜在机会，以避免制定较高的业绩标准。

一方面，可控贡献在一定程度上衡量了部门经理的业绩，且不受由其他经理造成的成本的影响。另一方面，可控贡献由于忽略了应归属但是不可控的（短期内）生产能力成本，所以不能全面反映该部门对全公司的经济贡献。

（3）部门毛利。5 000元的部门毛利反映了部门为创造公司的利润和弥补与生产能力有关的不可控固定成本所做的贡献。与生产能力有关的成本提供了一般用途的生产能力，如行政和办公室等。由于上述原因，它评价的是部门业绩而不是部门经理业绩。部门的一些与生产能力有关的成本，如工厂场地成本、仓库成本、行政人员成本、机器成本，可能是过去高级管理层所制定的投资决策的结果，而且部门管理人员的工资也可能是公司制定的。部门毛利很明显是衡量部门获利水平的重要依据，但除非部门经理有权调整这些投资和关键人员，否则，这些成本是不可控的，因而在评价经理业绩时是不相关的。

（4）部门税前利润。很多公司把所有在公司层次上发生的与生产能力有关的成本都分配到各部门，这样做显然是为了提醒部门经理注意这些联合成本，并且使他们明白，只有当各个产生收入的部门都产生了足够的边际贡献来弥补这些成本时，整个公司才有可能获利。因为只有各部门利润超过公司的联合成本才能获利，所以将这些成本分配到各部门，以明确它们对公司的贡献。

把公司发生的生产能力成本分配到部门主要会引起两个问题：

第一个问题是，这种分配常常是主观的。这可以通过把这些成本分成两个部分来解决：一部分是基本的生产能力成本，另一部分是为满足部门需要增加的生产能力成本。对第二部分成本可以根据它的成本动因（满足的部门需要）将它分配到各部门。然而，基本生产能力成本的分配仍然是主观的，因而对其分配的结果进行解释较为困难，常在公司内造成一些混乱和抱怨。

第二个问题是，公司发生的生产能力成本对于部门经理来说是不可控的，因为它反映的生产能力决策不是由部门经理做出的。这可以部分地通过要求公司吸收未使用生产能力成本来解决。这样，由过高的公司费用造成的不利的利润差异就不会被分摊到部门经理那里（他们根本无法控制公司职能部门的成本）。

如果公司管理部门希望各部门获利能力足以弥补它们自己的费用以及公司费用，最好建立一个能弥补公司发生的生产能力成本的部门贡献标准。这样，部门经理就可集中精力提高收入和减少其所控制的成本，而不必关心他们不能控制或分摊的成本。否则，部门经理会过分关注分配比例，以提高业绩报告中的利润，而不是花时间创造真正的经济价值。

（四）投资中心

投资中心既能控制成本和收入，又能对投入资金进行控制。它不仅在产品的生产销售上享有较大的自主权，而且能够独立地运用其所掌握的资金，有权购建并处理固定资产，扩大或缩小生产能力，因而它既要对成本和利润负责，又要对资金的合理运用负责。根据投资中心生产经营活动的特点，通常以投资报酬率和剩余收益（经济附加值）作为评价和考核投资中心经营成果的主要指标。

1. 投资报酬率指标及其优缺点分析

（1）投资报酬率（ROI）。投资报酬率是指营业收益与经营资产之比。其计算公式如下：

$$投资报酬率=\frac{营业收益}{平均营业资产}$$

式中，营业收益是指息税前利润；营业资产指用以产生营业收益的各项资产，包括流动资产、固定资产及其他资产等。

平均营业资产的计算公式为：

$$平均营业资产=\frac{期初账面净值+期末账面净值}{2}$$

需要说明的是，关于长期资产（固定资产及其他资产）的价值确定存在不同的观点，即选择原值还是净值、选用历史成本还是现行成本等，不同的计算口径会使对投资报酬率的评价产生差异。

投资报酬率的计算公式使用十分方便。若将其分解为销售利润率和营业资产周转率，就能揭示出更多的信息。

$$投资报酬率=\frac{营业收益}{销售收入}\times\frac{销售收入}{平均营业资产}$$
$$=销售利润率\times营业资产周转率$$

式中，销售利润率即营业收益与销售收入的比率，表明营业净收益、利息及所得税费用之和占销售收入的比重；营业资产周转率是销售收入与平均营业资产的比率，表明运用营业资产产生收入的效率。

两种方法计算投资报酬率的结果一致，但第二种方法能揭示更多的信息，以下举例说明。

【例9-3】 某公司设有A、B两个投资中心，其相关资料及计算结果如表9-3和表9-4所示。

表9-3　A、B投资中心相关资料　　金额单位：万元

项目	2022年		2023年	
	A投资中心	B投资中心	A投资中心	B投资中心
销售收入	6 000	15 000	8 000	15 000
营业收益	360	450	400	375
平均营业资产	2 000	2 500	2 000	2 500
投资报酬率	18%	18%	20%	15%

表 9-4　A、B投资中心考核指标计算表

项目	2022 年		2023 年	
	A 投资中心	B 投资中心	A 投资中心	B 投资中心
销售利润率	6%	3%	5%	2.5%
营业资产周转率（次）	3	6	4	6
投资报酬率	18%	18%	20%	15%

由表 9-3 和表 9-4 可知，2022—2023 年，A 投资中心的投资报酬率从 18%上升到 20%，而 B 投资中心的投资报酬率却从 18%下降到 15%。为进一步分析其变动原因，可计算销售利润率和营业资产周转率。

两个投资中心的销售利润率 2022—2023 年均有所下降。销售利润率的下降可能是由于费用增加或是由于竞争加剧而被迫降价，也可能兼而有之。虽然销售利润率下降了，但 A 投资中心的投资报酬率上升了。原因是营业资产周转率的提高弥补了销售利润率的下降。营业资产周转率之所以提高，原因之一可能是存货减少。值得注意的是，虽然 A 投资中心的销售收入增加了 2 000 万元，但是平均营业资产保持不变。

B 投资中心的经营显然不如前者。由于营业资产周转率未发生变化，而销售利润率下降了，故其投资报酬率也下降了。B 投资中心未能像 A 投资中心一样克服销售利润率下降造成的影响。

（2）投资报酬率指标的优缺点。

投资报酬率指标的优点在于：1）促使投资中心经理关注销售收入、成本费用和投资三者之间的内在关系；2）促使投资中心经理关注营业资产的使用效率；3）促使投资中心经理关注成本的升降；4）促使投资中心经理科学进行投资决策，有利于调整存量资本，优化资源配置。

投资报酬率指标的缺点在于：1）会导致投资中心经理只关注本身的利益而忽视公司整体利益，缺乏全局观念；2）容易造成短期行为。为便于进一步理解，现举例说明如下。

【例 9-4】 M 公司某分部有两个投资项目可供选择。两个项目的投资额、预计营业利润及投资报酬率如表 9-5 所示。

表 9-5　两个项目的相关资料

项目	项目 1	项目 2
投资额（万元）	1 000	400
预计营业利润（万元）	120	80
投资报酬率（%）	12	20

该分部目前的投资报酬率为 15%，营业资产为 5 000 万元，营业收益为 750 万元。分部可以申请到 1 400 万元的新增投资。公司总部要求每项投资必须获利至少 10%（该比率代表了公司获取资本的成本）。分部闲置的资金将由总部进行投资，投资报酬

率为10%。该分部经理有四个备选方案：投资于项目1；投资于项目2；同时投资于两个项目；两个项目都不投资。四个方案下分部的投资报酬率如表9-6所示。

表9-6　四个方案下分部的投资报酬率

项目	投资项目1	投资项目2	投资两个项目	均不投资
营业收益（万元）	870	830	950	750
营业资产（万元）	6 000	5 400	6 400	5 000
投资报酬率（%）	14.5	15.37	14.84	15

显然，分部经理会选择第二个方案，原因是它能使分部的投资报酬率由15%上升至15.37%，但这种选择是以牺牲公司整体利益为代价的。如果分部投资了项目1，公司整体将盈利120万元。如果分部不对项目1进行投资，只投资于项目2，公司总部将剩余的1 000万元资金以10%的收益率用于投资，仅能获得100万元（10%×1 000）的利润。这样，由于分部经理仅仅关注分部的投资报酬率，公司失去了20万元的利润。两个项目都投资对公司总部来说是最好的，营业收益最高，但对分部不利。

【例9-5】 某投资中心的经理对前三个季度的分部业绩十分不满，若将第四季度的预计利润考虑在内，全年的投资报酬率为13%，比他所希望的数字至少低了2个百分点，这样的投资报酬率将影响他的晋升。时间仅剩下3个月，必须采取紧急措施。要增加第四季度的销售收入已不可能，因为在多数情况下，销售合同至少要在成交前几个月签订，现在加强销售活动，只会对下一年的业绩有帮助，因此，当务之急是采取措施改善本年的经营业绩。经过仔细考虑，他决定采取如下措施：

（1）辞退5名薪酬最高的销售人员；

（2）将第四季度的广告预算削减60%；

（3）将分部内部员工的所有晋升推迟3个月；

（4）将机器维修预算削减50%；

（5）使用便宜的原材料进行第四季度的生产。

综合起来，以上这些措施将减少费用、增加收益并使投资报酬率提高到15.6%。

虽然分部经理的措施在短期内提高了收益和投资报酬率，但损害了分部的长远发展。辞退薪酬最高却有可能是最有能力的销售人员，可能会削弱分部的销售能力；削减广告费用、使用便宜的原材料可能影响公司未来的销售；推迟晋升会影响员工的士气，从而降低生产效率和将来的销售收入；削减机器维修费用可能延长停工时间并缩短机器使用寿命。

2. 剩余收益与经济增加值指标及其优缺点分析

（1）剩余收益。剩余收益（residual income，RI）指企业或投资中心的经营净利润扣减按企业要求达到的最低利润率计算的投资报酬后的余额，其计算公式如下：

剩余收益＝经营净利润－资产×要求的最低利润率

剩余收益概念中的投资是指投资中心占用的经营资产，企业要求的最低利润率通常是以企业的融资成本、目标资本回报率或者企业加权平均资本成本等为参照的。从公式可以看出，影响剩余收益的因素主要有资产占用水平和成本水平。

剩余收益指标的优点是促使经理人更多地考虑投资风险与投资收益的匹配关系，引导经理人从企业整体利益出发进行决策，而非仅仅关注本部门的投资业绩。缺点是它是一个绝对数指标，不同规模的投资中心之间的业绩无法通过该指标来比较；此外，该指标属于短期指标，缺乏指引长远发展的能力。

（2）经济增加值。经济增加值（economic value added，EVA）是指在扣除为产生利润而投资的资本的成本后剩下的利润，即股东财富的增加值。EVA是剩余收益计算的一种特殊类型，该指标是由Stern Stewart公司开发的。EVA考虑的资本成本就是经济学家所说的机会成本。计算公式为：

经济增加值＝税后营业利润－加权平均资本成本×运用的总资本

经济增加值指标的优点在于：第一，经济增加值能将公司整体利益与分部业绩紧密联系在一起，避免决策次优化。第二，经济增加值能够减少传统会计指标对经济效率的扭曲。其缺点为：第一，难以反映规模差异。第二，财务导向。经济增加值的数额依赖于收入实现和费用确认的财务会计处理方法。为了提高分部的经济增加值，分部经理可能通过设计决策的顺序来操纵这些数字。第三，短期导向。一个良好的绩效评价系统应该将员工的努力程度、创造力和取得的业绩，与他们获得的补偿相匹配。由于经济增加值过分强调现实效果，管理者不愿意投资于创新性产品。

虽然经济增加值还存在许多不足，但是由于其克服了传统企业估值方法的一些缺陷，为评估企业的价值提供了一个全新的视角，因此该理论一经提出，便迅速为市场所接受，并在实践中取得了巨大的成功。目前，该理论已广泛应用于全球各地的企业，其中包括可口可乐这样的跨国公司。经济增加值已经逐渐成为高盛、JP摩根等著名投资银行分析公司价值的基本工具之一，国内一些专业机构也尝试应用经济增加值理论对中国的上市公司进行价值评估。我国国务院国资委在2010年开始要求所属企业应用EVA对经营者绩效进行评价与考核。

三、财务指标考核与KPI

财务控制并不试图去衡量那些对组织的股东和组织的长期成功来说至关重要的方面的业绩。然而，它提供了一种总体上的评价方式，以确定组织的战略和决策是否能提供可接受的财务回报，组织也可以运用财务控制来比较一个部门和另一个部门的结果，进而使组织的经营系统达到理想的结果。财务业绩指标常用的一种工具是关键业绩指标（key performance indicator，KPI）。

KPI是通过对组织内部流程的输入端、输出端的关键参数进行设置、取样、计算、分析，衡量流程绩效的一种目标式量化管理指标，是把企业的战略目标分解为可操作的工作目标的工具，是财务业绩指标的综合体现。KPI可以使部门主管明确部门的主要责任，并以此为基础，明确部门人员的业绩衡量指标。建立明确的、切实可行的KPI体系，是做好财务业绩管理的关键。KPI是用于衡量员工工作绩效表现的量化指标，是绩效计划的重要组成部分。

KPI符合管理学“二八定律”的原理。即在一个企业的财务业绩评价过程中，存在着“80/20”的规律——20%的骨干人员创造企业80%的价值；而且在每一位员工身上“二八定律”同样适用，即80%的工作任务是由20%的关键行为完成的。因此，必须抓住20%的关键行为，对之进行分析和衡量，这样才能抓住财务业绩评价的重心。

小　结

责任会计的主要内容包括划分责任中心，编制责任预算，实施责任监控，以及进行业绩评价。在责任会计体系中，内部转移价格的制定要有利于责任的明确，同时也要促进各责任中心制定有利于企业整体利益最大化的决策。目前对责任中心的考核评价主要运用财务业绩指标。

思考题

1. 什么是责任会计？
2. 产品成本与责任成本有何区别与联系？
3. 什么是责任中心？如何设计企业的责任中心？如何评价责任中心的业绩？
4. 何为内部转移价格？如何制定合理的内部转移价格？
5. 用财务业绩指标进行考核有何优点？有何不足之处？

练习题

1. 假定红星公司的某事业部为利润中心，该事业部本月的变动成本、固定成本及变动成本率的实际数与预算（计划）数如表9-7所示。

表9-7　某事业部的成本　　单位：元

成本项目	实际数	预算（计划）数
变动生产成本	40 000	41 000
变动销售及管理费用	8 000	8 200
直接发生的专属固定成本	20 000	19 950
上级分配的共同固定成本	4 000	4 100
变动成本率	60%	68%

要求：根据上述资料，编制该事业部本月的成果报告。

2. 假定星华公司下属有一个机械制造厂系投资中心，每年需向外部某厂购进微电机40万台，其购进单价为48元（单价原为50元，由于大量采购可获得购货折扣4%）。最近该公司并购了一家专门生产微电机的工厂，作为该公司的另一个投资中心。这家工厂每年能生产微电机200万台，除可供本公司产品使用外，还可向市场销售。每只微电机的成本资料如表9-8所示。

表9-8 单位成本的构成情况　　单位：元

直接材料	18
直接人工	14
变动制造费用	6
固定制造费用（按产能200万台分摊）	4
单位成本合计	42

该公司在研究制定微电机的内部转移价格问题中，列举以下五种转移价格供决策人员选择：50元；48元；43元；42元；38元。

要求：根据上述资料，对五种价格选择进行分析，并说明是否适用及理由。

3. 某公司的一个投资中心今年有甲、乙两个投资项目可供选择。两个项目的投资额、营业利润和投资报酬率如表9-9所示。

表9-9 项目的投资额、营业利润和投资报酬率

	项目甲	项目乙
投资额（万元）	1 000	400
营业利润（万元）	130	64
投资报酬率（%）	13	16

该投资中心目前的投资报酬率为15%，营业资产为5 000万元，营业利润为750万元。该中心可以得到1 500万元的新增投资，公司总部要求每项投资至少应获利10%。该中心的闲置资金将由公司总部进行投资，报酬率也是10%。该中心负责人有四个备选方案：项目甲，项目乙，甲乙都选，甲乙都不选。他首先认定选择项目甲对本中心不利。

要求：根据上述资料，结合剩余收益和投资报酬率指标帮助中心负责人进行决策分析，并说明理由。

案例及应用

1. 2024年以前，某公司的龙头部门是销售部门，一切经营活动以销售为中心。在此组织结构基础上，公司试图建立责任会计系统。按照设想，公司的销售部门是公司的利润中心，而公司网站制作部门和系统运维部门就是公司的成本中心，详见图9-2。

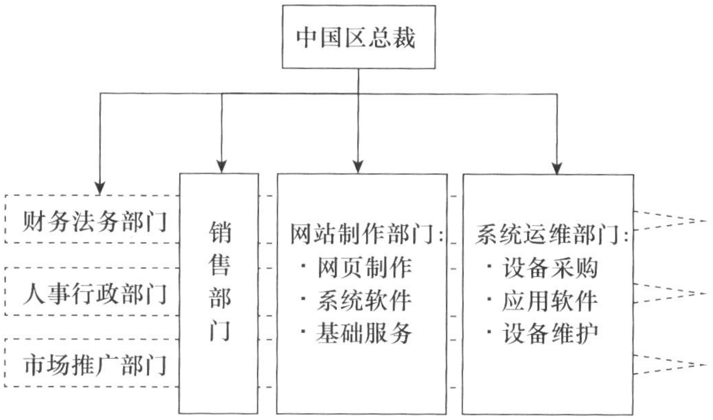

图 9-2

在这种责任中心设置模式下，销售部门为利润中心，同时销售部门的绩效建立在销售测算的基础上；支持部门是成本中心，并且该部门的绩效建立在成本节约的基础上。支持部门往往向销售部门进行高报价，销售部门反过来针对支持部门进行压价，形成企业内部两个部门的博弈，销售部门和支持部门的利益没有得到统一。

在 2024 年以前的责任会计系统构建过程中，财务部门进行了相关分部绩效报告的测试工作，发现：(1) 利润表和合并绩效表格不统一；(2) 在销售测算和销售实际发生冲突的时候，特别是采购成本预测不准确的时候，销售部门的业绩变动很大。

该公司的组织结构在这几年经过了几次调整，也反映了该公司在战略发展方向上的调整：整合和聚合了 C2C 电子商务及 Skype 业务，使公司业务向多元化发展。2024 年以后，随着互联网行业竞争形势变化，该公司调整战略，强调公司业务以向客户提供自有服务为主，培育公司自有业务的核心竞争力。销售部门调整到各事业部中，各事业部可以开展销售、售前和客户服务的全部业务。这时公司对责任中心确立的模式就是：无线事业部、网站事业部、电子商务事业部、Skype 事业部均为利润中心，如图 9-3 所示。

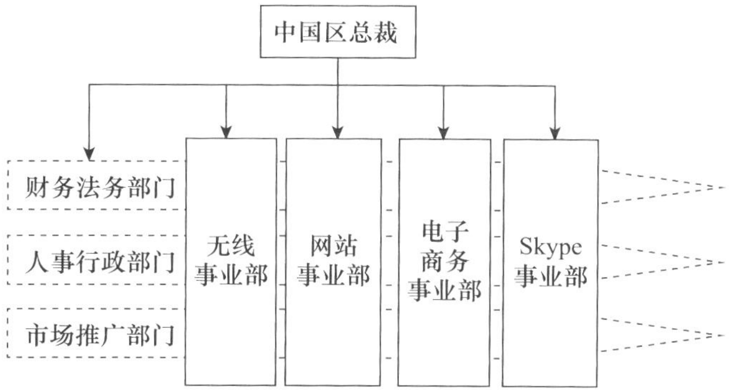

图 9-3

2024年以后的事业部利润中心模式完全克服了传统的以销售部门为利润中心、支持部门为成本中心的模式的不足。实践表明，这种责任会计系统的设计更为科学有效。

讨论：

应用上述资料，结合本章内容，谈谈责任会计对促进企业管理科学的重要意义。

2. 关键业绩指标（KPI），又称主要绩效指标、重要绩效指标、绩效评核指标等，是衡量管理工作成效最重要的指标，是一项数据化管理会计工具。KPI必须是客观、可衡量的绩效指标，它是将公司、员工、事务在某时期表现量化与质化的一种指标，可协助企业优化组织表现并规划愿景。比如，三星集团各子公司首席执行官（CEO）的年薪中，基本工资只占25%，其余的75%由绩效决定。员工的薪酬中，基本工资占60%，另外40%由能力而定。能力评价决定员工实际年薪，评为一级能得到130%的酬金，若评为五级，甚至连基本工资都得不到。同一职级的员工，实际年收入最高与最低可以相差5倍。三星干部和员工与公司绩效绑定的收入有两种：一种是半年一次评定发放的“PI”（生产率奖金），另一种是一年一度评定的“PS”（利润分享）。

PI的数额由半年度业务目标达成情况决定。每个部门、业务单元（BU）和公司按照经济增加值、现金流和每股收益等指标的半年达成情况，被分为A、B、C三级。假如一个员工所在的部门、BU和公司都被评为A，这个员工能拿到基本工资300%的奖金；如果不幸全是C，一分钱也拿不到。比如2005—2006年，存储半导体、移动电话和TV部门的员工就拿得“盆满钵满”，而非存储半导体和家电部门的人全部是C，真的一分钱都没拿到。PS其实是超额利润分享。每年三星总部都会给下属分子公司下达利润目标，经营年度结束后，如果实际利润超过目标利润，超出部分的20%作为奖金分配。

基于绩效主义的KPI方法将业务成果与报酬直接挂钩，带来了很多恶果，毁了产品和服务，也毁了公司。

2007年，索尼常务理事、机器人研发负责人土井利忠发表《绩效主义毁了索尼》一文，痛批绩效主义，痛批KPI方法。他列举了绩效主义与KPI方法的罪恶，如扼杀了索尼的激情集团（公司那些不知疲倦、全身心投入开发的集体），扼杀了索尼的挑战精神（为追求工作乐趣而埋头苦干），扼杀了索尼的团队精神（自由、豁达、愉快的气氛）。索尼神话、索尼奇迹消失了。进入21世纪，索尼从创新先锋沦为落伍者。

百度也在反思KPI方法。在内部邮件中，李彦宏质问：“为什么很多每天都在使用百度的用户不再热爱我们？为什么我们不再为自己的产品而骄傲了？问题到底出在哪里？”反省的结果是：“因为从管理者到员工对短期KPI的追逐，我们的价值观被挤压变形，业绩增长凌驾于用户体验，简单经营替代了简单可依赖，我们与用户渐行渐远！”李彦宏进一步警告说：“如果失去用户的支持，失去对价值观的坚守，百度离破产也真的只有30天。”

但是，绩效主义和KPI方法非常盛行，几乎每家公司都在使用。有人认为，没有KPI，公司可能会更糟。公司CEO不可能天天考察每个部门、每位员工所做的事情，怎么能保证大家遵循既定的战略行进呢？这就要把战略分解成计划，并落实到KPI上。

另外，如果没有KPI，公司按什么标准考核员工，发放薪资和资金呢？索尼1990年全面引入KPI方法，而三星1988年就引入了。KPI方法成就了三星，助推三星不断发展。

资料来源：李序蒙，白刚．绩效主义成就了三星，毁了索尼．网易财经．

讨论：

应用上述资料，结合本章内容，讨论财务指标体系的适用性与针对性等对企业管理会计价值发挥的影响。

第10章

战略管理会计

知识目标

了解公司战略与战略管理概念的内涵与外延，理解战略管理会计的形成背景、特点及其规律，明确“战略管理的会计”与“战略性的管理会计”的异同点。

能力目标

掌握战略管理会计的构成内容及其应用方法，关注战略成本管理、价值链分析的技术要点，总结和提炼战略管理会计的实践经验及未来发展趋势。

素养目标

（1）从战略维度观察企业“人工智能”的管理会计实践，通过智能制造与智能管理推进战略管理会计的发展。

（2）在“百年变局”的管理会计“应用环境”背景下，坚持以“双循环”新发展理念为指导，不断拓展企业战略管理会计的内容体系与功能边界。

导读　新情境下企业的战略管理

战略是企业提高核心竞争力、确保长期竞争优势、实现既定目标的一系列约定和行动计划，是决定企业经营活动成败的关键因素。成功的企业战略能够引导企业获得更佳的财务业绩，以及合理约束企业的盈余管理行为，并提升企业的会计信息质量。2017—2018年，财政部陆续发布包括《管理会计应用指引第100号——战略管理》等34项管理会计工具，凸显了战略管理对企业长远发展及其资源配置的重要性。

随着外部环境的日益复杂化和动态化，企业面临越来越多的生存挑战，为了应对环境的威胁，实现可持续发展，企业必须做出正确的战略决策。当前，我国经济发展存在社会可持续发展与经济可持续发展两大问题。比如，如何构建“双循环”的新发展格局，积极履行“碳达峰”与“碳中和”等环境承诺等问题。亦即，新形势下的科技发展与商业模式变革深刻影响并改变着企业，使价值创造与价值增值的管理会计目标面临新的挑战与机遇。换言之，管理会计作为一种商业语言，尽管其具有一定的特殊性及个性化等特征，但是充分彰显其道路自信、制度自信以及理论与文化自信，仍然是管理会计向国际学术界展现其价值和意义的重要路径或手段。

新情境下的企业组织提出了战略管理的新要求。为了建设现代化经济体系，激发企业的价值创造力和创新活力，必须加快企业的数字化改革。企业数字化转型不仅丰富了管理会计的技术手段，使信息支持系统更加及时与高效，同时也使管理会计的管理控制系统更加全面与完善。总之，企业作为中国实体经济的微观基础，顺应“双循环”新发展格局，贯彻落实数字化改革的战略部署，不断拓展战略管理会计的功能边界，是数字经济新时代企业高质量发展的重要基础与保障。

进入 21 世纪以来，企业越来越明显地感受到来自国内外的双重竞争压力，市场环境变幻莫测，经营条件日趋复杂，所有企业都面临同一个难题：如何在激烈的市场竞争中求得生存并力争获胜。在此情况下，企业不仅需要提高内部运营效率，而且要关注外部市场，关注竞争对手，做到知己知彼，努力获取并保持竞争优势，才能谋求生存和发展的机会。这一管理理念体现在管理方式上，便催生了现代管理革命——战略管理。企业管理从日常经营活动上升到长远发展的战略层面，而作为管理支持系统的管理会计也必须具有战略管理功能。

第 1 节 战略管理会计概述

管理会计的战略性要求管理会计提供企业外部市场和竞争对手的信息，协助企业制定实施战略计划以获取竞争优势，这样，战略管理会计便应运而生了。

一、战略管理会计的产生

战略管理会计（SMA）最早是由英国学者肯尼斯·西蒙兹（Kenneth Simmonds）于 1981 年在《战略管理会计》一文中提出的，他说：“战略管理会计是一个在实践中迅速扩展的领域，因为许多管理会计师花费很多时间和精力收集和评估有关竞争者的成本、产量和价格的信息，并计算公司与其竞争者的相对战略位置，作为构建业务战略的基础。业务战略呈现了一种模拟现实环境元素的方法，从而类似于复杂的竞争游戏，战略可以计算和比较。”

战略管理会计的概念虽然在 1981 年就已提出，但是成为管理会计学界讨论热点的时间要晚很多。到目前为止，有关战略管理会计领域准确的定义和范围还是众说纷纭、莫衷一是，战略管理会计还属于新兴的研究领域，许多概念和理论仍然处于探索和讨论阶段。本章只是对战略管理会计领域中一些比较常见的内容进行简单介绍，并做适当的总结。

当前学术界对战略管理会计概念的不同理解主要可以分为两大方面。一个方面可以称作战略管理的会计。它主要从技术工具的角度，讨论为适应新时期组织所处技术经济环境的变化而发生的管理会计技术方法的变革，也就是说，战略管理会计是管理会计体系的一部分，是服务于组织战略管理目标的一组创新工具。另一方面可以称为战略性的管理会计。它从整体上理解管理会计在新时期的发展，认为管理会计必须提升自己的指导原则，为组织的整体和长期的战略性发展提供信息。其中又可以分为两个方面：一是主要讨论管理会计视角和内容的扩展，如竞争者会计和客户会计的使用、组织间关系控制以及研究开发过程控制等；二是主要讨论管理会计战略性思考与理念的变化，包括从国家层面观察宏观经济形势变化带来的管理会计系统演变趋势、管理会计系统与战略关系研究，以及基于价值链管理的管理会计研究等。总的来说，战略管理会计领域的研究具有较强的探索性，内容比较广泛，但方法和结论还都不太成熟。

二、战略管理会计的背景和特点

（一）战略管理会计的产生背景

1981年西蒙兹提出战略管理会计概念具有时代的必然性。20世纪80年代是管理学界（以美国为标志）新概念、新方法大量涌现的时代。战略管理会计在那个时代产生，既受到当时激烈竞争的外部环境变化的推动，也顺应了组织内信息技术与各种制造技术、管理方法变革的需要，反映了会计实务界和理论界对管理变革的调整和适应。

（1）市场环境的变化。20世纪80年代以来，企业面临的竞争日趋激烈，企业的国际化趋势明显加快，全球性竞争全面展开。面对市场的激烈竞争，获取竞争优势是每个企业的当务之急。市场竞争使企业认识到产品价值的实现比价值形成更为重要，销售成为企业经营活动中的关键环节，研发、营销受到前所未有的重视，消费者需求的多样性和个性化对企业的经营理念产生了很大的冲击。

（2）制造环境的变化。20世纪80年代兴起的高级制造技术（AMT）和准时制（JIT）的发展改变了企业的生产工艺。新的生产环境下，企业生产组织方式发生了根本的变化。客户需求的多样化促使企业细分市场，并针对不同的市场开发销售产品，于是，原先的大规模生产逐步转化为多产品、小批量的生产。市场调研和产品开发要求越来越高，管理者面临许多新的问题。因此，管理会计必须能够提供新的有效的信息。

（3）管理环境的变化。市场环境的变化使得传统的管理体制逐渐滞后，为了赢得竞争优势，实现企业的长期生存和发展，企业管理者更加重视对企业内外部环境变化的预测和把握，以便对企业的发展方向和道路做出全局性的长期筹划，企业管理进入了战略管理的时代。当然，由于企业内外部环境的不确定性和多变性，管理上对灵活性的要求也越来越高；与此同时，知识经济时代的到来使智力资本成为企业的核心能力，管理当局对人力资源也给予了前所未有的重视，“人本管理”成为时尚，人力成本不断提高。企业管理者必须意识到这些变化，并且及时地评估和分析，以便加强管理、调整战略，这就需要管理者拥有新型管理信息系统。

（二）战略管理会计的基本特点

战略管理会计是从战略的高度，既提供顾客和竞争对手具有战略相关性的外向型信息，也对本企业的内部信息进行战略审视，帮助企业管理者充分掌握各方信息，并据以制定和实施企业的竞争战略，促进企业价值链的改进和完善，保持并创造长期竞争优势。战略管理会计有以下特点：

（1）战略管理会计是外向型的信息系统。传统的管理会计是一种内向型的信息系统，只注重本企业内部的计划、决策及控制活动，只对本企业的成本管理、决策及责任会计负责。战略管理会计则立足于全局，从战略角度放眼企业所处的整个环境，寻求企业建立竞争优势的途径。

（2）战略管理会计着眼于企业的长远目标和整体利益。战略管理会计超越传统的单一企业和利润最大化界限，重点关注企业的长远发展和整体利益的最大化，且以最终利益目标作为企业战略成败的标准。

（3）战略管理会计提供多样化的信息。战略管理会计提供的信息不仅包括企业财务信息，还涵盖了大量的非财务信息，包括战略财务信息、经营业绩信息、竞争对手信息、市场信息以及与企业发展相关的背景信息，从而使企业充分了解自己的竞争态势和战略地位，帮助管理者有效地做出最终的战略决策。

（4）战略管理会计是一种综合性的风险管理。传统的管理会计一般偏重于企业自身经营活动的管理，缺乏全面的综合风险管理。而战略管理会计既重视企业全部生产经营活动，也重视企业其他价值链活动，同时战略管理会计充分认识到企业的任何一项行为都可能带来一定的风险，所以战略管理会计为了实现全局性、长远性战略，必须进行综合性的风险管理。

（5）战略管理会计对管理会计人员的职能和素质提出了更高的要求。在战略管理会计要求下，管理会计人员不仅要分析企业财务数据，向管理层提供财务信息，而且要全面收集相关信息，并运用各种方法进行综合分析、评价，向管理层提供战略性的信息和建议。

第 2 节 战略管理会计的基本内容

经济社会的发展要求企业既重视内部又重视外部的战略管理，管理所需要的信息范围必须加以扩展。“战略管理会计”这一术语虽然在文献中不断出现，但其内涵往往不一致。实践表明，战略管理会计的发展并不仅仅表现为新技术方法的出现，而是表现为贯穿管理会计运作系统的观念更新，是传统管理会计在新的市场环境和企业管理环境下的发展。柯德（Coad，1996）有些偏激地描述说：“战略管理会计是一个新兴的领域，它的边界是自由的，没有统一的观点说明它是什么、将向何处发展。这个领域的现有文献既分散又杂乱。”本章结合各种观点进行简单的综述。一般来说，战略管理会计的任务是，提供和分析公司产品市场和竞争者成本以及成本结构的财务信息，在相当长的时期监视公司以及竞争对手的战略。战略管理会计的内容非常丰富，最常见的有战略竞争分析、战略成本管理、价值链分析、战略投资规划、战略业绩评价和战略客户管理。

一、战略竞争分析

战略竞争分析的首要步骤是进行企业竞争力因素分析。迈克尔·波特在1985年提出影响企业竞争力的五要素，他认为企业所处竞争强度的高低由五种基本的竞争力决定，即同行业竞争者的威胁、其他行业或企业替代品的威胁、潜在的行业新进入者、供应商以及客户的议价能力等，如图10-1所示。

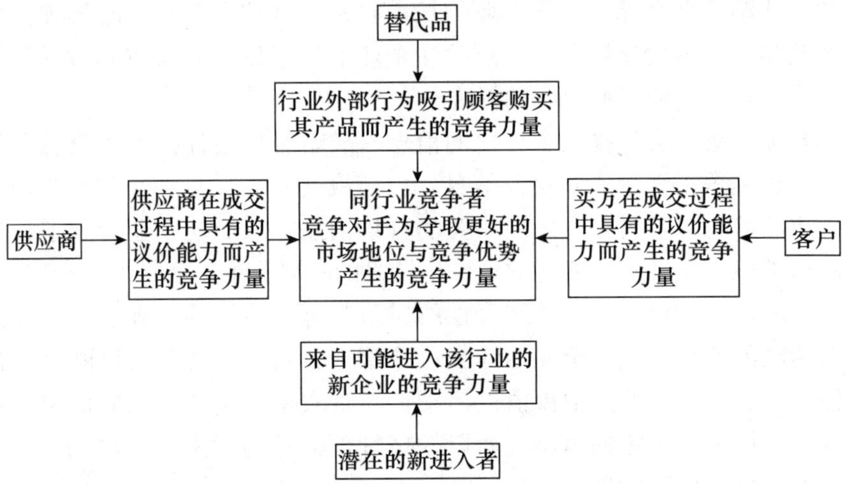

图10-1 波特的五种力量竞争结构分析模式

以上市场竞争的五种力量形成了企业经营环境的基本竞争框架。根据五种力量的结构模式，企业必须正确地进行市场定位并制定相应的竞争战略，以防御外部力量的威胁，充分发挥自身的竞争优势。另外也表明，一个企业长时间维持高于平均水平的经营业绩的根本基础是具有相对持久的竞争优势。战略竞争分析的重要方面是进行战略地位分析与竞争优势战略的选择。迈克尔·波特在五种力量论的基础上提出了三种制胜的竞争优势战略，即总成本领先战略、差别化战略和集中化战略。这三种战略的选择取决于企业所处的战略竞争优势地位和企业家的决心，可以通过战略地位和行动评估矩阵方法（SPACE）进行分析、评估和选择。其原理是一个企业的战略地位及其竞争优势战略的选择受到四个关键因素（即环境稳定要素、财务实力要素、竞争优势要素和行业实业要素）的影响，因此可以通过对这四个要素的分析和评估揭示企业所处的战略地位，从而选择相应的竞争优势战略，并具体制定各种发展战略。SPACE模型如图10-2所示。

二、战略成本管理

面向市场，灵活地进行顾客化生产是战略管理会计中成本管理关注的核心问题。战略成本管理的内容包括产品属性成本、产品生命周期成本、质量成本、战略成本、战略定价、目标成本和价值链成本。

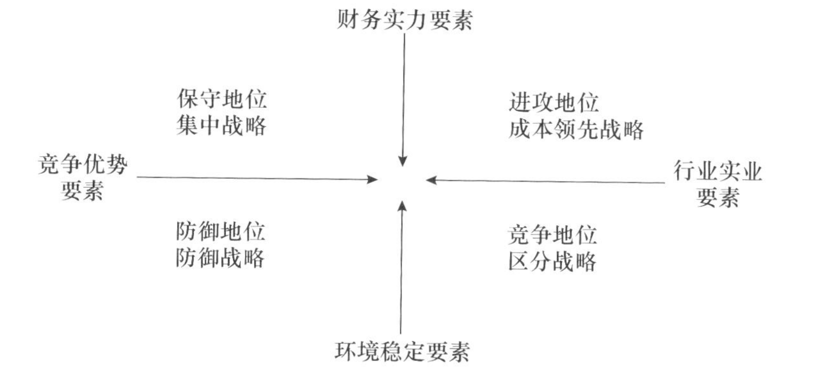

图 10－2　SPACE 模型

（1）产品属性成本。产品属性成本是将吸引顾客的特定产品属性予以成本化的结果。经营行为的多样性、产品的可靠性、担保的安排、供应的保障及售后服务等都可以成本化，产品属性成本就是把以上一系列因素量化与成本化后的结果。

（2）产品生命周期成本。产品生命周期成本综合考虑了产品整个生命周期可能产生的成本，是基于产品或劳务生命周期各阶段的长度进行的成本评估，包括设计、推广、发展、成熟、衰退和淘汰。进行产品生命周期成本计算，可以避免短期行为的管理倾向。

（3）质量成本。质量成本是指为了防止出现低质量的产品或矫正低质量产品而发生的成本，可分为预防成本、鉴定成本和故障成本。通过对质量成本的计算，出具质量成本报告，为企业管理者正确决策提供信息支持。

（4）战略成本。战略成本要求根据战略和市场信息，分析利用成本指标，据此开发并确定能够保持相对优势的最佳战略。

（5）战略定价。战略定价要求在定价决策中对战略因素进行分析。利用竞争导向分析进行战略定价，会带来比较正确的定价决策。这些分析中予以评估的因素包括：竞争对手的价格回应、价格弹性、市场的增长、规模的经济性以及经验。

（6）目标成本。目标成本是通过估计的售价减去需要的目标利润得到的所需要的生产、过程或市场成本。目标成本是目标售价和目标边际利润之差，可用如下公式表示：

$$C_{tc}=S_{tc}-P_{tc}$$

式中，C_{tc} 代表目标成本；S_{tc} 代表目标价格；P_{tc} 代表目标利润；下标 tc 表示用目标成本法得出的数据。

目标成本法是一种以市场为导向，对有独立的制造过程的产品进行利润计划和成本管理的方法。目标成本法的目的是，在产品生命周期的研发及设计阶段设计好产品的成本，而不是试图在制造过程中降低成本。

（7）价值链成本。价值链成本要求分析产品生产过程中的增值作业和非增值作业，相应地计算增值成本和非增值成本，研究企业的客户价值，从而得知在哪些环节可以降低成本。

【例 10-1】 美国一家生产航天器零部件的中型企业，专门生产电子产品出售给太空初级设备制造厂家，年销售额达900万美元。该公司于1989年起应用战略成本管理，开展整体业绩评价，以增强市场竞争力。它的做法是：向公司的主要客户征询产品设计、质量等方面的意见，同时对销货协调等方面的能力进行调查。

上述征询与调查的结果表明，客户最为关注的是企业产品的成本与质量以及售后服务情况，而对产品工艺、企业技术的先进性似乎不太关注。综合各项意见，发现客户对成本、质量及售后服务不甚满意。为此，公司成立了专门小组，从战略角度着力加以纠正和完善，依据企业管理（结合成本管理）的要求，将原先的32个指标缩减为10个：(1) 及时送发货；(2) 生产流程的稳定性；(3) 工程成本；(4) 新产品研制周期；(5) 产品初次合格率；(6) 产品生产周期；(7) 生产效率；(8) 保证退货；(9) 质量情况；(10) 再加工与残料成本。同时围绕上述指标，按月开展分析，编制业绩报告，及时反馈给生产员工，并发送给客户。专门小组还鼓励中层管理者根据自身工作职能提出合理化建议。

上述指标运转一段时期以后，公司又适时地将指标压缩成5个：(1) 保证退货；(2) 新产品研制周期；(3) 产品生产周期；(4) 及时送发货；(5) 生产效率。从这5个指标中不难看出，指标多以成本、质量及时间要求为主，而这些正是客户所关心的。企业在实施这一战略管理之初，也遇到了一些阻力，主要是中层管理人员配合不积极，有的为显示良好业绩甚至隐瞒真相；经过专门小组的组织协调，最终实现既定目标。整体业绩评价实施的效果是明显的，实施当年公司实现的绩效情况是：(1) 及时送发货率提高89%；(2) 产品研制周期缩短35%；(3) 生产成本占销售额的百分比下降10%；(4) 客户报价提高50%。这表明，整体业绩评价之所以成为一种新趋势，是因为：(1) 它是一种实用的管理技巧，绝不只是一种新流行；(2) 它是企业获得财务与竞争优势的重要阶梯；(3) 管理者有效地学习并使用这种方法，将会产生独特的效果；(4) 它不仅能促使企业成本下降，也可以提高企业的服务质量；(5) 它是适应企业变革与发展、开展绩效评估的有力工具。因此，在企业确定制胜竞争战略的过程中，实施整体业绩评价是十分必要的。

三、价值链分析

战略管理会计对传统管理会计的突破之一在于对问题的分析并不局限于一个会计主体，它运用内外对比的方法考察企业的竞争能力，从前后联系的角度分析价值的创造，从而形成企业价值链分析。

迈克尔·波特在其《竞争优势》一书中提出了价值链的概念。他认为，任何企业的价值链都是由一系列相互联系的创造价值的作业构成的。这些作业分布在从最初的原材料来源到最终的产品消费之间的每一个环节。价值链分析将价值的形成过程分解为战略性相关的作业，把每个企业都当成整个价值创造作业链中的一环，从原材料的采购到最终产品的消费整个价值链的过程分析产品的成本与效益。

一个企业的作业只能是价值转移系统中的一部分，即使是在同一行业中拥有相同的供应商，在同一个市场上竞争的企业，其整体价值链也是有差别的。供应商不仅为企业的价值作业提供生产要素，还会对企业的成本和产品产生极大的影响。要获得和保持竞争优势，仅仅了解企业所处的价值链阶段是不够的，还需要了解整个价值链系统。供应商和顾客以及供应商的供应商和顾客的顾客的边际利润与企业的成本和产品优势是紧密联系的，因为价值链终端客户支付的是整个价值链上所有边际利润的总和。

价值链分析的具体步骤包括：(1) 确定价值链；(2) 分析成本动因；(3) 分析建立持续竞争优势的方式；(4) 克服量化的困难。构建和分析企业的价值链不是一项轻而易举的任务。要做到这一点，企业必须克服几个棘手的问题，具体包括：量化中间产品的价值、识别关键的成本动因、确定作业之间的联系、计算客户和供应商的边际收益、分析竞争对手的成本结构。在实际分析时，一般可先确定外部市场起于何地、终于何处，将整个价值链细分成各种不可分割的既相互联系又相对独立的环节，然后采取行动，优化、删减其中的某些环节，提升价值链中带来价值最大增值的环节，实现最佳经济效益。

四、战略投资规划

广义的投资战略包括直接投资战略和间接投资战略。直接投资是指为直接进行生产和从事其他经营活动，而在土地、厂房设备及其他有关方面进行的投资。这种投资能获得对企业的全部或部分所有权和控制权，通过生产经营活动，可以直接生产商品、提供劳务及其他市场需求的服务。它是与实物投资相联系的。间接投资是指投资者通过贷款、购买证券等方式，将资本转移给企业，企业再将资本投入到生产经营中。这种投资只能获得贷款或证券的利息或股息，而没有对企业的管理权和控制权。间接投资一般称为证券投资。从管理会计视角分析，战略投资规划重点是搞好投资评估。资产、盈利能力和成长性是投资评估时考虑的最基本的三个要素，如图 10－3 所示。在进行资产评估时，首先要关注的是资产负债表。对于有形资产可以直接准确地估价，而对于无形资产，由于存在不确定性，评估时应该适当减少对资产负债表的依赖，要考虑资产的特性和所处行业的竞争态势。衡量投资内在价值的第二个标准是盈利能力，要把未来的收益转化为现在的内在价值就需要对未来的收益和资本成本的关系进行假设，一般来说，投资项目的盈利能力价值可以用以下公式表示：

$$\text{盈利能力价值}=\frac{\text{调整后的未来收益}}{R}$$

式中，调整后的未来收益与未来现金流保持一致，未来的收益维持稳定；R 为资本成本成长性，是最不确定的价值因素，其衡量难度较大。因此，分析投资项目的市场竞争状况、特许经营或专利保护的存在性和持续性是关键。

战略投资规划中的风险管理一般强调的是整体风险管理，它是目前较为流行的风险管理观点。我们知道，企业每项投资、每个产品都有其独特的风险。虽然可以对每一项投资、每一个产品进行独立的风险管理，但是如果将所有的投资、产品等综合考虑，作为一个整体进行风险管理，可以更加有效地控制风险。由于分散投资，很多风险

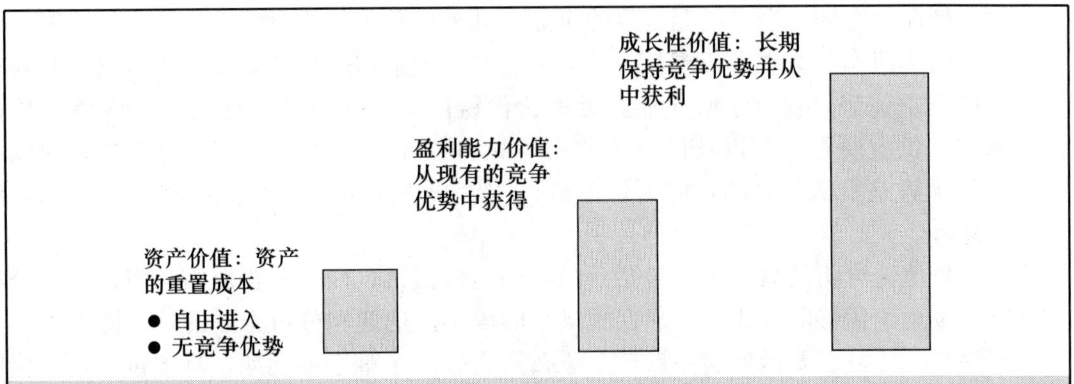

图 10－3 投资评估三要素

会相互抵消，剩下的风险可能会比每一种单独的风险小得多。企业进行整体风险管理，使可以相互抵消的风险通过投资组合风险分散的方法得以消除，避免不必要的资源浪费。图 10－4 是预期回报与风险管理基本函数关系的模型。

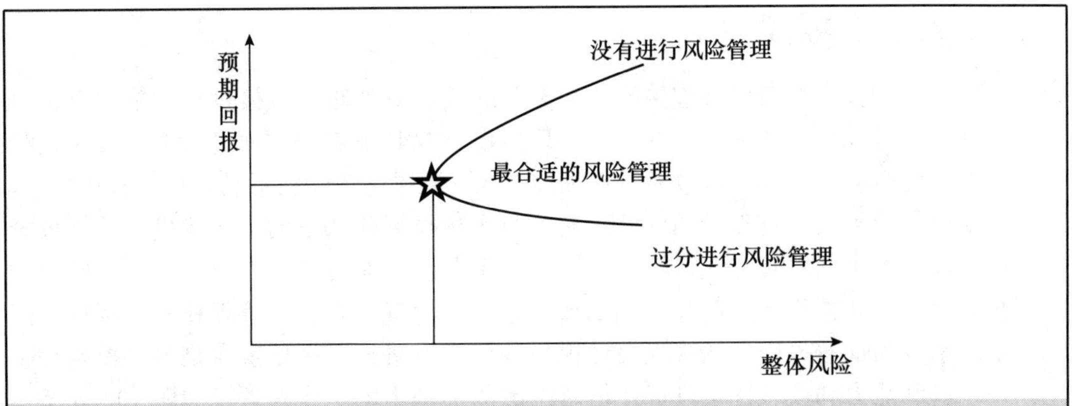

图 10－4 预期回报与风险管理

五、战略业绩评价

完整的业绩评价体系不是简单地考评一项工作，而是一个完整的过程，它应该包括以下五个步骤的活动，如图 10－5 所示。

如何将业绩评价的目光投向公司的战略计划和未来的发展，是战略业绩评价的研究重点。一方面，公司希望朝着以价值为基础的、非财务的前导性指标和更好的绩效管理方向前进；另一方面，它们的业绩评价依然侧重财务的预算指标。财务数据可以告诉管理者，公司采用的战略是否获得了成功、创造了价值，但财务指标往往是滞后性的指标，管理者需要有前导性指标帮助他们预测未来。前导性指标以关键成功因素和关键绩效指标来表示。一个关键成功因素（CSF）是对公司擅长的、对成功起决定作用的某个战略要素的定性描述。关键成功因素由关键绩效指标进行量化，从而产生了非财务指标。使用关键成功因素和关键绩效指标使企业对战略目标实现程度的评价成为可能，如图 10－6 所示。

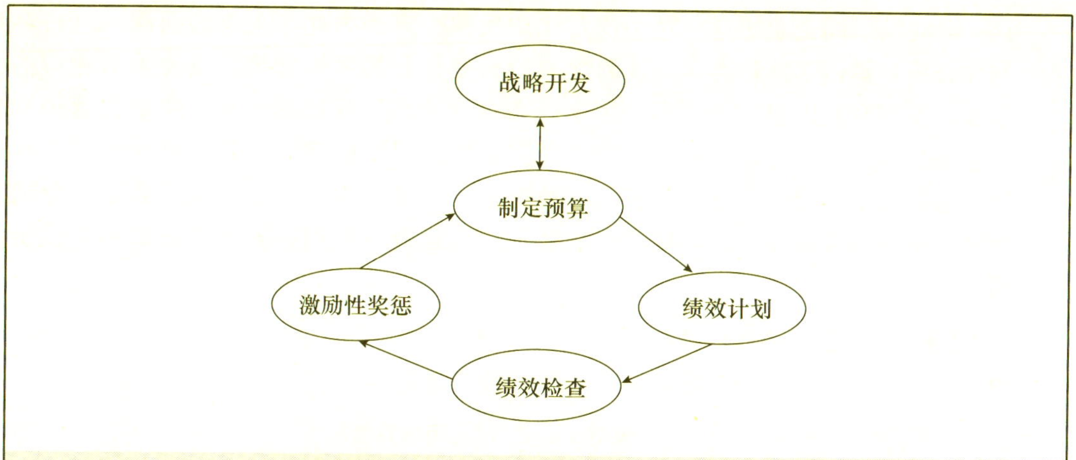

图10-5 业绩评价体系的五个步骤

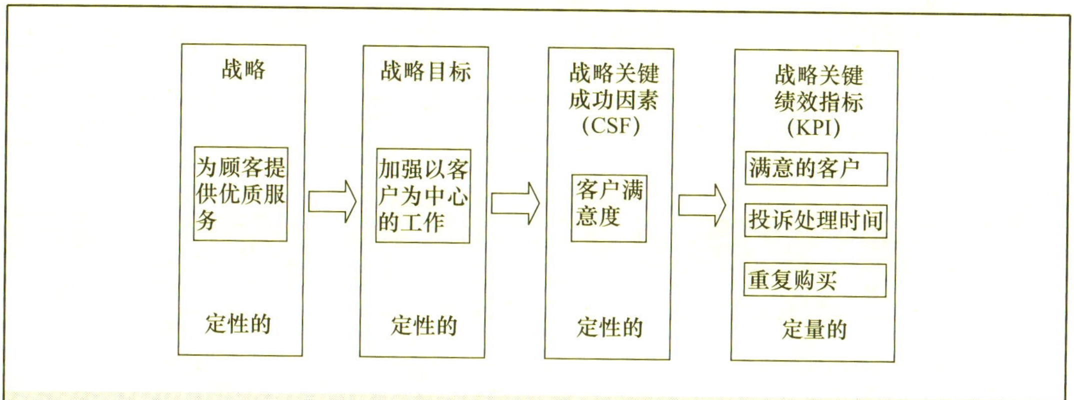

图10-6 关键成功要素及相应的关键业绩指标

罗伯特·卡普兰提出的平衡计分卡（BSC）是目前应用最为广泛的一种战略绩效管理及评价工具。平衡计分卡以组织战略为导向，寻找能够驱动战略成功的关键成功因素，并建立与之具有密切因果联系的指标体系来衡量战略实施过程的状态和采取必要的措施，以维持战略的持续成功，其工作原理是通过在四个常常冲突的衡量标准中实现平衡而发挥作用，将管理层制定的战略与运作层面的活动整合起来，它主要从财务、客户、内部经营过程、学习与创新等四个重要方面来衡量企业。后面章节将对此展开讨论。

六、战略客户管理

客户是企业最大的财富。企业必须成为客户驱动型组织，坚持以客户为中心，按照市场的需求做出快速反应。这是提高客户满意度，进而提高客户价值的关键因素。客户价值（customer value）具体表现为客户对所购买的产品愿意支付的代价，由此形成企业的收入。收入补偿企业为提供产品所耗费的作业和资源的代价后的余额，正数为企业从客户价值中获得的利润，负数则为发生的亏损。企业的相对竞争地位可以从这一最终结果同企业的竞争对手的对比中反映出来。为此，企业必须深入进行客户盈利性分析，具体掌握各类客户盈利性的消长变化及其发展趋势，以便采取相应的战略措施，发展有利因素，消除不利因素；在企业内部，从产品设计、制造、营销和售后服务等各个方面，有效地协同运作，经济合理地尽可能满足客户多样化的需求，并从目标市场的全局出发，在资源有限的情况下，分清主次，把尽可能提高居主导地位的大客户的满意度放在首位，促进企业客户总价值及其盈利性的大幅提高和价值链的全面改善。

【例10-2】 万德公司是一家从事电子产品生产和营销的企业，其客户分为大、中、小三种类型。万德公司的销售和盈利情况分别如表10-1和表10-2所示。

表10-1 万德公司销售情况

单位：元

统计项	大型客户	中型客户	小型客户
客户数量（个）	7	33	90
年销售额	3 339 234	2 278 000	3 200 340
销售成本	2 180 450	1 729 208	2 956 700
销售利润	1 158 784	548 792	243 640

表10-2 万德公司盈利情况

客户类型	数量（%）	销售额（%）	利润额（%）
大型	5.4	37.9	59.4
中型	25.4	25.8	28.1
小型	69.2	36.3	12.5
合计	100	100	100

上面的数据表明，公司的大型客户盈利性最高（37.9%的销售额贡献了59.4%的利润），小型客户的盈利性最差（36.3%的销售额仅贡献了12.5%的利润）。结合其他因素对这些情况进行深入的分析，可以为改进企业的市场战略、实施更有效的客户管理、达成战略目标提供指导信息。

客户盈利性分析是一种事后分析，目的在于明确企业不同类型客户的盈利性情况及其变化趋势，依此来确定企业市场资源的配置，力求提高企业的整体盈利水平。从更深的层次来看，企业从客户那里能够获得多少盈利，关键在于客户对于企业提供给他们的产品满意度如何，满意度越高，客户价值就越高；反之越低。

客户满意度是主观和客观因素相结合的产物。一方面，供货的及时性，产品的性能、质量，服务等客观因素是客户满意度的基础；另一方面，客户的需求又是多样性的，不同的客户对产品的认识存在主观上的差别。客户满意度的分析要求企业充分运用消费心理学的原理，从企业内外部广泛收集相关资料，具体掌握不同客户对产品各个相关因素的满意程度，并按一定的技术方法量化。分析客户满意度有助于企业明确改进的方向，提高客户价值。

第 3 节　战略管理会计实践及其新发展

目前，战略管理会计领域的研究成果具有较强的探索性，前后继承的研究成果比较少见，学者们对战略管理会计的研究和论述还缺乏统一性和系统性。总的来看，对战略管理会计的理解有两种不同的角度：一种角度偏重技术方法，认为战略管理会计是一组创新的工具，服务于特定的战略管理目标；另一种角度从总体上看管理会计和战略管理的结合，主张拓宽管理会计的视野和范围，改进传统理念和方法，以满足新形势下战略性管理的信息需要。前一种角度理解的战略管理会计可以称为为战略管理服务的会计，有时它被看作管理会计的一个创新分支；而后一种角度理解的战略管理会计可以称为战略性的管理会计，它通常被看作管理会计体系的发展。当然，在不同的研究文献中也存在视角的交叉，因此战略管理会计研究成果显现出特别丰富和不一致的现象。

一、战略管理会计的实践

盖尔丁、格拉文斯和泰勒斯（Guilding，Gravens & Tayles，2000）运用问卷调查的方式，对新西兰、英国和美国 1 000 多家企业的战略管理会计实务进行了国别比较，得出的结论是，各国运用战略管理会计技术方法的情况大致相同，各种不同战略管理会计技术方法的运用存在较大的差异，实务工作者对战略管理会计的术语不熟悉，但是普遍认同采用战略管理会计方法会给组织者带来好处。通过问卷调查，学者获得了企业对战略管理会计技术方法使用情况的统计数据。通过数据分析，研究者指出战略管理会计的多数技术方法应用率偏低，但简单地否认战略管理会计的应用潜力是不适当的，比较恰当的说法应该是，目前传统的管理会计实践还保持耐久力，同时管理会计的范式也在逐渐扩展，发展趋向战略管理会计的部分，但不是革命性的进展。

卡尔和汤姆金斯（Carr & Tomkins，1996）曾对英国和德国公司的战略性投资决策案例进行分析，观察财务分析和战略分析方法在决策中的应用情况。研究的重点是在战略性投资决策中使用传统财务分析工具（如折现现金流、内部收益率、投资回收期、投资报酬率等技术方法）和使用教材所介绍的战略分析技术（如 SWOT 分析、战略性投资组合技术、波特的五种力量分析、一般战略分析、价值链分析、竞争者分析等）的国别差异。统计结果如表 10－3 所示。

表 10－3　财务分析与战略分析技术统计表

	英国	德国	平均数
使用传统财务分析			
折现现金流	54	40	47
折现现金流作为关键分析	12	16	14
投资回收期作为关键分析	69	52	61

续表

	英国	德国	平均数
正式战略分析技术			
使用	13	5	9
部分使用	8	19	13
未使用	79	76	78

研究者通过对公司管理者进行访谈发现，虽然被调查的样本公司很少使用正式的战略分析技术，但是战略导向的意识已经在组织中成为规范，尤其是在围绕战略决策的思考中，这些技术更经常地发挥作用。

二、战略管理会计的新发展

随着会计研究者对实践管理问题的关注，围绕管理控制系统设计和作用，出现了许多新的研究主题。这些主题往往与创新型组织或创新性业务相联系，不同于传统的管理控制系统，因此不妨把它们归属于战略管理会计的研究范畴。由于问题比较新颖，很多学者采用了实地调查和案例分析的研究方法，结论也比较分散和不成熟。

（一）战略管理会计的管理控制系统功能得到扩展

1. 新产品开发中的管理控制系统设计

新产品开发成为现代很多公司战略的核心方面，强调第一个行动者的优势、产品快速引入市场、产品功能更多地考虑符合客户需要，以及不断缩短的生命周期，都对新产品开发施加了更大的压力，在产品开发上超过竞争对手已经成为竞争优势的重要来源。从目前的研究成果来看，管理控制系统对产品开发的影响并没有一致的观点，且经验的证据是不清楚的。现有的研究仅仅讨论管理控制系统与广义的研究开发过程的相关性。

2. 管理控制系统对产品创新的影响

理解组织如何使用它们的正式控制系统去支持产品创新，已经成为一个重要的研究问题，但是以前这些有限的研究提供的结果看起来还是不确定和相互矛盾的。创新的管理文献倾向于最小化或者忽略正式的管理控制系统对成功的产品创新可能存在的积极作用。人们普遍认为，使用正式管理控制系统事实上与创新是不相容的，正式的管理控制系统对于创造性以及恰当处理与创新相联系的不确定，往往是一种威胁和阻碍。

3. 知识密集型公司管理控制系统的功能发挥

知识密集型公司（knowledge-intensive firms）可能是知识经济时代重要的标志性现象之一，管理知识密集型公司的难度很大，因为这类公司不仅需要吸引具有专业技术的合适人员，而且要整合那些新成员的知识，以完成通常以不确定性、知识不对称性、不可观察性为特征的活动。以往有关的文献主要集中于它们不同于其他公司的形成原因和结果，关注的是那些比较引人注目的管理机制，如工作的专业控制、基于文化的合作形式等，管理机制还没有被明显地引入研究。意大利学者安吉洛（Angelo）则讨论了管理控制系统作为知识集成机制在知识密集型公司处理不确定性时的作用，得出的结论是：知识复杂性是设计和使用管理控制系统的推动力。

4. 时间会计中的价值观对管理控制系统的贡献

在组织会计实践研究中，时间会计已经成为战略管理会计的一个重要组成部分。早期时间会计缺乏相关的概念支撑，且几乎没有经验的基础。南德哈库马和琼斯（Nandhakumer & Jones，2001）通过考察一个大型跨国公司的信息部门采用以项目为基础的团队工作方式，为高层管理者开发一个计算机管理信息系统的过程，从社会学的角度把以项目为基础的团队工作时间管理理解为组织的行为人的持续的、积极的对其社会环境的生产和再生产的一部分。其研究结论表明，会计技术能间接地影响团队的时间管理，社会控制（如行为规范）会促进与同事之间的合作，专业的设计工具和建立好的制度规范也具有重要的价值。

"时间"作为一个自然变量，在管理会计研究中的应用是较为普遍的，如时间作业成本法等。时间的一个基本性质在于客观存在与变化密不可分。对待时间的态度归纳起来大体上有两种：一为"牛顿时间"，即认为时间是可逆的或对称的；二为不可逆时间（Dopter，1988；Radzicki，1990）。管理会计中的时间既有"牛顿时间"的属性，如生产流程的循环往复，又有动态的时间理念，即时间具有不可逆性。

安达信（2000）首先提出了表示时间的利益概念，即"利益速度"（profit velocity）。具体地讲，利益速度就是指每分钟这种单位时间能够产生的收益情况。它的基本思路是：妨碍车间整体生产数量及现金流提升的"瓶颈"对产品及车间设施的收益性影响重大，采用每分钟收益的分析方法有助于观察这种"瓶颈"的存在，并能够提供与此相关的有用数据，从而为管理者选择最具收益力的高性能产品组合提供决策依据。此外，还有"货币流速"（money velocity），它是时间驱动成本管理中的核心概念，它着眼于公司（或者利润中心）内外部资金流动的速度，具体包括货币流入流出速度、固定的产出流、变动的产出流。传统的成本计算方法存在缺陷，如当销售比率随时间变化时，那些具有单位最大收益的产品或服务往往难以体现出单位时间的最大收益。

（二）基于互联网生态的战略管理会计发展

"互联网+"、云计算和大数据等技术的发展为新经济时代的管理会计注入了新的活力，企业应将各种技术情境应用于管理会计工具和方法的创新，通过"互联网+"等的思维和意识促进管理会计管理控制系统作用的发挥，使企业管理更加精细。互联网生态是社会化分工和合作的内在要求，它是一种创新的机制。必须充分利用管理会计的信息支持系统和管理控制系统，实现两者的有机融合。这种生态经济的特征体现为，从供应链、产业链、价值链等链式工具进行社会分工与合作，转向平台、网式工具等开展社会分工与合作，并对管理会计的理论框架产生影响与冲击。随着新商业模式、新业态的不断涌现，经济、管理及社会各方面的新知识、新理念不断地冲击着管理会计技术的现有环境。最具代表性的技术情境是以"互联网+"为代表的物联网、云计算和大数据等技术因素，同时，各种建立在其基础之上的组织资本共享、零成本社会等理念与技术也对管理会计技术产生深远的影响，所有的传统产业都会逐步转化、改造升级成智能生态。智能化生态的技术手段主要包括：一是基于物联网、机器人流程自动化（RPA）和机器学习的全流程会计处理自动化；二是基于神经网络、规则引擎、数据挖掘的财务预测、决策支持；三是基于智能搜索、模糊识别、智能控制的风险管理；四是基于智能数据分析、遗传算法、专家系统等的成本管理。

小　结

有别于传统管理会计，战略管理会计注重对企业外部因素的分析以及重视企业长期的发展。战略管理会计产生于20世纪80年代，是管理会计的新兴研究领域。本章通过对战略管理会计基本特点和主要内容的阐述，并围绕战略管理会计的探索性特征，指明了管理会计发展的新方向。

思考题

1. 试述战略管理会计的内涵及意义。
2. 战略管理会计的主要内容有哪些？
3. 讨论战略管理会计的发展趋势。

练习题

斯图尔特·道公司是加拿大一家刚刚成立5年的食品服务业公司，主要业务是烘制和销售包装咖啡，其食品服务分部主要面向要求送货上门的咖啡客户（如办公室消费者）——属于“主渠道”（即零售市场）之外的咖啡消费市场。这一部分市场是常规的咖啡商尽量回避的，因为为少量客户提供非标准化服务通常成本较高，而如果想通过提高单价来弥补额外成本，这些客户就会回到零售市场去。

针对这一市场特点，一些新兴的食品服务商开展了它们的业务，它们从咖啡烘制商那里取得包装咖啡，再按桶分装（每桶约可供给500杯咖啡），同时，为客户送货上门，还为客户提供咖啡机出租服务，并免费维护这些设备，有时还提供茶、热巧克力或其他饮料，这样经营者以“桶”为单位计算价格（内含咖啡机等额外服务价格），一定程度上避免了与零售市场每磅咖啡的价格比较。斯图尔特·道公司是这类新兴公司中比较成功的一个，不过竞争依然激烈。

现在斯图尔特·道公司已经建立了自己的咖啡工厂，公司的食品服务分部从工厂取得的桶装咖啡与市价相同，为每桶18美元，这个价格中除咖啡原豆以及烘制成本、桶中附带的过滤器成本之外，也包括工厂对公司的贡献毛益。

食品服务分部的任务包括营销和服务两部分。

营销人员首先要发现潜在的客户，根据他们的经营场所和业务活动规模，估计他们每天所需的咖啡数量及需要送货的次数和时间，选择适当的咖啡机类型，然后向客户提供以“桶”或“杯”为单位的服务总报价，并与客户签订服务合同。

签订合同之后就开始提供服务，根据客户订购电话，开发票、从仓库调货、装车、运送至客户、收取货款，提供安装、维护、清洗咖啡机等服务。

上年食品服务分部共销售咖啡 27 777 桶，发生的成本构成如表 10-4 所示。

表 10-4 单位：美元

烘制咖啡	500 000
人员成本（全部员工 8 人工资福利）	220 000
调试设备及其维护成本	90 000
运输成本（车辆折旧以及运行成本）	70 000
其他间接成本（分部其他成本项目）	70 000
总成本	950 000

上年食品服务分部实现销售收入 1 000 000 美元，共处理订单 18 000 份，客户数已经达到 1 000 家。但是分部实现的利润只有 50 000 美元，销售利润率只有 5%，远低于年初定下的 15%的公司目标。

公司董事长兼 CEO 斯图尔特·道面对这样的业绩在思考：食品服务分部的定价策略有没有问题？如何看待不同客户对公司盈利性的影响？

根据传统的行业管理方法计算，分部销售每桶咖啡应该承担的营业和管理成本约为 16.20 美元（450 000/27 777），其中包括人工、设备及维护、运输和其他间接费用。

咖啡服务市场的竞争主要表现在价格上，其他服务项目内容大体相同，通常每月只需为客户送货一次。客户能够接受的每桶咖啡价格在 45 美元以下，供应商为了争取大客户经常会给予数量折扣，最低可能达到每桶 25 美元。

斯图尔特·道公司正在反思食品服务分部的客户定价策略对公司盈利能力的影响，他面前正好有两个客户的资料。

第一个客户是位于郊区的小型综合办公室，这家客户每月通常订购 5 桶咖啡，使用一台咖啡机，公司只能在上班时间为其送货，由于送货不便，销售人员为这项业务制定了 23%的销售利润率，提供的一揽子报价为每桶 44.42 美元，计算过程如表 10-5 所示。

表 10-5 单位：美元

咖啡成本（5×18）	90
营业成本（5×16.20）	81
总成本	171
利润率 23%的销售价格（171/(1−0.23)）	222.08
平均每桶单价	44.42
平均每杯咖啡（每桶约 500 杯）	0.089

第二个客户是坐落在市中心的餐厅，供货比较方便，一般每月订购20桶咖啡，也使用一台咖啡机，由于这是一家比较大的客户，制定的销售利润率为12%，报价为每桶38.86美元，计算过程如表10-6所示。

表10-6　　单位：美元

咖啡成本（20×18）	360
营业成本（20×16.20）	324
总成本	684
利润率12%的销售价格（684/(1−0.12)）	777.27
平均每桶单价	38.86
平均每杯咖啡（每桶约500杯）	0.078

要求：

食品服务分部的销售利润率低于目标要求这个问题是不是出在客户的折扣价格上？怎样才能提高公司的竞争力并增加盈利呢？

案例及应用

1. 一些学者运用问卷调查的方法对新西兰、英国和美国共计1 000多家企业的战略管理会计实务进行了统计和研究。为了定量研究战略管理会计的应用，学者对调查数据进行了量化处理。其中战略管理会计使用程度用问题“你的组织采用以下12个项目的技术方法达到什么程度”来反映，使用7分量表：1分表示完全没有，7分表示很高程度。调查统计表如表10-7所示。

表10-7　战略管理会计使用程度得分统计表

因子	项目	总样本	新西兰	英国	美国
战略成本定价	战略性定价	4.54	4.63	4.73	4.36
	战略性成本计算	3.49	3.44	3.72	3.43
	质量成本计算	3.22	3.46	3.11	3.07
	目标成本计算	3.12	3.16	2.90	3.19
	价值链成本计算	3.04	3.15	2.60	3.15
	生命周期成本计算	2.60	2.43	2.60	2.73
	产品属性成本计算	2.33	2.54	1.91	2.37
竞争者会计	竞争地位监控	4.99	4.95	5.20	4.93
	依据公开报告评价竞争者	4.42	4.17	4.78	4.50
	竞争者成本估计	4.07	3.91	4.37	4.09
品牌价值会计	监控品牌价值	2.73	2.59	2.65	2.88
	品牌价值预算	2.32	2.16	2.50	2.35

讨论：

应用上述资料，结合本章内容，对上表中战略管理会计的12个项目的特点及其在实务中的使用情况开展国别比较，并谈谈你对战略管理会计使用情况的看法。

2. 2021年11月，媒体报道："德国当代艺术家西蒙·韦克特（Simon Weckert）弄了一个大筐，装着99部手机，用小车拉着四处溜达，所到之处，瞬间使该片区域的空旷道路陷入'瘫痪'。"这是该艺术家的一个"行为艺术"，然而其结果却是直接让其所经过的路段交通"瘫痪"，即导致谷歌地图（花费数十亿美元开发的系统）错报，认为这一路段严重拥堵，路线变为红色，尽管此时的道路上一辆车也没有。

谷歌公司官方发言人表示：感谢西蒙·韦克特这一创造性的行为艺术，使谷歌公司发现自身的地图产品存在的设计不足，公司未来将通过改进地图产品更好地为人们服务。来自各方的舆论表明，谷歌公司的这一做法是值得赞赏的。

这一事件对管理会计的战略发展带来了积极的启示。即无论是怎样的高科技产品，都必须拥有权变性思维。认真思考人与世界、技术与社会、人与人之间的关系极为重要。企业要对工具理性有客观的认知，要将工具理性与科技理性、价值理性等融合于一体，综合地思考与认知，提高管理会计的管理控制系统功能与信息支持系统功能，保持企业的可持续性成功，并实现企业的价值创造与价值增值。

讨论：

（1）你对谷歌公司的上述做法是否赞成？

（2）结合上述资料中对管理会计的启示，谈谈你对数字技术应用及其前景的看法。

第11章

作业成本管理与资源消耗会计

知识目标

了解作业成本法的概念特征，明确作业成本管理形成的动因及其背后的发展规律，明确从作业成本法上升到作业成本管理的必然性。

能力目标

掌握资源消耗会计的基本原理，关注作业成本管理与资源消耗会计的异同点，总结资源消耗会计对资源有效利用的意义，懂得普及与应用资源消耗会计的价值所在。

素养目标

(1) 从核算与评价的视角，理解成本分配的价值观，结合当前共同富裕情境下的“三次分配”，探讨资源消耗会计的积极意义。

(2) 面对外部环境的不确定性与不稳定性，加强企业内部管理，积极开展以资源分配为主题的管理会计研究，是“双循环”新发展格局下完善管理会计功能体系的客观需要。

导 读　如何更合理地分配资源耗费

在美国，作业成本法（ABC）和其他管理会计的工具方法一样，都是供企业自由选择应用的。从实际采用的情况看，在几乎全美国的企业中，大约仅20%的企业在使用这种作业成本法。然而，国内有一种错误的认知，似乎美国企业都在采用作业成本法。

任何方法都存在不尽完美之处，作业成本法也是如此。比如，作业的划分过于主观与随意等。因此，自该方法诞生起，就一直有人质疑这一方法应用的公正性与公平性。

面对ABC的局限性，时任IMA协会主席的怀特（White）极力推荐德国管理会计中的成本计算与分配方法。其推荐的方法之一是德国汽车工程师弗劳特（Flaut）创立的一种成本会计方法——弹性边际成本法（GPK）。这种方法纠正了美国通行的任意分配作业与成本的做法，对合理分配资源耗费具有积极意义。2003 年，国际高级制造业协会（CMA-Ⅰ）提出了资源消耗会计（RCA）。RCA 是把 GPK 与 ABC 糅合起来的一种整合后的新成本会计方法。

那一时期，怀特曾带领 IMA 成员分别访问了德国和美国公司的财务总监，当问及德国公司的财务总监：假如今天摒弃不用 GPK，会有什么结果？他们的回答是："在一年之内不会发生什么事，但此后我们就会失去控制了。"

与此相反的是，当 IMA 向许多美国公司财务总监提问道："如果你们明天就放弃实施 ABC，那会发生什么事？"回答的结果却是："没什么呀。我们不是已经放弃了嘛！"

以上事例表明，管理会计工具并非尽善尽美，其本身就是不断完善与动态发展的产物。面对企业资源耗费的分配等成本管理的新需求，管理会计主动调整且不断开发出新的适合企业不同场景、具有可操作性的实用工具与方法，是一种客观必然。

现代企业追求经济效益的经营实践为成本会计提供了广阔的发展空间，与环境、技术、人文相适应的成本会计体系正在朝创新、整合的方向转变。近年来，作业成本管理与资源消耗会计作为企业成本会计创新的重要内容在我国日益受到重视。为借鉴国外的成功做法并有效地应用于我国企业，人们开展了一系列的研究与探索。本章主要阐述作业成本管理与资源消耗会计的有关原理和方法，展示成本会计的最新进展。

第 1 节 作业成本管理

作业成本管理（activity-based costing management，ABCM）是利用作业成本核算所提供的信息，将成本管理的起点和核心由产品转移到作业层次的一种管理方法。它是为成本管理提供的一种新思维。

一、作业成本法的原理及应用

作业成本法（activity-based costing，ABC）是将企业消耗的资源按资源动因分配到作业，再将作业成本按作业动因分配给成本对象的一种成本计算方法。作业成本法涉及的基本概念主要有作业、作业中心、作业成本库、作业链、价值链、成本动因等。

（一）作业成本法的原理

与传统成本计算方法比较，作业成本核算从以产品为中心转向以作业为中心，将着眼点放在成本发生的前因后果上，以作业为核心，以资源流动为线索，以成本动因为媒介，通过对所有作业活动进行跟踪动态反映，能够对发生的作业成本进行有效的控制。

作业成本法的基本原理如图 11－1 所示。

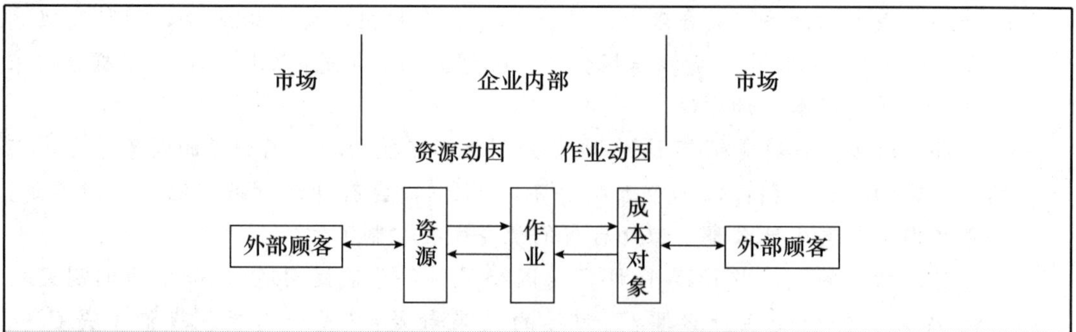

图 11-1　作业成本法的基本原理示意图

说明：在企业内部，上面的箭头表示成本形成与核算过程，下面的箭头表示资源消耗过程。

（二）作业成本法的应用

根据上述作业成本法的基本原理，作业成本核算的基本程序可以分为以下三个步骤：(1) 确认作业，划分作业中心。(2) 确定资源动因，以作业中心建立作业成本库归集费用。(3) 确定作业动因，将作业成本库的费用分配至各种产品。作业成本核算的基本程序如图 11-2 所示。

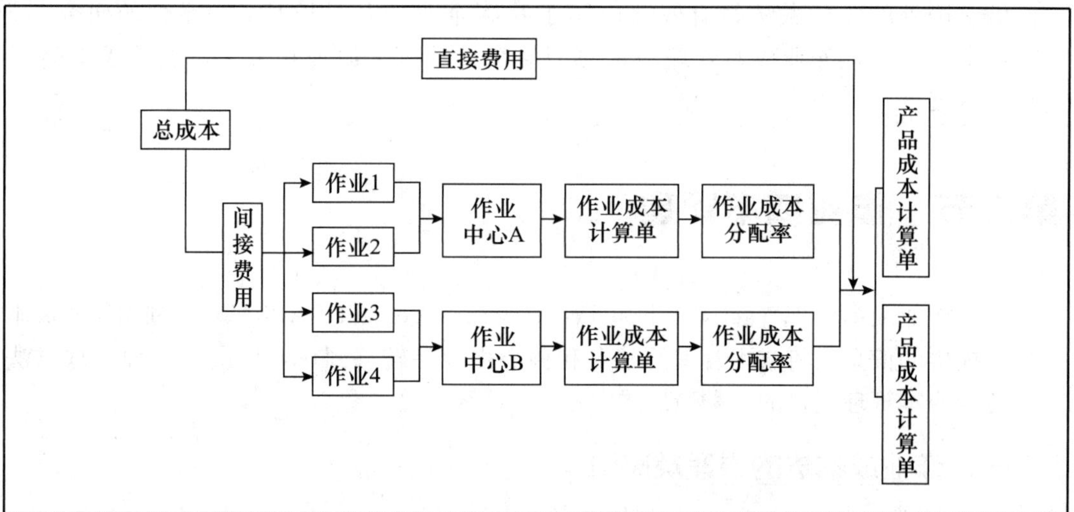

图 11-2　作业成本核算的基本程序示意图

【例 11-1】　某公司每年生产并销售甲产品 100 000 件，有 10 个主要客户，其中 1 个客户的购买量比较大，约占企业总销售量的 40%，另外 9 个客户购买其余的产品，且购买量大致相当。按照传统成本计算方法核算，公司有关客户的成本资料如表 11-1 所示。

表 11-1　公司有关客户的成本资料

项目	大客户（1个）	小客户（9个）
购买量（件）	40 000	60 000
订单数	4	108

续表

项目	大客户（1 个）	小客户（9 个）
销售电话数	12	358
分摊的处理订单成本（元）*	112 000	168 000
分摊的销售成本（元）*	22 200	33 300

* 分摊的基础是销售量。

要求：采用作业成本法进行成本分配，说明不同类型客户所消耗的成本高低情况。

解：首先运用作业分析找出真正反映客户消耗作业量的动因——订单数和销售电话数。

然后，运用作业成本法进行成本分配，分配计算如表 11－2 所示。

表 11－2　成本分配表

项目	成本总额（元）	作业量总数	分配率（元）	大客户（1 个）		小客户（9 个）	
				作业量	成本（元）	作业量	成本（元）
处理订单成本	280 000	112	2 500	4	10 000	108	270 000
销售成本	55 500	370	150	12	1 800	358	53 700

可见，作业成本法揭示了服务于不同类型客户所消耗的成本高低。显然，小客户的成本相对较高，因为需要处理更小、更频繁的订单，且每一次销售都要由销售人员完成谈判。因此，上述作业成本核算资料有助于公司做出与客户有关的提高利润率的决策。

（三）作业成本法的优缺点

作业成本法的应用与新制造环境下产品成本结构变化密切相关；运用作业成本法，需要计算机技术的支持，需要企业管理层的高度重视和全体员工的积极参与。与传统成本计算方法相比，作业成本法对成本计算方法进行了根本性的变革，它从一个全新的视角，即从作业出发对成本会计核算体系进行了规范。作业成本法具有如下优点：

（1）获取的成本信息质量较高。

（2）为企业成本管理提供了一种新的思路。

（3）发挥作业成本法的优势，还能够满足企业在产品多品种、小批量、短周期、个性化的生产条件下进行成本核算的要求。

作业成本法还存在一定的局限性，主要表现如下：

（1）从获取信息的角度观察，依据该方法获取相应的信息存在一定的难度。

（2）作业成本法提供的信息是历史的。

（3）作业成本法在成本动因的确定上，需人为地加以判断，因而主观性较大。

（4）运用作业成本法，缺乏前馈机制的内在功能。

二、作业成本管理的产生

作业成本管理要求成本管理深入到每一项作业，尽可能消除不能创造价值的作业环节，减少资源的耗费，从而达到降低成本、提高效率和效益的目的。

（一）作业成本法中的成本动因理论是作业成本管理的理论基础

由上述可知，作业成本核算的过程实际上就是成本动因分析的过程。作业成本法中的成本动因理论认为，成本的发生是由产品生产所必需的各种作业驱动的，发生多少与其驱动成本发生的作业量相关。通过成本动因的分析，把成本控制的重点放在成本发生的前因后果上。从前因看，成本是作业引起的，而作业的形成要追踪到产品的设计环节；从后果看，是对作业执行以至完成实际耗费了多少资源及这些资源产生的价值进行动态的分析。由此，作业成本法就具有了管理意义。它进一步展示产品或服务本身的获利能力，从而可以更好地发挥决策、计划和控制作用，使企业处于不断改进的状态。在此基础上形成的作业成本管理，力求在作业链的所有环节减少浪费并尽可能降低资源消耗，以促进企业整个价值链水平的提高。

（二）作业成本管理适应新经济技术环境的客观要求

随着社会经济的发展和科学技术的进步，生产经营环境发生了重大变化，现代企业的经营理念、生产方式和管理要求也发生了重大变化，要求实施准时制（JIT）和全面质量管理（TQM）。所谓准时制，它是一种以需求拉动的生产系统，其要点是，企业生产以顾客需求（如订单）为起点，由后向前逐步推移来全面安排生产任务，上一生产步骤生产什么、生产多少、质量要求和交货时间只能根据下一生产步骤提出的具体要求而定，它要求原材料和外购零部件能准时到达生产线，直接交付使用，而无须建立原材料和外购零部件的仓库储备，只有当某一步骤需要时，企业才予以购进。在此生产系统下，企业与外部供应商、客户以及企业内部生产经营的各个环节之间紧密地协调配合，使企业在供、产、销各个环节尽可能实现零存货，从而提高生产经营效率，大幅降低成本。而全面质量管理是和准时制紧密联系在一起的，在供、产、销三阶段的每个环节上都要求严格把好质量关，达到零缺陷，从而消除因废品或次品引起的返工作业，把有限的资源充分运用到增值作业上。这种新的经营理念、生产方式和管理要求的出现，必然要求相应的管理思维加以配合。企业怎样才能适应新经济技术环境获取生产经营的效益呢？在作业成本核算的基础上，将企业的管理工作深入到作业层次。从价值形成的过程来看，作业链表现为价值链，但是，在企业的作业链中，并非所有的作业都能够创造价值。人们发现降低产品成本最有效的途径就是尽可能消除非增值作业，即使是增值作业，也要尽可能减少资源消耗量，降低作业耗费，提高作业效益，从而增加企业价值。由此，着眼于作业链-价值链的改善和优化，作业成本管理便应运而生。

三、作业成本管理的基本原理和实施步骤

（一）作业成本管理的基本原理

总部位于英国的国际高级制造业协会所述的作业成本管理构架如图11-3所示。

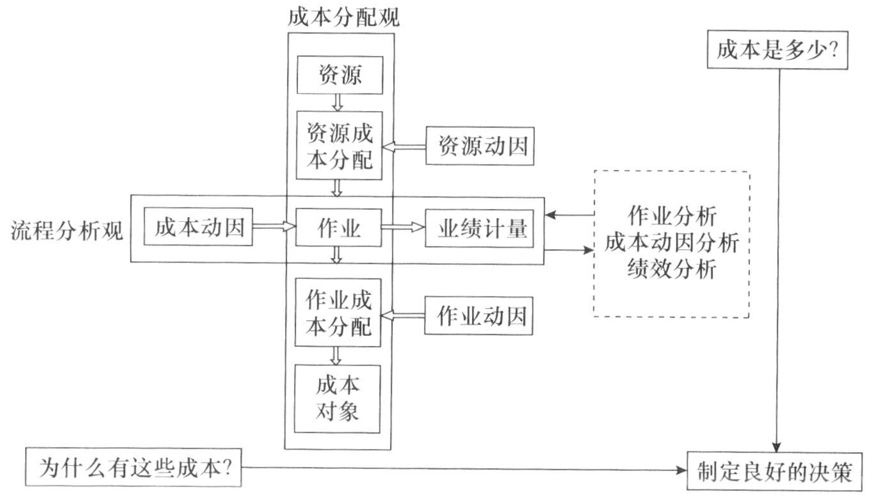

图 11-3　作业成本管理构架

资料来源：www.cma-china.org.

从图中可见，作业成本管理的基本原理体现在两个方面：一方面是成本分配观。它说明成本对象引起作业需求，而作业需求又引起资源需求，因此，成本分配是从资源到作业，再从作业到成本对象。另一方面是流程分析观。它分析何种原因引起作业以及作业完成情况。这两个方面并不是孤立的。从技术的角度看，成本分配观是为了提高成本计算的精确程度，而流程分析观的重点在于控制成本，控制成本的关键就是要控制成本动因，通过作业分析找到真正的成本动因并控制其发生以及发生的程度。从管理的角度看，就是给责任部门及其责任人制定业绩指标并对其履行情况进行评价，即计算成本是为了控制成本。作业成本管理正是从这两个方面来改进、优化作业链，改善价值链，减少资源耗费，提高企业的经济效益。

实施作业成本管理可以使企业处于持续改进的状态。其减少资源耗费、降低成本的途径主要有：

（1）作业消除。即消除非增值作业或不必要的作业，以提高效率和效益。

（2）作业选择。即比较所有能够达到同样目标的不同作业，从中选择最佳作业。最佳作业可能是成本最低或虽成本较高但效率最高的作业。不同的作业构成，发生的成本不同，产生的效果也不同。实施作业成本管理，比较作业的成本和效率，如果效率相同，选择成本最低的作业；如果成本相同，则选择效率最高的作业。

（3）作业减少。即以不断改进的方式减少作业消耗的资源或时间。对于必要的作业，通过改善来提高效率或降低成本；对于无法消除的非增值作业，应尽量减少工作量，以降低成本。

（4）尽量实现作业共享。即充分利用企业的生产能力使之达到规模经济效益，提高单位作业的效率，为降低作业成本创造有利条件。

（5）利用作业成本核算提供的信息，编制资源使用计划，不断改变作业方式，优化资源配置，从而实现持续降低成本的目标。

（二）作业成本管理的实施步骤

开展作业成本管理一般要经过以下八个步骤，注重在这八个步骤的基础上创新和灵活应用，是成功实现作业成本管理的关键。

（1）作业调研。了解企业的生产经营活动及其作业过程，收集作业信息，理清企业的成本流程和导致成本发生的因素，明确各个职能部门对成本的责任，以便设计作业及其责任控制体系。

（2）作业认定。作业认定的方法一般有以下三种：一是绘制企业的生产经营流程图，将每一个流程都分解成若干项作业，然后将相关或同类的作业加以归并；二是对企业的职能部门逐一进行调查分析，确定每个职能部门的作业，再进行汇总；三是召集全体员工开会，由员工或项目组描述其所完成的工作，再进行汇总。采取前两种方法能够较快地获取资料，准确性高，而采取第三种方法有助于提高全体员工的参与意识，加速作业成本管理的顺利实施。

（3）汇集和分析资源成本和成本动因。根据会计记录，找出与各项作业相关的资源成本。根据作业的类型和资源成本的性质来确定成本动因。

（4）建立作业成本库。确定成本动因后，按照同质的成本动因将相关的被消耗的资源成本归集到作业中心，建立作业成本库。

（5）设计作业成本核算模型。在对企业的运作过程充分了解和分析的基础上，设计企业的作业成本核算模型，主要确定企业资源、作业和成本对象，包括它们的分类、与各个组织层级的关系、各个核算对象的责任主体、成本动因、资源到作业的分配关系、作业到产品的分配关系等。

（6）选择或开发作业成本实施工具系统。作业成本管理的实施需要应用软件工具的支持，才能完成复杂的核算任务。作业成本软件系统提供了作业成本核算体系构造工具，可以帮助建立和管理作业成本核算体系，并完成作业成本核算。

（7）作业成本运行和结果分析。在建立作业成本核算体系的基础上，输入具体的数据，运用作业成本法进行核算，对作业成本的核算结果进行分析与评价，找出成本偏高、成本构成变化的原因等，以便有的放矢，降低成本。

（8）持续改善和优化作业链-价值链。运用作业成本核算所提供的信息，对作业成本管理实施过程中发现的问题采取相应措施，将成本控制贯穿企业整体作业链之中，实现持续的效果改进，如重塑企业生产经营流程，将非增值作业减少到最低限度，将有限的资源应用于增值作业，降低作业耗费，提高增值作业的效率与效益等。

四、实施作业成本管理的意义

在新经济技术环境下，实施作业成本管理，对企业作业链-价值链的持续改善和优化、提升企业竞争优势有着极为重要的意义。

（一）有利于企业加强成本控制

作业成本管理贯穿企业生产经营过程的各个环节，从降低成本的角度，寻找改变作业和生产流程、改善和优化企业作业链-价值链的机会。实施作业成本管理，要求成本控制深入到作业层次，认真进行作业分析和成本动因分析，重点分析每一项作业的完成情况及其所耗费的资源，识别增值作业和非增值作业，针对不同性质的作业进行成本控制，尽可能消除非增值作业，减少增值作业消耗的资源和时间，提高增值作业的效率。

实施作业成本管理，还要求从企业整体出发，协调企业供、产、销各环节各项作业之间的关系，使各项作业环环相扣，即做好各项作业之间的结构性调整与安排，实现全过程的成本控制，以达到最终降低成本的目的。

（二）有利于企业进行科学的产品决策和内部绩效评价

作业成本管理依据的是作业成本法提供的成本信息，在作业成本法下，按成本动因进行合理分配，得到的是相对准确的成本数据，提高了成本信息的质量。实施作业成本管理，通过对企业生产经营过程进行更细致的成本核算，能够提供多层次、多方位的财务和非财务信息，为企业的产品决策和内部绩效评价提供可靠的依据。

（三）有利于企业增强产品的市场竞争力

作业成本管理将成本管理的范围从生产部门延伸到企业的供应商和顾客的整个价值链。它要求实现成本前馈控制和后馈控制相结合，成本计算和成本管理相结合。作业成本管理特别重视产品设计、研究开发和质量成本管理，力求按照技术与经济相统一的原则，科学合理地配置资源，不断改进作业方式，提高作业的质量和效率，有利于增强企业产品的市场竞争力。

总之，在现代企业管理中，需要将作业成本管理的创新思维和准时制、全面质量管理、以人为本的柔性管理等有机结合起来，努力实现企业作业链-价值链的持续改善和优化，以提升企业竞争优势，实现企业价值最大化的目标。

第 2 节 资源消耗会计

资源消耗会计（resource consumption accounting，RCA）是 2002 年在美国推出的一种新的成本会计创新方法，它是美国作业成本法（ABC）与德国弹性边际成本法（GPK）的有机融合。它不仅从内部对作业成本法加以完善，还从外部资源利用的角度提升成本管理的战略性系统。

一、资源消耗会计的基本原理

针对 ABC 存在的问题，在成本计算和管理领域，德国的 GPK 原理在美国受到了重视，GPK 补充和完善了 ABC，产生了 RCA，它是一种以资源为导向的作业成本改进方法。

RCA 区别于 ABC，其关注的焦点在于资源、资源之间的相互关联性以及资源的产出是如何消耗的。从这个意义上讲，RCA 是一种新方法，是一种能动的、综合概括的成本管理系统，是将德国成本会计的各种原理与 ABC 有机结合的产物。

为便于了解RCA，首先要明确RCA最基本的概念：资源、资源消耗和资源结集点。

在RCA下，资源是一个广义的概念，是实施作业所必需的。简单地说，资源是在实施作业过程中耗用的经济性投入。如购入的劳动力（职工薪酬）、劳动对象（材料）、劳动手段（固定资产）等都是资源。

资源消耗是指部门之间的成本（价值）转移。RCA根据因果关系，以资源为焦点确定成本的归属，即依据资源向成本对象分配成本。

资源结集点相当于美国成本会计中称为成本中心的一个单位，这个单位发生的所有资源消耗均在此结集，结集后的产出数量称为资源产出量。资源结集点可以是也可以不是一个行政单位。在RCA框架中，成本从资源结集点向成本对象（如作业、项目、产品、顾客等）进行分配。在这种处理方式下，RCA注重对成本性质的分析，并为实现收益目标而致力于E/I产能（剩余/闲置生产能力）的管理。

RCA的基本原理可以归纳为以下六个方面。

（一）各资源结集点具有相互关联性

在RCA中，首先是基于量化的产出消耗、因果关系的关联性，将成本对象所消耗的资源成本归入资源结集点，而后根据成本动因进行分配。资源结集点是由相关的资源要素组成的，每个资源结集点只有一个成本动因。由于资源间存在依赖性，各资源结集点之间具有相互关联性。RCA的资源结集点不仅包括所有作业消耗的资源，还包括那些因为对其他资源提供效用而存在的资源。与ABC相比，RCA不仅核算作业消耗的资源，而且核算资源自身消耗的资源。要将资源结集点中的资源合理地进行分配，就需要清楚地认识被使用资源的功能及伴随着作业产生的资源间的相互关系。

（二）对所有资源结集点的产能进行量化处理

RCA在各资源结集点采用了可计量的手段，从而使资源消耗的各关联方通过金额单位体现出来，明确了资源消耗与成本分配的因果关系，实现了评价手段的量化，为人们理解有关资源消耗与成本分配的关系提供了首尾一贯的观察视角。

（三）识别E/I产能并明确责任归属

不管是一个人还是一项设备，资源在任何一个特定时刻的状态都可以划分为以下三种：一是生产性资源——制造或提供适销对路产品或服务的资源；二是非生产性资源——使用中的资源，但未能制造或提供产品或服务；三是闲置资源——潜在可使用的资源，但处于未使用状态。因此，对资源的利用即产能，也就相应地分为生产的产能和E/I产能。如果闲置生产能力不能加以利用，就必须消除未被利用的生产能力。对E/I产能的控制与管理是确保资源有效利用的手段。RCA能够识别E/I产能，并将E/I产能的成本归属到对该资源有影响的责任人员或者层面上，而不是将它分配到产品中，因此增强了E/I产能信息的可视化，有助于管理者对E/I产能进行精心管理。

（四）从资源供应和消耗两个视角认识成本习性

在RCA下，在最基层的成本核算单位（资源结集点）把成本划分为固定成本和变动成本。RCA 认为，从资源供应和资源消耗两个不同的视角进行观察，成本习性具有两个不同的维度。从资源供应的层面观察，可以得到固有的成本性质，随产出正比例变动的资源成本为变动成本，否则为固定成本；从资源消耗的层面观察，原有的变动成本需要识别出用固定的形式消耗的可能性，并且按要求的形态进行相应的处理。

（五）依据计量基准开展成本计算，将所有的关联成本进行归属计算

资源消耗关系是成本核算的前提，只有清晰地反映资源到产出之间的消耗关系，才能准确地计算受益对象的成本。由于仅用货币计量难以充分表达资源的消耗关系，RCA 在确定资源的消耗关系时，使用包括货币指标在内的所有可量化的指标。在资源消耗关系明确后，再将非货币的量化指标转化为货币当量，应用货币指标计算受益对象的成本。由此可见，RCA 将确定资源的消耗关系与核算成本的价值关系明确地分离开来，即将产出的量化计量过程与货币计算过程相分离，这一分离充分体现了资源消耗与成本核算之间的关系：资源消耗是成本核算的前提，成本核算是资源消耗的货币表现。

（六）拉动式的成本计算方式

RCA 运用量化指标建立因果关系。在 RCA 下，需要确定各基本生产部门对辅助生产部门提供服务的需求量，辅助生产部门按照基本生产部门计划的需求量，确定向基本生产部门分摊的变动成本单价和固定成本总额，将消耗的资源成本拉动式地计入成本对象。

总之，RCA 不仅在战术层面，而且在战略层面支持资源的管理和经营决策，从资源层面到组织层面追踪成本信息，将多层次、综合的成本信息提供给决策者。财务信息和非财务信息相结合，有助于企业加强成本管理，实现资源的有效利用。

为了更好地理解 RCA 的基本原理，有必要将 RCA 与 ABC 的做法进行比较，RCA 与 ABC 的基本差别主要体现在成本流程上。

【例 11－2】 甲成本中心从事收料与发运。对仓库运来的装在货盘上的货物具体进行以下四项作业：第一项作业是用铲车从货盘上卸下货物；第二项作业是对卸下的货物进行人工分类；第三项作业是把经过分类的货物成堆垛起；第四项作业是用铲车把货物重新装上货盘。在 ABC 下，该成本中心所发生的费用计入这四项作业的过程可以用图 11－4 表示。图 11－5 是 RCA 下的成本流程情况。

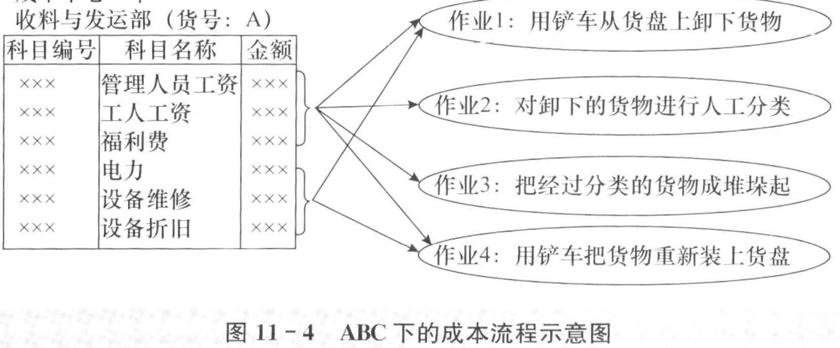

图 11－4　ABC 下的成本流程示意图

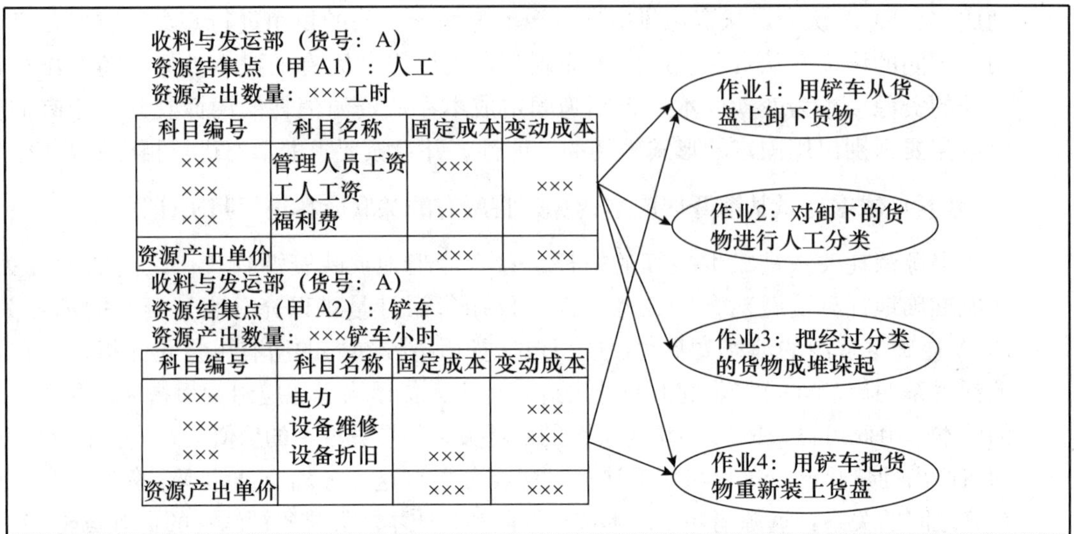

图 11－5　RCA 下的成本流程示意图

对比图 11－4 和图 11－5，将 RCA 与 ABC 进行比较，可以看出：

（1）在 RCA 下，由于一个资源结集点只能有一个产出的计量单位，如果一个成本中心有两个计量单位，如此例，则必须人为地细分成两个资源结集点。细分后，每个资源结集点只有一个成本动因、一个成本对象（在此例中，人工工时和铲车小时分别为“人工”“铲车”这两个资源结集点的成本动因）。这个处理原则源自德国的 GPK 广泛设置成本中心（在 RCA 下称为资源结集点）的原则，使每个资源集结点都有自己的成本动因。

（2）每一个资源结集点都有自己的成本对象，因此就可以以资源结集点作为编制计划、考核业绩、分析差异的单位，就能够贯彻一系列的成本管理措施。而 ABC 只强调合理分配成本到各种产品，没有强调全套成本管理的实施。

（3）在最基层的成本核算单位（资源结集点），把成本划分为固定成本和变动成本两个部分，只有这样，才能据以合理地编制成本计划和进行成本分析。

二、资源消耗会计的应用

随着市场竞争日益激烈，资源的有效利用已成为衡量企业经营业绩的一项重要内容。怎样使资源得到最有效的利用，怎样衡量资源是否被有效利用，怎样控制 E/I 产能等，成为管理人员十分关注的问题。与 ABC 相比，在 RCA 下，对 E/I 产能进行有效的分析，是 RCA 优于 ABC 的一个重要方面，RCA 对企业业务外包决策和编制预算也起着促进作用，对成本会计的创新具有积极意义。

（一）产能经营的应用

生产能力是对一个企业诸如人力、设备等使用时间和使用率的度量。资源的使用时间从闲置到满负荷使用有一个范围，如果所有资源都能满负荷运转，企业就能取得最佳的经济效益。但事实上，由于客户的订单量不可能维持在一个固定的水平上，有些资源也不可能持续满负荷运转，这样，资源就会出现未被利用的现象，这就是所谓的 E/I 产能。

RCA 的观点是，E/I 产能是指未被利用的资源。从数量角度分析，它是从供给的资源中扣除利用的资源后的差额。作为一种差异，它更强调报告的属性，但绝不是将这种差异分配到每一个产品单位之中，而是将其追踪至更高的小组（团队）或工厂层面。

在 RCA 下，具有同时管理生产的产能和管理 E/I 产能的可能性，并强调对 E/I 产能管理的必要性。RCA 在管理 E/I 产能、追溯 E/I 产能并加以归属的过程中使用了“供给的产能”这一概念，经营者要求对有可能利用的资源予以充分的揭示。为此，经营者在管理过程中就有了与产能相关的实际利用程度的信息，并据此进行产能的管理及做出资源获得方面的决策，经营者在资源获得的决策上结合对产能利用的责任要求，促进了会计责任观的形成。下面举一个简单的例子加以说明。

假定有一个生产区域从事两项作业：操作机械和生产准备。通过这两项作业，生产出甲、乙、丙三种产品。

在 RCA 下，将该生产区域划分为两个资源结集点：人力资源结集点和机械资源结集点。一个资源结集点只有一个成本动因，人力资源结集点的成本动因为人工小时，机械资源结集点的成本动因为机械小时。人力资源结集点和机械资源结集点的计划产出情况如表 11－3 所示。

表 11－3　人力资源结集点和机械资源结集点的计划产出情况

作业	资源结集点（成本动因）	
	人力资源结集点（人工小时）	机械资源结集点（机械小时）
操作机械	4 500	600
生产准备	2 700	360
合计	7 200	960

操作机械作业和生产准备作业的计划产出情况如表 11－4 所示。

表 11－4　操作机械作业和生产准备作业的计划产出情况

产品	作业（产出单位）	
	操作机械（小时）	生产准备（次）
甲	180	75
乙	300	45
丙	120	60
合计	600	180

说明：操作机械作业每小时计划消耗人工 7.5 小时（4 500/600）、机械 1 小时（600/600）；生产准备作业每次计划消耗人工 15 小时（2 700/180）、机械 2 小时（360/180）。

该成本中心在执行计划中，甲产品的生产准备次数由计划的 75 次下降为 45 次。由于生产甲产品时减少了准备次数 30 次，按每次准备计划消耗人工 15 小时、机械 2

小时计算，形成剩余人力450小时，剩余机械60小时，即形成了一种E/I产能。即使这种E/I产能未必能够立即得到利用，至少也能引起管理层的注意，核算的目的也就达到了。所以，在RCA下，能够识别E/I产能，并将E/I产能的成本归属到对该资源有影响的责任人员或者层面上，有助于管理者对产能的分析和利用。

（二）业务外包决策的应用

企业直接投资规模反映了企业对各种资源的利用和消耗程度，企业直接投资规模不合理必然导致资源消耗大，不仅影响企业的经济效益，对社会来说也是一种浪费。要切实改变全能厂太多、部门和地区之间支柱产业趋同化的状况，就要建立合理的工业组织结构，这样才能促进企业的专业化协作，促进企业形成合理的直接投资规模，使企业的生产资料和劳动力实现最佳组合，使企业的生产要素和产品数量实现最佳组合，使产品生产成本降到最低，走集约化规模经营的路子。

供应链管理提倡企业将主要资源投到关键的业务上，企业应根据自身的优势与特长，专门从事某一领域或某一业务，集中全力形成自己的核心竞争力。同时，与全球范围内的企业建立战略合作关系，将企业的非核心业务交给那些更专业、更具有竞争优势的企业去完成，这就是业务外包（outsourcing）。许多外部资源配置服务提供者都拥有比本企业更有效、成本更低的完成业务的技术和知识。因此，恰当地实施业务外包，企业可以通过外向资源配置，避免在设备、技术、研究开发上的大额投资。

运用RCA，企业能够明确在何种情况下要实施业务外包，哪些业务需要外包，从而把非核心业务外包出去，集中于核心业务。例如，从企业内部供应链的角度分析，若企业将维修工作全部外包，全部维修成本可能会因为外包而节省，但是由于维修工作外包容易使上游和更高的上游产生剩余生产能力，这样就不会给企业带来好处，因此，企业要合理决定是不是把全部维修工作都外包，它的上游和更高的上游是不是也外包、外包多少。在RCA下，由于把成本沿着它的流程始终分为固定成本与变动成本两个部分，运用RCA的方法进行具体计算能为实施业务外包的正确决策提供依据。

（三）编制预算的应用

企业全面预算管理作为落实企业战略的具体行动方案，是企业对未来整体生产经营活动的规划和安排。成本一旦与所具有的固有属性的确认和计量结构相联系，就不仅是产品成本的计算，也成为预算编制和计划制定的基础。在RCA下，由于每一个资源结集点都有自己的成本对象，因此可以以资源结集点作为编制预算、考核业绩、分析差异的单位。计算单位费率（单价）的时候，把单价分为固定和变动两个部分，当一个单位的产出数量发生变化时，很容易计算出适应这种变化的新的预算数字。

在以价值链和作业为基础的全面预算管理模式（value chain & activity based budget，VABB）中，引入RCA的原理和方法，能够产生更好的效果。预算编制程序如下：

（1）分析价值链的特点。以制造企业为例，从价值链角度看，销售处于顾客价值链部分。销售预算是企业全面预算的关键和起点。通过销售预测，分析销售地区、销售渠道、顾客的信用状况、销售人员的素质、广告效应等情况，可以编制出销售预算。

（2）对资源结集点，确定其各种资源要素的单位标准。

（3）分析作业动因，确定每个作业中心的作业预算量。例如，在制造企业，根据销售预算，按照“销售→生产→设计→采购”这一逆向程序，逐一确定每个作业中心的作业预算量。

（4）建立每项作业消耗资源的标准。

（5）确定资源需求量。将作业预算量与每项作业消耗资源的标准相乘，得到资源需求量。当资源需求量与企业拥有的资源量相符时，企业就可以实现经营循环的平衡。

（6）根据不同价值链及作业中心之间的协调情况，对作业预算量进行修正，进而修正资源需求量。

（7）将资源需求量分配给相应的产品，从而形成最终的产品预算。

在 RCA 下，资源的分配过程很清晰，每项作业消耗的资源项目和数量都有明确的反映，每项作业的作业量都有一个预算数，所以每个岗位的员工对于自己在预算期间内需要完成的工作量就有一个比较清晰的认识，这使得预算更易于被员工理解和接受，有利于预算执行、差异分析和业绩考核。

小　结

作业成本法（ABC）的核心思想是在资源消耗与产品之间引入“作业”的概念。作业成本管理（ABCM）是利用作业成本核算所提供的信息，将成本管理的起点和核心由产品转移到作业层次的一种管理方法。资源消耗会计（RCA）是一种新的战略管理会计方法，它从核算对象、量化指标以及成本习性等方面整合资源结集系统，进一步为企业提供适应复杂多变的经营环境所需要的相关信息。

思考题

1. 试述作业成本核算的基本原理和核算程序。
2. 简要说明作业成本管理的基本原理和实施步骤。
3. 阐述资源消耗会计的基本原理。
4. 资源消耗会计与作业成本法的基本区别是什么？

案例及应用

希望集团董事长刘永好有一次参观了一家面粉企业。这家面粉企业每天处理小麦 1 500 吨，却只有 66 名雇员，这令刘永好惊叹不已。希望集团的效率高于行业标准，日生产能力 250 吨的工厂也有七八十名员工，日生产能力仅为该工厂的 1/6。该工厂的人均效率大概是同行业工厂人均效率的10倍。

有些工厂的设备甚至比该工厂更先进，该工厂的人均效率怎么会是其他工厂人均效率的10倍呢？刘永好琢磨了几个晚上，终于找到了答案：人均效率上的差距，绝不是简单的加总——该厂一个员工的效率是其他工厂员工的1.2倍，10个该厂员工的效率就相当于12个其他厂员工的效率，而是乘积关系——一个该厂员工的效率是一个其他厂员工的1.2倍，10个员工的效率大约是12倍，20个员工大约是24倍！

虽然企业的人均效率差距事实上没有这么大，但这个解释还是有一定合理性的。流水线上，一个环节效率低下，就会耽误下一个环节，一环扣一环，最后的效率自然低下。效率低下，只好通过增加工作时间来弥补……

讨论：

结合本章内容及案例资料，就如何提高资源消耗的产能效率，以及识别剩余/闲置生产能力等谈谈自己的体会。

第 12 章

业绩评价与平衡计分卡

知识目标

了解业绩评价与平衡计分卡概念的含义，理解业绩评价的指标构成及其体系特征，了解常用的经理人激励制度及其方法。

能力目标

掌握业绩评价的流程及其常用指标，结合平衡计分卡的“平衡”原理及其结构特征，设计不同行业或企业的应用模式。

素养目标

(1) 正确应用业绩评价方法及其考核结果，激发员工潜能，形成良好的价值导向和工作氛围，强化和传承优秀的企业文化。

(2) 以“实事求是”的态度进行业绩评价，激发企业高管、员工的“责任担当”意识，通过正向的激励机制树立“勤劳致富”的企业文化价值观。

导 读 以业绩评价激发责任担当

业绩评价是以责任报告为依据，分析、评价各责任中心责任预算的实际执行情况，找出差距，查明原因，借以考核各责任中心工作成果，实施奖罚，促使各责任中心积极纠正行为偏差、完成责任预算和战略目标的过程。自古以来，论功行赏、赏罚分明已经成为组织管理的基本法则，“功”就是业绩，实际上就是对组织做出的贡献。对于贡献突出、评价良好的职工，应当在物质待遇上予以倾斜，而对评价较低的职工要敢于进行调整和改变。

平衡计分卡通过多维视角，如财务视角、客户视角、内部经营过程视角和学习与创新视角等，构建详尽的业绩评价指标，实现企业的精细化管理，将责任落实到部门、单位、个人，充分激励全体职工的工作积极性，充分发挥激励先进、鞭策落后的重要作用，形成层层担当、人人担责、共同进步的生动局面。这与“勤劳致富”的理念其实不谋而合，同时，也响应了习近平主席“幸福都是奋斗出来的”有力号召。

近年来，业绩评价实践呈现三种新的发展趋势：一是对业绩评价中使用经济增加值指标的关注；二是企业业绩评价中使用非财务指标和平衡计分卡方法；三是政府机构等非营利组织对业绩评价问题的重视。本章主要讨论企业业绩评价与激励问题，重点介绍当前比较流行的战略管理和业绩评价工具——平衡计分卡。

第1节　业绩评价指标与激励

业绩评价与激励是企业管理控制系统的核心部分，对企业不同层级的管理人员和部门都需要设计财务业绩衡量指标和非财务业绩衡量指标。

一、业绩评价方法及演进

传统的业绩评价以财务指标为核心，通过编制预算，设定投资报酬率、利润、现金流量和各种财务比率，比较实际指标与预算指标的差异，并据以进行业绩评价和奖惩。以财务会计指标为核心的业绩评价，可能会诱导管理层做出目光短浅的决策，强调决策的近期影响，而不能明确地把短期运作和长期战略联系起来，以致企业管理层过分关注短期业绩，牺牲对组织更为重要的对长远发展的思考。现代组织处于快速变化和高度竞争的环境中，传统的业绩评价对决策的指导作用越来越小，仅仅依靠货币的财务指标已不能完全反映当前的资源配置对未来财务业绩的意义。

20世纪90年代以来，企业预算作用日趋减弱，出现了改进预算和超越预算等新的理论和方法，新的财务指标相继出现，非财务指标在业绩评价体系中也越来越重要，并且强调对创新、学习和知识资本等无形资本的评价。业绩评价体系结构包含的内容越来越丰富，出现多维指标。比如，从收益观来考察业绩评价指标，至少可以有四种表达方式：(1) 收益（会计“利润”）＝收入－成本；(2) 收益（现金流视角的投入产出“利润”）＝流入－流出；(3) 收益（边际贡献视角的管理学“利润”）＝收入－变动成本；(4) 收益（全面收益的经济学“利润”）＝经营利润＋资产增值。

二、业绩评价指标体系的建立

（一）业绩评价指标体系设计

进行科学的业绩评价的关键是设计一套合理的业绩评价指标体系。一般来说，设计业绩评价指标体系应考虑以下因素：

(1) 明确的管理责任。在进行业绩评价时首先要明确评价对象的管理权限和责任，以可控性为标准。即业绩评价只能以评价对象可以控制的因素为限，评价对象不能控制的因素应该排除在衡量指标之外。

(2) 财务指标的代表性。选取的财务指标应该具有代表性，能够全面衡量财务业绩，一般应包括收入增长率、利润、现金流、投资报酬率在内。

(3) 非财务指标的应用。业绩评价不能只关注财务指标，应该同时考虑与企业各个经营层面（如行政、生产、营销、财务、研发、人力资源管理等）相关联的非财务指标，以提高评估绩效的全面性和准确性。

（4）符合长远利益。一般绩效的评价很容易使各部门和经理只顾眼前利益，忽略长远的计划。设定评价指标时应注意与企业长远战略和发展结合起来。

（二）业绩评价的财务与非财务指标

传统的以财务为核心的考核体系更适用于比较稳定、复杂度较低的环境，而不适用于今天许多组织面临的剧烈变化和激烈竞争的环境。不断增加的全球竞争和全面质量管理扩大了对非财务指标的需求，对财务指标的批评凸显了非财务指标在业绩评价中的重要性，但非财务指标不可能取代财务指标，非财务信息对财务信息起到补充作用，仅仅靠财务信息已经不能满足现代企业的业绩评价要求，不能支撑新的战略管理思想。为了克服财务指标过于综合和滞后的弊病，获得更及时、更具体、更详尽的信息，许多企业的业绩评价把财务指标和非财务指标结合起来，将非财务信息作为财务信息的补充。表 12－1 和表 12－2 为 2019—2020 年 317 家企业 CEO 业绩评价指标的统计信息。

表 12－1　各种财务指标在全体样本（317 家）中的比例

指标	使用率（%）	指标	使用率（%）
营业利润或税前利润	25.3	现金流	12.8
净利润	2.2	每股盈余	28.5
销售收入	13.7	经济增加值	0.9
资本投资报酬率	5.4	资产回报率	9.6
权益回报率	19.5	销售收益率	3.8
股价回报	4.4	成本降低	7.6
未指明的财务指标	3.2	其他财务指标	12.1

表 12－2　各种非财务指标在使用非财务指标样本（114 家）中的比例

指标	使用率（%）	指标	使用率（%）
客户满意度	36.8	员工满意度	8.7
产品或服务质量	21.0	效率或生产率	14.9
雇员安全	16.6	市场份额	11.4
非财务战略性目标	28.0	过程改进与再设计	8.7
新产品开发	6.1	创新	2.6

三、业绩评价流程

成功的业绩评价除了指标体系的构建，还需要考虑业绩评价过程中表现出来的一系列控制系统的重要特征。首先，控制成功的关键在于评价目标应该具有挑战性和可实现性，没有这样的明确目标，业绩就会低于它们理论上可以达到的水平；其次，业绩评价过程应该通过及时反馈，引导积极的组织行为，并确保员工的行为与组织战略目标一致；最后，为了建立目标责任，业绩评价结果应该与及时和容易理解的报酬和奖惩联系起来。整个业绩评价与控制流程如图12-1所示。

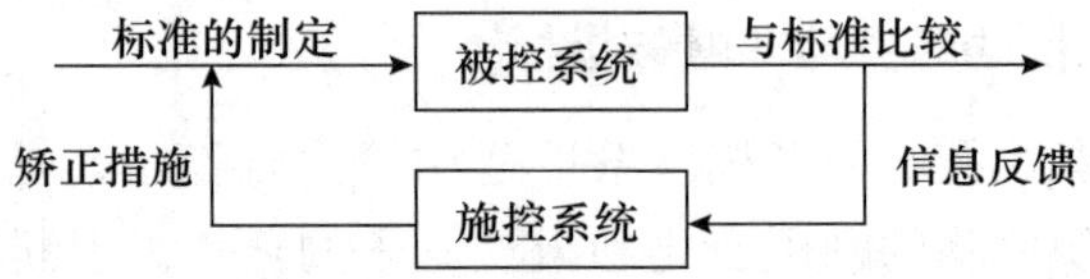

图12-1 业绩评价与控制流程

（一）业绩评价标准

通过设立业绩评价标准，可以把实际业绩指标与标准指标相比较，依此判断任务完成的好坏，作为奖惩的依据，并促进更高绩效实现。业绩评价标准的设立应该具备以下几个要点：

（1）标准要具有挑战性。

（2）标准经过努力可以实现。

（3）标准要透明并且广为人知。

（4）标准要尽可能量化，不能量化的要具体明确。

（5）标准应该将刚性和柔性要求结合起来。

在实际设定业绩评价标准时，通常有三种方法：一是预先确定好的标准，即预算标准；二是历史标准，以组织以前最好或优良的业绩作为现在的标准；三是外部标准，即把同类企业或部门的实际业绩作为本企业或部门业绩的评价依据。

（二）计量与反馈

设立标准以后，就可以在经营过程中计量实际业绩，并与标准相比较，把信息反馈到管理层，核算和分析差异，提出改进绩效的措施与办法。

（三）奖惩制度的依据

业绩评价的结果将会被作为奖惩制度的依据，奖励业绩好的，惩罚业绩差的，以达到控制组织与员工行为、促进企业目标实现的目的。

四、经理人的激励制度

企业实施激励机制的目的是通过与业绩评价挂钩的一系列激励报酬，促使企业全体员工（包括经理人员和普通员工）的行为符合股东价值最大化的目标。本节以经理人的报酬制度为例加以说明。

西方发达国家已经形成一套比较成熟的经理人报酬制度及运行机制，基本上做到了激励与约束相对称、短期与长期相配套。西方国家的经理人报酬制度主要由两大部分及其明细分类组成。现代企业的经理人报酬安排趋势是越来越多元化，并且不断有新的激励方式出现。

下面只介绍一些常见的报酬安排，如表 12－3 所示。

表 12－3　经理人常见报酬安排

主要类型	明细分类
短期报酬	基薪
	短期津贴或奖金
长期报酬	经理股票期权
	业绩股份
	股票增值权

（1）基薪。基本薪金，也称岗位工资，是经理人收入报酬中的固定部分。

（2）奖金。以短期或年度的业绩评价为基础，常见的是业绩奖金，即在达到或超过指定的业绩标准后获得一定金额的奖励。

（3）经理股票期权（ESO）。通常局限在企业最高管理层，是在某一期限（通常是 3～5 年）内按预定价格购买本企业股票的一种选择权，其价值取决于行权价与赋予期权时的股票市价之差，因而是一种基于市场的激励方式。经理人的报酬通过企业股票的市场价格与企业的业绩相联系，因为一般情况下，企业的股票价格会随企业业绩的增长而增长。

（4）业绩股份（PS）。根据不同的业绩表现，奖励不同比例的股票，目的是解决经理人的短视问题。业绩股份的目标通常与企业整体业绩衡量标准相联系，最普遍的标准是几年内企业股票每股盈余的累积增长率是否达到预定目标。这种激励方式下，经理人获得的股票有一定时间内不得支付等条件的限制，从而增加了经理人离开企业的机会成本。

（5）股票增值权（SAR）。股票增值权是一种递延的现金奖励计划，它将股票在奖励日与实际支付日之间的增值部分用现金方式支付给经理人，是以现金形式获得的期权价差收益，而无须行使期权，因此又称现金增值权。

五、管理层收购及股票期权

（一）管理层收购

管理层收购（MBO）是指目标公司的管理层利用借贷资本购买其所经营管理的公司的股份，改变本公司的所有权结构和控制权结构，进而达到重组本公司的目的，获得预期收益的一种收购行为。

一般认为，管理层收购会对管理人员的行为和公司的业绩产生积极的影响，其主要原因有：（1）管理层收购能够给予管理人员大量的所有者权益，这将大大降低管理人员滥用权力、片面追求扩大公司规模的风险；（2）管理层收购能对管理人员产生很大的财务激励，使他们在努力实现股东价值最大化的基础上实现个人利益的最大化。

（二）股票期权

股票期权是公司股东（或董事会）给予公司雇员的一种权利，即持有股票期权的雇员可以在规定的时间内，以事先确定的行权价格购买本公司股票。在行权前，股票期权持有者没有收益。在行权后，股票期权持有者获得潜在收益（股票市价与行权价的差额）。公司雇员可以自行选择适当的时机出售所得股票期权获取现金收益。它比现金方式的奖励有更大的激励作用，并把未来的收益与企业发展和股市紧密联系起来。

六、员工持股

员工持股是指企业员工通过持有本企业一部分特殊股权，参与企业经营管理和剩余利润分配，员工以劳动者和资本所有者的双重身份与企业连成命运共同体。一般情况下，员工持股有以下特点：

（1）立法和政策支持是员工持股的保证。20世纪90年代以来，西方主要发达国家先后通过立法和税收优惠政策推动了员工持股计划的发展，各国的员工持股法律和政策框架已基本形成。

（2）充分运用信用制度，以非现金性购买为主。以信用制度作为推行企业员工持股的基本手段，在预期劳动支付的基础上取得员工股是比较通行的做法。

（3）建立专门的机构统一管理。许多国家的企业员工持股计划一般设立专门机构统一进行管理，如设立员工持股会等。

（4）注重公平性。企业员工持股计划一般要求企业70%以上的员工参与，保证企业绝大多数员工都可以从企业的发展中获益。

（5）吸引和稳定人才。在现代经济环境下，人才流动十分普遍，如何吸引和留住人才是企业保持竞争力所面临的重要问题，许多国家运用员工持股制度激励和吸引人才。

第2节 平衡计分卡

一、平衡计分卡概述

（一）信息时代的企业经营

目前企业正处于转型当中，传统的工业时代和成本财会模式下的管理已经不能适应信息时代的经营要求。信息时代的企业建立在一系列新的经营假设之上。

（1）跨职能。工业时代的企业经营是通过制造、采购、销售、研发等各种职能的专业化分工来实现的。但是在信息时代，企业经营需要通过一体化的业务流程来贯穿传统的业务职能。

（2）连接客户和供应商。信息技术使企业能够将供应、生产和交货等过程一体化，从客户订单到上游原料供应商的一体化要求企业与客户和供应商保持紧密的联系和沟通。

（3）客户细分。现代市场竞争激烈，客户个性化需求越来越多。对于想要保持竞争优势的企业来说，必须细分市场和客户，学会如何为不同的客户提供不同的产品和服务。

（4）全球规模。伴随经济全球化，跨国公司迅速扩大国际市场。国界已经不能阻挡高效率、反应灵敏的外国公司的竞争，现代企业处于全球竞争的环境下。

（5）创新。在技术进步日新月异、产品生命周期不断缩短的情况下，参与竞争的企业必须具备洞察客户需求、迅速开发全新产品和服务的能力，创新的要求越来越高。

（6）知识型员工。自动化和生产效率的提高使得企业中从事传统劳动的员工数量减少，而从事工程、营销和管理等工作的人员增加。现代企业员工的素质全面提高，对企业的管理提出了新的要求。

（二）平衡计分卡

平衡计分卡正是在新的环境下产生的。面对激烈的竞争，企业管理者必须寻找能够引导他们在未来的竞争中获胜的工具，平衡计分卡将企业的愿景和战略转化为一套全面的指标和可执行的行动，这些指标为战略衡量和管理系统提供了框架。平衡计分卡仍然重视实现财务目标，但是也兼顾了财务目标的业绩驱动因素。平衡计分卡从四个平衡的层面衡量企业的业绩，包括财务、客户、内部经营过程、学习与创新，这四个层面组成了平衡计分卡的基本框架。

图 12-2 展示了平衡计分卡把企业战略转化为行动的框架结构。平衡计分卡把经营单位的一系列目标拓展到概括性的财务指标之外。公司管理者能够衡量自己的经营单位如何为目前和将来的客户创造价值，如何优化内部业务流程并投资于企业的人力资本、系统和程序，以改进未来的业绩。平衡计分卡卓越的能力体现在一方面保持了对财务业绩的关注，另一方面可以明确揭示财务和竞争业绩的驱动因素。

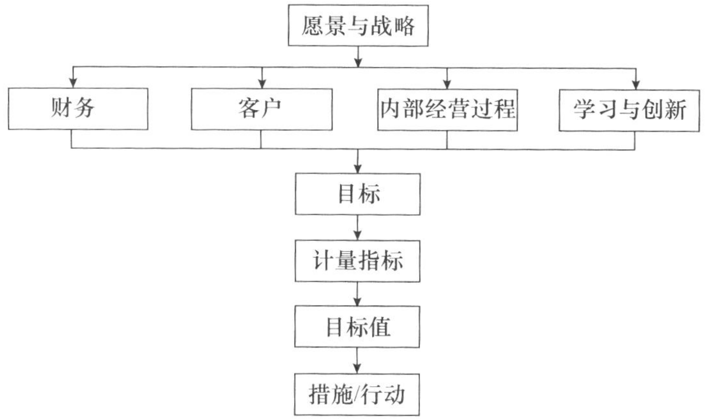

图 12-2　平衡计分卡——化战略为行动

二、平衡计分卡的基本框架

（一）平衡计分卡与业绩评价

图 12-2 清楚地显示了平衡计分卡不仅仅是一系列重要的业绩衡量指标的集合。

平衡计分卡的业绩指标来源于公司的愿景、战略和目标，这些指标体系综合吸收了结果指标和前导指标（即业绩动因）、客观指标和主观指标、内部指标和外部指标以及财务指标和非财务指标。所有设定的业绩评价指标必须与组织的战略相联系，这样做可以让企业建立重要的竞争优势。平衡计分卡作为一种综合的业绩评价体系，主要从四个方面来考虑和评价企业的业绩，即财务视角、客户视角、内部经营过程视角以及学习与创新视角。由这四个方面形成的业绩评价体系如图 12－3 所示。

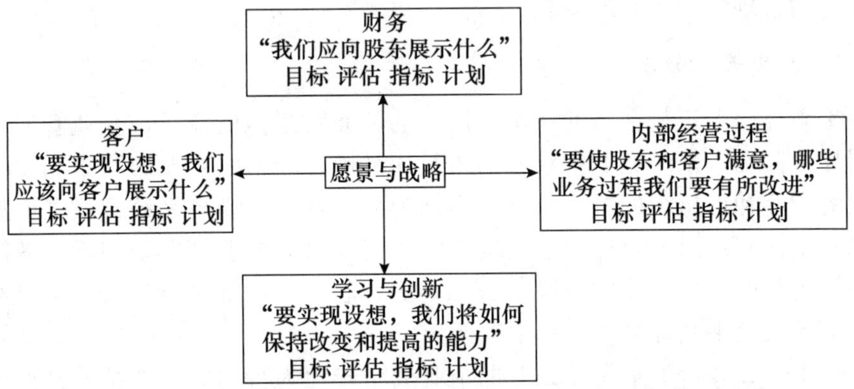

图 12－3 平衡计分卡基本框架

这四个视角从不同方面诠释了组织的战略目标。此外，存在于其中的因果关系链涵盖了平衡计分卡的四个方面，表明这四个视角结合在一起构建了完整的有内在联系的一体化的业绩衡量指标体系。因果关系链假设是实现战略的基石，例如，资本报酬率可能是平衡计分卡的财务指标，这一指标的驱动因素可能是客户的重复采购和销售量的增加，而这二者又是客户忠诚度高带来的结果。因此，客户忠诚度将被纳入平衡计分卡的客户视角，因为不同的客户忠诚度将会对资本报酬率产生重要的影响。但是，企业如何获得较高的客户忠诚度呢？对客户的需求和偏好分析显示，客户比较重视按时交货率这个指标。因此，按时交货率的提高会带来较高的客户忠诚度，进而引起财务业绩的提高。于是，客户忠诚度和按时交货率都被纳入平衡计分卡的客户视角。类似的因果假设贯穿平衡计分卡的整个体系，这正是平衡计分卡能把战略转化为行动的魅力所在。平衡计分卡指标体系成为一种把企业的战略明确诠释和传达给经理和员工的工具，有利于促进经理和员工的行为与组织目标和愿景保持一致。下面将详细介绍平衡计分卡的四个视角，以说明这四个方面在开发业绩评价指标时的作用。

（二）财务视角

平衡计分卡的财务视角明确了企业短期和长期财务业绩的目标，测量盈亏底线，如增长率、投资回报率以及其他传统财务指标。虽然财务指标的及时性和可靠性受到质疑，但是财务指标不会被其他指标完全代替，原因主要有两个：一是精心设计的财务与控制系统确实能增强而不是阻碍组织的总体管理规划；二是企业战略目标的实现和经营绩效的改善与财务上的成功之间存在紧密的联系。不同类型的企业的财务目标可能不同，因此在确定财务指标时应该有所选择。成长型企业财务目标的重点是销售额的增长，为此要保证充分的开支水平，这类企业通常的财务业绩评价指标为销售收入的增长率、目标市场占有率等。稳定型企业财务目标的重点是获利能力，为此要不断扩大投资和规模，这类企业通常使用的财务业绩评价指标为经营收入、毛利率、资本回报率和经济增加值等。成熟型企业财务目标的重点是现金流量，为此要不断提高现金和利润的金额，这类企业通常使用的财务业绩评价指标为现金流量、营运资本占用的减少等。一般情况下平衡计分卡财务视角的主要目标和相应的业绩评价指标如表 12－4 所示。

表 12－4　财务视角的业绩评价

目标	业绩评价指标
收入增长：	
新产品数量的增加	新产品收入所占比例
实现新应用	产品新应用收入所占比例
开发新的客户和市场	新来源收入所占比例
采用新的价格战略	产品和客户的获利水平
成本降低：	
降低单位产品成本	产品单位成本
降低单位客户成本	客户单位成本
降低渠道成本	每条渠道成本
资产利用：	
提高资产利用率	投资回报率
	经济增加值（EVA）

（三）客户视角

平衡计分卡的客户视角通过客户如何感知企业提供的价值来衡量绩效。客户应该处于企业优先考虑的地位，因为无论是学习与创新还是内部经营过程，企业创造的价值只有在得到客户认可时才有意义。对于客户方面的业绩可以从表 12－5 所示的几个方面进行评价。

表 12－5　客户视角的业绩评价

目标	业绩评价指标
核心指标：	
提高市场份额	市场占有率
提高客户保持率	现有客户带来的业务收入增长比例
提高客户获得率	新客户数量
提高客户满意度	客户调查各指标情况
提高客户获利率	客户盈利情况

续表

目标	业绩评价指标
客户价值：	
降低价格	价格水平
降低售后成本	售后成本
提高产品功能	客户调查各指标情况
提高产品质量	产品退回率
提高送货质量	及时送货率；循环周期
提升产品形象和声誉	客户调查各指标情况

客户和服务的情况可以从产品的功能、质量、价格和送货时间来评价；形象和声誉可以通过广告和产品质量来提高；同客户的关系可以从满足客户要求做出及时反应的时间、交货期的长短、对客户购买产品感受的把握等方面来改善。

（四）内部经营过程视角

平衡计分卡的内部经营过程视角衡量公司创造价值的程序的有效性。只有有效的管理程序，才能使公司保持竞争力或变成具有竞争力的公司。内部经营的核心问题包括确定整套有关内部经营过程的价值观念；确定客户目前及将来的需求，并根据这些需求开发新的客户；在经营过程中向现有的客户提供有价值的产品和服务；提供充分的售后服务；使客户获得产品和服务增值。总之，对于内部经营过程的评价应当以为客户创造价值、提高客户评价为目标，它是公司内部必须做什么才能实现顾客预期的评价指标。每个企业都有自己独特的创造客户价值和产生财务结果的流程，但是一般都可以纳入通用内部价值链模式（见图12－4）。

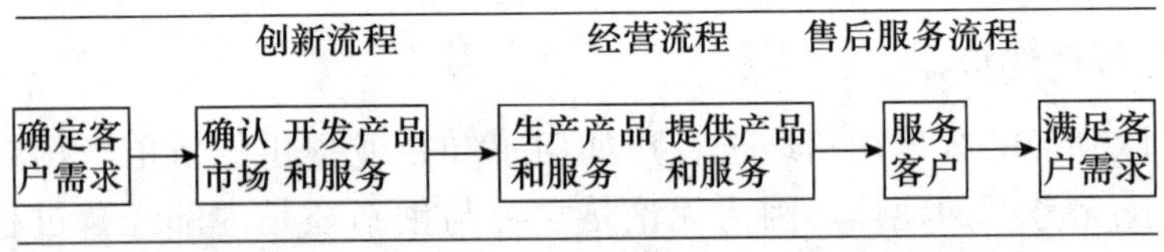

图12－4 内部业务经营——通用内部价值链模式

表12－6列示了衡量内部经营过程业绩的主要指标，这些指标根据内部业务流程的价值链来确定。根据不同的流程价值创造方式，分别设立不同的衡量指标。为这些流程建立目标和指标可以把企业战略转化为经营目标，通过内部业务流程为客户和股东创造新的业绩和价值。

表12－6 内部经营过程视角的业绩评价

目标	业绩评价指标
创新：	
增加新产品的数量	计划及实际推出新产品的数量

续表

目标	业绩评价指标
增加专利产品数量	专利产品收入占总收入比例
缩短新产品开发时间	产品上市时间（从研发到投放市场）
经营：	
提高过程质量	质量成本
	产品合格率
	残次品的比率
提高过程效率	单位产品成本变动趋势
	产出/投入
缩短过程时间	循环周期和速率
	MCE*
售后服务：	
提高服务质量	产品一次性合格率
提高服务效率	成本变动趋势
	产出/投入
缩短服务时间	循环周期

* MCE＝过程时间/（过程时间＋运输时间＋检验时间＋等待时间）。

（五）学习与创新视角

平衡计分卡的学习与创新视角计量公司推出新产品、新服务和新生产技术的频度，由此确保公司克服自满，不断创新。平衡计分卡以客户为基础的评价和内部经营过程评价指标，确定了公司对竞争对手最重要的参数。但是，成功的指标在不断变化，激烈的全球性竞争要求公司不断改进现有产品和程序，在引入新产品方面具有巨大的潜力。

因为人是企业创新能动性的根源，所以这个指标必然与员工密切联系。为了能够提高公司的创新能力，必须激发员工的积极性和提高员工素质。前者与公司提供给员工的奖励、福利等有关，后者既包括文化素质，如内部伙伴关系、团队精神、知识共享等，也包括个人综合素质，如领导能力、技能应用能力，这些都离不开公司有效的培训机制。学习与创新是实现平衡计分卡其他三个方面目标的动力来源。学习与创新视角关注的主要目标有提高员工素质，增强激励和协作，加强企业信息系统能力，如表 12－7 所示。

表 12－7 学习与创新视角的业绩评价

目标	业绩评价指标
提高员工素质	员工满意度
	员工离职率
	员工人均收入（收入/员工数量）

续表

目标	业绩评价指标
提高员工素质	培训时间
	战略工作胜任率（重要性岗位需求满足率）
增强激励和协作	员工人均提出建议数量
	员工人均提出建议被采纳数量
加强企业信息系统能力	程序及时反馈率
	接待客户的员工能在线获得客户和产品信息的比例

（六）平衡计分卡与战略

平衡计分卡最重要的特点就是，它的四个视角的指标都是围绕公司的战略来设计的，平衡计分卡始终把战略置于中心的位置，因此这四个视角可以理解为公司战略实施的过程和领域，也只有从统一的战略出发，以上四个视角指标的设计才能够一致和连贯起来，起到相互支持和补充的作用。

三、平衡计分卡的应用和评述

（一）平衡计分卡在战略管理中的应用

平衡计分卡的设计相对于简单的比率分析和一般的业绩评价系统具有的优点是，它能够详细阐述企业战略并通过平衡计分卡的系统把战略转化为可执行的行动。这种优势使其成为战略管理的一种有效的工具。具体而言，平衡计分卡可以在战略管理中发挥以下作用。

（1）使目标和战略具体化。平衡计分卡四个视角的内容设计有助于企业各级管理者就组织的使命和战略达成共识。传统的战略管理只是提出企业未来一个模糊的战略目标，但是缺乏把战略目标转化为具体行动的具有指南意义的管理方法。而平衡计分卡将组织的目标和战略细化为客户、内部经营过程、学习与创新和财务四个方面，形成一系列为企业各级管理者所认可的测评指标和目标值，充分描述了为实现企业的长期战略目标应当注意的成功推动因素。

（2）促进沟通和联系。平衡计分卡使企业管理者能在组织中对战略上下沟通，并把它与各部门的目标联系起来。在传统的业绩评价方法中，对各部门根据各自的财务业绩进行测评，个人激励因素只是与短期财务目标相联系。平衡计分卡使管理者能够确保组织中的各个层级都理解长期战略，而且使各个部门和个人的目标与之一致。

（3）辅助业务规划。平衡计分卡使公司能够实现业务规划与财务规划的一体化。在变革的环境中，几乎所有的公司都在实施种种改革方案，每个方案都有自己的领导者、拥护者和顾问，都在竞相争取高层管理者的时间、精力和资源支持。管理者发现，很难把这些不同的新举措组织到一起，从而实现企业的战略目标。这些状况常常导致各个方案的实施结果令人失望。但是，当企业管理者利用依据平衡计分卡方法制定的战略目标作为分配资源和确定优先顺序的依据时，他们会采用那些能够推动自己实现长期战略目标的新措施，并注意加以协调。

（4）增强战略反馈和学习。平衡计分卡赋予公司一项新的能力，即战略学习的能力。现有的反馈和考评程序都注重公司及其各部门、成员是否达到了预算中的财务目标。当管理体系以平衡计分卡为核心时，公司就能从另外三个角度，即客户、内部经营过程和学习与创新来监督短期结果，并根据最近的业绩评价战略实施情况。因此，平衡计分卡使公司能够修正战略，以随时反映学习所得。

（二）平衡计分卡的实践和评价

平衡计分卡为管理层提供了一种新的工具，使他们能够把注意力放到争取长期成功的战略上，这一重要任务迄今为止一直难以实现。通过确定企业应该全神贯注和集中资源的最重要目标，平衡计分卡为将企业事务、信息和各种重大的管理流程组织起来的战略管理系统提供了一个框架（见图 12－5）。在这个体系中，每一部分都能够与战略相连接；客户、内部经营过程、财务和学习与创新都与实现长期财务业绩息息相关；部门、团队和个人的目标都与实现战略业绩相一致；这种战略决定着资源分配、战略行动方案和年度预算；管理回顾则成为战略反馈和学习的机会。平衡计分卡并没有抹杀财务指标在管理体系中的作用，而是把财务指标纳入一套更为平衡的管理体系中，从而把短期经营业绩同长期战略目标连接起来。

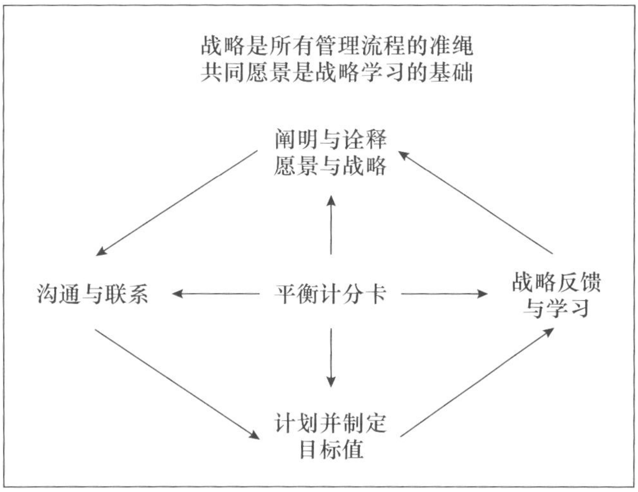

图 12－5　以平衡计分卡作为行动的战略框架

企业出于各种各样的原因采用平衡计分卡，包括阐明战略并达成共识，重视企业的改革行动方案，开发战略业务单位的领导能力，以及获取跨业务单位的协调和经济效益。通常，企业最初建立的平衡计分卡都能够达到这些目的，但是要想建立一套适合企业自身的平衡计分卡体系并让其发挥应有的作用并不容易。一般来说，企业建立平衡计分卡的过程主要应包括以下几个步骤：

（1）确定衡量结构。经过企业高层管理者的商讨以后，首先必须确定适合建立高水平平衡计分卡的业务单位。大多数公司多元化程度较高，因此很难在一开始就建立公司层级的平衡计分卡。第一个平衡计分卡流程应该在一个战略业务单位（SBU）中进行，最理想的业务单位应能从事跨越整个价值链的创新、经营、营销、销售和服务等活动。该业务单位应该拥有自己的产品和客户、市场和分销渠道、生产设施；也应该比较容易构建总括性的财务业绩指标，而不涉及与其他业务单位之间复杂的产品和服务成本分摊与价格转移。其次，要认识战略业务单位与总公司、分公司以及其他业务单位之间的关系。

（2）建立对战略目标的共识。公司的高层管理者要在充分掌握信息的基础上，达成对战略目标的共识。这些信息包括平衡计分卡的背景资料、公司和战略业务单位的愿景和使命、战略业务单位的产业和竞争背景资料（如市场规模和成长趋势、竞争对手和竞争产品、客户偏好和技术发展）以及企业自身的实际状况。管理者对战略目标的意见要深化到财务、客户、内部经营过程及学习与创新等四个层面，总结共同关注的目标和指标。

（3）选择和设计指标。为平衡计分卡选择具体指标的根本目的是，确定哪些指标最能传达战略的真正意图。既然每个战略都是独特的，那么每个平衡计分卡也应该与众不同且包含几个独特的指标。确定平衡计分卡指标的一个关键是选择业绩驱动因素，即那些能够触发行动并使核心结果指标达到目标的指标。每个层面的指标设定应该做到：列出一组指标并对之详细说明；说明如何量化并表现每个指标；说明同一个层面内部的指标是如何相互连接的，以及它们与其他层面的指标或目标是如何连接的。

（4）制定实施计划。经过上述步骤后，企业最高管理层正式决定挑战性目标值并制定实施计划。实施计划应该包括如何把指标与数据库和信息系统相连接，如何向企业传达平衡计分卡，如何鼓励、协助分权单位开发下层的衡量指标。完成这个阶段的任务之后就可以把业务单位的上层衡量指标和下层的具体经营性指标连接起来，组成一个全新的执行信息系统。

表12-8显示了美国一家咨询公司在2019年对60家公司实施平衡计分卡状况的调查结果。从表中可以看出，在实施平衡计分卡的企业中，平均来看，财务指标的权重远远高于其他各层面业绩指标的总和，似乎非财务指标在业绩评价中还处于辅助的位置，各层指标之间的平衡并不容易实现。在平衡计分卡的实施过程中，最大的问题似乎还是多重指标之间关系的处理，尤其是定性的非财务指标量化问题。因此，平衡计分卡的研究和实践都有待于进一步完善和提高。

表12-8 平衡计分卡在60家公司实施的情况

各类指标	相对权重（平均值）
财务	55%
客户	19%
内部经营过程	12%
学习与创新	5%
其他	9%

续表

各类指标		相对权重（平均值）			
平衡计分卡方法中使用的业绩指标类型（所有使用类型的总和）					
公司层面		57%			
分部或集团		65%			
辅助部门		22%			
其他（如团队、部门等）		22%			
报酬中应用平衡计分卡的情况					
用于激励性报酬奖金		37%			
用于评价业绩但不决定激励性报酬奖金		15%			
不用于激励性报酬但考虑财务和运行指标差异		33%			
用于车间所有人		23%			
最高执行官也包括在平衡计分卡计划中		37%			
平衡计分卡实施问题（反馈百分比，$n=57$）（1 代表无问题，5 代表主要问题）	1	2	3	4	5
很难评价指标的重要性（%）	2	25	35	29	9
花费时间和费用（%）	7	25	43	20	5
需要把定性问题量化（%）	7	18	30	36	9
大量问题冲淡了总体效果（%）	9	23	25	36	7
目标很难分解到底层组织（%）	12	18	36	25	9
需要高度发展的信息系统（%）	13	18	25	35	9

总的来说，与传统的业绩评价指标体系相比，平衡计分卡更好地适应了现代经济环境的要求，反映了新经济环境下企业管理的需要。当然，在应用的过程中还有许多亟待解决的实际问题值得我们去探索。

小　结

业绩评价与激励是组织进行控制与管理的重要手段。业绩评价主要包括业绩评价指标体系的建立和业绩评价流程的设计等内容。平衡计分卡是在新的环境下产生的战略管理与业绩评价工具，它从四个平衡的层面衡量企业的业绩，并将企业战略转化为行动的目标。公司激励制度一般包括经理人报酬制度、管理层收购与股票期权，以及员工持股等内容。

思考题

1. 试述业绩评价财务指标与非财务指标的关系。

2. 解释平衡计分卡四个视角的含义及其相互联系。

3. 试述常见的经理人激励制度有哪些，优缺点如何。

练习题

某企业投资总额为3 000万元，负债与股本比例为2∶1，年债息率为5%，年资本收益率为20%，年息税前利润600万元，流通在外普通股10万股。假设股票市价×股本收益率＝普通股盈余，发行在外的股票市价＝股票市价/发行在外股数，并且负债未上市交易。

要求：

（1）若公司股票上市，计算其股票市价与总市价各为多少。

（2）若公司回购1万股股票，此时资本结构为3∶1，请比较回购前后的加权资本成本，并就回购后的总市价谈谈你的看法。

案例及应用

某瑞典公司已于1999年秋季在集团和下属子公司中建立了平衡计分卡系统，用于指导和监控组织的运作。

目前，该公司的业务扩大到中欧几个国家，其中，波兰子公司正在开发新的业务领域和市场。根据平衡计分卡的描述，2024年的重要目标如表12-9所示。

表12-9

结构	任务和指标	目标
财务	净利润	1 000万瑞典克朗
	销售增长率（金额和销量指标）	50%
客户	品牌认知度（访问公司的目标客户群，询问提供本公司产品的三个厂家时提到本公司的比例）	50%
	客户满意度（对本公司满意或非常满意的客户占被调查总体的比例）	80%
内部经营过程	订单正常周转率（公司从接订单到发货时间不超过1周的订单占全部订单的比例）	90%
	信息系统（建立集成信息系统，使母公司可以通过互联网管理各分部）	建成使用
学习与创新	任命并培训区域代理商和服务供应商	10名
	招聘员工并到母公司接受培训	5人
	代表母公司与三个可能的供应商商讨合作事宜	有结果

除以上目标要考核业绩之外，波兰子公司的经营计划书中还包括滚动预算的内容，

本来这个预算的指标每个季度都要更新一次，但是上年业务繁忙，所以还是沿用前年制定的预算指标。

各子公司的平衡计分卡是子公司经理和集团管理层双方经一系列讨论建立的。但是这些讨论和沟通没有任何深层次的分析，不过各子公司都明确表示要实现它们在平衡计分卡中声明的目标。

波兰子公司的财务经理很高兴地报告该子公司取得的优异成绩，因为实际利润比预期利润高，利润增长的原因可以归功于公司经营费用的下降和公司产品边际利润的上升。波兰公司的总经理是2021年调入该子公司的，他与母公司签订了5年期的合同，合同规定这位总经理的收入中30%由奖金构成，而奖金的多少取决于子公司的利润水平。

但是，波兰子公司并没有很在意平衡计分卡的完成情况，经过粗略的估计，情况如表12-10所示。

表12-10

结构	任务和指标	完成情况	原因
财务	净利润	1 500万瑞典克朗	
	销售增长率（金额）	40%	
	销售增长率（销量）	25%	
客户	品牌认知度	无法估计	未做调查
	客户满意度	60%	
内部经营过程	订单正常周转时间	大约2周左右	未做跟踪统计
	信息系统	没有建成	是瑞典母公司的原因
学习与创新	任命并培训区域代理商和服务供应商	5名	
	招聘员工并到母公司接受培训	2人	
	代表母公司与三个可能的供应商商讨合作事宜	与1个公司商讨过，已中止	工作量过大

讨论：

应用上述资料，结合本章内容，评价波兰子公司的业绩状况和平衡计分卡实施情况。

第 13 章

环境管理会计

知识目标

理解环境管理会计的定义，结合国内外环境管理会计的实践探索，体会环境管理会计的积极意义。

能力目标

掌握环境管理会计工具方法的应用，学会制定企业环境成本管理的工具与方法，围绕国家的环境管制方针与政策，设计符合企业自身特征的环境管理会计制度体系。

素养目标

(1) 以习近平总书记的“绿水青山就是金山银山”的“两山”理念为指引，积极履行企业社会责任。

(2) 结合环境管理会计知识与方法，树立企业“碳达峰”与“碳中和”生态环境保护目标的担当意识。

导 读　管理会计助力低碳发展

近年来，环境问题给全社会带来了巨大的困扰，给人们的生产生活带来了惨重的损失。以气候现象为例：沙漠地带出现了洪水，寒冷的北极出现了炎热的天气，郑州暴雨，澳洲大火，青海湖水面急剧上升等，这些难以想象的问题需要全社会共同加以应对。2020 年 9 月 22 日，习近平主席在第七十五届联合国大会一般性辩论上，宣布中国将提高国家自主贡献的力度，采取更加有力的政策和措施，二氧化碳排放力争于 2030 年前达到峰值，努力争取 2060 年前实现碳中和，也就是今天耳熟能详的“双碳”目标。党的二十大报告在“推动绿色发展，促进人与自然和谐共生”部分指出，我们要加快发展方式绿色转型，实施全面节约战略，发展绿色低碳产业，倡导绿色消费，推动形成绿色低碳的生产方式和生活方式；积极稳妥推进碳达峰碳中和，立足我国能源资源禀赋，坚持先立后破，有计划分步骤实施碳达峰行动，深入推进能源革命，加强煤炭清洁高效利用，加快规划建设新型能源体系，积极参与应对气候变化全球治理。

会计界必须对低碳绿色发展做出积极的回应，例如污染带来的成本和减排带来的收益的确认、计量和披露问题。碳排放交易体系的构建为这项工作的开展提供了重要条件。当然，会计的回应不应只表现为对相关收益和成本的确认、计量和披露，还必须表现为用好管理会计工具，控制和减少碳排放，积极推动低碳的发展。考虑到低碳乃至于零碳发展的极端重要性，如果缺少了碳相关内容，未来的预算管理、成本管理、绩效管理、平衡计分卡工具的应用等都将是不完整和不成功的。在推进节能减排、低碳发展，加快推进“双碳”目标实现的进程中，管理会计必将发挥重要的作用。

20 世纪 80 年代以来，由于印度博帕尔化学泄漏（1984 年）和埃克森公司瓦尔迪兹号油轮原油泄漏（1989 年）等重大事件的发生，全球范围内的环境问题日益严重。环境问题引起人们对全球变暖、可再生资源枯竭和自然栖息地丧失等主要问题的关注，也引发了对企业管理的疑问，要求对企业管理进行变革。政府为主导的利益相关者越来越关注企业的环境绩效，企业也越来越重视其生产、产品和服务对环境的影响。环境问题已经与企业的产品设计、市场营销和财务管理同等重要。恶劣的环境行为可能对企业造成严重的后果，使企业受到以下惩罚：被处罚款，被征环境税，销售收入减少，客户联合抵制，融资困难，面临法律诉讼，以及公司形象受损等。财务与会计也受到环境的影响，首先是来自外部报告的压力，包括在财务报告中进行环境问题的披露或者要求编制单独的环境财务报告。然而，环境问题不是仅仅通过外部报告就能够解决的，而应该是在报告之前就解决的，这就要求变更和改进现行的管理会计系统。

第 1 节 环境管理会计的主要内容

一、环境管理会计的形成

20 世纪 90 年代以后，随着可持续发展理论的提出，各国政府的环境管理强调与企业之间的合作，推行预防性的综合环境管理手段，企业决策中如何考虑环境因素、实施与环境有关的企业管理等问题逐渐受到重视。1999 年，联合国“改进政府在推动环境管理会计中的作用”专家工作组，与 30 多个国家的环境管理部门和国际组织、会计组织、企业组织及学术界，综合各国实践，首次提出了环境管理会计（environmental management accounting，EMA）的概念，其后各次会议就建立环境管理会计的一般原则和指南的必要性，环境管理会计与环境管理体系、公司环境报告和国民环境账户等方面的联系进行了研究，并讨论了政府在推动环境管理会计中的作用及各种推动手段等，讨论结果形成了几份报告。环境管理会计这个独立的学科体系从此逐渐形成和完善。

随着对环境管理会计研究的不断深入，人们对企业与环境管理的关系，环境管理会计如何服务于企业的环境管理等有了比较统一的认识，在环境成本分析与控制、资本预算、业绩评价方面已经形成了比较成熟的技术和方法，并且积累了不少企业成功实施的经验。这些研究与经验为企业有效推行环境管理会计体系，在提高经济效益的同时降低对环境的影响，促进企业的可持续发展等方面提供了有益的借鉴。

近年来，面对环境问题带来的困扰，管理会计界必须对低碳发展做出积极的回应，要把“碳达峰”“碳中和”贯穿会计核算与监督的全过程，全面推动绿色低碳发展，率先建设经济与生态和谐共生的现代化产业体系。比如，对污染带来的成本或者由减排带来的收益的确认、计量和披露问题，管理会计界应该提出积极的应对策略。亦即，环境管理会计应构建相应的生态环境保护机制，合理安排具体的实施路径或规则，为碳减排等环境管理体系的形成与发展提供坚实和有效的制度保障。2021年，生态环境部发布《企业环境信息依法披露管理办法》和《企业环境信息依法披露格式准则》，这些规范为环境管理会计的形成与发展提供了重要的制度基础。

二、环境管理会计的定义与内涵

（一）定义

环境管理会计目前并没有统一的概念。根据国际会计师联合会（IFAC）的管理会计概念中的定义，环境管理会计是“通过设计和实施适当的与环境相关的会计系统和管理系统，对环境业绩和经济业绩进行的管理”。根据联合国环境管理会计专家工作小组的定义，环境管理会计是“为满足组织内部进行传统决策和环境决策的需要，而对实物流信息（如材料、水和能源等）、环境成本信息和其他货币信息进行的确认、收集、估计，编制内部报告和利用它进行决策”。这个定义强调了环境管理会计范围内必须考虑的实物流信息及货币流信息，以及环境管理会计通常使用的信息分析技术。环境管理会计专家贝内特（Bennett）认为，环境管理会计利用会计和相关信息为内部管理提供支持，其定义是“生成、分析并利用财务和非财务信息——优化公司环境和经济业绩，实现可持续经营的系统”。《环境管理会计的国际指南》将环境管理会计定义为鉴定、收集、分析与环境内部决策相关的实物、货币两类信息的会计。这两类信息是：（1）能源、水和材料（含废弃物）流动、使用及最终处理的实物信息；（2）与环境相关的成本、收益等货币信息。虽然提法不同，但环境管理会计要为企业的管理决策提供面向未来的信息（包括财务信息和非财务信息）是共同的。

（二）环境管理会计的内涵比较

环境管理会计与管理会计在内涵上具有相似之处，前者更强调适应组织经济目标的转变和为环境管理服务，这是为促进企业的可持续性、提高生态经济效率，由管理会计与环境管理相结合而发展起来的。在环境管理战略中，管理者需要考虑与环境相关项目的投资决策、产品的定价、废弃物的管理、资源的利用、员工业绩的评价等方面。但是，环境管理与传统意义上的管理会计仍然存在一定的差异，比如环境管理会计特别强调环境成本的重要性，不仅包括环境和其他成本信息，还包括诸如材料、水资源和能量等实物流量信息。环境管理会计信息可以用于各种类型的企业管理决策，但更适用于将产生重大环境影响的管理决策。环境管理会计一方面对传统的会计系统进行修正，主要以货币形式计量与环境有关活动对企业的财务影响；另一方面则采用非财务指标反映企业的活动对环境的影响（环境业绩），帮助企业管理者进行相关决策，从而实现环境效率和经济效率的统一，最终为实现企业可持续经营服务。

此外，内部利益相关者传统上从管理会计获得有关公司的财务信息，但内部数据的收集应该比外部利益相关者要求的范围要广，管理会计是为内部决策设计的，因而主要为科学管理提供必要信息，外部利益相关者可能需要相同的信息，但所需信息的量与详细程度可能不一样。正如划分传统的财务会计与管理会计一样，根据信息使用者的不同，可以把提供环境信息的环境会计分为环境财务会计和环境管理会计。环境财务会计与环境管理会计的主要区别在于：服务对象不同、研究内容不同、研究方法不同。环境财务会计主要为企业的外部利益相关者提供有关环境问题给企业造成的财务影响的信息，它主要解决的是企业环境资产的确认、计量与相关信息的披露问题；而环境管理会计主要解决的是企业环境战略的制定、环境成本的确认与核算、环境投资评估及企业环境业绩的评价问题，主要为企业管理者的经营决策、投资决策提供信息支持。

表 13－1、表 13－2 列示了一些权威机构开发的环境管理会计概念框架。

1. 国际会计师联合会的 EMA 概念框架

表 13－1　企业组织水平上的会计与报告

传统会计	对应的环境会计	强制性外部报告	其他相关的外部报告
财务会计（FA）：对外部相关者（如投资者、政策制定及监管机构、财政部门）报告标准化的财务信息。	财务会计的环境披露（环境财务会计（EFA））：包含在财务报告中的环境相关信息，比如环境相关的投资的收益与支出、环境负债以及与组织环境业绩相关的其他重要支出。	向外呈送的财务报告要受到国家法律和国际标准的约束，具体的财务报告越来越多地包括环境业绩和社会效益有关信息。	一些国家要求在财务报告里包含这些内容，而一些组织则自愿披露这些信息。企业组织使用一些为财务报告目的而收集的与环境相关的信息，用于环境规章报告、统计报告或者公司可持续发展报告。
管理会计（MA）：应用会计与财务管理原则保持和增加企业价值，并将价值传递给营利和非营利企业（含公共和私人企业）。	环境管理会计（EMA）：通过管理会计系统管理环境和经济表现，专门关注能源、水、原材料和废弃物流动的实物流信息和与相关成本、收入信息有关的货币流信息。	一般没有与管理会计和环境管理会计相关的外部报告要求。	组织将那些在环境管理会计下收集的信息用于环境规章报告、统计报告或者公司自愿提供的可持续发展报告。

资料来源：IFAC. Guidance document on EMA_final. 2005（8）.

2. 联合国 UNDSD 的 EMA 概念框架

表 13－2　联合国 UNDSD 的 EMA 概念框架

<table>
<tr><th colspan="2">货币单位核算</th><th colspan="2">实物单位核算</th></tr>
<tr><td rowspan="2">传统会计</td><td colspan="2">环境管理会计（EMA）</td><td rowspan="2">其他评估手段</td></tr>
<tr><td>货币计量环境管理会计（MEMA）</td><td>实物计量环境管理会计（PEMA）</td></tr>
</table>

续表

货币单位核算		实物单位核算	
公司层次的数据			
传统簿记	从账簿和成本会计资料中转换出环境信息的部分	公司的物质、能源和水流动的实物流量的余额	生产计划系统、存货会计系统
业务流程/成本中心和成本对象/产品层次上的数据			
成本会计	作业基础的物质流成本会计	业务流和产品基础的物质流量余额	其他环境评估、计量和评价手段
在企业中的应用			
供内部统计、计算指标、节约额、预算和投资评价用	供内部统计、计算指标、节约额、预算和投资评价环境成本使用	供内部环境管理系统、业绩评价和标杆管理使用	用于企业内部其他的清洁生产项目和生态设计
外部财务报告	环境支出、投资和负债的对外披露	对外报告（环境报表、公司环境报告、可持续性报告等）	向统计机构、当地政府等提供的其他外部报告
在国民经济中的应用			
供统计机构计算国民收入	在国民收入统计中计算行业的投资、年度环境成本和外部性	国家资源会计（国家、地区和部门的实物流量余额）	

资料来源：United Nation Division for Sustainable Development. Environmental management accounting procedures and principles. 2001.

三、环境管理会计的成本信息

这里将介绍两个基本的环境管理会计核算的成本信息视角。

（一）实物流信息视角

国际会计师联合会的EMA指南按企业的物质平衡原理，从输入与输出两个环节计量资源消耗，反映投入产出转化及各类产出物等实物量数据。该指南认为，一个企业组织中的全部材料、水、能源等物质输入与输出是平衡的，因此，企业应努力跟踪这些物质的输入、输出流量及存量情况，并按科学的物质标准分类，确保收集到环境管理决策所需的实物信息。这是企业环境成本核算、建立环境业绩指标（EPI）的基础。对于物质流的基本分类如表13-3所示。

表13-3　实物流会计：输入和输出物质的分类

物质输入	产品输出
原材料和辅助材料	产品（含包装物）
包装物材料	副产品（含包装物）
商品材料	非产品输出

续表

物质输入	产品输出
管理用材料	固体废弃物
水	有害废弃物
能源	废水，空气污染物（含放射性物质、噪声等）

资料来源：IFAC. Guidance document on EMA_final. 2005（8）.

表13-3中，物质输入环节包括进入企业具有流动性且对环境产生影响的材料、能源、水等物质，但不包括资本性资产，如设备、建筑物、土地等。这种划分以ISO 14000系列国际环境管理体系的产品生命周期环境影响理论为依据，源于资源消耗转化为产品过程中的污染直接相关性，确定流动物质的污染源地位。而资本性资产一般仅为辅助性工具，自身并不流动，与环境污染不具有直接相关关系。输出环节分产品输出和非产品输出，前者指制造完工离开企业的产品、副产品；后者则主要指各种废弃物或污染排放物，包括固体废弃物、危险废弃物、废水、废气等。这里，固体废弃物一般包括废纸、废弃塑料袋及材料等；危险废弃物指严重危害环境或人类健康的废弃物（如废弃电池、油漆和溶剂）；废水指含有磷酸盐、有毒溶剂或重金属等物质的排污水；废气则指包含有害污染物的污染气流，如氮氧化物、二氧化硫、一氧化碳等。

（二）货币流信息视角

在环境管理会计中，最重要的货币信息就是环境相关成本信息。尽管不同国家、会计组织乃至企业对环境相关成本的分类各不相同，但好的环境成本分类应以环境业绩、环保经济效益为导向，尽可能与国际惯例保持一致，以此协调各国之间的差异。对此，国际会计师联合会的EMA指南将环境成本划分为六大类，如表13-4所示。

表13-4 环境相关成本分类

产品耗用资源成本	进入有形产品中的能源、材料等成本
非产品耗用资源成本	已转变成废弃物、排放物的能源、水、原材料的成本
废弃物和排放物控制成本	废弃物和排放物处理和处置成本、环境损害恢复成本、受害人补偿成本及环保法规所要求支付的控制成本
预防性环境管理成本	预防性环境管理活动成本。这些活动包括绿色采购、供应链环境管理、清洁生产、生产者社会责任履行等
研发成本	环境问题相关项目的研究与开发费用，如原材料潜在毒性研究费用、研发有效率能源产品的费用及可提升环保效率的设备改造费用
不确定性成本	与不确定性环境问题相关的成本，包含因环境污染造成的生产力降低成本、潜在环境负债成本等

资料来源：IFAC. Guidance document on EMA_final. 2005（8）.

这六类成本贯穿全部资源流程的环境影响，其中输出环节包括产品耗用资源成本、非产品耗用资源成本、废弃物和排放物控制成本；输入与生产环节则包括预防性环境管理成本、研发成本及不确定性成本。

四、环境管理会计的方法

一般来说，传统的管理会计方法均可运用于环境管理会计，不同的是在运用这些方法的同时，需将环境因素考虑在内，或将环境因素重点对待。此外，环境管理会计还受到其他学科的影响，故而将其他学科的方法和工具加以转化，运用到环境管理会计之中，相应地形成了一些新的管理会计方法。由于环境信息存在货币和实物两种形式，相应的环境管理会计方法也可分为两类：一类是基于环境成本管理的，包括作业成本法、总成本评价、产品生命周期分析、全部成本会计等；一类是基于资源管理的，有资源效率会计和投入/产出分析等；另外还有近几年流行的流量成本会计。

（一）作业成本法

作业成本法（activity-based costing，ABC）的思想形成于20世纪30年代末40年代初，直到80年代中期才得到西方会计界的普遍关注和深入研究。它是一种通过对所有作业活动追踪进行动态反映，计算作业成本，评价作业业绩和资源利用情况的方法。它根据资源耗用的因果关系进行成本分配，首先依据作业的资源消耗将成本分配给作业，然后再按成本对象对作业的消耗将作业成本分配到成本对象。

（二）总成本评价

总成本评价（total cost assessment，TCA）是在1989年EPA和Tellus研究所合作完成的《污染预防效益手册》中首次提出的。这种方法主要是对清洁生产、能源消耗等内部环境成本与节约进行分析，企业在进行资本预算分析时就可通过该种方法将环境成本纳入其中。总成本评价中常常涉及如下四个层次的环境成本：（1）直接成本，包括基建费用、原材料、运行和维护费用等；（2）例行成本，如监测、报告和审批费用等；（3）偶发负债，如企业所在的被污染场地的恢复费、相应的罚款等；（4）不明显成本和效益，如企业的市场形象因环境改善而提高所带来的无形资产等。

（三）产品生命周期分析

产品生命周期分析（life cycle analysis，LCA）是在20世纪60年代末70年代初提出的，它是绿色设计的基础。所谓产品生命周期分析，就是运用系统的观点，根据产品的分析或评估目标，对产品生命周期的各个阶段进行详细的分析或评估，获得产品相关信息的总体情况，为产品性能的改进提供完整、准确的信息。将产品生命周期分析运用于环境管理会计的目标在于将环境施加的负面影响减小到最低限度。一种产品从设计研发，经过生产、销售、使用到最终报废的各个阶段，都会对环境产生影响，针对这些可能影响所采取的措施而发生的支出，都将属于生命周期环境成本的一部分。对于这些成本，企业需要进行跟踪、计量、记录并加强管理。作为一种环境影响评估体系，产品生命周期分析包含四个组成部分：设立目标、存量分析、影响评价、改进分析；而作为一种实施系统，产品生命周期分析由三个阶段组成，即存量分析、影响评价、改进分析。

（四）全部成本会计

全部成本会计（full cost accounting，FCA）将产品带给环境的未来成本纳入会计核算范围，并追溯分配给各产品。作为一种全新的成本会计架构，在处理成本时，它不仅考虑企业的私人成本，而且延伸到社会成本领域。全部成本会计的应用从远期看，为公司发展战略提供完整的成本信息基础，使企业管理者对本企业生产经营活动的现时成本和未来成本有清醒的了解和认识；从近期看，为企业产品定价及生产经营调整提供成本信息基础。

（五）资源效率会计

资源效率会计（resource efficiency accounting，REA）是由德国乌珀塔尔研究所（Wuppertal Institute）作为可持续企业计划的一部分而开发的，它通过将生态可持续指标与经济指标结合起来，提供了一种简单、灵活的信息工具用于决策。其目标是揭示整个产品生命周期中的节约可能性，并在不同的层次（如整个企业或一个生产部门）对企业活动的经济和生态方面加以评估。在资源效率会计的概念中，原料及货币都被视为企业的一种资源，只有在整个生命周期内，从经济和生态两个方面来看，企业资源都得到了有效利用，企业才能获得持续的成功。

（六）投入/产出分析

投入/产出分析（input/output analysis）最初是用于国民经济分析的。投入/产出分析常常可以完整地表征系统内各个组成部分的有效性，并且求出流程的总效率，从而使更多的物质和能量在系统内部实现尽可能多的再利用和再循环，而不至于直接、简单地通过该系统即告结束。由于环境管理会计在进行计量时既有货币单位又有实物单位，因此将投入/产出分析运用于环境管理会计，就可通过分析投入、产出，更好地评估环境对产品设计、生产流程、市场服务等方面的影响。例如，采购输入为 100%，输出必须与之平衡，输出包括生产、销售和储存的产品以及废料。材料通过有形单位进行衡量，也包括能源和水。在流程结束时，材料流可以通过货币单位进行表述。流程有助于追踪输入和输出，特别是废料。它们详细展示了流程的情况，以便相关信息可以分配到主要的活动中，如图 13－1 所示。

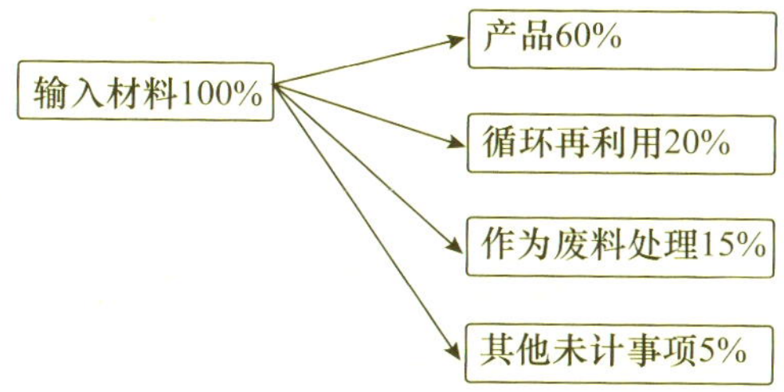

图 13－1　投入/产出分析法

（七）流量成本会计

流量成本会计（flow cost accounting，FCA）是由德国的经营环境研究所开发的，已在数十家不同规模和不同行业的企业中试行，积累了一定的成功经验。流量成本会计通过对物料运动从实物标准和金额标准两个方面的把握，将物料成本及系统成本分配到物流之中，显示哪些成本可通过减少或更有效使用原料及能源的方法来降低，以开发需要更少原料的产品及产品包装，并减少物料损失和最后废弃物的排放，促使企业决策活动更加全面。为提高物流的透明度，便于成本效果的计算和评估，流量成本会计将整个流程中存在的物流价值与成本分为三类：(1) 原料价值与成本。基于这些物流数据和存量，就可开始通过价格的形式进行评估，并通过确定哪些物流是与成本相关来决定原料成本。(2) 系统价值与成本。系统成本指那些发生在内部物流中的成本，包括所有发生在企业内部以维持和支持生产的成本。系统成本在流程中的传递就形成了系统价值。(3) 传递及处理成本。传递及处理成本是向外部第三方支付以使物料离开企业的成本，包括产品运输成本和处理废物等的成本，如图 13－2 所示。

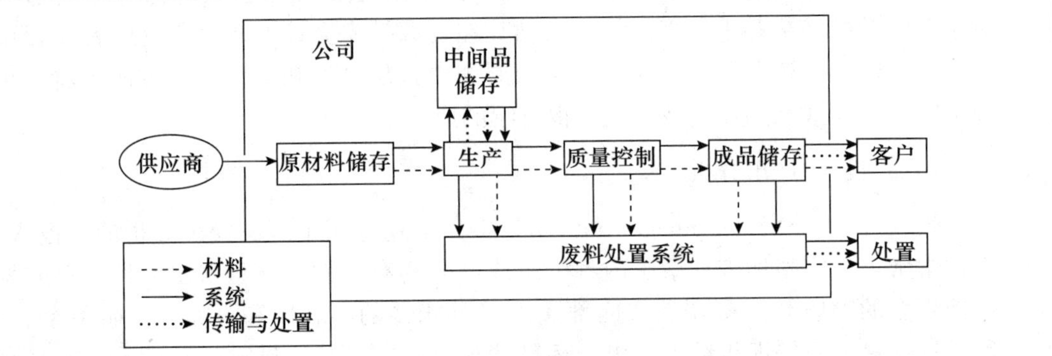

图 13－2 流量成本会计

五、环境管理会计的作用

环境管理会计系统通过提供相关的信息和控制手段，保证环境管理系统的实施，成为服务于企业环境管理的一个重要手段。环境管理会计的实质是传统信息管理和控制手段在环境管理中的应用。有效的环境管理信息可以帮助企业更清楚地认识环境成本，从而更易于管理和降低这些成本，认识推行环境管理系统的效益，保障环境管理系统的建立与实施；更好地识别和预测环境管理活动的财务利益和其他商务利益，制定出既符合法规又能降低成本的环境目标；发挥控制的作用，对环境管理系统的状况进行检测，指出偏离目标的差异，得到改进的建议；将结果转化为可计量、可理解的指标，从而根据自身的实际情况确定合理可行的环境方针，同时也可以更好地计量和报告环境业绩和财务业绩，改善企业对外界的形象。

环境管理会计不仅提供了决策所需要的货币信息，也提供了非货币信息。其信息可以是面向历史的，但更主要的是面向未来的，向企业管理者提供进行管理决策所需的环境相关信息，广泛应用于企业生产经营的各个具体方面。

(1) 提供决策支持。通过为相关的投资项目决策提供更为精确完整的成本、收益信息（尤其是环境成本与收益信息），对投资决策进行评估，并确定该项目的可行性。

（2）指导产品定价。改变传统成本分配方式，防止产生不同环境影响的产品之间在环境成本上的交叉补贴，通过提供产品环境成本的真实信息，为制定具有竞争力的价格提供指导。

（3）协助企业管理，健全奖罚制度。通过获取环境成本及其他环境信息，对企业员工的绩效进行考察，进而采取相应的激励或奖罚策略。

（4）改良生产制造流程。对生产流程的各个程序中产生的相关环境成本进行分析，获得各个程序的准确运行状况，以便运用相应的技术或管理手段，在不降低产品价值的基础上，尽量减少流程中的环境成本，实现整个制造流程的优化。

（5）塑造企业的绿色形象。企业实行环境管理会计，使生产更加接近于清洁生产，更多地进行环保产品的开发，并通过对外提供环境信息，树立企业在公众心目中的绿色形象。

第 2 节　国外环境管理会计的研究发展

自 20 世纪 90 年代起，发达国家的政府、研究机构、会计职业组织等开始重视环境管理会计的研究和推广。从发达国家的经验看，由于环境问题的负外部性，政府在推动环境管理会计的发展上起到了首要作用，尤其是环境保护部门。

一、北美的环境管理会计

（一）美国环境保护机构

美国环境管理会计的研究与应用在国际上处于领先水平，这主要得益于美国国家环境保护局（现已升格为环境保护署，Environmental Protection Agency，EPA）的有力推动。为执行 1990 年《污染防止法案》，EPA 早在 1992 年就建立了专门的环境会计项目，旨在“促进和激励企业全方位地理解环境成本，并将其运用于决策”。1993 年，EPA、美国商会、企业圆桌会、美国注册会计师协会、管理会计师协会、AACE 国际组织等联合发起了一个“国家工作室”座谈会，公布了《利益相关者行动议程：工作室对环境成本的会计与资本预算的一项报告》。这是 EMA 最早的重要文献之一。这份报告提出，为发展环境会计，需要解决四个中心问题：（1）对相关术语与概念的更好理解；（2）创造内部和外部的管理激励；（3）教育、指导和推广；（4）开发和传播分析工具、方法和系统。此后，EPA 的环境会计项目与多方合作，沿着两个方向展开工作：一是理论研究，为企业应用提供指南；二是实践经验的总结，包括案例研究和标杆研究。

在第一个方面，为了解决上述第一个问题，EPA 于 1995 年发表了题为《作为企业管理工具的环境会计入门：关键概念和术语》的重要报告。首先，该报告阐述了环境会计的意义，界定了环境会计的基本概念。其次，EPA 将企业内部环境成本分为传统成本、隐藏成本、或有成本、形象和公关成本四类，此外还有外部的社会成本。这五种成本的计量难度依次递增。最后，分析了如何将环境会计用于成本分配、资本预算、流程或产品的设计等。EPA认为，成功的环境管理体系必须对全部环境成本进行计量，并将其应用于各种决策。此外，EPA在1996年评论了在管理决策中评价潜在环境负债的各项技术。

在第二个方面，2000年1月，EPA发表了一份关于绿色供应链管理的报告，同时发表了一份配套的案例研究报告。EPA取得了更为丰硕的成果，这些成果可以进一步分为三类：一是单独的案例研究，目的是总结世界领先企业的成功经验；二是案例集，尤其是对相同行业的若干公司进行的研究；三是通过实地观察和访谈、问卷调查形成的基准研究报告。后两类研究更强调发现存在的问题，确定进一步改进的方向。

（1）单独的案例。为了实现利益相关者行动议程中的第三个目的，EPA发布了一系列经典的案例研究报告，并希望案例中的经验有助于其他公司开始运用环境会计。

（2）行业案例集。EPA发表的行业研究报告比较注重环境影响突出的行业，如电镀行业、化工与石油行业。1997年，休斯敦大学接受EPA的委托，与墨西哥湾可持续发展工商理事会合作，对5家实施环境会计制度的化工与石油公司进行了为期一年的基准研究，比较了其使用的环境管理会计方法。研究目的是使参与研究的公司能对其环境成本会计体系的形式和功能在讨论后有所改进，并对环境成本会计的成本收益进行分析。研究发现，各个公司在背景文化、环境成本会计制度设计、经营与资本支出决策、总体优势与劣势等方面均有很大差异。

（3）问卷调查。1995年，EPA与特勒斯协会（Tellus Institute）合作，对管理会计师协会的部分成员公司进行了问卷调查，调查制造业公司在常规性资本预算程序中考虑环境成本的方式和程度。调查发现，许多公司只考虑环境成本中容易计量的部分，低估了环境成本；大多数公司将环境成本计入制造费用，或按照错误的标准分配到产品，妨碍了有效的业绩控制、产品定价、激励制度及其他影响企业竞争力的活动。至于战略规划，如流程优化、市场渗透、公司形象等，因不完整、不准确的成本信息而受到不利影响。

（二）特勒斯协会

特勒斯协会是一个关注环境与资源问题的非营利研究组织，创建于1976年。该协会的商务与可持续性项目涉及能源、水、废弃物、交通和综合的政策设计、研究、技术支持和实施、课程开发和培训以及软件开发。例如，EPA与特勒斯协会合作开发的P2/FINANCE软件，可以帮助企业在资本预算决策中考虑环境成本因素。只需要输入默认参数、初始投资成本和年度经营成本，该软件就可生成方案摘要、现金流分析和盈利性分析（采用净现值、内部收益率、折现的回收期三个指标）等报告。

2002年2月，EPA将过去的环境会计项目及相关成果转交特勒斯协会接管，同时要求其开展国际项目。特勒斯协会随即在波士顿成立了EMA研究与信息中心（EMARIC），并于同年5月建成了EMA国际网站（网址为：http://www.EMAwebsite.org），成为美国和国际上研究环境管理会计的重要信息来源。EMARIC与美国EPA等正在组建美洲EMA协会，以便分享EMA信息和经验、建立合作项目。

（三）北美的其他机构

加拿大特许会计师协会（CICA）1997 年发表的《环境角度的完全成本会计》认为，推行全部成本会计的条件当前尚不具备，但政府和研究者应积极组织研究，企业也应保持足够关注（CICA，1997）。与 CICA 相比，加拿大管理会计师协会（SMA）发布的一系列有关环境问题的管理会计指南（MAG）更强调实用，其中分别探讨了综合业绩指标、公司环境战略、商务决策中的环境会计工具与技术、对 ISO 14000 的理解和实施等。

二、欧洲的环境管理会计

（一）欧洲 EMA 协会

欧盟曾经发起过一个关于环境与气候的生态管理研究项目，在此基础上，于 1997 年正式成立了欧洲 EMA 协会。该协会有自己的网站，定期向成员发送电子通讯，每年召开一次年会。在欧、美、亚太三大地区各自的 EMA 协会中，欧洲 EMA 协会发展最早、成果最多，涉及专题很多。

（二）英国

英国环境局在 2000 年发布的《环境政策公告》中承诺，"开发环境会计体系，以支持将环境业绩评价融合到核心财务程序中，并追溯环境方面突出的内部费用"。它通过提供有关概览、指南等信息，帮助企业实施环境会计、改善环境业绩、遵守法规。

与美国不同的是，英国的会计职业组织即英国特许公认会计师公会（ACCA）在环境会计尤其是环境报告方面发挥了重要作用，包括设立奖项、发布电子通讯、提出研究报告等。在联合国环境规划署（UNEP）的支持下，ACCA 于 2002 年发布了题为《可持续发展的伙伴：会计业》的重要研究报告，其中大量涉及环境管理会计。

（三）欧洲的其他机构

德国关于环境管理会计的最重要成果是奥格斯堡大学管理与环境协会（IMU）设立的生态效率-材料流动会计项目。其目标是通过流量管理（flow management）的手段减轻环境压力和降低成本，同时提高经济效率和环境效率。德国技术合作协会（GTZ）下设的环境导向的成本管理研究项目特别关注非产品产出的成本。该项目旨在尽量减少非产品产出的数量，同时降低生产成本和减少环境损害。德国 Lueneburg 大学可持续性管理中心也在研究当代环境会计。总部设在比利时的欧洲会计师联合会（FEE）过去下设了环境工作组，后来更名为可持续性工作组，内容涉及环境会计、报告和审计。FEE 支持联合国专家组在环境管理会计领域的工作，并与多个国际组织保持交流。

三、亚太地区的环境管理会计

（一）亚太地区 EMA 协会

2001 年 9 月 27 日，世界银行环境论坛在韩国举行。同日，在日本环境省等的大力支持下，由日本全球环境战略协会（IGES）主办，在日本神户举行了“企业与环境2001年国际论坛暨亚太EMA协会成立典礼”。亚太地区EMA协会的主题是亚太地区各国环境管理会计的发展动态和趋势。亚太地区EMA协会认为，环境管理会计是可持续发展最重要的工具之一。为了进一步研讨环境管理会计并有效推广，亚太地区的专家和研究人员应通报和交换关于各国环境管理会计发展情况、研究成果的信息。亚太地区EMA协会的宗旨是促进环境管理会计在该地区的发展，它将与欧洲、美洲的EMA协会保持密切联络。

（二）澳大利亚

在“环境澳洲”组织和澳大利亚特许会计师协会（ICAA）的合作下，澳大利亚维多利亚环保局执行了一个环境管理会计项目。其目标是提供一些案例研究，帮助企业降低成本、提高收益，同时获得更好的环境结果。2002年3—9月，该项目已完成了四个案例研究。

澳大利亚麦加里大学建立了环境责任亚太中心（APCEA）。其研究领域包括：环境和可持续发展的管理会计、环境审计、环境负债会计等。

（三）亚太地区的其他机构

日本在环境会计上的发展集中在环境报告方面。近年来，日本企业的环境报告在数量和质量上发展迅速，这与日本环境省的努力是分不开的。

亚太清洁生产圆桌会议（APRCP）于2002年为菲律宾企业举办了题为“EMA：决策者的工具”的讲座。目前，菲律宾的大学会计课程被要求纳入清洁生产和环境管理会计的基本概念。

四、国际组织对环境管理会计的研究

（一）联合国

联合国下属的经济与社会事务署可持续发展部（United Nations Division for Sustainable Development，UNDSD）组织了一个专家工作组，主要关注“改进政府在推动环境管理会计中的作用”，并定期召集会议。美国、奥地利、德国、日本、英国都主办过会议。该专家组于2001年发布了两份重要研究报告，分别探讨了环境管理会计的“程序与原理”“政策与联系”。

（二）世界资源研究所

世界资源研究所（WRI）是一个非营利组织，其宗旨是保护地球环境及其满足当代和后代需求的能力，推动人类社会发展。WRI通过培训企业管理者促进传统企业管理模式向可持续发展模式转变。贝尔项目（Business Environment Learning Leadership，BELL）是其中之一，该项目是由WRI发起，美国、加拿大等国著名大学参与，并得到众多跨国公司支持的国际环境教育项目。贝尔项目2000年进入中国，开展了一系列活动，希望将环境教育和可持续发展的内容纳入商学院的课程之中。

（三）其他国际组织

国际会计师联合会（IFAC）于 1998 年发表了《组织中的环境管理：管理会计的作用》。该报告定义了环境管理实践、环境会计、环境管理会计等术语，简要概括了在可持续发展的框架下企业环境管理的主要挑战和目标，讨论了会计人员在企业环境管理中的作用。经过不断讨论与修改，2005 年 8 月，IFAC 颁布了《环境管理会计的国际指南（终稿）》，进一步概括了各国的环境管理会计实务，对环境管理会计的理论构建和实务推广起到了极大的促进作用。

全球环境管理论坛（GEMI）成立于 1990 年，总部位于华盛顿。其目的是为帮助企业在环境、健康和安全（EHS）方面不断改进，同时获得经济上的成功提供相关工具和战略。2002 年 6 月，GEMI 开发、发布了可持续发展规划工具，可帮助企业进行环境、经济和社会三个方面的自我评价，从而在业务程序中融入可持续发展战略。

小　结

本章通过对环境管理会计主要内容的介绍，以及对国外环境管理会计研究发展现状的描述，展示了环境管理会计这一理念在可持续发展背景下对当今企业管理的实践意义。本章分为两节，在 13.1 节中举例介绍了环境管理会计对企业管理的作用和影响，表现了企业使用环境管理会计可能带来的生产管理的改善；在 13.2 节中介绍了国外环境管理会计的实践发展，与发展中国家相比，发达国家对环境保护的重视力度更胜一筹。

思考题

1. 请简述环境管理会计的不同定义。
2. 环境管理会计与环境财务会计有什么不同？
3. 从货币信息视角，环境相关成本划分为哪六大类？哪些是输出环节的，哪些是输入环节的？
4. 结合实际，谈谈环境管理会计的作用。

练习题

某企业将要投产的新产品在生产过程中会产生一种残余物，该残余物可以用两种方法清除。

方案一：采用蒸汽去除法，所需设备投资50万元，每年发生的开支有：购买材料6万元，缴纳排污费6万元，生产控制支出4万元。这种处理方式会产生一种有毒废气，企业目前没有处理该废气的能力，国家近几年将会颁布一部有毒废气排放的控制法规，企业很有可能面临巨额罚款，经过估算罚款额可达150万元（假定罚款在设备报废时一次性支付）。

方案二：采用碱式去除法，该工艺不释放任何废气，只会产生一种含碱废料，废料可回收制造肥料。所需设备投资100万元，每年发生的支出有：采购材料8万元，缴纳排污费2万元，生产控制支出3万元，碱废料回收1万元。（假定两套设备使用年限均为10年，采用平均年限法提取折旧，无残值，不考虑所得税的影响，折现率为15%。）

要求：

（1）结合环境投资决策，计算两个方案的净现值；

（2）判断方案的优劣，并加以简单说明。

案例及应用

1．“两山”理念体现的是一种辩证统一思想。“绿水青山”既是生态文明建设的客观要求，也是“金山银山”的内在动力。环境保护机制是连接生态文明建设与企业价值创造与价值增值的重要纽带，是“绿水青山”与“金山银山”有机融合的共生载体。

2005年8月15日，时任浙江省委书记的习近平在湖州市安吉县余村考察时首次提出这一理念，至今已经过近20年的实践。该理念包含“既要绿水青山，也要金山银山”、“绿水青山和金山银山绝不是对立的”和“绿水青山就是金山银山”三个层次的内涵与外延。

“两山”理念是中国特色社会主义生态文明建设的理论依据。新时代的中国经济正在从高速增长转向高质量发展，生态文明建设对环境治理提出了新挑战和新要求。“两山”理念是符合经济可持续发展以及企业环境管理的科学理论。环境管理会计作为一种创新的环境会计形式，是会计的一项重要分支。环境管理会计表明，企业绿色转型不再局限于单一的商品经营或资本经营的价值创造形式，而是开始探索独立于商品经营或资本经营之外的其他价值创造形式。“两山”理念有助于构建资源节约型和环境友好型社会，使生态文明建设的理念与方法嵌入到企业环境经营的各个方面，并由此提高企业良好的经营形象。

讨论：

围绕“两山”理念，结合环境管理会计的特征，分析环境保护机制构建的积极意义。

2．奥地利SCALaakirchen公司从1999年就一直使用环境管理会计跟踪物理和货币信息，现已构建了一个良好的环境成本管理系统，收集的相关信息用于与环境管理及产品有关的内部决策。公司每年均要在环境报表中计算环境相关成本，如表13-5所示。

表13-5 SCALaakirchen公司环境成本表

环境领域相关成本种类	废气	废水	废弃物	土壤、地下水	其他	合计
产品的原材料采购成本	不考虑					
NPOs的原材料采购成本						
原材料			15.2%			15.2%
包装物			0.1%			0.1%
辅助材料			2.7%			2.7%
经营性材料	0.1%	42.2%	0.5%			42.8%
能源	19.8%					19.8%
水		0				0.0%
NPOs的原材料处理成本		0.2%	1.0%			1.2%
总计	19.9%	42.4%	19.5%			81.8%
废弃物、排放物控制成本						
设备折旧	0.1%	2.8%	0.4%			3.3%
经营性材料和服务	0.2%	5.5%		0.1%		5.8%
内部员工	0.7%	1.0%	0.1%			1.8%
佣金、税收和罚款	0.9%	2.7%	6.0%			9.6%
总计	1.9%	12.0%	6.5%	0.1%		20.5%
预防性环境管理成本						
环境管理的外部服务					0.4%	0.4%
环境保护的内部员工	0.1%				0.3%	0.4%
总计	0.1%				0.7%	0.8%
研发成本	不考虑					
不确定性成本	不考虑					
环境相关的成本总额	21.9%	54.4%	26.0%	0.1%	0.7%	103.1%
环境相关的收益总额			−3.1%			−3.1%
环境相关的成本与收益总额	21.9%	54.4%	22.9%	0.1%	0.7%	100.0%

说明：公司与环境相关的成本与收益总额数据以百分比表示。

如上表所示，公司环境成本采用追踪分配法，并按上述成本分类，划分对应百分比，如NPOs的原材料采购成本为81.8%，然后将这种百分比分别按照环境领域的污染物质项目进行分配，以揭示成本与其比例的对应关系。这种以百分比来追踪环境成本的分配，不仅可反映各成本大类所占的比重，而且每一类成本相对于污染物质项目也有比例，便于企业发现环境管理中的缺陷所在。如与NPOs的原材料采购成本比重81.8%相比，公司预防性环境管理成本所占比重实在太低，有必要调整这两者之间的结构关系；另外，从各废弃物所占成本比重分析，废水成本居高不下，占到成本总额的54.4%，可见其应是下一期环境管理的重点。此类分析可广泛采用。

讨论：

应用上述资料，结合本章内容，分析该公司环境成本核算方法的特点。

第 14 章

管理会计报告

知识目标

理解管理会计研究的概念，了解管理会计报告的形成特征及内容结构，提高管理会计报告的实践价值和理论指导意义。

能力目标

认清管理会计报告面临的问题，理解管理会计报告的动态性与权变性，围绕社会经济的发展需求，把握管理会计报告的重点，探讨管理会计报告的发展趋势。

素养目标

(1) 管理会计报告是管理会计的成果体现，要坚持管理会计“看似微观，实则宏观”的文化价值观，为中国式现代化建设提供坚实的微观基础。

(2) 管理会计报告的目的是指导管理当局科学、明智地决策，应注重引导学生深入企业组织开展社会实践研究，使管理会计报告的形式与内容贴近企业实际。

导　读　管理会计师是否应该坚持对问题的独立见解

天色渐晚，管理会计师（CMA）来到总经理（CEO）办公室，向其汇报并阐述自己对公司未来产品的预测及对当前管理会计报告的看法。

这是一家生产、销售玩具的工厂，自公开上市以来，公司实现了快速成长。相关的工作流程是：CMA 将业务报告交给财务总监（CFO），再由 CFO 交给 CEO。公司业绩自股票公开发行以来，一直在顺利地推进；同时企业又引入了新产品，前景非常乐观。然而，CMA 也有一件忧虑的事情，是关于这种新产品每季度订货数量的变化问题。根据公司各单位上报的销售数据看，自从引入这种新产品以来，每季度的订货数量都在增加，但从第 2 年的第四季度开始，数量减少了。公司方面预测该产品的需求会逐步增加，因此决定增产。

从管理会计报告展示的数据看，增量决策执行以来，公司总的产品库存量比前年增加了 85%，库存中大部分都是该产品。CMA 担忧该产品在库的增加、需求的减退可能对未来销售以及收益产生影响，为此CMA展开调查。结果发现，原因在于竞争对手开发出了比本公司在技术上更优秀的产品，对手的这种产品一进入市场就立即得到推广。于是，CMA以管理会计报告中发现的需求减少、竞争对手产品的出现以及库存持有量增大等理由，向CFO传达了对本公司产品会产生减值的担忧。

对此，董事会围绕CFO提交的管理会计报告事项，即新产品订货的减少和库存的增加等质询了CEO。CEO基于与CFO有关此事的交流作了说明，没有提出更充分的理由。CEO和CFO认为从下期开始调整库存可能还不是时机。他们共同认为，基于销售副总的看法，这种产品的订货数虽然在第四季度减少了，但下一年度有可能恢复增长。此外，CEO就有关库存也作了申辩。

实际状况正如CMA所担忧的，管理会计报告显示：公司的总收益比上年减少30%，净利益与前年比下降了33%，这些减少额的约2/3是由该新产品销售价格的下调和销售数量的减少引起的。在第3年的第二季度，随着竞争对手公司产品的增加，更加严峻的状况出现了。在这期的管理会计报告公开发表之前，CMA再次向CFO递交了表达其担忧的报告，为了减少库存，即使牺牲一时的利益也是值得的，建议降价促销。

对此，CEO、CFO及CMA进行了讨论。在会议上，CMA以库存价值的下降为由提出降价销售，然而，CEO和CFO不支持在这一时期降价。CEO期待着库存的逐渐降低。此外，CEO也说明了今后公司期望引入的新产品。CMA根据对内部控制部门的询问和外部审计人员的调查事项等，向CEO建议调整库存以及编制每季度的库存报告，但没有获准。

正是在这一背景下，CMA再次来到CEO办公室，试图坚持己见，即降价促销。然而，CEO提请CMA注意，如果采纳这种意见，那么会对包括CMA在内的高管津贴产生消极影响，要求CMA修改自己的意见。

《管理会计基本指引》涉及管理会计目标、原则、要素等概念框架。在管理会计要素中，除了“应用环境”、“管理会计活动”和“工具方法”，还有一个关键要素就是“管理会计信息与报告”。根据“管理会计信息与报告”要素进行规范的重点与核心是“管理会计报告”。2017年9月29日，财政部发布《管理会计应用指引第801号——企业管理会计报告》，明确了管理会计报告的目标是为企业各层级进行规划、决策、控制和评价等管理活动提供有用信息。

第1节　管理会计报告概述

传统的管理会计报告比较零散，其提供的信息主要服务于企业内部决策，面对经济全球化及全球产业链情境下的企业集合体或价值链组合，难以满足利益相关者的信息需求，不利于企业做出的明智决策。对此，需要改革和完善管理会计报告的体系结构。

一、管理会计报告的内涵

管理会计报告是权变的，没有统一的格式和内容体系。近年来，为适应管理决策的需要，管理会计报告在报告内容、信息类型、表现形式等方面均具有了极大的弹性。这种弹性体现出的就是管理会计权变性的要求。

（一）管理会计报告的定义

不同于财务会计报告，管理会计报告在内涵与外延上缺乏统一规范，权变性被认为是管理会计的基本特征，并且是促进管理会计变迁与发展的根本动力。管理会计报告的编制需要遵循责任匹配原则、例外原则、比较原则、及时原则、标准化原则、清晰性原则等。客观地讲，管理会计报告的边界与管理会计实践是同步的，并与财务会计报告具有密切的联系。从理论层面考察，管理会计报告概念的提出并得到广泛的重视，一则体现了会计信息服务于企业内部管理决策的重要性，也即展现出管理会计的深入发展和重要性；二则说明了管理会计信息输出的呈现方式越来越被重视（孙茂竹等，2022）。

现阶段，理论与实务界对管理会计报告的概念、内涵、要素、维度、体系等基本问题尚未形成统一认识，但这不影响学者们对管理会计报告定义的积极性。目前，有关管理会计报告的表述有很多，现将主要观点归集如下。

观点一：管理会计报告是提升管理会计理论预测与决策价值的重要载体。管理会计报告作为管理会计信息的直接输出方式，其实质是管理会计工作的一个基本环节，是对企业管理会计信息最真实、最综合的反映。或者说，是管理会计信息输出的呈现方式之一，其目的是为企业各层级管理者进行规划、决策、控制与评价提供决策支持与管理控制所需的信息。

观点二：管理会计报告是管理会计活动成果的重要表现形式，旨在为报告使用者提供满足管理需要的信息，是管理会计活动开展情况和效果的具体呈现。

观点三：管理会计报告是管理会计各种工具方法综合运用所取得成果的信息呈现，是根据财务和业务的基础信息加工整理形成的，是一种满足企业价值管理需要或非营利组织目标管理需要的对内报告。

观点四：管理会计报告被称为“内部报告”，但是又不仅仅只包括内部，具体可以分为两个层级，处于第一个层级的是以关注企业内部信息为主的使用者；处于第二个层级的是关注外部的经济、政治与社会变化与管理会计相关的战略信息的使用者。

观点五：管理会计报告作为企业内部报告，是在企业内部的大量数据的基础上进行分析报告，从而发挥分析过去、把握现在并预测未来的功能，进而服务于企业决策与价值创造。其编制流程实际是管理会计信息生成的过程，具体包括信息收集、传递、处理以及披露。

观点六：管理会计报告既是管理会计信息的载体，也是管理会计活动过程和结果绩效的表达，目的是通过将各类信息进行整合提供给内部使用者，为企业决策提供支持。

《管理会计应用指引第 801 号——企业管理会计报告》（2017）中将企业管理会计报告定义为："企业管理会计报告，是指企业运用管理会计方法，根据财务和业务的基础信息加工整理形成的，满足企业价值管理和决策支持需要的内部报告。"

（二）管理会计报告的信息含量

要正确理解和充分认识管理会计报告的定义，需要对管理会计信息的内涵有比较详细的把握。管理会计信息包括管理会计应用过程所使用和生成的财务信息与非财务信息。从功能上看，包括规划、决策、控制与评价这四个方面的信息。管理会计报告是管理会计提供信息的重要载体，也是管理会计活动成果的重要表现形式，主要服务于企业内部管理当局的决策的需要，其披露的要求具有灵活性，在时间与格式等方面形式多样。管理会计报告需要围绕决策有用和受托责任目标，努力在市场的会计信息需求和报表编制成本之间寻求平衡点。管理会计信息是管理者明智决策的依据，管理会计报告在设计、编制、传递等过程中要坚持责任匹配、及时性、例外性与清晰性等原则。

以提供给企业管理层的管理会计信息来看，主要涉及的内容包括：

（1）股东和其他利益相关者的收益保障信息；

（2）CEO 业绩责任的制定依据；

（3）企业经营业务的质量判断；

（4）董事会的业绩考核标准；

（5）企业组织结构与业务流程的优化状况；

（6）企业的价值观和文化建设情况；

（7）各个管理层次的业绩评价和激励补偿系统设计（包括针对高层管理人员的奖励与补偿合同的制定）等信息。

新经济时代，企业还需要有效利用数字技术手段，对管理会计基础信息进行加工、整理、分析和传递，以满足管理会计报告需要。同时，紧密关注其他制度，尤其是财务会计制度的变化可能对管理会计报告产生的影响。比如，针对财务会计中收入准则的变化，管理会计报告中的收入信息的可靠性与相关性就会到一定程度的影响，进而使企业的明智决策发生动摇。具体表现在：（1）由于该准则强调结合商业模式来确定收入，这一会计政策使新业态与新模式中的管理会计报告事项面临收入结构的冲击。比如，不同的软件更新服务、知识产权许可、经销商或分销商安排等会对收入产生不同的影响。对此，公司需要大量主观估计，包括如识别与客户订立的合同、识别各合同中的单独履约义务、确定交易价格、将交易价格分配至单独履约义务、判断收入确认的时点或时段等。（2）收入如何与成本进行匹配成为管理会计报告的难题。亦即，不确定因素的存在使收入对应的成本变得无法准确确认与计量。比如，现有财务会计信息中没有针对商业模式信息披露的具体规定和指引，加之大量估计内容的存在，盈余管理成为"常态"。在这种情况下，成本如何客观地与收入匹配成为管理会计报告关注的重点。这就要求上市公司及时针对业务的变化，更改收入、成本等核算的流程，使财务会计报告与管理会计报告实现统一。

二、管理会计报告分类与形式

管理会计报告可以按照多种标准进行分类。首先，从满足内部管理的不同需求出发，可以形成多种类别的管理会计报告。其次，作为一种企业内部报告，企业管理当局对信息获取或决策的需求范围也存在差异，因此管理会计报告的分类与形式是多种多样的。

（一）管理会计报告的分类

管理会计报告可以按照多种标准分类，如按照报告期间与报告内容进行分类，或者按使用者所处的管理层级进行报告编制等分类。由于管理会计报告是内部报告，只要能够满足企业管理当局决策需要的报告方式都是可行的。

1. 按照管理会计报告期间和内容分类

从期间和内容的分类看，可以阐述如下：

（1）按照期间分类，管理会计报告可以分为定期报告和不定期报告。与财务会计报告相比，管理会计报告中的定期报告偏少。然而，目前实务中采用的数量还是比较多的，如各种收入与成本的预测与评估表格就可算作是这类报告。其中，最典型的是年度财务预算报告，它需要与年度的财务会计报告保持一致，进而更好地发挥管理会计规划、决策、控制与评价的功能作用。此外，企业可以根据管理需要和管理会计活动性质特征设定报告期间。不定期报告是管理会计作为内部报告的一个重要特征，它服务于企业管理当局，为企业决策提供所需的相关信息，这类信息的载体可以是图表，也可以是文字，这些一般都归属于管理会计报告。

（2）按照内容分类，管理会计报告可以分为综合性报告和专项报告。综合管理会计报告又称为整体报告，如上面提到的全面预算报告，以及资产经营报告、资本经营报告、内部控制报告和企业价值报告等。近年来，以管理会计为主要内容的综合性报告受到青睐，因为它是用来说明一个组织是如何持续创造价值的。从价值创造的视角观察，管理会计报告至少包括企业价值评估、企业价值创造、绩效计量与价值报告等。专项管理会计报告是指单位管理会计机构及其人员按单一管理会计事项出具的专题性质的报告，这类报告涉及的范围相对较小，会更加偏向于对一方面或者几个小的方面的事务来进行专项的、有较强的针对性的报告。

2. 按照企业管理组织的层级分类

根据财政部颁布的《管理会计应用指引第 801 号——企业管理会计报告》的规定，由于管理者在组织中所处的不同层次，以及实施管理的重点与信息需求的不同，“按照企业管理会计报告使用者所处的管理层级可分为战略层管理会计报告、经营层管理会计报告和业务层管理会计报告”。

（1）战略层管理会计报告。战略层管理会计报告主要包括战略管理报告、综合业绩报告、价值创造报告、经营分析报告、风险分析报告、重大事项报告、例外事项报告。

（2）经营层管理会计报告。经营层管理会计报告主要包括全面预算管理报告、投资分析报告、项目可行性报告、融资分析报告、盈利分析报告（如生产线利润表）、资金管理报告、成本管理报告（如精益成本表）、绩效评价报告（如转移定价表）。

（3）业务层管理会计报告。业务层管理会计报告主要包括研究开发报告、采购业务报告、生产业务报告、配送业务报告、销售业务报告、售后服务业务报告、人力资源报告等。

上述三个层面的报告，需要在各自的管理重点与信息需求的基础上，揭示每个层面的核心内容与重点信息，同时注重相互间的联系与内在特征，有效地满足企业管理当局的信息需要。从管理会计报告的目的、报告的对象及内容的关系上看（张川等，2021），可以概括如表14-1所示。

表14-1 关于管理会计报告的分类

分类	战略层	经营层	业务层
报告目的	帮助企业的战略层进行战略的规划、决策和评价	帮助企业的经营层顺利开展经营管理活动、完成经营目标	帮助企业对各个业务进行绩效考核评价，考察职责的履行情况
报告对象	股东、董事以及监事会	企业的经营管理层	企业各个业务部门、制造车间以及职能部门
报告内容	战略管理方面、综合绩效方面、企业的经营状况以及企业的风险分析等	企业的全面预算管理、盈利分析、资金管理和投融资分析等	采购业务报告、生产业务报告、运送业务报告、销售业务报告、售后服务报告以及人力资源报告等

（二）管理会计报告的形式

管理会计报告的格式具有灵活性，不需要严格遵守法定规则等要求，它综合反映企业的财务信息和非财务信息，并结合统计和数学的方法对企业经营活动进行预测和分析，帮助企业提高经济效益。

1. 管理会计报告的形成步骤

美国管理会计师协会（IMA）学术研究总监基普·克拉姆韦德（Kip Krumwiede）认为，不同企业策略、环境和行业之间差异众多，在管理会计报告需求方面也不尽相同，所以在整个管理会计报告形式上也没有放之四海而皆准的一套标准，但我们可以探索企业如何建立最适合的管理会计报告体系，一共分为五个步骤。

第一步，评估现有报告系统是否有效满足企业决策需求；

第二步，分析所在组织机构的战略、商业环境以及决策需求是否在不断地演变；

第三步，要考虑相关的概念，例如管理目标和战略目标的关系；

第四步，设计合适的体系，做出流程、产品、客户、市场、供应链以及相关实体的决策；

第五步，执行这一管理会计报告体系，落实到企业的方方面面。

其中，克拉姆韦德强调了一些值得关注的事项：首先是因果关系，在收集企业运营的相关信息时，需要在因果关系层面进行定量分析，即它将带来怎样的金融和经济方面的影响。其次是数据管理，保证数据质量，垃圾数据将导致垃圾决策。最后，团队管理、变革管理也是推动管理会计报告体系执行的重要方面。

2. 管理会计报告的应用形式

管理会计报告的应用形式是为内容服务的。从一般的报告形式来讲，不同的表达或语气，往往会产生不同的效果。比如，某学生回答家长的提问，“你这次考试成绩如何啊?”学生回答：“考得还可以，至少是合格的。”相反，如果学生回答说“没有考好，只有60分”，则效果大相径庭。此外，管理会计报告的形式还会受到技术手段，如数字技术应用能力与水平，以及组织管理方面的企业规模大小、行业特征、工艺流程等的影响。当然，心理层面的管理者偏好也是影响管理会计报告形成方式的一个重要因素。管理者的偏好有的侧重数字细节，有的侧重图表形式，即突出直接与直观。管理会计报告的形式有如下几种。

（1）图式报告。在我国也称之为图表式报告，为了区分表式报告，这里称之为图式报告。这类报告比单纯的数字更直观，使得变化趋势或者数据之间的关系更为清晰易懂。图表可以让读者把握主要因素之间的关系，或者直接切中要害之处，但图表往往不能准确测定数据。如果企业是新闻发布式的管理会计成果报告（如上市公司股东大会等），面对的是社会大众（广大股民等），这种形式是有效的。然而其缺点是专业性不强，报告不够严谨。

（2）简式报告。主要是摘要式报告。这在上市公司的定期报告中经常采用，即针对财务报告中的相关数据，根据证监会或交易所的要求，向社会大众（广大股民）报告盈利等的相关预测信息。如果是针对企业内部高管采用的摘要式报告，则要满足信息聚焦及适时性、有用性的基本要求。摘要式的报告可以是图表式的报告形式，也可以是文字形式的报告。客观地讲，这种方式的主观性比较强，除了对外财务报告的摘要，其他的摘要或多或少会在重要与不重要的信息上存在分歧，带来不必要的纷争，因此要慎用。

（3）表式报告。就是表格式报告。国内对图式与表式有严格的区分，一些国家或组织对图表的理解就是图与表，比如日本对管理会计报告中的图表，就内含图与表两种形式。我国的管理会计表格式报告则侧重于提供详细的数据，注重从数据中发现经营管理中的问题。它不追求直观，不停留于概要方面，而是通过详尽的数据来说明问题。

第2节　管理会计报告的内容

中国企业对管理会计报告的应用或许是相对较弱的。如何从战略的高度探索企业决策支持的完善信息方案，让企业管理当局愿意编制和使用管理会计报告，这必将是管理会计指引体系研究迈出成功应用的关键一步。

一、管理会计报告的定位

国内有学者认为，管理会计报告应该包括财务会计报告，管理会计报告是对内报告，财务会计报告是对外报告，但企业所有的信息都应当为企业自身经营决策服务，经营决策不使用财务会计报告实际上是一个误区（张先治，2018）。可见，管理会计报告如何定位，值得学术界深入探讨。

1. 管理会计报告定位：彰显核心地位的内部报表

管理会计是一种决策系统，管理会计报告必须在企业内部信息系统中处于核心的地位。从核算角度来讲，企业有会计核算、统计核算、业务核算等。无疑，管理会计报告一定是内部报告；然而，内部报告不一定是管理会计报告。管理会计与财务管理往往是重叠的，企业的财务管理目标与企业价值创造的目标是一致的，管理会计目标内含财务管理目标，据此能够保证管理会计报告居于核心地位。为了形成完整的管理会计报告体系，可以借鉴财务会计报告体系的形式，将管理会计报告也分为几个层级，如管理会计报表（主表、附表或分析表）和管理会计附注（经营管理情况说明书）等。当然，这需要根据企业内部管理的工作效率与效益来最终予以配置。

同样，受财务会计报告中会计要素结构的变化，管理会计报告的内容也会发生改变。若要彰显管理会计报告的核心地位，就必须不断调整并改革管理会计报告的内容结构。亦即，在数字化改革背景下，会计要素的内涵与外延发生了改变，进而对管理会计信息载量产生影响。以资产要素为例，首先，要明确资产要素的定义与确认标准变迁对管理会计报告的影响。比如，随着用户数量、用户粘性、信息资源、交易平台、商业模式、行业地位等要素在资产管理中的作用增强，管理会计有必要率先将用户、平台等要素确认为资产。2018年3月，IASB发布的财务报告概念公告重新定义了“资产”。资产是“主体因过去事项而控制的当前经济资源，经济资源是有产生经济利益潜力的权利”。同时，对资产的确认标准也做了调整：只要符合相关性、如实反映，以及遵循成本效益原则就应当确认为资产。

面对不断变化的财务状况，管理会计报告如何正确计量经营成果是彰显其核心地位的保障。必须灵活应用资产要素的配置来提高管理会计报告的信息载量，将资产变化带来的效率与效益变动准确地体现出来，为管理当局明智决策提供依据。以资产应用的模式为例，由于模式的不同，创造价值与现金流量的获利能力也有所差异。资产价值的“信息”体现在账面价值、市场价值和投资价值这三种形式上，由于账面价值的计算依据，如选择权责发生制（准备金、待摊与预提等）或历史成本原则等的不同，其数据的真实性是相对的。市场价值，亦即股市价值（股票价值）。股票价值高，主要是从长期角度考虑的，比较这个行业未来是否有好的前景等成为管理会计报告的任务之一。投资价值，从上市公司情况分析，可以有多种可能。一种可能是企业的资产（包括无形资产）未被市场发掘，如果市场已经发掘，则早就体现到市场价值中去了。比如，企业的无形资产价值，如各种特许生产证及企业核心技术与品牌等的价值未加以体现等，由于资产价值披露不充分，一旦这种价值信号传达到股市，市场价值就会大增，管理会计报告要重点反映这一块的内容。总之，投资价值高，有可能隐藏的企业资产未被市场发现，或者报表上的资产账面价值与真实价值之间有很大差异。此外，国际会计准则理事会也关注到资产价值计量的难题，并提出了一些新的概念，如针对一些资产采取“资产组”的确认概念等。

2. 管理会计报告定位：权变性强的内部报表

尽管强调管理会计报表可以供外部和内部使用者同时使用，如全面预算报告、成本管理报告、绩效评价报告等。但是，对于经营决策而言，面对企业的个性化特征，企业在内部报表的定位上必须具有权变性的思维或意识，比如愿意让外部使用者看到什么程度等。对于重要的管理会计报告事项，可以由企业自主编制符合自身特点的专项管理会计报告，供内部使用，方便管理层及时发现经营管理的漏洞，对症下药，助力企业价值创造。值得强调的是，管理会计报告的权变性不能简单地理解为信息揭示可以随意性披露。管理会计报告定位于内部报表，又缺乏报告编制规程，其所反映的会计信息完全由编报者自行决定，因此，需要进行制度规范。比如，制定管理会计报告的编制流程指引等，通过“指引”的规范，有助于约束编报者的随意性，提高使用者的信任度。

权变性是常态，也是正常的行为特征。管理会计报告方式在权变性原则下，正在发生一系列的变化。一是从“链式整合”转向“网式整合”。“链式整合”是以波特理论为基础构建的纵向供应链整合与横向价值链整合。“网式整合”是阿里巴巴提出的，即“生产厂商、材料供应商、技术开发商、产品代理商和品牌策划商围绕消费者的需求与偏好为中心，进行分工协作与资源整合”。二是从强制性向包容性转变。外包、众筹、众包、联盟等成为管理会计工具的重要载体。以什么方式纳入管理会计工具体系，即面对新的技术与方法是直接纳入，还是改造后纳入，值得进一步研究。三是从完整性向系统性转变。在互联网新经济环境下，通过网络世界搭建社交、交易、支付、游戏、广告等平台，不仅是做大企业规模的捷径，也是整合资源的最佳方式，但是管理会计的前提是必须符合成本效益原则，它关系到管理会计报告中信息披露系统的合法性与有效性。管理会计报告要坚持以“流量为王，平台是金”为基本思想，主动改造管理会计报告系统。“流量为王”是指海量的用户可以积累人气，提升平台的关注度，增加访问量与交易量。“平台是金”是指平台可以汇集信息流、资金流和物流，对这些“流”加以发掘和利用，就可以衍生出无尽的商机。

二、管理会计报告内容：“7＋N”配置

结合管理会计应用指引中的分类情况，管理会计报告内容可以按“7＋N”的类别加以设计，其中的 7 大类管理会计报告就是管理会计应用指引中明确的 7 个类别，N 可以根据社会及公司治理要求加以设置，比如增加“履行社会责任报告”等。具体报告设计如下：

1. 战略管理会计报告

战略管理会计报告是为战略层开展战略规划、决策、控制和评价以及其他方面的管理活动提供相关信息的对内报告。财政部《管理会计应用指引第 100 号——战略管

理》指出，战略管理是指对企业全局的、长远的发展方向、目标、任务和政策，以及资源配置做出决策和管理的过程。战略管理会计报告的对象是企业的高层管理者，其报告的内容主要为董事会与股东大会方面的信息，相关公司治理中的信息功能主要是通过各专门委员会来发挥作用的，如战略委员会、审计委员会、薪酬管理委员会，以及自愿设置的预算管理委员会和风险管理委员会等。从高管层面看，该报告的内容具体包括：(1) 体现预算管理的计划性，强化资金、成本等内部控制的内容。(2) 积极防范风险。风险管理包括资金的风险防范，投资项目的风险管理，突发事件以及不确定性引发的经营风险控制的内容。(3) 优化薪酬激励方案。包括CEO业绩责任的制定要求；董事会的业绩考核标准；各个管理层次的业绩评价和激励补偿系统设计（如针对高层管理人员的奖励与补偿合同的制定）等。

战略管理会计报告是一个完整的过程中，包括：(1) 制定战略管理会计报告、执行战略管理会计报告，对战略实施情况进行评价，针对执行过程中发现的问题，提出相应建议并反馈，在战略制定和执行时予以修正，促进战略目标的实现；(2) 在企业管理过程中将管理会计与战略计划进行有机融合，将管理会计的思想融入战略管理，从而提高企业战略管理水平，进一步提升企业整体效率。战略管理会计报告中体现的管理会计工具主要有战略地图（SM）、态势分析法（SWOT）、宏观环境分析（PEST）、大环境分析（PESTEL）、看板管理（KB）和五力模型（FFM）等。

国内有许多成功应用战略管理会计报告的案例。比如，中化国际的管理会计报告体系以战略落地、承接“6S+”战略体系为基本核心特征。中化国际的定位是战略偏运营，因此管理会计报告中更多涉及对战略执行过程中的管理和落实，即战略执行报告，同时也包括创新、ESE、投资兼并、生产等专业报告。中化国际具体的管理报告体系分月度、季度、年度。月度报告主要是以“369滚动预测”为主体的报告。季度报告对每一季度进行相对比较完整和外向性总结，更多关注竞争对手、市场对标。年度报告是对全年工作的总结和未来工作的布置。

2. 预算管理会计报告

《管理会计应用指引第200号——预算管理》指出，预算管理是指企业围绕预算开展的一系列管理活动。预算管理旨在落实战略规划、优化资源配置，提高营运绩效，强化风险控制，推动企业战略规划实现。亦即，预算管理是企业管理活动的基础。没有预算管理，企业的组织管理、流程管理等将难以得到有效实施。在计划开始实施、业务基本明确后，将战略目标细化并落实于基本业务单元，对信息、资金和业务予以整合，成为企业合理分配资源的重要管理手段。预算管理报告也就是全面预算管理报告，它是一种全新的预算管理信息披露模式，可借此实现更加合理的编制基础、更加有效的控制、更加精准的考核机制，更贴合企业实际。或者说，预算管理会计报告是以企业战略规划和经营目标为先导，以现有业务为基础，以战略目标为出发点，按预算编制、预算执行、预算分析和预算绩效评价等部分进行信息披露的报告方式。预算管理会计报告中使用的工具主要有滚动预算、零基预算、弹性预算和作业预算等。

预算管理会计报告的撰写，需要构建一个清晰的预算分析框架，要注意文字与数字的结合，注意内容的精练，将经营活动分析方法与预算管理相结合，注重预算执行情况分析及未来业务发展的方向。比如，需要对预算年度宏观经济形势做出总体的预测与分析，说明企业编制预算的宏观经济形势基础；还需要对企业编制年度预算所选用的会计政策进行说明，比如，采用的折旧率、资产减值等重大会计政策及会计估计发生变更的原因，对损益的影响金额等。此外，还要有年度预算报表的合并范围说明，未纳入及新纳入年度预算报表编制范围的子企业名单、级次、原因以及对预算的影响等情况。

3. 成本管理会计报告

成本管理会计报告是指企业生产经营过程中各项成本核算、成本分析、成本决策和成本控制等一系列科学管理行为的实施情况报告。《管理会计应用指引第 300 号——成本管理》指出，成本管理是指企业在营运过程中实施成本预测、成本决策、成本计划、成本控制、成本核算、成本分析和成本考核等一系列管理活动的总称。成本管理报告中使用的工具主要有目标成本法、标准成本法、变动成本法和作业成本法等。成本管理会计报告是建立在成本管理制度基础上的，成本管理制度包含了成本预测和决策、成本控制、成本核算、成本分析和考核等方面形成的内容体系。成本管理会计报告需要揭示诸多的经营信息，比如，使用资源动因分析可控及不可控资源使用情况；利用作业中心模组计算各项作业的超用或剩余产能情况；分析包括产品成本和顾客服务成本在内的企业整体价值链成本；能够产生经营原因与结果整合的管理决策攸关信息等。

“成本”范畴十分宽泛。除了在经济学、管理学等领域使用，社会学、心理学、政治学等其他学科也广泛应用，从而使“成本”概念异常繁荣，概念表达也呈现出林林总总之势，如政治成本、管理成本、情感成本、文化成本，等等。学术界涌现的成本管理创新概念与实务界产生的纷繁细碎的方法应用正在不断地影响着我们的思维。为了提高成本管理的效率与效益，必须重视成本管理会计报告的编制、执行与分析应用。从微观视角考察，企业家眼中的成本，其外延远远要大于会计人员视野中的成本管理认识。通常企业家眼中的成本包括：一是体现在产品中的制造成本、采购成本、人工成本、增值税和佣金等的“直接成本”；二是以企业的房租、水电、保险、通信、培训、库存、折旧、应酬等组成的“费用”；三是以所得税等体现出的相关费用。当前，编制成本管理会计报告的一项重要任务就是要在政府层面降成本等政策扶持的情境下协调好与企业家一致的成本思维，并共同探寻价值创造的成本管理应对策略。

4. 营运管理会计报告

营运管理会计报告是企业在经营活动环节，借助于管理会计工具与组织流程优化，在科学合理的决策与控制下取得的，诸如收入与成本等的经营活动信息的披露载体。《管理会计应用指引第 400 号——营运管理》指出，营运管理是指为了实现企业战略和营运目标，各级管理者通过计划、组织、指挥、协调、控制、激励等活动，实现对企业生产经营过程中的物料供应、产品生产和销售等环节的价值增值管理。企业进行营运管理时，应区分计划（Plan）、实施（Do）、检查（Check）、处理（Act）等四个阶段

（简称PDCA管理原则），形成闭环管理，使营运管理工作更加条理化、系统化、科学化。企业应根据自身业务特点和管理需要等，对不同的营运管理工具方法进行恰当结合与综合运用，更好地实现营运管理的目标。

企业编制营运管理会计报告需要对运营管理的范围、企业或公司竞争力、战略和生产率，以及预测与规划、产品和服务设计、产品和服务运营能力和工艺选择与设备配置等进行客观分析与评价。需要借助企业内外部资料进行分析与提炼，即结合报告目的，如贡献毛益情况、保本保利情况，对项目等营运对象的现金流量与净流量等进行成本效益比较的计量。同时，思考企业或项目的资金增减和周转情况，并针对本年度企业经营管理中存在的问题，新年度拟加强的内部管理，增加外部沟通，激励员工等配置相关对策与措施，提高公司的经营业绩，扩大公司的业务范围。营运管理会计报告中常用的管理工具有本量利分析、敏感性分析、边际分析、约束资源优化、内部转移定价、多维度盈利能力分析等。

5. 投融资管理会计报告

投融资管理会计报告是指企业通过对资金的集中控制，针对产生的富余资金数量，进行投融资的安排，或者对投融资不足的资金数量，进行资金额度与方案的筹划等的相关信息报告。通常，企业投融资管理的内容主要包括对内投资、对外投资、对外融资、重大资产重组、对外担保事项等。"双循环"新发展格局下的管理会计报告体系设计，需要及时了解和掌握国家政策和市场变化信息。从宏观角度讲，投融资管理是一种政策性投融资，它不同于一般的财政投资，也不同于一般的商业性投资，而是介于这两者之间的一种新型的政府投资方式。这里的投融资管理会计是从微观主体企业层面思考的，它主要涉及的内容有：（1）增加新生产线或维持现有生产线；（2）使用新设备或继续使用旧设备；（3）购买价高但耐用的设备或购买价廉但不耐用的设备投资等。投融资管理会计报告中常用的管理工具主要有贴现现金流法、项目管理和情景分析等。

《管理会计应用指引第500号——投融资管理》指出，投资管理是指企业根据自身战略发展规划，在价值最大化的前提下，将资金投入到营运过程中的管理活动。投资管理的对象包括权益性投资和非权益性投资，侧重于非权益性投资。融资管理是指企业为实现既定的战略目标，在风险匹配的原则下，以信用为基础筹集资金的管理活动。融资管理的对象包括权益性融资和债务性融资，侧重于债务性融资。企业进行投融资管理时，一般应遵循以下原则：一是价值创造原则。投融资管理应以持续创造社会价值和经济价值为核心。二是战略导向原则。投融资管理应符合企业发展战略与规划，与企业战略布局和结构调整方向相一致。三是风险匹配原则。投融资管理应确保投融资对象的风险评级与企业的风险综合承受能力相匹配。

6. 绩效管理会计报告

绩效管理会计报告是企业根据经营目标，针对绩效标准和实施情况进行的考核和评价情况的信息披露。在实践中，企业经营过程中往往会制定短期目标以及长期发展目标，并根据不同的目标确定不同的绩效标准，评价个人及部门完成绩效水平等。绩效管理会计报告中经常采用的工具有关键绩效指标法、经济增加值法、平衡计分卡和绩效棱柱模型等。需要说明的是，平衡计分卡在欧美国家管理会计的报告层次上已经上升为战略管理会计报告的内容，而我国限于实际应用情况，目前仍然处于绩效管理的层级。

《管理会计应用指引第 600 号——绩效管理》指出，绩效管理是指企业与员工之间就业绩目标及如何实现业绩目标达成共识，并帮助和激励员工取得优异业绩，从而实现企业目标的管理过程。绩效管理的核心是业绩评价和激励管理。业绩评价是指企业运用系统的工具方法，对一定时期内企业营运效率与效果进行综合评判的管理活动。业绩评价是企业实施激励管理的重要依据。激励管理是指企业运用系统的工具方法，调动企业员工的积极性、主动性和创造性，激发企业员工工作动力的管理活动。激励管理是促进企业业绩提升的重要手段。企业进行绩效管理时，应当遵循以下原则，即战略导向原则、客观公正原则、规范统一原则和科学有效原则。

7. 风险管理会计报告

风险管理会计报告是指企业制定战略并实施战略的过程中与经营目标产生的不一致，或者由此产生影响的不确定性情况的信息披露，通常以概率的方式来报告企业面临风险的高低。《管理会计应用指引第 700 号——风险管理》指出，风险管理是指企业为实现风险管理目标，对企业风险进行有效识别、评估、预警和应对等管理活动的过程。企业风险管理不能替代内部控制。企业进行风险管理，一般应遵循融合性原则、全面性原则、重要性原则和平衡性原则等。企业可根据风险的来源、影响、性质、责任主体等不同标准，建立符合风险管理需要的，满足系统性、完整性、层次性、可操作性、可扩展性等要求的风险分类框架。风险管理会计的工具方法，一般包括风险矩阵、风险清单等。

不同理论基础下的风险管理与控制的着重点是有差异的。风险这一概念是发展的，在工业经济时代，企业通常遇到的风险有四种，即经营风险、金融风险、灾害风险、环境和法律风险。随着互联网在企业管理中的广泛应用，各种“道德风险”和“逆向选择”行为开始产生。进入数字化时代，风险控制的内涵与外延将发生彻底的变化。通过元宇宙、数字推荐、数字映射等对风险有了更好的控制手段，且可以帮助决策者自动生成相应的解决方案。风险管理会计报告的重点内容是：“如何控制投资风险及加强对经营风险的防范?”对于投资风险的控制，需要遵循以下原则：(1) 投资决策与企业主业发展应该是相互呼应的；(2) 投资要与企业的发展目标及规划相一致；(3) 投资决策要与国家和行业的潮流相符合。对于经营风险的防范，应将重点放在资本经营活动上，强化并购、分拆与联盟等的风险控制。

8. 社会责任管理会计报告

这是“N”的内容选择，当前社会责任管理会计报告尤其重要。社会责任是推动企业价值创造、加强核心竞争力的关键因素。企业要严格遵守国家相关法律法规，合法经营、依法纳税，主动承担应尽的社会责任和义务。社会责任管理会计报告涉及以下内容：(1) 股东方面。对股东的资金安全和收益负责，尽量做到股东利益最大化，向股东提供真实报告。(2) 消费者方面。为消费者提供高质量的产品，安全舒适的服务，并承担相应的保障责任。(3) 员工方面。给员工提供充足的职业培训和晋升机会，营造良好的工作、学习氛围。(4) 环境方面。重视节能环保工作，秉承“绿色施工”理念，实现“双碳”目标，在生产的同时，注重生态的可持续发展。(5) 社会方面。回馈社会，多做公益事业，向社会和大众公开企业相关信息。

近年来，全球上市公司掀起一轮ESG的高潮。ESG即环境（Environmental)、社会（Social）和治理（Governance）单词首字母的缩写，它是企业社会责任在公司层面的体现。ESG主要从三个方面对企业进行评价：(1) 环境方面。主要考虑企业对环境的影响，如企业在生产过程中如何管理和控制各类污染物的排放（包括自身生产经营产生的直接污染和带动上下游产生的间接污染）以及对废物的处理方式等。(2) 社会责任方面。主要考虑企业对社会造成的各种影响，如员工管理、福利与薪酬、员工安全、与上下游供应商及服务商的关系、产品安全性等。(3) 公司治理方面。主要考虑公司组织架构、股东和管理层的利益关系、是否存在腐败与财务欺诈、信息披露透明度及商业道德等方面。一般来说，ESG表现良好的企业通常有低估值、高盈利、股价和分红稳定等特征。

第3节　管理会计报告的发展趋势

根据数据驱动管理的思路，管理会计及其报告方式必须予以转型，即充分借助大数据分析、人工智能等技术促成管理会计报告的自动化生成，以保障其能够及时被传递给企业内部管理者，进而辅助其做出科学、明智的决策。目前，国内一些大型企业已经形成一些管理会计报告拓展的新形式，实践中比较有代表性的是“第四张报表”。

一、管理会计报告的应用环境

“应用环境”是管理会计的前提要素。管理会计报告的发展离不开时代的进步，其中数字技术的广泛应用是管理会计报告得到重视，并持续发展的根本动因。

1. 数字经济时代对管理会计报告的影响

“数字资产”是数字经济下对管理会计影响最直接的产物，分析数字经济时代对管理会计的影响，以资产要素的内涵与外延的变动情况来考察，是具有代表性的。换言之，数字经济时代给管理会计报告带来了冲击与挑战。亦即，为了体现管理会计信息的可靠性，需要对用户、集聚效应等资产进行估值；同时，对备选的资产管理等方案的风险情况予以揭示，以提高管理会计信息决策的相关性。从资产信息的应用环境观察，管理会计报告需要重视以下问题。

一是管理会计报告中资产结构信息带来的影响。企业借助于网络世界搭建的社交、交易、支付、游戏与广告等平台，开始对数据进行资产确认、计量与报告，进而丰富了以“数字资产”为代表的管理会计报告的内容。目前，确认的依据有两个方面，一是这类“资产”带来海量的用户、积聚人气，关注度、访问量和交易量巨大；二是这类“资产”内含商机。应充分利用信息流、物流和资金流带来的衍生价值，为企业产生价值增量。

二是管理会计报告中资产控制信息面临的挑战。盲目地将数字资产计入管理会计信息体系之中，可能带来巨大的隐性风险，尤其是对资产要素及其外延价值带来的毁灭性冲击。管理会计报告从防范风险出发，可以采取如下对策：一是设置资产比率指标。对虚拟资产、数字资产下的杠杆比例加强管理；二是设置数字价值流的指标，并对信息流、物流和资金流等进行有效协调与管理，增强管理会计前馈机制的效应。

三是管理会计报告中资产质量信息面临的冲击。商业模式之类的非财务信息，是管理会计披露的重点。由于实践中过于强调权变性或弹性，管理会计报告中对资产与商业模式的相关性重视不够。比如，同样的资产，因采用不同的商业模式（如实体经营与虚拟经营模式等），其创造的价值和现金流量的能力之间表现出巨大的差异。亦即，商业模式的价值很难以传统的财务报告方式加以体现。由于人们思维的局限性，若不能对此加以合理、有效地揭示，这种创新的商业模式带来价值实现路径与方式将无法体现，并可能误导投资者，进而使投资蒙受损失。

2. 结合 IIRC 报告内容的管理会计报告信息扩展

在“双循环”的新发展格局下，坚持高质量发展新目标，积极导入大数据、人工智能、移动互联、云计算、物联网、区块链、元宇宙等数字化技术，是管理会计报告信息扩展的内在要求，也是朝着时效更快、质量更高的管理会计转型的基础保障。企业应当充分利用数字技术和现代科技，紧扣战略与核心业务，不断探索优化管理会计报告的自动化生成机制，实现管理会计数据的实时集成、分析、挖掘、整合与应用，从而更好地服务于企业的价值创造。

2013 年，国际综合报告理事会（International Integrated Reporting Council，IIRC）发布了《国际综合报告（IR）框架》，报告中披露了商业模式这一要素（涉及七项主要内容）。IIRC 认为，披露商业模式有助于使用者更加清晰地了解企业如何为社会、为股东创造价值。由于新经济对新业态等的推动，披露商业模式这一核心要素对管理会计报告来说，意义重大。现将 IR 报告中涉及的七项主要介绍如下。

（1）外部环境、使命和愿景。外部环境包括经济条件、技术变革、社会问题和环境挑战等，这些因素为组织的经营活动设定了特定的背景，同时也将对组织的价值创造能力产生直接或间接的影响。使命和愿景则是整个组织的中轴线，且将以清晰、简洁的方式定义组织的目标和意图，激励并引导组织循序渐进地在短期、中期和长期中创造价值。

（2）财务治理。企业中的管理层有责任创建合适的监督结构以支持组织价值创造的能力，例如确立并监控组织文化的具体流程，包括管理层的基调和面对风险的态度。

（3）商业模式。商业模式居于组织的核心地位，其反映了组织如何利用与各利益相关者的互动关系，将产出转化为组织自身所需要的价值。商业模式的运作可以看作是价值创造过程的最佳体现，它以某种形式投入各类资本，并通过组织的商业活动，将它们转化为产出，组织的活动和其产出又将导致有关资本影响的成果，该成果可能是创造价值的积极成果也可能是破坏价值的消极成果。在商业模式的运作中最重要的便是通过商业活动将投入转化为产出，而商业活动的顺利进行则又需要一套高质量和高效率的商业模式予以保障。

（4）机遇与风险。在使命和愿景的指引下，通过对组织外部环境的持续监测和分析可以确定组织的机遇和风险，而这些机遇和风险又与组织本身、组织的战略及其商业模式紧密关联，其可能来自组织内部、外部或内外兼有。面对机遇和风险，组织需要做的便是从重要机遇中创造价值，减轻或管理对组织持续的价值创造能力有着重要影响的风险。

（5）战略和资源配置。企业制定战略的目的就在于其试图最大化组织的机遇，同时减轻或管理组织遇到的风险。战略整体包括战略目标和战略策略，为实现组织的战略就需制定一套合理的资源配置计划。

（6）绩效管理。组织在价值创造过程中需要有关绩效的反馈信息，例如组织战略目标实现的程度以及组织在对资本的影响方面已取得了哪些成果。这些信息的提供将会为组织建立起计量和监控系统，有助于组织进行下一步的决策制定。

（7）前景展望。组织进行价值创造的过程并不是静态的，组织会定期查看上述价值创造过程中的每个内容要素以及它们之间的相互作用，然后对其进行合理的调整和适当的提炼，并最终着眼于组织的前景展望，以便组织能够循序渐进地创造价值。

二、管理会计报告的实践发展："第四张报表"

为了使管理会计报告能够提供更多的决策支持和管理引导，国内一些公司或组织纷纷展示自己对报表改革的最新成果与实践经验。本节对目前国内比较有代表性的管理会计报告新形式，作一列示。

1. 德勤的"第四张报表"——数字资产表

2016年10月27日，德勤中国数据分析业务领导合伙人朱磊在"2016易观A10大数据应用峰会"上提出了"第四张报表"这一理念。他认为，传统的财务会计报告中的三张报表已无法帮助企业应对未来的挑战，聚焦业务数据的第四张报表的到来已经是大势所趋。这就是德勤"第四张报表"的由来，该报表是以非财务数据为基础，通过结构化、标准化的方式对企业价值进行反馈的一种新型报表，符合明晰性、相关性和可靠性等报表质量特征。

德勤管理会计报告中的"第四张报表"是动态变化的。在数字经济时代，管理会计从原来的信息支持系统与管理控制系统功能，扩展到现在的业财融合、推动战略发展，再到今天可以赋能整个生态的功能，需要为合作伙伴提供更加全面的信息支持与管理控制的系统功能，进而为生态系统的合作伙伴创造更大的价值增值机遇或空间。从这个意义上讲，"第四张报表"将是一张关注于业务数据的"数字资产表"，通过揭示用户数据与财务之间的关系，来帮助企业将数据变现，并实现事前决策。具体的内容如下：

（1）在管理会计的目标上，该报表体现的是数字经济时代的顾客价值驱动，其提供的是基于算法推荐的价值增值，表明管理会计具有直接创造价值的功能作用。

（2）在管理会计的工具应用上，采用的是大数据分析与共享平台管理手段。

（3）在管理会计的影响范围方面，涉及内外部的共生主体信息。

（4）管理会计的管理对象是内外部共生系统中的数字产品。

（5）其他。

2. 海尔的“第四张报表”——共赢增值表

海尔对价值主体的衡量从企业价值变成生态价值。海尔创作共赢增值表的意义在于对集团由电器向网器、由网器向物联网生态的转变起助推作用。毕竟通过传统的报表找不到用户资源，而共赢增值表比传统报表多体现了用户资源，以及预收和用户创客的参与情况，这是单纯硬件的价值。与此同时，共赢增值表以每一个生态方增值为中心，将生态收入也体现到概念中，体现了生态中的“软价值”。如果一张报表不能让管理层、创业团队进行自主观测时，报表的价值就需要商榷。

换言之，传统企业一般采用资产负债表、现金流量表、利润表，而海尔的共赢增值表可以视为“第四张报表”。它是数字经济时代集财务与非财务指标，综合考虑投资者和消费者利益的管理会计报表。具体如表 14－2 所示。

表 14－2 共赢增值表 V4.0

项目	定义
1. 用户资源	
1.1 交易用户	在平台上进行过交易的用户
1.2 交互用户	在平台上购买过产品或服务，且持续参与交互的用户
1.3 终身用户	平台自演进持续迭代丰富社群生态，形成百万级终生用户
2. 资源方	
2.1 交互资源方	链接的所有资源方
2.2 活跃资源方	能参与共创的资源方
3. 生态平台价值总量	聚焦用户体验增值的各方共创共享实现的物联网生态圈的价值总量（$\sum$3.1：3.2）
3.1 利润	传统利润＋生态利润
3.1.1 传统利润	传统收入－传统成本
3.1.2 生态利润	生态收入－生态成本
3.2 增值分享	$\sum$3.2.1：3.2.3
3.2.1 链群分享	链群共创获得的价值分享，含创客及生态平台等
3.2.2 支持平台	帮助链群实现价值创造和传递的支持平台，如大共享平台、三自平台等
3.2.3 共创攸关方	各利益攸关方（包括资源方、用户以及资本方）在平台上获得的价值分享
3.2.3.1 资源方分享	各合作资源方（供应商或品牌合作商等）在平台上获得的价值分享
3.2.3.2 用户分享	参与平台、产品、服务共创、设计的用户取得的价值分享

续表

项目	定义
3.2.3.3资本方分享	社会化资本方价值分享=[可分享利润+(期末估值-期初估值)]×股权比例
4. 收入	传统收入+生态收入
4.1传统收入	聚焦用户交互与体验的持续迭代，通过销售电器或网器、提供服务等经营业务所形成的收入
4.2生态收入	聚焦创物联网生态品牌的引领目标，小微与各合作方在社群生态平台上通过价值共创持续迭代所形成的收入
4.3单用户收入	4. 收入/1.1交易用户
5. 成本	传统成本+生态成本
5.1传统成本	聚焦用户交互与体验的持续迭代，通过销售电器或网器、提供服务等经营业务所形成的成本
5.2生态成本	社群交互平台持续迭代升级过程中的投入资源成本
5.3边际成本	5. 成本/1.1交易用户
6. 边际收益	边际收益=单用户收入-边际成本

表14-2表明，共赢增值表是海尔“人单合一”的模式创新，是以用户为中心的物联网生态价值衡量模式，即由企业、外部资源方以及用户共同参与的新的开放物联网“生态系统”的驱动体系。共赢增值表作为企业进行管理的有力抓手，应用于管理会计报告的各个不同层次，共赢增值表嵌入管理会计报告体系，符合数字经济时代创造的立体生态系统的要求，丰富了管理会计报告体系的层次。

实践中，编制“第四张报表”的公司或组织还有很多，这里不再赘述。客观地讲，“第四张报表”的提出与编制，为缩小我国管理会计与西方管理会计在信息控制职能方面的差距，提高企业经营活动的事前、事中和事后控制的结合，发挥了积极的导向作用。

小　结

管理会计报告是管理会计成果的呈现，体现的是管理会计实践中创造价值与实现价值增值的信息数据和控制效果，会对管理会计学科的创新与发展产生方向性的指引作用。加强管理会计报告的概念与结构等信息输出及表达方式等的理论研究，有助于明确传统会计报告方式改革的必要性与可行性。

管理会计报告是动态变化的，它与财务会计报告既相互联系，又存在一定的区别。在企业实践中，尤其是管理当局的决策活动中，两者往往是紧密融合在一起的。管理会计报告研究要具有权变思维，要坚持管理会计研究的宏观导向，以体现“看似微观，实则宏观”的价值理念。

2017 年 10 月，财政部发布的《管理会计应用指引第 801 号——企业管理会计报告》为我国企业管理会计理论与实务界研究管理会计报告指明了方向。管理会计报告概念的提出与对其的广泛重视表明，提高管理会计的实践相关性是大势所趋。

管理会计具有明显的“个性化”特征，企业管理会计报告需要紧密结合企业的实际情况。同时，注重在管理会计报告中展现我国政府在管理会计实践中的政策引导与企业内在的自发创新相结合的宝贵经验，如“第四张报表”等。

思考题

1. 什么是管理会计报告？
2. 管理会计报告的形式与分类特征体现在哪些方面？
3. 数字经济时代的管理会计报告将朝什么方向发展？
4. 根据“第四张报表”的实践，讨论管理会计报告的内容设计。

练习题

一、选择题

1. 编制利润中心业绩报告时，适合采用（　　）格式。

A. 净利润　　B. 营业利润

C. 贡献毛益　　D. 综合收益

2. 管理会计报告与财务会计报告相比，其特征有（　　）。

A. 报告没有统一的格式与规范

B. 报告遵循结果导向

C. 报告包括财务与非财务信息

D. 报告对象涉及不同层级与环节的管理者

3. 管理会计报告的设计、编制、传递等过程需要遵循的基本原则有（　　）。

A. 责任匹配原则　　B. 及时性原则

C. 例外管理原则　　D. 清晰性原则

4. 管理会计报告的期间可以选择的时间点有（　　）。

A. 月份　　B. 季度　　C. 年度　　D. 特定期间

5. 按照企业管理会计报告的内容不同，报告类型分为（　　）。

A. 整体报告　　B. 分部报告　　C. 综合报告　　D. 专项报告

6. 管理会计报告的形式主要有（　　）。

A. 图式报告　　B. 表式报告　　C. 简式报告　　D. 文字式报告

7. 以下属于管理会计报告中的“第四张报表”的是（　　）。

A. 资产负债表　　B. 利润表　　C. 利润表　　D. 共赢增值表

8. 以下属于绩效管理会计报告中的常用工具的是（　　）。

A. 平衡计分卡　　B. 战略计分卡　　C. 清单管理　　D. 战略地图

二、判断题

1. 在企业管理决策中，管理者利用的是管理会计报告，不需要利用财务会计报告，因为它不是内部报表。（　　）

2. 战略层管理会计报告既要有细微和局部的信息，也要有全局性和综合性的信息。（　　）

3. 管理会计报告提供给不同层级的管理者信息是不同的，但在涵盖期间和编制的简繁程度上是一样的。（　　）

4. 与成本管理、预算管理等工具与方法相比，管理会计报告在内涵与外延上的争议相对大一些。（　　）

5. 与财务会计报告相比，管理会计报告的非财务信息肯定要多得多。（　　）

案例及应用

莱昂纳多·迪卡普里奥与第86届奥斯卡奖又一次失之交臂，这是他第四次获得提名而在颁奖典礼上希望落空。其实，大数据专家、微软纽约研究院的经济学家大卫·罗斯柴尔德此前就已经宣布，最佳男主角花落《达拉斯买家俱乐部》主演马修·麦康纳的概率或高达90.9%。

出具这个数字的报告，就是大数据报告，其数据来源是海量的。大卫·罗斯柴尔德通过收集包括赌博市场、好莱坞证券交易所、用户自动生成信息等大量公开数据后建立了预测模型，进而据此得出上述结果。事实证明，大数据赢了：在第86届奥斯卡共24个奖项中，大卫预测中了21个，包括竞争最激烈的“最佳原创剧本奖”。

事实上，大卫之前就预测中了第85届奥斯卡的19个奖项；2012年，他用一个数据驱动模型正确预测了美国51个行政区中50个的总统大选的结果；其他“业务”还包括预测一年一度的“超级碗”（美国国家橄榄球联盟年度冠军赛）赛事结果……以至于每当此类事件发生，人们都会去他的官方网站Predict Wise看看“先知”怎么说。

讨论：

应用上述材料，结合对管理会计报告内容的学习与理解，阐述你对管理会计未来发展的认识。

附　录　复利、年金系数表

附表 1　复利现值系数表（PVIF 表）

n	1%	2%	3%	4%	5%	6%	7%	8%	9%	10%	11%	12%	13%	14%	15%	16%	18%	20%
1	.9901	.9804	.9709	.9615	.9524	.9434	.9346	.9259	.9174	.9091	.9009	.8929	.8850	.8772	.8696	.8621	.8475	.8333
2	.9803	.9612	.9426	.9246	.9070	.8900	.8734	.8573	.8417	.8264	.8116	.7972	.7831	.7695	.7561	.7432	.7182	.6944
3	.9706	.9423	.9151	.8890	.8638	.8396	.8163	.7938	.7722	.7513	.7312	.7118	.6931	.6750	.6575	.6407	.6086	.5787
4	.9610	.9238	.8885	.8548	.8227	.7921	.7629	.7350	.7084	.6830	.6587	.6355	.6133	.5921	.5718	.5523	.5158	.4823
5	.9515	.9057	.8626	.8219	.7835	.7473	.7130	.6806	.6499	.6209	.5935	.5674	.5428	.5194	.4972	.4761	.4371	.4019
6	.9420	.8880	.8375	.7903	.7462	.7050	.6663	.6302	.5963	.5645	.5346	.5066	.4803	.4556	.4323	.4104	.3704	.3349
7	.9327	.8706	.8131	.7599	.7107	.6651	.6227	.5835	.5470	.5132	.4817	.4523	.4251	.3996	.3759	.3538	.3139	.2791
8	.9235	.8535	.7894	.7307	.6768	.6274	.5820	.5403	.5019	.4665	.4339	.4039	.3762	.3506	.3269	.3050	.2660	.2326
9	.9143	.8368	.7664	.7026	.6446	.5919	.5439	.5002	.4604	.4241	.3909	.3606	.3329	.3075	.2843	.2630	.2255	.1938
10	.9053	.8203	.7441	.6756	.6139	.5584	.5083	.4632	.4224	.3855	.3522	.3220	.2946	.2697	.2472	.2267	.1911	.1615
11	.8963	.8043	.7224	.6496	.5847	.5268	.4751	.4289	.3875	.3505	.3173	.2875	.2607	.2366	.2149	.1954	.1619	.1346
12	.8874	.7885	.7014	.6246	.5568	.4970	.4440	.3971	.3555	.3186	.2858	.2567	.2307	.2076	.1869	.1685	.1372	.1122
13	.8787	.7730	.6810	.6006	.5303	.4688	.4150	.3677	.3262	.2897	.2575	.2292	.2042	.1821	.1625	.1452	.1163	.0935
14	.8700	.7579	.6611	.5775	.5051	.4423	.3878	.3405	.2992	.2633	.2320	.2046	.1807	.1597	.1413	.1252	.0985	.0779
15	.8613	.7430	.6419	.5553	.4810	.4173	.3624	.3152	.2745	.2394	.2090	.1827	.1599	.1401	.1229	.1079	.0835	.0649
16	.8528	.7284	.6232	.5339	.4581	.3936	.3387	.2919	.2519	.2176	.1883	.1631	.1415	.1229	.1069	.0930	.0708	.0541
17	.8444	.7142	.6050	.5134	.4363	.3714	.3166	.2703	.2311	.1978	.1696	.1456	.1252	.1078	.0929	.0802	.0600	.0451
18	.8360	.7002	.5874	.4936	.4155	.3503	.2959	.2502	.2120	.1799	.1528	.1300	.1108	.0946	.0808	.0691	.0508	.0376
19	.8277	.6864	.5703	.4746	.3957	.3305	.2765	.2317	.1945	.1635	.1377	.1161	.0981	.0829	.0703	.0596	.0431	.0313
20	.8195	.6730	.5537	.4564	.3769	.3118	.2584	.2145	.1784	.1486	.1240	.1037	.0868	.0728	.0611	.0514	.0365	.0261
21	.8114	.6598	.5375	.4388	.3589	.2942	.2415	.1987	.1637	.1351	.1117	.0926	.0768	.0638	.0531	.0443	.0309	.0217
22	.8034	.6468	.5219	.4220	.3418	.2775	.2257	.1839	.1502	.1228	.1007	.0826	.0680	.0560	.0462	.0382	.0262	.0181
23	.7954	.6342	.5067	.4057	.3256	.2618	.2109	.1703	.1378	.1117	.0907	.0738	.0601	.0491	.0402	.0329	.0222	.0151
24	.7876	.6217	.4919	.3901	.3101	.2470	.1971	.1577	.1264	.1015	.0817	.0659	.0532	.0431	.0349	.0284	.0188	.0126
25	.7798	.6095	.4776	.3751	.2953	.2330	.1842	.1460	.1160	.0923	.0736	.0588	.0471	.0378	.0304	.0245	.0160	.0105
30	.7419	.5521	.4120	.3083	.2314	.1741	.1314	.0994	.0754	.0573	.0437	.0334	.0256	.0196	.0151	.0116	.0070	.0042
40	.6717	.4529	.3066	.2083	.1420	.0972	.0668	.0460	.0318	.0221	.0154	.0107	.0075	.0053	.0037	.0026	.0013	.0007
50	.6080	.3715	.2281	.1407	.0872	.0543	.0339	.0213	.0134	.0085	.0054	.0035	.0022	.0014	.0009	.0006	.0003	.0001

附表 2　复利终值系数表（FVIF 表）

n	1%	2%	3%	4%	5%	6%	7%	8%	9%	10%	11%	12%	13%	14%	15%	16%	18%	20%
1	1.0100	1.0200	1.0300	1.0400	1.0500	1.0600	1.0700	1.0800	1.0900	1.1000	1.1100	1.1200	1.1300	1.1400	1.1500	1.1600	1.1800	1.2000
2	1.0201	1.0404	1.0609	1.0816	1.1025	1.1236	1.1449	1.1664	1.1881	1.2100	1.2321	1.2544	1.2769	1.2996	1.3225	1.3456	1.3924	1.4400
3	1.0303	1.0612	1.0927	1.1249	1.1576	1.1910	1.2250	1.2597	1.2950	1.3310	1.3676	1.4049	1.4429	1.4815	1.5209	1.5609	1.6430	1.7280
4	1.0406	1.0824	1.1255	1.1699	1.2155	1.2625	1.3108	1.3605	1.4116	1.4641	1.5181	1.5735	1.6305	1.6890	1.7490	1.8106	1.9388	2.0736
5	1.0510	1.1041	1.1593	1.2167	1.2763	1.3382	1.4026	1.4693	1.5386	1.6105	1.6851	1.7623	1.8424	1.9254	2.0114	2.1003	2.2878	2.4883
6	1.0615	1.1262	1.1941	1.2653	1.3401	1.4185	1.5007	1.5869	1.6771	1.7716	1.8704	1.9738	2.0820	2.1950	2.3131	2.4364	2.6996	2.9860
7	1.0721	1.1487	1.2299	1.3159	1.4071	1.5036	1.6058	1.7138	1.8280	1.9487	2.0762	2.2107	2.3526	2.5023	2.6600	2.8262	3.1855	3.5832
8	1.0829	1.1717	1.2668	1.3686	1.4775	1.5938	1.7182	1.8509	1.9926	2.1436	2.3045	2.4760	2.6584	2.8526	3.0590	3.2784	3.7589	4.2998
9	1.0937	1.1951	1.3048	1.4233	1.5513	1.6895	1.8385	1.9990	2.1719	2.3579	2.5580	2.7731	3.0040	3.2519	3.5179	3.8030	4.4355	5.1598
10	1.1046	1.2190	1.3439	1.4802	1.6289	1.7908	1.9672	2.1589	2.3674	2.5937	2.8394	3.1058	3.3946	3.7072	4.0456	4.4114	5.2338	6.1917
11	1.1157	1.2434	1.3842	1.5395	1.7103	1.8983	2.1049	2.3316	2.5804	2.8531	3.1518	3.4785	3.8359	4.2262	4.6524	5.1173	6.1759	7.4301
12	1.1268	1.2682	1.4258	1.6010	1.7959	2.0122	2.2522	2.5182	2.8127	3.1384	3.4985	3.8960	4.3345	4.8179	5.3503	5.9360	7.2876	8.9161
13	1.1381	1.2936	1.4685	1.6651	1.8856	2.1329	2.4098	2.7196	3.0658	3.4523	3.8833	4.3635	4.8980	5.4924	6.1528	6.8858	8.5994	10.6993
14	1.1495	1.3195	1.5126	1.7317	1.9799	2.2609	2.5785	2.9372	3.3417	3.7975	4.3104	4.8871	5.5348	6.2613	7.0757	7.9875	10.1472	12.8392
15	1.1610	1.3459	1.5580	1.8009	2.0789	2.3966	2.7590	3.1722	3.6425	4.1772	4.7846	5.4736	6.2543	7.1379	8.1371	9.2655	11.9737	15.4070
16	1.1726	1.3728	1.6047	1.8730	2.1829	2.5404	2.9522	3.4259	3.9703	4.5950	5.3109	6.1304	7.0673	8.1372	9.3576	10.7480	14.1290	18.4884
17	1.1843	1.4002	1.6528	1.9479	2.2920	2.6928	3.1588	3.7000	4.3276	5.0545	5.8951	6.8660	7.9861	9.2765	10.7613	12.4677	16.6722	22.1861
18	1.1961	1.4282	1.7024	2.0258	2.4066	2.8543	3.3799	3.9960	4.7171	5.5599	6.5436	7.6900	9.0243	10.5752	12.3755	14.4625	19.6733	26.6233
19	1.2081	1.4568	1.7535	2.1068	2.5270	3.0256	3.6165	4.3157	5.1417	6.1159	7.2633	8.6128	10.1974	12.0557	14.2318	16.7765	23.2144	31.9480
20	1.2202	1.4859	1.8061	2.1911	2.6533	3.2071	3.8697	4.6610	5.6044	6.7275	8.0623	9.6463	11.5231	13.7435	16.3665	19.4608	27.3930	38.3376
21	1.2324	1.5157	1.8603	2.2788	2.7860	3.3996	4.1406	5.0338	6.1088	7.4002	8.9492	10.8038	13.0211	15.6676	18.8215	22.5745	32.3238	46.0051
22	1.2447	1.5460	1.9161	2.3699	2.9253	3.6035	4.4304	5.4365	6.6586	8.1403	9.9336	12.1003	14.7138	17.8610	21.6447	26.1864	38.1421	55.2061
23	1.2572	1.5769	1.9736	2.4647	3.0715	3.8197	4.7405	5.8715	7.2579	8.9543	11.0263	13.5523	16.6266	20.3616	24.8915	30.3762	45.0076	66.2474
24	1.2697	1.6084	2.0328	2.5633	3.2251	4.0489	5.0724	6.3412	7.9111	9.8497	12.2392	15.1786	18.7881	23.2122	28.6252	35.2364	53.1090	79.4968
25	1.2824	1.6406	2.0938	2.6658	3.3864	4.2919	5.4274	6.8485	8.6231	10.8347	13.5855	17.0001	21.2305	26.4619	32.9190	40.8742	62.6686	95.3962
30	1.3478	1.8114	2.4273	3.2434	4.3219	5.7435	7.6123	10.0627	13.2677	17.4494	22.8923	29.9599	39.1159	50.9502	66.2118	85.8499	143.3706	237.3763
40	1.4889	2.2080	3.2620	4.8010	7.0400	10.2857	14.9745	21.7245	31.4094	45.2593	65.0009	93.0510	132.7816	188.8835	267.8635	378.7212	750.3783	1469.7716
50	1.6446	2.6916	4.3839	7.1067	11.4674	18.4202	29.4570	46.9016	74.3575	117.3909	184.5648	289.0022	450.7359	700.2330	1083.6574	1670.7040	3927.3570	9100.4382

附表 3 年金现值系数表（PVIFA 表）

n	1%	2%	3%	4%	5%	6%	7%	8%	9%	10%	11%	12%	13%	14%	15%	16%	18%	20%
1	.9901	.9804	.9709	.9615	.9524	.9434	.9346	.9259	.9174	.9091	.9009	.8929	.8850	.8772	.8696	.8621	.8475	.8333
2	1.9704	1.9416	1.9135	1.8861	1.8594	1.8334	1.8080	1.7833	1.7591	1.7355	1.7125	1.6901	1.6681	1.6467	1.6257	1.6052	1.5656	1.5278
3	2.9410	2.8839	2.8286	2.7751	2.7232	2.6730	2.6243	2.5771	2.5313	2.4869	2.4437	2.4018	2.3612	2.3216	2.2832	2.2459	2.1743	2.1065
4	3.9020	3.8077	3.7171	3.6299	3.5460	3.4651	3.3872	3.3121	3.2397	3.1699	3.1024	3.0373	2.9745	2.9137	2.8550	2.7982	2.6901	2.5887
5	4.8534	4.7135	4.5797	4.4518	4.3295	4.2124	4.1002	3.9927	3.8897	3.7908	3.6959	3.6048	3.5172	3.4331	3.3522	3.2743	3.1272	2.9906
6	5.7955	5.6014	5.4172	5.2421	5.0757	4.9173	4.7665	4.6229	4.4859	4.3553	4.2305	4.1114	3.9975	3.8887	3.7845	3.6847	3.4976	3.3255
7	6.7282	6.4720	6.2303	6.0021	5.7864	5.5824	5.3893	5.2064	5.0330	4.8684	4.7122	4.5638	4.4226	4.2883	4.1604	4.0386	3.8115	3.6046
8	7.6517	7.3255	7.0197	6.7327	6.4632	6.2098	5.9713	5.7466	5.5348	5.3349	5.1461	4.9676	4.7988	4.6389	4.4873	4.3436	4.0776	3.8372
9	8.5660	8.1622	7.7861	7.4353	7.1078	6.8017	6.5152	6.2469	5.9952	5.7590	5.5370	5.3282	5.1317	4.9464	4.7716	4.6065	4.3030	4.0310
10	9.4713	8.9826	8.5302	8.1109	7.7217	7.3601	7.0236	6.7101	6.4177	6.1446	5.8892	5.6502	5.4262	5.2161	5.0188	4.8332	4.4941	4.1925
11	10.3676	9.7868	9.2526	8.7605	8.3064	7.8869	7.4987	7.1390	6.8052	6.4951	6.2065	5.9377	5.6869	5.4527	5.2337	5.0286	4.6560	4.3271
12	11.2551	10.5753	9.9540	9.3851	8.8633	8.3838	7.9427	7.5361	7.1607	6.8137	6.4924	6.1944	5.9176	5.6603	5.4206	5.1971	4.7932	4.4392
13	12.1337	11.3484	10.6350	9.9856	9.3936	8.8527	8.3577	7.9038	7.4869	7.1034	6.7499	6.4235	6.1218	5.8424	5.5831	5.3423	4.9095	4.5327
14	13.0037	12.1062	11.2961	10.5631	9.8986	9.2950	8.7455	8.2442	7.7862	7.3667	6.9819	6.6282	6.3025	6.0021	5.7245	5.4675	5.0081	4.6106
15	13.8651	12.8493	11.9379	11.1184	10.3797	9.7122	9.1079	8.5595	8.0607	7.6061	7.1909	6.8109	6.4624	6.1422	5.8474	5.5755	5.0916	4.6755
16	14.7179	13.5777	12.5611	11.6523	10.8378	10.1059	9.4466	8.8514	8.3126	7.8237	7.3792	6.9740	6.6039	6.2651	5.9542	5.6685	5.1624	4.7296
17	15.5623	14.2919	13.1661	12.1657	11.2741	10.4773	9.7632	9.1216	8.5436	8.0216	7.5488	7.1196	6.7291	6.3729	6.0472	5.7487	5.2223	4.7746
18	16.3983	14.9920	13.7535	12.6593	11.6896	10.8276	10.0591	9.3719	8.7556	8.2014	7.7016	7.2497	6.8399	6.4674	6.1280	5.8178	5.2732	4.8122
19	17.2260	15.6785	14.3238	13.1339	12.0853	11.1581	10.3356	9.6036	8.9501	8.3649	7.8393	7.3658	6.9380	6.5504	6.1982	5.8775	5.3162	4.8435
20	18.0456	16.3514	14.8775	13.5903	12.4622	11.4699	10.5940	9.8181	9.1285	8.5136	7.9633	7.4694	7.0248	6.6231	6.2593	5.9288	5.3527	4.8696
21	18.8570	17.0112	15.4150	14.0292	12.8212	11.7641	10.8355	10.0168	9.2922	8.6487	8.0751	7.5620	7.1016	6.6870	6.3125	5.9731	5.3837	4.8913
22	19.6604	17.6580	15.9369	14.4511	13.1630	12.0416	11.0612	10.2007	9.4424	8.7715	8.1757	7.6446	7.1695	6.7429	6.3587	6.0113	5.4099	4.9094
23	20.4558	18.2922	16.4436	14.8568	13.4886	12.3034	11.2722	10.3711	9.5802	8.8832	8.2664	7.7184	7.2297	6.7921	6.3988	6.0442	5.4321	4.9245
24	21.2434	18.9139	16.9355	15.2470	13.7986	12.5504	11.4693	10.5288	9.7066	8.9847	8.3481	7.7843	7.2829	6.8351	6.4338	6.0726	5.4509	4.9371
25	22.0232	19.5235	17.4131	15.6221	14.0939	12.7834	11.6536	10.6748	9.8226	9.0770	8.4217	7.8431	7.3300	6.8729	6.4641	6.0971	5.4669	4.9476
30	25.8077	22.3965	19.6004	17.2920	15.3725	13.7648	12.4090	11.2578	10.2737	9.4269	8.6938	8.0552	7.4957	7.0027	6.5660	6.1772	5.5168	4.9789
40	32.8347	27.3555	23.1148	19.7928	17.1591	15.0463	13.3317	11.9246	10.7574	9.7791	8.9511	8.2438	7.6344	7.1050	6.6418	6.2335	5.5482	4.9966
50	39.1961	31.4236	25.7298	21.4822	18.2559	15.7619	13.8007	12.2335	10.9617	9.9148	9.0417	8.3045	7.6752	7.1327	6.6605	6.2463	5.5541	4.9995

附表4 年金终值系数表（FVIFA表）

n	1%	2%	3%	4%	5%	6%	7%	8%	9%	10%	11%	12%	13%	14%	15%	16%	18%	20%
1	1.0000	1.0000	1.0000	1.0000	1.0000	1.0000	1.0000	1.0000	1.0000	1.0000	1.0000	1.0000	1.0000	1.0000	1.0000	1.0000	1.0000	1.0000
2	2.0100	2.0200	2.0300	2.0400	2.0500	2.0600	2.0700	2.0800	2.0900	2.1000	2.1100	2.1200	2.1300	2.1400	2.1500	2.1600	2.1800	2.2000
3	3.0301	3.0604	3.0909	3.1216	3.1525	3.1836	3.2149	3.2464	3.2781	3.3100	3.3421	3.3744	3.4069	3.4396	3.4725	3.5056	3.5724	3.6400
4	4.0604	4.1216	4.1836	4.2465	4.3101	4.3746	4.4399	4.5061	4.5731	4.6410	4.7097	4.7793	4.8498	4.9211	4.9934	5.0665	5.2154	5.3680
5	5.1010	5.2040	5.3091	5.4163	5.5256	5.6371	5.7507	5.8666	5.9847	6.1051	6.2278	6.3528	6.4803	6.6101	6.7424	6.8771	7.1542	7.4416
6	6.1520	6.3081	6.4684	6.6330	6.8019	6.9753	7.1533	7.3359	7.5233	7.7156	7.9129	8.1152	8.3227	8.5355	8.7537	8.9775	9.4420	9.9299
7	7.2135	7.4343	7.6625	7.8983	8.1420	8.3938	8.6540	8.9228	9.2004	9.4872	9.7833	10.0890	10.4047	10.7305	11.0668	11.4139	12.1415	12.9159
8	8.2857	8.5830	8.8923	9.2142	9.5491	9.8975	10.2598	10.6366	11.0285	11.4359	11.8594	12.2997	12.7573	13.2328	13.7268	14.2401	15.3270	16.4991
9	9.3685	9.7546	10.1591	10.5828	11.0266	11.4913	11.9780	12.4876	13.0210	13.5795	14.1640	14.7757	15.4157	16.0853	16.7858	17.5185	19.0859	20.7989
10	10.4622	10.9497	11.4639	12.0061	12.5779	13.1808	13.8164	14.4866	15.1929	15.9374	16.7220	17.5487	18.4197	19.3373	20.3037	21.3215	23.5213	25.9587
11	11.5668	12.1687	12.8078	13.4864	14.2068	14.9716	15.7836	16.6455	17.5603	18.5312	19.5614	20.6546	21.8143	23.0445	24.3493	25.7329	28.7551	32.1504
12	12.6825	13.4121	14.1920	15.0258	15.9171	16.8699	17.8885	18.9771	20.1407	21.3843	22.7132	24.1331	25.6502	27.2707	29.0017	30.8502	34.9311	39.5805
13	13.8093	14.6803	15.6178	16.6268	17.7130	18.8821	20.1406	21.4953	22.9534	24.5227	26.2116	28.0291	29.9847	32.0887	34.3519	36.7862	42.2187	48.4966
14	14.9474	15.9739	17.0863	18.2919	19.5986	21.0151	22.5505	24.2149	26.0192	27.9750	30.0949	32.3926	34.8827	37.5811	40.5047	43.6720	50.8180	59.1959
15	16.0969	17.2934	18.5989	20.0236	21.5786	23.2760	25.1290	27.1521	29.3609	31.7725	34.4054	37.2797	40.4175	43.8424	47.5804	51.6595	60.9653	72.0351
16	17.2579	18.6393	20.1569	21.8245	23.6575	25.6725	27.8881	30.3243	33.0034	35.9497	39.1899	42.7533	46.6717	50.9804	55.7175	60.9250	72.9390	87.4421
17	18.4304	20.0121	21.7616	23.6975	25.8404	28.2129	30.8402	33.7502	36.9737	40.5447	44.5008	48.8837	53.7391	59.1176	65.0751	71.6730	87.0680	105.9306
18	19.6147	21.4123	23.4144	25.6454	28.1324	30.9057	33.9990	37.4502	41.3013	45.5992	50.3959	55.7497	61.7251	68.3941	75.8364	84.1407	103.7403	128.1167
19	20.8109	22.8406	25.1169	27.6712	30.5390	33.7600	37.3790	41.4463	46.0185	51.1591	56.9395	63.4397	70.7494	78.9692	88.2118	98.6032	123.4135	154.7400
20	22.0190	24.2974	26.8704	29.7781	33.0660	36.7856	40.9955	45.7620	51.1601	57.2750	64.2028	72.0524	80.9468	91.0249	102.4436	115.3797	146.6280	186.6880
21	23.2392	25.7833	28.6765	31.9692	35.7193	39.9927	44.8652	50.4229	56.7645	64.0025	72.2651	81.6987	92.4699	104.7684	118.8101	134.8405	174.0210	225.0256
22	24.4716	27.2990	30.5368	34.2480	38.5052	43.3923	49.0057	55.4568	62.8733	71.4027	81.2143	92.5026	105.4910	120.4360	137.6316	157.4150	206.3448	271.0307
23	25.7163	28.8450	32.4529	36.6179	41.4305	46.9958	53.4361	60.8933	69.5319	79.5430	91.1479	104.6029	120.2048	138.2970	159.2764	183.6014	244.4868	326.2369
24	26.9735	30.4219	34.4265	39.0826	44.5020	50.8156	58.1767	66.7648	76.7898	88.4973	102.1742	118.1552	136.8315	158.6586	184.1678	213.9776	289.4945	392.4842
25	28.2432	32.0303	36.4593	41.6459	47.7271	54.8645	63.2490	73.1059	84.7009	98.3471	114.4133	133.3339	155.6196	181.8708	212.7930	249.2140	342.6035	471.9811
30	34.7849	40.5681	47.5754	56.0849	66.4388	79.0582	94.4608	113.2832	136.3075	164.4940	199.0209	241.3327	293.1992	356.7868	434.7451	530.3117	790.9480	1181.8816
40	48.8864	60.4020	75.4013	95.0255	120.7998	154.7620	199.6351	259.0565	337.8824	442.5926	581.8261	767.0914	1013.7042	1342.0251	1779.0903	2360.7572	4163.2130	7343.8578
50	64.4632	84.5794	112.7969	152.6671	209.3480	290.3359	406.5289	573.7702	815.0836	1163.9085	1668.7712	2400.0182	3459.5071	4994.5213	7217.7163	10435.6488	21813.0937	45497.1908

参考文献

[1] 毛付根．管理会计．北京：高等教育出版社，2000.

[2] 李惟壮．管理会计．上海：立信会计出版社，2002.

[3] 潘飞．管理会计．上海：上海财经大学出版社，2003.

[4] 查尔斯・T. 亨格瑞，等．管理会计．北京：北京大学出版社，2002.

[5] 西村明，大下丈平．管理会计的国际展望．福冈：九州大学出版会，2003.

[6] 刘运国，梁德荣，黄婷婷．管理会计前沿．北京：清华大学出版社，2003.

[7] 余绪缨．管理会计．2 版．沈阳：辽宁人民出版社，2004.

[8] 黄惠琴．管理会计．北京：科学出版社，2004.

[9] 胡玉明．高级管理会计．2 版．厦门：厦门大学出版社，2005.

[10] 孙茂竹，支晓强，戴璐．管理会计学：立体化数字教材版．9 版．北京：中国人民大学出版社，2020.

[11] 唐・R. 汉森，等．管理会计：第 6 版．北京：北京大学出版社，2005.

[12] 安东尼・阿特金森，等．管理会计：第 4 版．北京：北京大学出版社，2006.

[13] 张朝宓，熊焰韧．当代管理会计研究．北京：北京大学出版社，2006.

[14] 冯巧根．成本会计．北京：北京师范大学出版社，2007.

[15] 王文清，甘永生．管理会计．北京：清华大学出版社，2007.

[16] 吴大军．管理会计．北京：中央广播电视大学出版社，2007.

[17] 王建，熊筱燕．会计管理与案例评析．上海：立信会计出版社，2007.

[18] 奥利弗，霍恩格伦．管理会计．大连：东北财经大学出版社，2012.

[19] 杰里米・里夫金．零成本社会．北京：中信出版社，2014.

[20] 冯圆．成本管理概念框架及其扩展应用．北京：清华大学出版社，2018.

[21] 冯巧根．中国管理会计：情境特征与前景展望．南京：南京大学出版社，2019.

[22] 黄奇帆，朱岩，邵平．数字经济：内涵与路径．北京：中信出版社，2022.

［23］ R. S. Kaplan and D. P. Norton. The balanced scorecard：measures that drive performance. Harvard Business Review，Vol. 70，No. 1，1992.

［24］ J. Burns and R. W. Scapens. Conceptualizing management accounting change：an institutional framework. Management Accounting Research，Vol. 11，2000.

图书在版编目（CIP）数据

管理会计 / 冯巧根主编. --5 版. --北京：中国人民大学出版社，2024. 10. --（高等学校经济管理类主干课程教材）. -- ISBN 978-7-300-33306-9

Ⅰ. F234. 3

中国国家版本馆 CIP 数据核字第 2024PT4883 号

高等学校经济管理类主干课程教材·会计与财务系列

管理会计（第 5 版）

主编　冯巧根

Guanli Kuaiji

出版发行	中国人民大学出版社		
社　　址	北京中关村大街 31 号	**邮政编码**	100080
电　　话	010－62511242（总编室）		010－62511770（质管部）
	010－82501766（邮购部）		010－62514148（门市部）
	010－62515195（发行公司）		010－62515275（盗版举报）
网　　址	http://www.crup.com.cn		
经　　销	新华书店		
印　　刷	天津鑫丰华印务有限公司	**版　　次**	2008 年 5 月第 1 版
开　　本	787 mm×1092 mm　1/16		2024 年 10 月第 5 版
印　　张	20. 75 插页 1	**印　　次**	2024 年 10 月第 1 次印刷
字　　数	460 000	**定　　价**	52. 00 元

中国人民大学出版社　管理分社

教师教学服务说明

中国人民大学出版社管理分社以出版工商管理和公共管理类精品图书为宗旨。为更好地服务一线教师，我们着力建设了一批数字化、立体化的网络教学资源。教师可以通过以下方式获得免费下载教学资源的权限：

★ 在中国人民大学出版社网站 www.crup.com.cn 进行注册，注册后进入“会员中心”，在左侧点击“我的教师认证”，填写相关信息，提交后等待审核。我们将在一个工作日内为您开通相关资源的下载权限。

★ 如您急需教学资源或需要其他帮助，请加入教师 QQ 群或在工作时间与我们联络。

中国人民大学出版社　管理分社

教师 QQ 群：648333426（工商管理）　114970332（财会）　648117133（公共管理）
教师群仅限教师加入，入群请备注（学校+姓名）

联系电话：010-62515735，62515987，62515782，82501048，62514760

电子邮箱：glcbfs@crup.com.cn

通讯地址：北京市海淀区中关村大街甲 59 号文化大厦 1501 室（100872）

管理书社　　人大社财会　　公共管理与政治学悦读坊